EQUAL IS UNFAIR

평등은 불공정하다

야론 브룩 · 돈 왓킨스 지음

경제지식네트워크 옮김

EQUALITY

EQUITY

YANG 양문 MOON

평등은 불공정하다

초판 찍은 날 2022년 9월 2일
초판 펴낸 날 2022년 9월 19일

저자 | 야론 브룩 · 돈 왓킨스
번역 | 경제지식네트워크
펴낸이 | 김현중
디자인 | 박정미
책임 편집 | 황인희
관리 | 위영희

펴낸 곳 | ㈜양문
주소 | 01405 서울 도봉구 노해로 341, 902호(창동 신원베르텔)
전화 | 02-742-2563
팩스 | 02-742-2566
이메일 | ymbook@nate.com
출판 등록 | 1996년 8월 7일(제1-1975호)

ISBN 978-89-94025-90-2 03300
* 잘못된 책은 구입하신 서점에서 교환해 드립니다.

평등은 불공정하다

평등은 불공정하고 건강하지 못한 일이다

이 책의 저자 중 한 명인 야론 부룩은 이스라엘 태생의 미국인이다. 그가 한국에 방문했을 때 초청해서 대화를 나누었고, 경제지식네트워크 이병태 TV에 모시고 방송을 같이하면서 그의 자유주의 철학이 좋아서 이 책의 출간을 추천하게 되었다.

이 책을 우리나라 사람들에게 꼭 읽게 하고 싶다는 욕심이 강력하게 든 것은 문재인 정부와 관련이 깊다. 기회는 평등하고, 과정은 공정하고, 결과는 정의로워야 한다는 말에 녹아 있듯이 문재인 정부는 유독 평등을 국정 철학의 중심에 두었다. 하지만 그런 정부가 한국을 더 평등하고 행복한 나라로 만들었다는 데 동의하는 사람은 많지 않고 그래서 정권이 교체되었다. 인류는 평등하고 행복한 사회를 꿈꿔왔다. 하지만 평등을 내세운 정부들은 실패하고 때로는 국민은 더 불행해지며 사회는 퇴보한다. 그런 사실을 우리 국민이 이해했으면 하는 바람도 크다.

이 책은 인류가 끊임없이 갈망하는 평등이라는 가치를 우리가 다시 생각해야 한다고 주장하고 있다. 이 점은 평등을 핵심 가치로 한 문재인 정부의 소주성 정책이 실패할 수밖에 없다는 점을 항변해온 나의 줄기찬 주장과 맥을 같이하고 있다. 평등의 집착은 정권 또는 정부의 실패를 넘어 개인을 피폐하게 만든다. 많은 사람이 이 책을 읽고 그 점을 인식하기 바란다.

정부가 내세우는 평등에는 여러 문제가 있다. 하나는 평등을 측정할 수 있느냐는 문제이다. 불평등하면 떠오르는 것이 한 사회의 구성원 간의 소득 격차를 측정하는 경제학적 지표이다. 그런데 이 소득 격차를 시장에서 받는 시장소득으로 할 것이냐, 세금 등을 제외하고 최종적으로 내가 쓸 수 있는 가처분소득으로 할 것이냐에 따라 전혀 다른 지표가 나온다. 평등을 강조하는 사람들은 북유럽의 모델, 즉 정부가 개입해서 소득 재배분을 통해 고소득자의 부를 가난한 사람들에게 많이 이전해서 가처분소득의 평등을 추구해야 한다고 주장한다. 이때 시장소득을 많이 내주는 고소득층이 행복할 리 없는 것은 자명하다.

그럼 이전소득을 많이 받아 소득이 보전된 저소득층은 행복할까? 동료들에 비해 회사에서 급여가 턱없이 적은데 사회 복지 프로그램으로 보전받는다고 개인이 자신은 불평등하지 않은 세상에 살고 있다고 생각하지 않는다. 시장의 소득은 개인의 경제적 가치를 객관적으로 말해주는 신호다. 나는 여전히 사회적으로 기여가 적고 대접을 받지 못하는 불평등한 사회 속에 살고 있다고 생각한다. 즉 불평등이라는 생각에서 보면 이전소득이 시장소득을 보전하는 효과는 제한적이다.

소득의 측정도 나날이 어려워지고 있다. 과거와는 달리 현재 소득에서 상당 부분이 퇴직 이후에 쓸 연금이나 의료보험비 등의 복지 지원, 우리 사주나 스톡옵션 등 다양한 형태로 지급되기 때문이다. 그리고 현재 소득을 미래 소득으로 이전하는 연금에는 부의 재분배 정책이 설계되어 있어 저소득층이 미래에는 자신의 기여보다 훨씬 큰 연금을 받게 되어 있는 경우가 많다. 이러한 변화가 소득 격차 측정을 어렵게 하고, 이러한 변형된 소득과 미래로의 이전을 무시한 측정이 근로자들이 노동생산성만큼 보상을 받지 못하고 있다는 잘못된 주장들을 하게 만들고 있다.

소득 불평등 측정의 또 하나의 문제는 측정 단위이다. 개인의 소득 불평등을 측정할 것인가 가족의 소득을 대상으로 할 것인가 하는 점이다. 소득은 개인에서 결정되지만 빈곤은 가족 단위로 결정된다. 가계의 소득이 빈곤하면 구성원은 빈곤에서 벗어나지 못하지만 가계 소득이 높으면 그 구성원 속의 저소득 구성원도 빈곤하지 않다. 당장의 소득만이 아니라 축적된 부의 차이도 우리의 후생에 영향을 끼친다. 축적된 부는 다음 세대의 후생에 막대한 영향을 끼칠 수 있다.

소득의 측정의 기간을 언제로 하느냐도 큰 문제다. 대학에 다니는 알바생은 아주 저임금이지만 알바의 경험으로 좋은 회사에 취업하면 고소득층으로 돌변한다. 대부분의 정규직 직장인은 세월이 가면서 고소득층으로 이전하게 되어 미국의 경우도 어느 시점에는 상위 10%의 고소득층에 속하는 국민이 30%가 넘게 된다. 그렇다면 미래에 고소득을 위한 디딤돌 역할을 하는 알바의 자리가 많아서 저임금 근로자가 많이 있는 사회를 불평등 사회라고 말할 수 있겠는가. 과격한 최저임금의 부작용이 바로 이런 첫 기회의 문을 불평등 해소라는 정책으로 닫아버린다는 점이다.

소득 또는 경제적 불평등 측정의 또 다른 문제는 이 지표들을 비교하는 점에서 발생한다. 각 나라는 인구, 국토, 산업 구조가 다르다. 인구와 산업 구조가 다르면 소득의 분포는 자연스럽게 달라진다. 인구를 감안해서 소득 불평등 지수를 비교하면 한국보다 인구가 큰 많은 나라에서 한국보다 지니 계수가 적은 나라는 찾아볼 수 없다. 유럽의 인구 소국들과 미국을 단순 비교해서 미국이 불평등한 국가라는 평가를 내릴 수 없는 이유다. 유럽의 인구 소국들은 미국의 주들보다도 인구가 적다. 미국의 주별 소득 격차는 대부분의 북유럽의 소득 격차보다 적은 경우가 많다. 우리가 지역을 쪼개면 쪼갤수록 비슷한 산업에 종사하는 인구 비중이 늘어나서 소득 격차는 줄어들기 때문이다.

소득 격차를 역사적으로 비교하는 일도 위험하기는 마찬가지다. 시간이 지남에 따라 인구 구성, 가족 구성, 산업의 구성이 바뀐다. 20년 전보다 지니계수가 증가했다고 그 사회가 더 불평등해졌다고 단정하는 일은 위험한 일이다. 인구와 가계 수가 늘면 분산은 늘어난다. 또 지니계수가 늘었다고 과거에 가난한 사람이 계속 가난하고 그때 부자가 더 부자가 되었다는 소위 부익부빈익빈을 말하지 않는다. 지니계수와 불평등의 측정 지표들은 소득의 분산만을 측정하지 누가 부를 갖고 있는지는 알려주지 않기 때문이다.

이처럼 불평등 지표는 아주 제한적인 정보만을 주는 것인데 특정 지표를 강조해서 대한민국이 재난적 양극화에 이른 나라라는 선동이 사회를 지배하고 있다. 하지만 소득, 미래 세대의 기회에 큰 영향을 주는 교육의 기회, 국민의 건강을 결정하는 의료의 접근성을 같이 측정하는 UN의 인간개발지수 등에서 한국은 상위 16~19위의 가장 포용적인 국가로 평가된다. 가난해도 모두 대학에 가고, 가난해도 누구나 병원에 갈 수 있는 나라다. 양극화가 재난적인 나라들은 낭상 먹거리가 없어서 배급소에 줄을 서야 하고, 아파도 병원에 못 가고, 날씨가 험악해도 머리를 가릴 지붕이 없는 나라들이다. 한국에서 그런 현상을 보고 있는가?

다음의 문제는 소득 또는 재산으로 평등과 불평등을 측정하는 것이 정의로운 일인가 하는 철학적 질문에 직면하게 되는 것이다. 인간은 각기 다른 가치관과 재능을 갖고 태어났다. 예술적 재능을 갖고 태어나 자유로운 삶과 예술적 가치를 추구하고 살기 위해 높은 소득을 포기하는 삶을 살았다면 이 개인은 경제적 가치 이외의 가치를 추구하기 위해 경제적 보상을 포기한 것이다. 가족이 더 중요해서 일을 적게 하고 가족과의 시간을 더 많이 보낼 수도 있다. 일부는 도가적 또는 불교적 가치관을 갖고 무소유 또는 무위의 삶의 가치를 추구한다면 이들에게도 똑같은 경제적 보상을 전제하는 소득 또는 재산의 분포를 갖고 평등을 정의하면 다른 가치를 희생하고 열심히 일한 사람들에게 정의로운 것이 될 수 없다.

더 근본적인 문제는 평등과 정의를 정부가 재단하고 교정하려고 할 때 필연적으로 국가주의, 즉 개인의 자유를 축소하고 제약하는 쪽으로 사회주의 국가화가 된다는 점이다. 가장 평등한 사회를 추구했던 공산주의, 사회주의 국가가 독재 하에서만 추구될 수 있다는 점이 이를 증명한다. 사촌이 땅을 사면 배가 아프다는 것이 상대적 빈곤에 대한 집착이다. 사촌이 땅을 사면 축하하는 사회가 자유시장경제의 사회라면 배가 아프다는 사회는 사회주의 국가다. 개인은 창의적인 노력이 아니라 정신적 고통 속에서 벗어나지 못하고 개인의 삶을 불행하게 만든다. 이 점이 평등의 집착이 정신병적 현상이라 점이다.

이 책은 이러한 문제점들을 보통 사람들이 이해하기 쉽게, 구체적 데이터를 갖고 설명한 책이다. 신혼 때 부부가 이스라엘을 버리고 자유가 더 넘치는 기회의 땅으로 이주한 저자가 왜 자신이 그런 선택을 했고, 그 선택이 옳았는지 설명하는 것도 우리의 젊은이들에게 많은 시사점을 줄 것이다. 우리가 가꾸어나가야 하는 사회는 평등한 사회가 아니라 기회가 다양하고 자유로운 사회라는 인식을 이 책을 통해 우리 사회가 바르게 인식했으면 하는 소망에서 이 책의 일독을 권한다.

이병태(카이스트 경영대학 교수)

차 례

제1부

불평등 논쟁 제대로 이해하기

제1장 불평등, 그게 무슨 상관이야?

1. 불평등이 우리 시대의 가장 본질적인 문제라고?

몇 년 전, 이 책의 저자 중 한 명인 야론 브룩Yaron Brook은 미국 버지니아 공화당 대회의 기조 연설자로 초청받았다. 거기서 그는 이렇게 연설을 시작했다.

저는 미국 시민으로 태어날 만큼 운이 좋지는 않았습니다. 스스로 미국 시민이 되는 길을 택했지요. 저는 여기 이 나라로 이민을 왔습니다. 저는 이스라엘에서 태어나고 자랐습니다. 당시 스물일곱이던 아내를 만난 것은 이스라엘에서 군 복무를 하고 있을 때였습니다. 국가를 위해 싸운 아내와 저는 결혼, 한 번뿐인 인생에서 이왕이면 자유를 만끽할 수 있는 곳, 최선을 다하는 삶을 살 수 있는 곳, 행복을 추구할 수 있는 곳, 그리고 우리가 가진 능력 안에서 자녀들을 잘 길러낼 수 있는 곳에서 살고 싶다고 생각했습니다. 그리고 전 세계를 살펴보았습니다. 어떤 특정한 곳을 염두에 두지 않았기에, 전 세계를 둘러보면서 "어디가 좋을까?"하고 고민했습니다. 고민 끝에, 우리는 이곳을 선택했습니다. 미국은 세계 최고의 나라이고, 나아가 인류 역사상 가장 위대한 국가이기 때문입니다.[1]

야론은 미국 이민을 고민하며 스스로에게 수많은 질문을 던졌다. 하지만, 미국의 '경제적 불평등'이 얼마나 심각한지에 대해서는 고민하지 않았다. 그는 먼저 온 수백만 명의 이민자처럼 자신과 가족이 더 나은 삶을 살 수 있도록 미국에 왔다. 자기 삶의 진로를 자유롭게 결정할 수 있고, 자신의 능력과 야망이 허락하는 데까지 성공할 수 있는 아메리칸 드림을 경험하고 싶었던 것이다. 만일 미국으로 이주한다면, 자신이 미국 소득 상위 1%에 들어갈지, 아니면 하위 10%에 포함될지 신경 쓰지도 않았을 것이고, 만일 누군가가 저런 질문을 실제로 한다 해도 "무슨 상관이야?"라고 대답했을 것이다.

야론의 이러한 생각은 전혀 특이한 게 아니다. 여론 조사에 따르면, 미국인들이 우려하는 미국 사회의 문제점 중에서 불평등은 목록의 최하위권에 계속 위치한다.[2] 미시간주 외곽에 살며 대출 상환에 어려움을 겪는 이들도 불과 수백km 떨어진 뉴욕의 몇몇 헤지펀드 매니저가 자가용 제트기를 타고 다니고, 고급 일식집인 노부Nobu에서 식사를 한다는 사실에 개의치 않는다. 그보다 깊은 관심을 두어야 할 것은 바로 자신을 위해 더 나은 삶을 살 수 있는 기회에 관한 것이다.

하지만 경제적 불평등에 대한 이러한 태도가 잘못되었다는 이야기를 미국인들은 거의 매일 듣고 있다. 불평등 그 자체만으로는 문제되지 않을 수 있지만, 그것이 아메리칸 드림 정신을 위협하기 때문에 모두 불평등에 관심을 가져야만 한다는 것이다. 오바마 미국 전 대통령은 그의 가장 유명한 연설 중 하나에서 "우리 시대의 가장 본질적인 문제는 위태로운 불평등의 심화와 함께 상향 이동성의 둔화이다. 열심히 노력하면 추월하여 앞서 나갈 수 있는 기회가 생긴다는(약속을 해왔던) 중산층 중심의 미국이 위태로워지

고 있다"라고 선언했다.[3]

이 문제에 대해 말하는 사람은 비단 오바마뿐만이 아니다. 노벨상을 수상한 경제학자 조지프 스티글리츠Joseph Stiglitz는 '미국 사회 구조와 경제적 지속가능성을 무너뜨리는 불평등의 심화'에 대해 다음과 같이 적었다.

"부자들은 더욱 부유해지는 동안, 나머지 사람들은 아메리칸 드림과는 전혀 딴판인 현실적 어려움과 마주한다."[4]

티모시 노아Timothy Noah는 기자로서, "미국의 소득 분포는 이제 우루과이, 니카라과, 가이아나, 베네수엘라보다 더 불평등하고, 아르헨티나와 비슷한 수준이다 … 경제학적으로 설명하자면, 지구상에서 가장 부유한 나라인 미국이 바나나 공화국[5]을 닮아가기 시작했다"라고 경고했다.[6] 프랑스 경제학자 토마 피케티Thomas Piketty는 자신의 저서 『21세기 자본Capital in the 21st Century』에서 "자본주의는 자동적으로 민주주의 사회의 기반이 되는 능력주의적 가치를 훼손하는 임의적이고도 지속 불가능한 불평등을 발생시키고," 따라서 "과두제oligarchy로 변하는 자본주의의 리스크는 현실로 드러나고 있어, 현재의 미국이 향하고 있는 방향에 관해 낙관적일 수 없다"라고 말했다.[7] 결국, 오바마의 말을 빌리자면, "불평등이 심화되는 데다가 이동성마저 둔화되는 이러한 추세는 아메리칸 드림과 우리의 생활 방식, 그리고 우리가 국제적으로 추구하는 가치에 위협이 된다"[8]라는 것이다.

'아메리칸 드림'이란 단어는 1931년 제임스 트러슬로 애덤스James Truslow Adams의 책 『미국의 서사시The Epic of America』에 처음 등장했다. 거기서 그는 아메리칸 드림이란 "모든 이가 스스로 더 나은 삶을 살 수 있으며, 자신의 삶을 더 풍요롭게 만들 수 있고, 본인의 삶을 만끽할 수 있는, 각자의 능력이나 성취에 따라 기회가 주어지는 땅에 대한 꿈"[9]이라 적었다. 결국 아메리칸 드림은 기회에 관한 것이다. 이는 더 나은 삶을 추구할 기회로서, 한 사람의 성공이 오로지 자신의 능력과 노력의 여하에 달린 세상을 의미한다. 이러한 세상에서는 혁신가들이 나타나 무한한 인류의 진보를 이끌 수 있게 된다.

이러한 아메리칸 드림 정신이 엄청난 불평등을 수반하는 것처럼 보일 수 있다. 무제한적 성취가 가능한 이러한 세상에서 누구는 어마어마한 부를 거머쥐겠지만, 대부분은 부족하지 않은 수준의 삶을 살 것이고, 나머지는 여러 가지 이유로 실패하게 될 테니 말이다. 그럼에도 불평등 비판론자들은 아메리칸 드림 정신을 경제적 불평등과 엮는 것은 잘못이라고 역설한다. 구체적인 표현 방식은 다양하지만, 일반적으로 다음과 같은 세 가지의 주장이 종종 등장한다. 불평등은 경제적 이동성, 경제 발전, 그리고 공정성과 어떠한 방식으로든 상충된다는 것이다.

〈불평등 대 이동성〉 비판론자들에 따르면, 기회라는 추상적인 개념을 가장 잘 측정할 수 있는 것이 경제적 이동성이다. 이동성을 평가하는 방법에는 여러 가지가 있지만, 위 비평가들에 의하면, 어떠한 방식으로 측정하든 미국에서 한번 가난하게 태어났다면 한평생 가난하게 지낼 확률이 크고, 부자로 태어났다면 평생을 부유하게 사는 게 현실이라고 한다.

일부 비판론자는 불평등의 심화가 노동소합의 쇠퇴 또는 최저 임금 제도의 퇴색과 같이 이동성을 제한하는 세력에 의한 것이라고 주장한다. 어떤 사람들은 불평등이 이동성 둔화의 원인이라고 주장한다. 그 예로 부유한 미국인들이 가난한 학부모들은 감당할 수 없는 사립 학교에 자녀를 보낼 수 있는 능력 등을 언급한다.

하지만 이처럼 불평등의 심화와 이동성의 둔화 사이의 관계를 다룰 때, 이에 관한 제대로 된 설명은 빠져 있는 경우가 대부분이다. 이를테면, 불평등한 정도가 심한 미국이 유럽에 비해 경제적 이동성이 떨어지므로, 유럽이 지니고 있는 사회 복지 국가 이미지를 따라함으로써 이동성을 증대할 수 있다는 주장을 납득할 만한 설명없이 많은 사람에게 주입하고 있는 것처럼 말이다.

〈불평등 대 경제 발전〉 비판론자들은 또한, 경제적 불평등은 경제 발전과 상충된다고 주장한다. 지난 40년간 부자는 더욱 부유해진 반면, 빈민층과 중산층의 경제력은 한 자리에 머물게 됨에 따라 소득과 부의 불평등이 놀라울 만큼 심화되었다는 것이 이들의 지배적인 견해다. 일부는 이러한 불평등의 심화가 부유층에게 유리한 세금 및 규제 정책과 같은 기저의 경제적 문제로부터 드러나는 증상이라고 주장한다. 다른 이들은 높은 불평등 수준과 저성장 사이의 통계적 상관 관계를 언급하며, 불평등이 경제 발전 둔화의 주요 원인이라고 주장한다.

그러나 불평등이 어떻게 성장을 저해하는지에 관한 그들의 설명은 중구난방 그 자체. 경제 성장의 원동력으로 상정한 소비자 지출을 감소시키기 때문이라는 것에서부터, 불평등이 노동자를 불행하게 만들어 생산성을 떨어뜨린다는 주장에 이르기까지 각양각색이다.

〈불평등 대 공정성〉 기회를 소중하게 여기는 이유 중 하나는 그것이 최대한 공정하고자 하는 노력을 반영하기 때문이다. 한 사람의 성공 정도가 개개인의 능력 여하에 달려 있어야 하고, 누군가 거짓말을 하거나 반칙을 저지르거나, 혹은 도둑질을 저지르거나, 그저 멍청한 결정을 내린 것일 뿐이라도, 그러한 일을 저지른 사람이 자신의 특권적 지위를 통해 실패를 피하는 경우는 없어야 한다고 우리는 믿는다. 그러나 비판론자들은 불평등이 심화되는 것은 공정성과는 상관없다고 주장한다.

불평등은 '부자들'이 자기에게 유리한 방향으로 정치 시스템을 조작하여 공정성을 훼손함으로써 야기된다는 주장이 이따금 등장한다. 오바마 전 대통령은 이와 관련하여 "일반인들은 많은 양의 정치 자금을 사용하거나 높은 몸값의 로비스트와 변호사를 고용하는 등의 방법으로 기울어진 운동장을 자신에게 유리하도록 만들어내는 정책을 입안할 수 없다"라고 말했다.[10]

이와는 다른 의견으로, 불평등의 심화가 불의에 따른 결과라는 주장도 있다. 스티글리츠는, "사다리의 꼭대기에 있는 자들이 소유하고 있는 많은 재산 중 상당 부분은 착취에 의한 것이다. … 소득 분포의 최하단에 위치한 이들의 빈곤은 대부분 경제적 차별과 빈곤한 환경에서 성장하는 어린이 다섯 명 중 한 명에게 기본적인 수준의 서비스조차 제공하지 못하고 있는 오늘날의 교육 및 의료 시스템에서 기인한다"[11]라고 비판한다.

그러나 이들이 말하고자 하는 메시지의 핵심은 결국 경제적 불평등이 본질적으로 부당하다는 것이다. 오바마는 "상위 10%는 더 이상 1970년대 이전과 같이 전체 소득의 3분의 1을 가져가지 않는다. 그들의 소득은 이제 전체의 절반을 차지한다. 과거에는 보통 CEO의 수입이 일반 근로자의 약 20~30배였지만, 오늘날의 CEO는 273배 더 많은 수입을 벌어들인다. 상위 1%의 가구가 평범한 가구보다 288배나 많은 순자산을 소유하고 있는데, 이 격차는 미국 내에서 기록적인 수치[12]이다"라고 말했다. 이 같은 비율을 오바마 전 대통령은 절대로 받아들일 수 없었을 것이다.

어떤 학자가 무엇을 주장하든, 그 결론은 항상 동일하다. 아메리칸 드림에 다가가려면, 하위층에 있는 사람들을 도와야 하고 상위층에 있는 사람들을 끌어내림으로써 불평등을 줄여야 한다는 것이다. 그래서 최저 임금 인상 및 노동조합 강화를 위한 제안들과 함께 불평등 비판론자들은 50%를 훌쩍 넘는 최고 소득세율, 막대한 상속세, 대기업들을 규제하고자 고안된 갖은 법규들, CEO 급여 수준의 제한, 부유층들이 정치적 목소리를 내지 못하도록 막는 금융법의 제정과 같은 공약 따위를 옹호한다. 피케티가 자신의 베스트셀러인 『21세기 자본』에서 밝힌 불평등 퇴치의 주된 방법은 연간 최대 10%에 이르는 국제 부유세global wealth tax 과세와 더불어 본인이 표현한 바와 같이 소득세율의 최고 한도를 80%의 '징벌적' 과세로 부과해야 한다는 것이었다.[13]

어떤 이는 이마저도 충분하지 않다고 한다. 기회에 미치게 될 막대한 영향은 개의치 않고 경제 발전을 저해하는 한이 있더라도 하향 평준화를 해야 한다는 경제적 불평등 비판론자들이 존재한다. 이들 사이에 널리 알려진 경제 불평등 비판서 『평등이 답이다The Spirit Level』의 저자 리처드 윌킨슨Richard Wilkinson와 케이트 피킷Kate Pickett은 다음과 같이 주장한다.

"우리는 부유한 국가의 경제 성장을 극도로 제한하여야 한다." 왜냐하면 "생활필수품이 충분히 확보되기만 하면, 그때부터는 상대적인 간극에만 관심을 두면 되기 때문이다."[14]

이에 더해, 베스트셀러 작가인 나오미 클라인Naomi Klein은 불평등의 문제를 진정으로 다루기 위해서는, 우리 모두 자본주의를 완전히 거부하고, 경제 발전이라는 개념을 버려야 하며, 사회주의의 분권화된 농경 사회 형태를 수용해야 한다고 주장한다.[15] 좌익 성향의 라디오 진행자 톰 하트만Thom

Hartmann은 억만장자가 되는 것을 금지하기만 한다면 자신은 만족할 것이라고 다음과 같이 밝힌 바가 있다.

"나는, 999,999,999달러가 넘는 재산에 대해서는 100%의 세금을 부과해야 할 때가 됐다고 본다. 장담하는데, 그럼 우리 모두는 억만장자가 없는 나라에서 훨씬 더 잘 살게 될 것이다."[16]

2. 우리는 불평등을 부정적으로 봐야 할까?

불평등 비판론자들은 오늘날의 미국의 모습을 비관적으로 묘사한다. 그 이미지가 너무나도 암울한 나머지 평범한 일상을 살아가는 우리 중 대부분은 그러한 표현에 전혀 공감할 수가 없을 지경이다. 그럼에도 비판론자들은 이에 개의치 않고 많은 사람의 우려를 자아내는 해결책들을 나름대로 제시한다.

하지만 이와 동시에, 이 비판론자들은 사람들의 깊은 관심을 끄는 문제들을 다루고 있다. 또한 그들의 주장은 다양한 통계치, 연구 결과, 그리고 당대의 유명한 지식인들과 언론인들의 저서 등 겉보기에는 설득력 있는 증거로 뒷받침되어 있기도 하다. 미국이 무한한 기회의 땅이 되기를 원하는 우리로서는, 그들의 주장에 대해 진지한 고민을 해봐야 할 것이다.

하지만 그들의 주장을 객관적으로 평가하기에는 고민의 첫 단추부터 큰 장애물이 등장한다. 불평등 비판론자들이 경제적 불평등은 정의롭지 못하다는 암묵적인 전제를 논의에 교묘히 끌고 들어왔다는 점이다.

〈'크기가 그대로인 파이fixed pie'**에 대한 가정〉** 불평등 비판론자들은 경제적 성공이 마치 제로섬 게임에 의한 것처럼 말한다. 이 세상에는 모든 사람에게 평등하게 분배할 수 있을 만큼의 부富가 존재하기 때문에, 누군가의 이득은 반드시 다른 누군가의 손해에 따른 것이라는 주장을 불평등으로 증명하는 꼴이다. 스티글리츠는 "상위층의 부자들은 하위층을 희생시키면서 막대한 부를 축적해 왔다"라고 주장하며 다음과 같이 적었다.

> 파이 조각을 떠올리면 어떤 상황이 벌어지고 있는지에 관해 쉽게 이해 할 수 있다. 만일 파이를 똑같은 크기로 조각낸다면, 모든 사람이 같은 크기의 조각을 얻게 될 것이니, 상위 1%는 전체 파이의 1%를 얻게 될 것이다. 허나 실제로는, 상위 1%가 전체 파이의 약 5분의 1에 해당하는 매우 큰 조각을 갖는다. 이는 나머지 사람들이 더 작은 조각을 얻게 됨을 의미한다.[17]

하지만 여기에는 생산이라는 사실이 빠져 있다. 인류는 지속적으로 더 많은 부를 창출하기 때문에, 다시 말해, 전체 파이의 크기가 지속적으로 커진다면 한 사람의 이익을 얻기 위해 다른 사람이 가진 것을 빼앗아올 필요가 없다. 그렇다고 당신이 다른 사람에게 손해를 입히고 이득을 얻지 못한다는 것은 아니다. 단지 불평등이 심해졌다는 것만으로 누군가가 속임 수에 넘어갔다거나 착취당했다거나 손해를 입었다고 의심할 수는 없다는 것이다.

불평등과 빈곤은 같은 것이 아니라는 점을 우리 모두 명심해야 한다. 티모시 노아와 같은 사람들은 "미국의 소득 분포가 우루과이, 니카라과, 가이아나, 그리고 베네수엘라보다 더 불평등하다"라고 비판한다. 그러나 그들은 거의 모든 미국인이 비교 대상국들의 국민에 비해 더 부유하다는 사실을 애써 무시한다.

경제적 불평등은 경제적 번영과 충분히 양립할 수 있다. 나아가 불평등의 심화는 대다수의 시민이 부유해지는 사회와 완벽하게 맞아떨어지는 현상이다. 미국인 중 가장 가난한 이들의 소득이 두 배가 되는 사이, 가장 부유한 이들의 소득이 세 배가 된다면, 모든 사람의 형편이 이전보다 나아지더라도 불평등의 정도는 더욱 증가할 것이다. 결국 불평등은 부족함이 아닌 '차이'를 의미한다. 차이가 존재한다는 사실만으로 의심하거나 반감을 가질 이유는 없다.

〈'그룹 파이group pie'**에 대한 가정〉** 오바마 대통령은 불평등에 관한 연설에서 "상위 10%는 이제 더 이상 우리 모두의 소득 3분의 1이 아닌, 절반을 차지하고 있다"라고 했다.[18] 이와 같은 어법은 불평등에 대해 논쟁할 때마다 자주 등장한다. 불평등 비판론자들은 '부富'는 사실상 사회 전체에 의해 창출된 하나의 사회적 파이라고 가정하고, 그 파이는 모두에게 공정하게 분배되어야 한다고 주장한다.

그렇다면 어떤 게 공정한 것일까? 경제학자 로버트 H. 프랭크Robert Frank와 필립 쿡Philip Cook은 자신들의 저서 『승자독식사회The Winner Take All Society』에서 간단한 실험으로 불평등에 대한 논의를 시작한다.

"한 익명의 자선가가 당신과 당신의 친구 두 명에게 3억 달러를 기부할 테니 알아서 나눠 가지라고 했다고 상상해보자. 당신은 그 돈을 어떻게 나눌 것인가? 만약 당신이 대부분의 일반적인 사람과 같다면 1인당 1억 달러씩 똑같이 나누자고 제안할 것이다."[19]

그들의 관점에서 이 파이는 우리 모두의 것이므로, 다른 고려 사항이 없다면, 우리 모두가 파이를 동등하게 나누는 것이 공정한 것이지, 누군가가 제멋대로 우리 소득을 차지하게 할 수는 없다.

하지만 현실은 이와 전혀 다르다. 우리 사회에 얼마 정도의 부가 존재하는지 정도는 우리가 대충 짐작하여 말할 수는 있겠다. 그러나 이 부라는 것은 국가 전체가 소유하는 하나의 파이가 결코 아니다. 대신, 부는 종종 그룹으로 함께 일하는 일부 개인에 의해 창출된 특정한 가치들로 이루어져 있고, 따라서 그러한 부는 이 특정 개인들의 몫으로 돌아가게 된다. 한마디로, 부는 사회에 의해 분배되는 것이 아니다. 그것을 창출하는 사람들에 의해 만들어지고 거래되는 것이다. 그것을 억지로 분배하고자 한다면, 사회가 부를 창출한 이들로부터 그것을 빼앗아야 한다.

이 사실을 감안하기 시작하면, 이야기는 완전히 달라진다. 누군가가 어떤 것을 창조할 때, 그 창조의 결과로 모두가 동일한 지분을 갖게 된다는 전제 따위는 없다. 같은 섬에 살고 있는 로빈슨 크루소Robinson Crusoe와 프라이데이Friday를 떠올려보자. 크루소는 일곱 개의 호박을, 프라이데이는 세 개의 호박을 길렀다는 사실을 가지고 크루소가 더 큰 파이 조각을 차지했다고 비난할 수는 없지 않은가. 그는 단지 프라이데이보다 더 많은 부를 창출한 것일 뿐이며, 프라이데이는 이로부터 손해 입은 바가 없다. 이걸 두고, 크루소가 섬 전체의 부 70%를 가져갔다고 표현하는 데에는 어폐가 있다.

부와 관련하여 크기가 고정된 파이와 그룹 파이 가정을 전제로 두기 시작하면, 자연스럽게 경제적 불평등을 비판적으로 바라볼 수밖에 없다. 만약 부가 정말로 크기가 변하지 않는 하나의 파이이거나 사회 전체가 구워내는 하나의 파이라면, 당연히 경제적으로 평등한 것이 이상적인 모습이고, 겉보기에는 이런 이상적인 형태에서 벗어난 것이 불의이고 그러한 이상理想

을 따르는 것이 옳다고 느껴질 것이다. 우리는 피케티가 말한, "불평등 자체가 반드시 나쁘지만은 않다." 하지만, "핵심은 그것이 정당화될 수 있는지, 불평등에 이유가 있는지의 여부다"[20]라는 말에 주목해야 한다.

만약 부가 개인에 의해 창출되는 것이라면, 우리는 경제적 평등을 기대할 이유가 전혀 없다. 사회를 구성하는 개개인을 살펴보면, 인간은 거의 모든 면에서 불평등하다는 것이 자명해진다. 각자의 키나 덩치부터, 힘, 지력, 외모, 절제력, 야망, 노동에 대한 관점, 도덕성에 이르기까지 말이다. 이러한 차이는 필연적으로 큰 경제적 격차를 수반할 것이지만 우리는 격차를 우려할 필요도, 부정적으로 바라볼 필요도 없다.

부라는 것은 개인들이 만드는 것이라는 사실을 명심한다면, 더 이상 경제적 평등이 사회가 추구해야 할 이상이라고 믿을 이유가 없다. 경제적 불평등 또한 딱히 정당화할 필요도 없다. 그렇다고 해서 이동성이나, 경제 발전 및 공정성에 대한 주장들이 무조건 틀렸다는 얘기는 아니다. 그것은 더 두고 볼 일이다. 그 대신, 이 사실은 경제적 불평등과 아메리칸 드림 정신이 모순된다는 전제를 논의의 시작 단계부터 거론할 필요가 없음을 보여준다. 경제적 불평등이 처음부터 아메리칸 드림과 양립하지 못하는 개념이 아니라는 것이다. 거꾸로, 미국이 기회의 땅이 될 수 있었던 이유들을 살펴보면, 기회와 경제적 불평등은 아주 잘 어울리는 개념이라고 할 만하다.

3. 기회의 이상적 모습

미국을 기회의 땅으로 만든 요인들과 오늘날 그 기회를 위협하는 요인들에 대해 이해하려면, 미국은 개인의 성공 추구를 존중하고, 또한 성공을 추구할 권리를 보호한 최초의 국가라는 것을 먼저 알아야 한다.

역사적으로, 특히 유럽 국가의 많은 사람이 열망했던 이상적 삶은 여가가 충분히 주어지는 생활이었다. 이는 단순히 하루 일과를 마친 후의 휴식 차원의 여가를 말하는 것이 아니라, 일하지 않고도 살 수 있는 삶을 의미했다. 이러한 이상적 모습의 정점을 보여줬던 자들은 바로 귀족 신사 계급gentleman aristocrat으로서, 손가락 하나 까딱 않고 살던 부류였다.[21]

하지만 미국인들의 태도는 이와 달랐다. 미국 독립 혁명 이전부터 이 신세계를 둘러본 방문객들은 많은 미국인이 자신의 이익과 이득에 따라 생각한다는 점에 놀랐다고 한다.[22] 프랑스계 미국인이었던 헥터 세인트 존 드 크레브쾨르J. Hector St. John de Crèvecœur는 미국 독립 혁명 시기에 쓰여진 『미국 농부의 편지Letters from an American Farmer』에 다음과 같이 적었다.

> "우리 모두는 간섭받지 않고, 무제한적인 근면 정신에 따라 활기찬 삶을 살고 있습니다. 왜냐하면 모두가 자기 자신을 위해 일하기 때문입니다. … 여기에서는 각자 노동 성과에 맞춰 근면에 따른 보상이 돌아가고, 노동의 수준은 오로지 인간 본성인 사익私益을 따르게 됩니다. 과연 개인의 이익보다 강한 노동의 기폭제가 있을까요?"[23]

19세기 중반까지, 이러한 생산적 성취에 대한 긍정적 사고는 미국의 정신에 깊숙이 뿌리내렸다. 이에 관해, 한 연구자는 다음과 같이 설명했다.

> 미국 북부를 방문한 자들은 거의 예외 없이, 피곤한 기색이 역력한 사람들과 바쁘게 돌아가는 사회 분위기, 짧디짧은 식사 시간과 빈약한 오락거리, 그리고 찰스 디킨스Charles Dickens가 비난한 '만능의 달러 정신

almighty dollar'의 팽배에 관해 언급했다.[24]

미국이 탄생하고 한 세기 반 동안 미국인들의 삶에서 생산적인 노동이 얼마나 중요한 비중을 차지했는지에 관해 오늘날의 기준으로 이해하기는 쉽지 않다. 당시 사람들은 교량이나 철도의 개통을 마치 오늘날 미국인들의 슈퍼볼Super Bowl만큼이나 성대하게 기념했다. 당시는 유행가에 전화와 자동차의 발명과 같은 기술적 성과를 축하하는 가사가 등장하던 시절이었다. 다니엘 예긴Daniel Yergin은 이에 관해, 19세기 후반의 석유와 관련된 역사적 기록을 언급한다.

"미국인들은 일명 '미국 석유 폴카춤American Petroleum Polka'과 '오일 피버 갤럽춤Oil Fever Gallop'을 추었으며, '거대 석유 회사들Famous Oil Firms'의 '머릿속에는 온통 석유 생각Oil on the Brain'과 같은 노래를 불렀다."[25]

오스트리아 빈 출신의 이민자 프랜시스 그룬트Francis Grund는 미국의 생산적 성과에 대한 집착을 19세기 초의 모습을 예로 들며 다음과 같이 요약했다.

미국인들이 보여주는 일터에서의 기쁨과 산업 현장에서의 즐거움 정도는 아마 세계 어디에서도 발견할 수 없을 것이다. 그들에게 근면한 직업은 행복의 수요 원천이자 위대한 국가의 기초가 될 뿐만 아니라, 일 없이는 비참해지기 십상이었으며, … 그들은 게으름의 무서움을 잘 알고 있다. 일이란 미국인의 영혼 그 자체이다. 그들은 자신과 가족에게 필요한 삶의 안락함을 얻기 위한 수단으로서만 일을 생각하는 것이 아니고, 모든 인간의 행복의 근원으로서 그 자체를 추구한다. … 이는 미국 땅 전체를 마치 "근로자 이외 입장 금지"라는 문구가 입구에 적힌 하나의 거대한 작업장처럼 느껴지게 한다.[26]

이러한 미국의 독특한 정신은 역시 독특한 미국 정부 시스템에 의해 강화되었다. 미국이 탄생하기 이전까지, 어떠한 정부 체제든 일부 사람이 다른 이들을 지배하고, 그들의 자유와 재산을 이른바 대의를 명분으로 빼앗아 갈 권리가 있음을 당연하게 여겼다. 그러한 생각이 지배했던 덕에 유럽의 귀족들은 평생 일 없이도 여유로운 삶을 살 수 있었던 셈이다.

하지만 그런 시스템은, 낡은 관습에 도전하고 새로운 것을 창조하며, 특권이 아닌 자신의 노력과 능력으로 성공하고자 하는 외부인이나 혁신가에게는 달갑지 않을 수밖에 없었다. 그래도 존 로크John Locke와 같은 사상가들의 업적을 바탕으로, 미국의 국부國父들은 경제적 평등이 아닌 정치적 평등을 기반으로 하는 국가를 건설하였다.

여기서 정치적 평등이란 권리의 평등을 말한다. 미국 건국의 아버지들에 따르면, 개개인은 삶과 자유, 행복 추구에 대해 동등한 권리를 갖는다. 미국을 세우며 그들은 "모든 인간은 평등하게 창조되었다"라고 선언했다. 이는 역설적으로 각 개인이 지능에서부터 신체적 능력, 도덕성, 부富에 이르기까지 사실상 모든 면에서 불평등하다는 것을 잘 알고 있었음을 뜻한다. 우리 모두는 오직 한 가지 면에서만 평등하다. 그것은 우리가 인간이라는 것이다. 인간은 여러 차이이 있음에도 불구하고 생존 방법만큼은 모두 같다.

하지만 생존을 위해 한정된 양의 자원을 놓고 싸워야 하는 짐승들과는 달리, 인간의 생존은 지성을 사용하여 필요한 자원을 창조함으로써 가능하다. 우리가 살아남고 행복을 달성하기 위해서는 사고思考하고 생산해야 하는데, 개인이 번영하는 사회를 만들고자 한다면 사고하고 생산할 수 있는, 그리고 생산한 것을 가질 권리가 반드시 보장되어야 한다.

그런데 그러한 권리를 침해하는 것은 무엇인가? 또한 무엇이 자유로운 사고와 생산을 통한 삶의 영위를 방해하는가? 그 답은 하나로 귀결된다. 그것은 바로, 물리적인 힘이다. 인간들이 평화롭게 공존할 수 있는 유일한 방법은 총 없이 잔혹한 폭력 대신 생산과 자발적인 거래를 하며 살기로 합의하는 것이다. 로크가 설명했듯이 이것이 본래 정부의 존재 이유이다. 즉, 공격적이고 논쟁을 좋아하는 이들로부터 부지런하고 합리적인 이들의 권리를 보호하는 게 정부 수립의 목적이라는 것이다.[27]

미국 건국의 아버지들은, 정부를 정치적 특권층이 나머지 사회구성원들을 통제하고 착취할 수 있도록 하는 도구가 아닌, 동등한 권리의 수호자로 자리매김했다. 이로써 국가를 억압의 도구에서 해방의 도구로 탈바꿈시켰다. 이를 통해 개인은 각자 최선의 삶을 살 수 있는 자유를 얻도록 해방되었다.

이것이 아메리칸 드림의 토대였다. 미국이 각자의 능력 또는 업적에 따른 기회가 있는 땅이 될 수 있었던 이유는 정치적 평등이 개인에 대한 권력자들의 착취를 없앴기 때문이다. 당신이 삶에서 무언가를 성취해내고 싶더라도, 당신에게는 아무것도 주어지지 않겠지만, 동시에 그 누구도 당신을 막지 못한다. 실느 제노와 정부 허가 독점 기업들과 같이 구세계에서 기회를 억압한 여러 제약 요소 대신에, 미국이라는 신세계는 신대륙을 풍요의 땅으로 바꿀 혁신가, 발명가, 기업가들에게 가능성이라는 길을 열어주었다.

미국에서는 본인이 생산적인 일에 헌신하기로 마음먹으면, 무일푼에서 충분히 부자가 될 수 있었다. 혹은, 최소한 다른 나라였다면 불가능한 것이라 해도 미국 내에서는 성공할 수 있었다. 만일 당신이 더 나은 재화나 서비스, 또는 더 낮은 가격이나 더 나은 기술을 제공할 수만 있다면, 그 누구도 당신의 출세를 막을 수 없었다. 자유의 확산은 성공을 운이 아닌 선택에 좌우되도록, 특권이 아닌 능력의 여부에 따르도록 만들었다. 이것이 바로 미국 땅으로 수백만 명의 이민자를 끌어들인 힘이다. 아일랜드인 이민자들을 모집하던 1850년의 포스터는 이 점을 여실히 보여준다.

> 미국에서는 노동이 삶의 첫 번째 조건이며, 근면함은 모든 이의 운명입니다. … 미국의 시골에서는, 부지런한 젊은이가 본인이 원하지 않는 일은 억지로 하지 않으면서도 무시당하지 않을 어떠한 직업이든지 선택하여, 일을 통해 출세하는 것을 합리적으로 기대할 수 있습니다.
> 미국에서 한 개인의 성공은 온전히 자기 자신에게 달려있습니다. 성공은 자신의 근면함, 절제력, 성실함 및 도덕심에 달려있습니다. 그리고 만약 누군가 성공하지 못한다면, 십중팔구 실패의 원인은 자신의 부족함에서 찾게 됩니다.[28]

분명, 정치적 평등과 이에 따른 기회는 막대한 경제적 불평등과 맞물려 있다. 그 사실에 모순되는 점은 없다. 정치적 평등은 정부가 개인을 대하는 방식과 관련 있다. 이는 어떤 사람이 흑인이거나 백인, 남자거나 여자, 그리고 부자거나 빈자인 것과 관계 없이 모든 개인을 정부가 동등하게 대우해야 함을 의미한다.

그러나 정치적 평등은 개개인의 자발적인 결정에 따라 발생하는 차이와는 아무런 관계가 없다. 사람들의 평등한 권리를 보호하는 것은 필연적으로 경제적 상황의 거대한 불평등을 불러온다. 어떤 사람들은 자신의 자유를 이용하여 약간의 부만을 창출하는 반면에, 어떤 이들은 최고 수준의 성공을 이뤄내기 때문이다. 미국인들이 경제적 불평등에 집착하지 않았던 이유는 그들은 기회가 풍부한 사회에서는 불평등이 불가피하다는 것을 알고 있었기 때문이다.

그러나 오늘날의 미국인들은 기회에 대해 우려하고 있다. 불평등 비판론자들은 지금 아메리칸 드림이 명맥만 유지하고 있다고 말한다. 어떤 면에서, 성공의 길은 예전처럼 개방적이지 않고, 진행 속도도 예전보다 느리다. 받을 자격이 없는 자들의 주머니로 돈이 흘러 들어가는 것도 사실이다. 하지만 이러한 일들은 불평등 비판론자들이 말하는 그런 방식으로, 혹은 그런 이유에 의해 일어나지는 않는다.

4. 아메리칸 드림에 대한 진짜 위협

오늘날 일부 사람들은 능력을 토대로 성공을 거두는 것을 방해받고 있으며, 반대로 다른 이들은 정치적 특권을 통해 아무런 노력 없이도 성공을 누리고 있다. 이 문제의 근본적인 원인은 우리가 정부에게 엄청난 독단적 권한을 부여했기 때문이다. 우리는 정부가 우리 일에 간섭하고, 승자와 패자를 선택하도록 하고, 성공의 길을 가로막으며, 공공선善이라는 미명 아래 움직이는 일부 이익 집단pressure group에게 특혜를 베풀 수 있도록 힘을 주었다. 이러한 불공정한 행위는 실제로 경제적 불평등을 심화시키기도 하지만, 더욱 중요한 것은 그것이 부당하다는 사실이다.

비합리적인 결정을 내린 금융 회사나 자동차 회사가 국민의 세금으로 구제받는 것은 분명 공분을 살 일이다. 그러나 이 문제의 근원은 정치권에 영향력을 행사하는 기업의 임원들의 능력이 아니라, 구제 금융 시행 여부를 결정할 수 있는 정부와 정치권의 권한에 있다. 도시에 사는 아이가 제대로 된 교육을 제공하지 않는 학교에 갇혀 지낸다면 그것은 비극이다. 하지만 문제는 다른 아이들이 더 나은 교육을 받는 것이 아니다. 정부가 효과적인 교육 시스템 조성에 실패함으로써 일부 부유한 집의 자녀를 제외하고는 양질의 교육을 받기 위한 대안을 찾는 게 사실상 불가능하다는 것이다.

사람들은 자신들의 삶에 영향을 주는 독단적 권력을 가진 정부에 입김을 행사하려고 시도할 것이다. 그러니 돈 많고 발 넓은 사람들이 정부에 대해 강력한 영향력을 과시하는 것도 이상하지 않다. 이러한 상황을 만든 원인과 이 문제에 대한 해결 방안이 무엇일까?

불평등 비판론자들은 정부가 얼마만큼의 독단적 권한을 소유하고 있는지가 아니라, 그 힘을 누구를 위해 사용하는지가 중요하다고 말한다. 그들은 정부에게 더 많은 권력을 쥐어주더라도 상위 1%보다는 나머지 99%를 위해 그 힘을 사용하도록 하는 한, 그것이 모든 사람에게 이득이라고 주장한다.

하지만 우리는 정부의 기능을 우리의 동등한 권리를 지키는 것으로 제한하는 경우에만 정부가 허가해주는 특권이 아닌, 능력에 따라 모든 사람이 성공할 수 있는 사회를 이룩해야 한다고 믿는다. 그러므로 정부로부터 특혜를 얻어 편안히 살고자 하는 이들을 위한 처방은 인허가 특혜 자체를 정부로부터 박탈하는 것밖에 없다.

오늘날 미국이 처한 문제를 파악하려면 미국 사회의 장점을 알아야 한다. 일단 우리가 직면한 문제가 무엇이든 간에, 여전히 상당한 자유를 누리고 있으며, 그 자유를 이용하여 세상을 발전시키고자 노력하고 있다. 그 결과로 나타난 오늘날의 생활 수준은 과거와 비교해보면 경이로울 정도로 발전했다.

우리는 역사상 그 어느 때보다도 더 오래, 건강하고, 풍요로운 삶을 살고 있다. 나아가, 현대 사회의 우리는 학습하고, 여행하고, 창조하고, 의사 소통하는 방법에 관한 선택지를 그 어느 때보다 많이 가지고 있다. 그리고 점점 더 많은 사람이 이 놀라운 세상에 들어오고 있다. 오늘날 미국의 빈곤층 중 약 75%는 적어도 차량 한 대를 가지고 있고, 50%는 휴대전화를 가지고 있으며, 3분의 2는 케이블 또는 위성 TV를 시청하고 있다. 또한 절반의 사람은 적어도 한 대의 PC를 소유하고 있고, 43%는 인터넷에 접속할 수 있다.[29]

더욱이, 자신의 삶에서 무언가를 개척하고 싶은 사람들을 위해 여전히 많은 경제적 기회가 존재한다. 일례로, 인터넷의 확산만 보더라도 새로운 지식과 기술을 습득하고, 일자리를 구하고, 새로운 사업을 시작하는 데 존재하던 장벽을 결과적으로 크게 낮추는 역할을 했다.

그렇다고 이 모든 것을 통해 수백만의 미국인이 직면한 고난의 현실을 부정하거나, 우리가 더 이상 발전하지 못한다고 주장하려는 것은 아니다. 오히려 이러한 성과에 대해 이야기하는 것이 중요한 이유는, 무엇이 그러한 성취를 가능하게 했는지 배움으로써 그 교훈을 실천할 수 있기 때문이다.

하지만 경제적 불평등 비판론자들은 이러한 성과에 대해 언급을 피하려는 모습을 자주 보인다. 이는 오늘날의 삶을 가능하게 해준 원동력들이 '거대한 경제적 불평등' 아래서도 충분히 작동하기 때문이다. 사람들이 정부의 독단적인 간섭없이 자유롭게 행동하면서 큰 부를 모을 수 있는 경우에만, 혁신적이면서도 발전적인 그리고 기회가 풍부한 사회에 도달할 수 있다. 실리콘 밸리는 결코 거지나 도 닦는 사람들에 의해 만들어진 것이 아니다.

기회와 경제적 불평등 사이의 이러한 연관성을 감안하여, 성취의 차이로부터 발생하는 불평등인 착한 불평등과, 정부가 부여하는 특혜에 의해 발생하는 불평등인 나쁜 불평등을 구별하자는 제안들이 등장했다. 이러한 주장을 하는 사람들은, 노력을 통해 얻은 부와 노력 없이 얻은 재산을 구분하지 않는 경제적 불평등 같은 개념 따위로 왜 우리를 호도하느냐고 따져 묻는다.

노력을 통해 얻는 재산과 그렇지 않은 재산의 구별은 물론 중요하다. 그러나 소위 착한 불평등과 나쁜 불평등을 구별할 것을 제안하는 사람들은 되려 이 논쟁의 요점을 놓치고 있다. 애초에 불평등에 대하여 그러한 구별을 해야 할 합리적인 이유가 없기 때문이다. 우리는 혁신적인 기업가들이 착한 불평등을 만들어내기 때문에 그들을 존경하는 것도 아니고, 사기꾼, 도둑 및 로비스트가 나쁜 불평등을 만들어내기 때문에 그들을 경멸하는 것도 아니다. 여기서 중요한 것은 이들이 하는 행동의 본질이지, 어떠한 행동의 결과로서 우리가 얼마나 평등해지는가의 문제가 아니다.

서로 다른 종류의 불평등을 구별하기 이전에, 애초부터 왜 상대적인 경제력 차이에 우리가 관심을 가져야 하는지에 대해 반문해야 한다. 만약 그들의 관심사가 기회의 평등을 따지는 수준이라면, 그 질문에 대한 답은 '관심 가질 필요 없다'가 될 것이다.

어쨌든 이것이 우리가 이 책을 통해 전달하고자 하는 것이다. 다음 장에서는 경제적 불평등에 대한 반론을 심층적으로 다룰 예정이다. 또한 아메리칸 드림은 불평등과 싸울 때 번창하고 그렇지 않을 경우에는 좌초한다는 비판론자들의 의견들을 살펴본 후, 그것이 왜 말이 안 되는 주장인가에 관해 언급하겠다.

제2부에서는 아메리칸 드림의 핵심 요소에 관해 다루고자 한다. 즉, 정치적 평등과 그로부터 비롯된 자유에 관해 알아보고자 한다. 사회가 자유로울 때는 오히려 사다리의 꼭대기에 있는 사람들이 아래에 있는 사람들을 착취할 유인과 힘이 없다. 대신 생산적인 성취와 상호 유익한 자발적 교환을 통해서만 부를 쌓을 수 있게 된다. 평등한 권리의 수호자로서만 기능하는 정부가 있는 국가에서는, 재산이나 소득 수준에 관계없이 오로지 능력을 가진 이들에게는 문이 활짝 열려 있고 정치적 특권층에게는 그것이 막혀 있을 뿐이다.

제3부에서 우리는 현재 그 이상理想으로부터 얼마나 멀어졌는가를 보게 될 것이다. 정부는 개인이 스스로의 노력을 통해 성공하는 것을 더욱 어렵게 만들고 있다. 특히 밑바닥에서부터 시작하는 자들에게 더 불리한 결과를 초래하고 있다.

반면, 정부는 계층에 상관없이 타인을 희생시키고 노력 없이도 결과를 얻는 게 더욱 쉬워지도록 사회를 만들고 있다. 아메리칸 드림이 사라진 것은 전혀 아니지만 동시에 번창하고 있다고 말할 수도 없다. 이러한 상황에서 경제적 불평등과의 전쟁은 문제를 악화시킬 것이다.

마지막으로, 이러한 불평등 철폐 운동을 펼치는 세력이 누구인지에 관해 알아볼 것이다. 불평등 비판론자들은 우리에게 일종의 미끼 상술을 시도하고 있다. 아메리칸 드림을 지키기 위해서는 경제적 불평등과 싸워야 한다고 주장하면서, 실제로는 아메리칸 드림이라는 목표를 불평등과 싸우는 것으로 대체하려 드는 것이다. 아메리칸 드림은 한 개인이 가진 능력과 야망만큼 성공할 수 있는 기회를 의미했다. 그러나, 불평등 비판론자들은 불평등을 비난하고 정상에 있는 사람들을 끌어내리고자, 아메리칸 드림을 추구하는 사람들을 단죄하고, 미국을 그들이 우러러 마지않는 유럽의 규제 및 복지 국가로 나아가도록 방향을 틀고 있다.

미국이 기회의 땅이 된 이유는 분명하다. 그 이유는 미국이 구세계를 본보기로 삼지 않았기 때문이다. 인간의 능력 발휘를 자유롭게 하고 그에 따른 개인의 성취를 존중하는, 전례 없는 역사를 만든 덕분이다. 우리의 미래는 이와 같은 이상적인 모습의 기회를 지키는 데 다시금 헌신할 것인지, 아니면 경제적 불평등과의 전쟁이라는 무의미한 싸움을 위해 기회를 팽개칠 것인지에 그 성패가 달려 있다.

제2장 불평등을 묘사하는 방법 뜯어보기

1. 불평등 해소가 정말 만병통치약일까?

불평등 비판론자들은 뭔가 할 말이 많다. 정부가 불평등을 통제하지 않는다면 아메리칸 드림이 위기에 처하지만, 정부가 불평등과 맞서 싸우면 아메리칸 드림은 번성한다고 이야기한다. 그리고 오늘날 우리 사회의 문제 중 하나는 국가 권력을 사용하여 경제적 불평등을 '조장'하고자 하는 '부자들'이 정부를 장악했다는 점이라고 한다. 클린턴 행정부의 노동부 장관을 역임했던 로버트 라이시Robert Reich는 다음과 같이 말했다.

과거에 사람들은 충분한 배짱과 진취성만 있다면 누구든 미국에서 성공할 수 있다고 믿었죠. 우리는 자수성가한 남성(최근에는 오히려 여성)에 관한 이야기를 믿었고, 벤자민 프랭클린과 같은 발명가와 사업가들이 가난 속에서 태어나 자신의 성공을 일궈낼 수 있다고 믿었습니다. 에이브러햄 링컨처럼 평범한 배경의 사람도 대통령이 될 수 있다고 믿었습니다. 우리는 허레이쇼 앨저Horatio Alger와 오늘날의 작가들이 소설로 써낸, 열심히 노력하면 누구에게나 기회는 열려 있다는 아메리칸 드림이 실존한다고 믿었습니다.

하지만 미국에 중대한 변화가 생겼습니다. 배짱과 진취성은 예전만큼 작동하지 않는 것 같습니다. 적어도 우리가 기억하던 것만큼은요. 대신, 운동장은 이미 부유하고 힘센 사람들과 그 자녀들에게 유리하게 기울어진 것 같습니다. 부자를 떠받드는 대신, 우리는 그들이 우리를 속이면서 부를 쌓고 있지는 않은가 의심하기 시작했습니다.[30]

이 이야기에 따르면, 정부가 경제적 불평등에 맞서기 위해 시행한 높은 한계 세율과, 강력한 친親노조 법안, 상대적으로 높은 최저 임금, 복지국가론, 그리고 임금 수준을 최대한 높게 유지하려는 사회적 분위기 덕에 높은 이동성과 공동 번영을 누린 제2차 세계대전 직후가 바로 미국의 황금기였다. 하지만 그 뒤로 무엇인가가 바뀌었다.

1970년대 후반, 부자들이 우파 정치권의 이념적 지지자들 도움으로 그들의 이익을 주창하는 운동을 함께 펼친 것이다. 이야기는 레이건의 당선으로 이어진다. 당시의 부자들이 과세 부담을 중산층에게 지우고, 노조를 통한 이득을 취하며, 규제 및 복지국가를 해체하는 등 국가 체계 자체를 자신들에게 유리하게 조작했다고 말한다. 그 사이, 부자들은 거리낌없이 엄청난 급여를 가져가기 시작했으며, 기업의 임원들은 이사진에 대한 자신들의 영향력을 통해 능력만으로는 설명할 수 없는 수준의 보수를 받아갔다고 한다. 그 결과 불평등이 악화됐고, 이동성은 둔화되었으며, 하위 계층에서의 발전 정체 현상과 함께 심각한 불황, 산업 전반에 걸친 경제 성장 둔화가 나타났다는 것이다.

조지프 스티글리츠는 "아마도 100여 년 전의 미국은 마땅히 기회의 땅으로 불리거나, 적어도 다른 곳보다는 더 많은 기회가 있었다고 할 수 있다. 하지만 최소한 지난 25년간은 결코 그렇게 이야기할 수 없다. … 미국인들은 자신들이 그토록 소중히 지켜온 것이라고 믿은 사회 경제적 이동성에 관한 이야기가 신화에 불과하다는 것을 깨닫고 있다"라고 결론짓는다.[31]

이것이 바로 불평등을 묘사할 때 그들이 사용하는 전형적인 표현법이다. 불평등을 걱정하는 모든 사람이 이런 이야기를 믿는다는 것은 아니다. 하지만 이것이 적어도 현재 가장 지배적인 관점인 것은 분명하다. 심화되는 불평등과 줄어드는 기회의 문제를 고스란히 '상위 1%'의 탓으로 돌리고, 이에 대한 해결책은 그들에게 과세하고 규제하며, 그들의 정치적 영향력을 억제하는 것이라고 여기는 관점이다. 이런 이야기에 따르면, 우리가 남들만큼 살지 못하는 것은 내 잘못이 아니라 남들 탓이다.

그렇다면 이러한 주장에 대한 근거는 무엇일까? 주요한 근거 중 하나로 제시되는 것은 프랑스의 경제학자 토마 피케티가 취합한 통계 자료이다. 그는 2000년대 초에 또 다른 경제학자인 이매뉴얼 사에즈Emmanuel Saez와 공동으로 수행한 연구에 기반하여, 미국 국세청IRS의 과세 자료를 가지고 20세기의 소득 불평등 추이를 분석한다.

아래의 도표에서 볼 수 있듯이, 그는 제2차 세계대전 직후의 기간 낮아지던 소득 불평등 수준이 최근 40년 동안은 증가해 왔음을 밝혀냈고, 이는 주로 상위 1%의 소득 변화에 기인한다고 주장한다. 연봉 등과 같이, 사람들이 정기적으로 버는 돈의 액수 차이를 의미하는 소득 불평등뿐만 아니라, 피케티는 사람들 간의 순자산액 차이를 나타내는 부의 불평등 역시 심화되었음을 밝혀냈다.[32]

사실 본 논의에서 이러한 세세한 연구 경향은 그리 중요하지 않다. 불평등 비판론자들이 강조하는 것은 불평등의 정도를 나타낸 그래프가 U자 모양으로 휘어 있다는 것이다. 그들에 따르면, 불평등은 그들이 대호황 시대

표1-1 미국 내 소득 불평등 수준 추이

the long Gilded Age라고 부르는 제2차 세계대전 이전에 높았으며, 대압축기the
Great Compression인 전후 시기에 감소했다가, 1970년대 후반 신新 대호황 시대
the New Gilded Age에 다시 증가하기 시작한다. 그들의 설명에 의하면, 정부가
불평등에 성공적으로 맞서 싸움으로써 아메리칸 드림이 현실에 가장 가까
웠던 유일한 시기는 대압축기였다고 한다.

그런데 이러한 통계에 대하여 많은 이가 반박했다. 예를 들어, 피케티가
제시한 그래프들이 마치 엄밀한 연구를 통해 도출한 명확한 결론처럼 보이
지만, 이는 불평등의 정도와 시간에 따른 변화를 정확히 측정하는 게 얼마
나 어려운 일인지를 감추고 있다는 것이다.[33]

데이터들이 가끔 정확하지 않을 뿐만 아니라, 어떤 데이터를 사용할 것인
지에 따라 결과는 매우 다양할 수 있다. 일례로, 우리가 소득 불평등을 이
야기할 때, 어디까지를 소득으로 인정할 것인가? 세전소득으로 계산해야
하는가? 아니면 세후로 계산해야 하는가? 통상 이전移轉소득으로 표현하
는 정부의 무상 원조도 포함할 것인가? 건강보험 혜택과 같은 비금전적 소

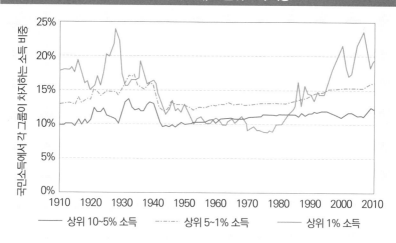

표1-2 미국 내 소득, 10분위 소득 비중

국민소득에서 각 그룹이 차지하는 소득 비중

—— 상위 10~5% 소득   ····· 상위 5~1% 소득   —— 상위 1% 소득

득은? 게다가 고령화나 이혼율 증가와 같은 인구학적 변화 및 인플레이션 등 불평등 수준에 영향을 미치는 인자들을 감안한다면, 결과값을 어떻게 조정할 것인가? 등등 개별 요소들과 여타 문제들에 관하여 선택할 수 있는 옵션들은 매우 다양하다. 또 각 선택들에 따른 결과 역시 천차만별일 수밖에 없다.[34]

부의 불평등을 측정할 때, 과거의 수치들은 신빙성이 떨어져서 더러 문제점이 과장된 측면이 있었다. 그래서 소득 불평등이 심화되고 있다는 데는 모두가 어느 정도 동의하더라도, 자산 불평등에 관해서는 어떠한 의견 일치도 존재하지 않는다. 이 현상은 결코 우연이 아니다. 피케티는 1970년 전후로 부의 불평등이 증가하기 시작했다고 주장하지만, 다른 연구자들, 특히 불평등을 비판하는 연구자 중 일부는 자산 불평등의 수준은 시간이 지나도 그대로이거나 심지어 감소하기까지 했다고 지적한다.[35]

하지만 이러한 경향들이 사실이라 치더라도, 불평등에 관한 그들의 표현

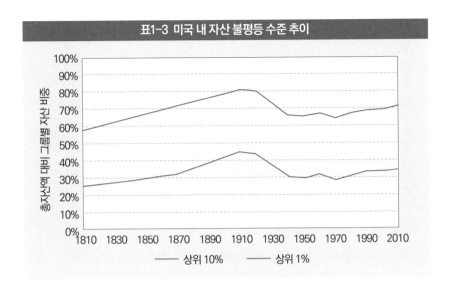

표1-3 미국 내 자산 불평등 수준 추이

세로축: 총자산액 대비 그룹별 자산 비중

가로축: 1810 1830 1850 1870 1890 1910 1930 1950 1970 1990 2010

— 상위 10%   — 상위 1%

은 여전히 논리적으로 맞지 않는다. 과거를 잘못 분석함으로써 현재를 왜곡
한다.

2. '대호황 시대'에는 대체 얼마나 호황이었을까?

경제학자 폴 크루그먼Paul Krugman은 "미국이 두터운 중산층을 갖게 된 것
은 우연이 아니다. 제2차 세계대전 시기에 발생했던 소위 소득의 대압축을
거쳤기 때문이고, 이는 평등을 선호하는 강력한 노조와 누진세를 옹호한
그 직후 세대의 사회적 분위기 덕에 지속되었다"[36]라고 한다. 여기서 크루그
먼이 중산층이 두터운 미국middle-class America이라고 한 것이 정확히 무엇을
말하는지에 관해서는 제7장에서 다시 짚어볼 것이다. 하지만 미국인들이
전후 시대 훨씬 이전부터 번영하고 있었음은 분명하다. 불평등은 다소 심했
을지 몰라도, 미국인 대다수는 과거에 비해 갈수록 나아지는 삶을 누리고
있었다.

임금 수준부터 따져보자. 19세기와 20세기 초에는 임금 수준이 단순히 오르기만 한 게 아니라, 시간이 지날수록 더 가파르게 상승했다.[37] 이는 경제적 불평등 해결을 위해 물불을 가리지 않는 정부가 등장하기 이전의 일이다. 당시에는 노조에 힘을 실어주는 법도 없었고, 노조 가입률 역시 낮았으며, 최저 임금도 없었다. 임금 수준은 순전히 시장에 의해서 결정되었고, 그 결과 노동자들의 생산성이 오르면 임금도 이에 따라 상승했다.

미국인들의 임금 수준의 급격한 증가만 삶의 질 향상에 기여한 것은 아니다. 평균 수명이 전례 없이 연장된 것도 빼놓을 수 없다. 이는 삶의 질을 잘 나타내는 척도로서, 의학 및 보건, 경제 발전에 따라 기대 수명이 1850년 38세에서 1925년에는 거의 60세까지 늘어났다.[38]

노동 시간도 삶의 질 향상의 또 다른 좋은 척도이다. 노동자들의 수입이 증가하면서, 그들은 보수 중 일부를 여가 시간의 형태로 받기 시작했다. 다시 말해, 일을 덜 해도 잘 살 수 있게 됨에 따라 일을 덜 하는 것을 선택했다는 것이다. 1870년의 미국인들은 주당 평균 61시간을 일했는데, 이는 휴가를 제외하고 연간 3,069시간 근로했음을 의미한다. 그러다가 1913년에는 그 수치가 주당 53.3시간, 연간 2,632시간으로 줄어들었다. 그리고 1938년에는 더 감소하여 주당 44시간, 연간 2,146시간이 되었다.[39]

측정치들은 이렇게 바뀌었지만 실제 우리 삶에서 완전한 발전과 풍요를 느낄 수 있었던 것은 아니다. 이른바 대호황 시대에는, 인간의 생존과 관련된 문제가 날마다 개선되었다. 1835년에서 1935년 사이, 의료의 발전은 놀라웠다. 보건 수준의 비약적 향상과 함께 마취술, 소독제, 인슐린, 페니실린, 저온살균법 등이 모두 이 시기에 발명되었다.

또한 이동 수단에 혁신이 이뤄졌다. 내연 기관의 발명에 따라 트럭, 자동

표1-4 비숙련 노동자 실질 임금 수준

차, 트랙터, 항공기가 등장하였으며, 증기 열차 역시 공기 브레이크 개발로 인해 더욱 안전해졌다. 더욱이 새로운 통신 수단의 발명으로 전 세계가 전신電信, 전화, 라디오로 연결되었다. 기업가들은 미국인들의 집을 전기, 백열전등, 재봉틀, 세탁기, 수돗물, 수세식 화장실, 에어컨을 비롯하여 온갖 발명품으로 채웠다. 각자 가지고 있던 어려움이 모두 사라진 것은 아니지만, 의식주 수준이 과거에 비해 나아진 것은 분명했다.

이러한 혜택들이 부유한 사람들에게만 돌아간 것은 결코 아니다. 경제공황의 늪에서 허덕이던 1934년, 미국 펜실베이니아의 도시 피츠버그를 대상으로 한 연구에서는 다음과 같은 사실을 발견할 수 있었다.

… 도시 내의 가장 빈곤한 구역임에도, 주거지 중 98%가 수도 시설을 갖추고 있었으며(온수가 공급되는 비율은 절반에 불과), 91%는 조명을 위한 전기 또는 가스를 공급받고 있었고, 75%는 옥내 수세식 화장실을, 54%는 샤워 시설 혹은 욕조를 갖추고 있었다. 본 연구를 비롯한 여

	표1-5 연도별 근로 시간 추이							
연도	주 근로 시간 (시간)	일 근로 시간 (시간)	주 근로 시간 (일)	연간 근로 시간 (유급)	휴가 (일)	휴일 (일)	기타 휴무일 (일)	연간 총실질 근로 시간
1870	61.0	10.2	6.0	3,181	0.0	3.0	8.0	3,069
1890	58.4	9.7	6.0	3,045	0.0	3.0	8.0	2,938
1913	53.3	8.9	6.0	2,779	5.0	3.5	8.0	2,632
1929	48.1	8.0	6.0	2,508	5.5	4.0	8.0	2,368
1938	44.0	8.0	5.5	2,294	6.0	4.5	8.0	2,146
1950	39.8	8.0	5.0	2,075	6.5	6.0	9.0	1,903
1960	38.6	7.7	5.0	2,013	7.0	7.0	9.0	1,836
1973	36.9	7.4	5.0	1,924	8.0	7.5	9.0	1,743
1990	34.5	7.3	4.7	1,799	10.0	11.0	9.5	1,584
1996	34.4	7.3	4.7	1,794	10.5	12.0	10.0	1,570

러 연구를 통해 1930년대 미국의 서민 가구들이 가사 활동을 손쉽게 만들어주는 여러 기반 시설과 가정용 기기들을 용이하게 사용한 것을 알 수 있다.[40]

19세기 통계학자이자 사회운동가인 캐롤 D. 라이트Carroll D. Wright는 부자들의 옹호자는 아니었지만 이러한 변화들을 지적하며, 부익부 빈익빈이라는 개념을 '근거 없는' 낭설이라 일축하였다.

… 부자들이 더 부유해지고 있는 것도 사실이지만, 과거에 비해 부유해지고 있는 사람의 수가 역대 최대인 것도 사실이다. 또한 빈민층 역시 과거에 비해 더 나은 삶을 살고 있다. 만약 부의 총량이 변하지 않는다

면, 부자들의 재산 증가는 곧 가난한 사람들이 착취당함을 의미하겠지만 … 부의 총량은 고정되어 있지 않다. 오히려, 이는 엄청난 속도로 성장한다. 이러한 성장 하에서, 자본가들이 임금 노동자들에 비해 생산에 따른 이득을 비교적 더 많이 차지하긴 하겠지만, 임금 노동자들은 각자 삶의 여건을 개선함으로써 역시 이득을 보게 된다.[41]

경제적 불평등의 심화와 함께, 19세기의 평균적인 삶의 질이 비약적으로 개선되었다는 점은 대다수의 불평등 비판론자도 인정할 것이다. 그 중 대표격인 브래드포드 드롱J. Bradford DeLong은 그의 글에서, "19세기의 미국은 생활 수준이 곱절로 좋아지는 것을 볼 수 있었다"라고 한다. 이어, "만일 철도나 전신의 발명, 그리고 다양한 기술 분야의 등장과 같은 신기술의 영향을 제대로 따지기 시작하면 세 배로 좋아졌다고도 할 수 있다. 이처럼 과거에 비해 놀라울 정도로 빠르게 발전한 19세기였기에 사람들은 이 시기를 '산업혁명'이라 이름 붙였다"라고 기술하였다.[42] 크루그먼조차도 이를 다음과 같이 인정한다. "대호황기의 미국 경제 발전에 따라 전 계층의 사람들은 혜택을 누렸다. 한마디로, 거의 모든 미국인이 1870년대에 비해 1920년대에 더 잘 살게 되었다는 얘기다."[43]

3. 전후 시대

제2차 세계대전 직후에 임금이 전례 없는 수준으로 급등했다는 점에는 이견이 없다. 왜 그랬을까? 불평등 비판론자들이 항상 주장하는 바에 따르면, 이는 불평등과 싸운 정부의 노력 덕분이고, 높은 과세, 노조 친화적인 법 제도, 복지 국가를 지향하는 등 정부가 경제에 깊숙이 관여하여 강한 영향력을 행사한 덕분이라고 한다.

전후 시기의 임금 급상승을 불러온 게 무엇인가에 관해 콕 집어 설명하기란 거의 불가능하다. 경제사학자들 사이에 이에 대한 어떠한 일치된 의견도 없다. 다만 한 가지 짚고 넘어갈 점은, 이러한 임금 수준의 급격한 상승은 사실 1920년대부터 나타났으며, 19세기와 20세기 초에 걸쳐 축적된 자본, 사회 기반 시설, 기술, 인적 자본을 토대로 이루어진 생산성의 증대에 따른 것이라는 점이다.

또한 이 시기가 전쟁 이후라는 점도 중요하다. 전쟁으로 유럽은 산산조각이 났고, 전쟁은 장기적으로 전 세계 경제에 타격을 주었다. 그러나 동시에 이는 산업 생산에 대한 엄청난 수요를 불러일으켰으며, 이를 충족시킬 수 있는 유일한 국가는 미국뿐이었다. 전미경제연구소National Bureau of Economic Research의 한 연구는 이에 관해 다음과 같이 설명했다.

"제2차 세계대전이 끝나갈 무렵 미국은 세계에서 가장 지배적인 공업 생산자로서의 지위를 누렸다. 스칸디나비아 국가들을 제외한 유럽 국가들과 일본의 산업 생산 능력은 완전히 파괴되었고, 영국의 생산 능력 역시 심각히 손상된 상황에서, 미국은 1950년에 전 세계 총 생산의 약 60%를 담당했다. GNP는 현(1979년 기준) OECD(경제협력개발기구) 국가들을 모두 합한 것의 61%에 달했다. 이는 분명 이례적인 상황이었다."[44]

당시는 미국이 반反이민 정책을 고수하던 시기였다. 안 그래도 미국 내 노동 수요가 높던 판국에 노동력의 공급은 제한되었다. 경제학을 조금이라도 안다면, 이러한 상황에서 임금이 가파르게 상승할 것은 쉽게 예상할 수 있을 것이다.

사실 이는 그다지 기뻐할 일이 아니다. 우리가 관심 갖는 것은 명목상의 임금 수준이 아니라 실제 삶의 질이고, 전쟁과 반이민 정책이 생활 수준을 낮춘다는 것은 분명했기 때문이다. 제2차 세계대전은 국내외 자산을 무참히 파괴했을 뿐만 아니라, 수많은 개인의 삶을 송두리째 앗아갔다.

반면, 이민 제도는 외국인들로 하여금 숭고한 가치로, 경제 성장을 촉진하는 아메리칸 드림 정신을 나누어 가지도록 해주었다.[45] 저숙련 노동자들은 저숙련 일자리를 가지는 대신 보수 수준을 낮춰 받게 된 것이 그 한 예다. 이는 얼핏 보기에는 나쁜 현상처럼 보이지만, 우리가 구매하는 제품들의 가격을 낮출 수 있는 비결이 바로 여기에 있다. 또한 고숙련 노동자들은 자신들의 능력을 한껏 발휘해 우리 모두는 이로부터 나오는 혜택을 누릴 수 있다. 여기에는 새로운 사업을 시작하는 것이 당연히 포함된다(앤드류 카네기Andrew Carnegie, 페이팔PayPal의 일론 머스크Elon Musk, 인텔의 앤디 그로브Andy Grove, 그리고 구글의 세르게이 브린Sergey Brin과 같은 이들의 이야기 참고).

하지만 우리는 한쪽 면만을 보아서는 안 된다. 불평등 비판론자들이 전후 시대의 경제적 자유에 대한 규제를 강조하지만, 당시는 경제적 자유가 성장하던 시기였다. 이를 계량적으로 측정하기는 어렵지만, 그중에서도 경제학자 레안드로 프라도스 데 라 에스코수라Leandro Prados de la Escosura가 고안한 역사적 경제자유지수Historical Index of Economic Liberty, HIEL가 경제자유도를 가장 잘 측정할 수 있다고 평가받는다. 이 역사적 경제자유지수는 오늘날의 경제자유도를 측정하는 헤리티지 재단The Heritage Foundation과 프레이저 연구소The Fraser Institute의 지수와 유사하다.

HIEL은 아주 정확하지는 않더라도, 정부가 경제에 얼마나 간섭하고 있는지를 알려준다. 재산권, 화폐 가치, 국제 통상, 규제 수준, 이 네 가지 척도를 통해 데 라 에스코수라는 경제적 자유를 측정하였는데, 그에 따르면 경제적 자유는 뉴딜 시기와 제2차 세계대전 중에 급격히 감소하다가, 뉴딜을 주창하던 규제 정권이 대부분 퇴장하면서 전후 시기에는 증가하기 시작하여 1970년대 초까지는 지속적인 증가세를 보였다고 한다.[46]

데 라 에스코수라의 지표를 어떻게 바라보든, 불평등을 공격하는 자들이 신봉하는 노조 친화적 법 제도, 높은 세율, 복지 국가의 확대와 같은 정책들이 전후 시기의 급속한 성장을 이끌었다는 주장이 근거가 없다는 것만큼은 분명하다.

〈노동조합〉 먼저, 의미 있는 단체로서의 역할을 담당할 수 있는 노동조합과, 고용인들과 비노조 근로자들을 희생시키고 노조들에게 강제력을 쥐어주는 친노조 법제를 구분하는 것이 중요하다. 피고용인들은 자유롭게 노조를 선택하여(고용주 역시 협상 대상이 되는 노조를 자유로이 택할 수 있다) 가입함으로써 단체 교섭의 혜택을 받을 수 있다. 하지만 경제학자 헨리 해즐릿Henry Hazlitt은 "많은 사례에서 보듯이, 고용인들에게만 의무를 지우는 편향된 노동 입법들은 노조들로 하여금 너무도 쉽게 노조의 정당한 기능을 넘어서는 일을 하게 만들고, 무책임하게 행동하도록 하며, 근시안적이며 반反사회적인 정책들을 받아들이도록 한다"[47]라고 경고한다.

불행히도, 이러한 우려는 20세기 중반에 실제로 일어나고 말았다. 1935년의 전국노동관계법National Labor Relations Act(주로 와그너법Wagner Act이라고 불림)과 같은 노동법들은 완전히 자유로운 사회에서는 불가능했을 강압적 권력을 노조에게 부여하였다. 많은 규정 중에서도 압권은, 해당 법이 회사로 하여금 노동조합을 인정하고 이와 협상하도록 만든 것뿐만 아니라, 가입을 원치 않는 이들을 포함한 모든 직원을 강제로 노동조합에 가입하게끔 만든 것이다.

우리 동료였던 더그 알트너Doug Altner는 이와 관련하여 다음과 같이 말했다.

"실제로 와그너법은 노조로 하여금 불합리한 요구를 하게끔 해줬고, 사업자들이 이러한 무리한 요구에 일부 응하게 하거나 시간과 돈을 잡아먹는 소송에 휘말리도록 만들었다."[48]

이러한 정치적 권력을 손에 쥔 노동조합은 인위적으로 높은 수준까지 임금을 끌어올릴 수 있게 되었다. 그 비용은 누가 다 지불했겠는가? 그것은 노동조합이 의지하고 있는 회사들뿐만 아니라, 적은 취업 기회에 시달리고 더 비싼 값을 치러야 하는 비노조 노동자들이었다.

노동조합의 역효과 중 하나는, 본인들이 제조하는 상품의 생산 비용을 올림으로써 단기적으로는 이익을 보지만 장기적으로는 손해인 조삼모사朝三暮四적 행태를 보인다는 것이었다. 석탄 산업을 예로 들자면, 전미탄광부조합United Mine Workers은 1925년부터 1960년 사이에 꾸준히 임금 인상을 주도해왔다. 그러나 이 때문에 많은 소비자가 석탄 대신 석유를 사용하게 되었다. 결과적으로 석탄 산업의 일자리를 줄였고, 나아가 석탄 채탄을 기반으로 세워진 많은 광업 도시가 사라지게 하는 결과를 낳았다.[49]

자동차 산업을 또 다른 예로 들어보자. 전미자동차노조United Automobile Workers 역시 노조 소속 노동자들의 보수 수준을 끌어올리는 데 성공했다. 그러나 크루그먼이 인정하듯, 자동차 회사들은 "노조 혜택에 드는 값비싼 비용을 소비자들에게 전가할 수 있었다."[50] 그 결과, 미국의 자동차 산업은 값싼 제품들을 내세운 외국 자동차 제조사들에 밀려 경쟁력을 잃게 되었다. 경제학자 토머스 소웰Thomas Sowell은 이러한 결과를 다음과 같이 묘사했다.

> 1950년에 이르자, 미국은 전 세계 차량 생산의 3/4을 담당했고 일본의 생산량은 미국의 1%에도 미치치 못했다. 하지만 그로부터 20년 후, 일본은 미국과 거의 비슷할 정도로 많은 자동차를 생산하게 되었고, 다시 그로부터 5년 후에는 미국을 넘어섰다. 1990년에는 미국에서 판매되는 차량 중 1/3이 일본산이었다. ... 이는 당연히 고용에도 영향을 주었다. 1980년대에 미국 자동차 업계의 일자리가 10만 개 이상 사라졌고, 1990년에는 1979년에 비해 일자리가 20만 개 더 줄어들었다.[51]

이것이 바로 노조가 사회에 끼치는 지대한 영향이다. 노조가 몇몇 사람을 위해 임금을 올려줄 수 있을지는 모른다. 그러나 그것은 다른 사람들의 희생을 통해 일시적으로만 가능할 뿐이다. 비용을 올리지 않으면서 임금 수준을 올릴 수 있는 방법은 없으며, 그에 따라 우리 모두는 높은 가격을 지불하고 제품이나 서비스를 구매해야 되는데, 이러한 구조에서는 임금 상승 자체가 무의미해진다.

〈세금〉 선후 시대에 소득세 죄고 세율이 높았던 것은 사실이지만 이는 매우 소수의 사람에게만 적용되었다. 뿐만 아니라 당시 많은 편법이 존재하여 대다수의 성공한 미국인의 실효 세율은 명목상의 91%가 아닌 50~60% 정도에 불과했다.[52] 다만 당시에는 현재보다 높은 법인세율을 적용하였기 때문에, 이는 오해라는 주장도 있다. 학자들은 어느 정도의 세율이 당시 부유한

미국인들에게 실제 적용되었는지 아직까지도 논쟁을 벌이고 있다.[53]

하지만 진짜 중요한 문제는 과연 고高세율이 어떻게 번영을 촉진하느냐는 것이다. 다른 요소는 모두 같다는 가정 아래에서 세금은 생산과 번영을 저해한다. 세금은 생산에 대한 의욕을 꺾을 뿐만 아니라 새로운 건물, 기계, R&D, 일자리 창출에 필요한 자본의 축적을 방해한다. 이러한 요소들은 경제 발전에 있어 아주 중요한 것들이다.

높은 세율이 경제 발전을 일으키도록 하는 어떠한 경제적 힘이 만에 하나라도 존재한다면, 불평등 비판론자들이 일언반구 없이 가만히 있을 리 없다. 결국 불평등 비판론자들은 전후 시기의 특수한 경제 환경 속에서 부자들에 대한 무거운 과세 정책과 더불어 높은 경제성장률이 나타났다고 주장할 수 있을 뿐이다. 하지만 과세 부담이 더 낮았다면 더 큰 성장을 이룰 수 있지 않았을까? 이에 대해서는 불평등 비판론자들로부터 어떠한 대답도 들을 수가 없다.

〈복지 국가〉

중산층이 두터워지는 데 복지 국가가 기여했다고 말하려면 몇 가지 역사적인 사실을 무시해야만 한다. 1965년 린든 B. 존슨Lyndon B. Johnson 대통령이 소위 위대한 사회Great Society와 '빈곤과의 전쟁'을 선언하기 전까지는 1935년의 사회보장법Social Security Act이 유일한 주요 복지 제도였다. 많은 미국인이 사회보장 은퇴 수당을 받기 시작하게 된 것은 전후 시대가 끝나갈 때 되어서였다.[54]

그러나 사회보장 명목으로 지급된 돈으로 중산층을 만들어내거나 확장할 수는 없었다. 왜냐하면 사회보장기금은 주로 중산층이 내는 세금을 토

표1-6 사회보장 수혜자 수		
연도	사회보장 수혜자 수	미국 인구 대비 비율
1945	1,288,107	0.92%
1955	7,960,616	4.8%
1965	20,866,767	10.7%

대로 만들어졌기 때문이다. 결국 이것은 부유층만을 상대로 한 부의 재분배가 아니라 대부분 중산층 노동자에서 중산층 은퇴자로의 재분배를 의미했다.

불평등 비판론자들이 바라보는 세상에서는, 경제에 개입하고 불평등을 해소하려고 노력했던 정부 덕택에 제2차 세계대전 이후 30년 동안 전무후무한 번영을 누릴 수 있었다. 그렇지만 이러한 관점은 우리가 앞서 살펴보았듯이 허점투성이다. 최근 40년 사이에 미국이 '대호황 시대'의 무절제한 자본주의로 회귀하여 돌아가 비싼 값을 치렀다는 그들의 설명 역시 마찬가지로 어불성설이다.

4. 자유 시장에 관한 잘못된 믿음

불평등 비판론자들은 번영했던 전후 시대의 정부 팽창을 홍보할 때 1940년대, 1950년대로, 1960년대는 1970년대로 이어진다는 사실을 빼놓고 이야기한다. 경세적 불평등이 심화되기 시작한 시기 훨씬 이전에, 비평가들이 찬탄해 마지않는 반反불평등 정책들이 등장하기 훨씬 이전에, 미국은 이미 어려움에 처해 있었다.

1960년대부터 시작된 정부 지출 비용의 급증으로 인해 1970년대는 내내 인플레이션에 시달렸다. 이러한 상황에서 미국의 산업은 경쟁력을 잃지 않기 위해 고군분투했다. 다우존스 지수로 측정한 1965~1982년 미국의 증시 주가지수는 거의 변함없이 수평을 이뤘다. 임금 상승의 주요 원인이 되는 생산성 증가는 1960년대 중반부터 둔화되기 시작했으며, 몇 차례 짧은 예외가 있었지만 1990년대까지 지지부진하였다.[55]

1970년대의 경제는 반복된 경기 침체와 함께 높은 실업률을 기록하며 성장하지 못했다. 인플레이션, 경기 침체, 실업이 한 번에 발생한 이런 예기치 못한 현상을 두고 주류 케인지언Keynesian 경제학자들은 스태그플레이션stagflation이라는 새로운 용어를 탄생시켰다.

지미 카터Jimmy Carter 전 대통령은 유명한 '미국병malaise' 연설을 통해 이 시기의 황량함을 표현하였다. 그는 미국이 '자신감의 위기'에 시달리고 있다고 말하였다. 카터의 이러한 패배 의식에 미국 국민들은 반발했다. 이러한 반발은 납세자 저항으로 시작됐다.

1978년, 캘리포니아 유권자들은 재산세율을 극도로 제한하는 것을 골자로 하는 주민발의Proposition13을 압도적인 표 차이로 통과시켰다. 존 미클스웨이트John Micklethwait와 에이드리언 울드리지Adrian Wooldridge는 이 주민발의 13을 '전국을 휩쓴 농민 봉기'의 서막으로 묘사했다.

"이는 미국인들에게 자신들의 나라가 애초에 조세 저항에 따라 세워졌고, 정치인들은 국민을 위한 봉사자들이지 주인이 아니라는 것을 다시금 일깨워 주었다."[56]

그리고 레이건 행정부가 등장하였다. 레이건은 미국 국민들에게 "이제는 정부의 팽창을 점검하고 되돌릴 시기입니다"라고 말하며 본인의 공약을 요약하였다. 국가적으로 위기를 맞고 있었고, 당면한 문제들은 "정부의 과도하고 불필요한 팽창으로부터 야기된 간섭과 개입의 수준에 비례"한다고 주장했다.[57] 미국인들은 이에 동의하였으며, 그 결과 레이건은 압도적인 승리를 거둘 수 있었다.

불평등 비판론자들은 이러한 전개 양상을 어떻게 설명할까? 그들은 1970년대의 경기 침체와 미국병은 언급하지 않는다. 대신, 부자들이 스스로의 이익을 보호하기 위해 정치인들에게 마수를 뻗쳐 미국인들을 속였다고 주장한다. 헤드릭 스미스Hedrick Smith는, "규제 완화와 감세, 그리고 자유 무역이 모두를 구원할 것이라고 약속한 지난 30년 간의 자유방임주의laissez-faire 철학[58]을 믿도록 국민을 속였다"라고 말했다. 이러한 경제 문제들이 수면 위로 떠오르면서, 우리 모두는 더 불평등해졌으며 생산성이 저하되었다는 것이 그들의 주장이다.[59]

미국인들이 1970년대 들어 실패한 좌파 정책에 반발한 것은 사실이다. 그럼에도 불구하고, 최근 40년을 좌익 성향의 작가인 토마스 프랭크Thomas Frank가 이름 붙인 대로 '자유방임주의의 부활'이라고 부르는 것은 옳지 않다.[60] 자유 시장에 관한 우파의 공약들이 집권 후에는 실제 행동으로 이어지지 않았기 때문이다.

물론 레이건 행정부와 보수적 입법자들은 경제를 옥죄던, 재앙에 가까운 정부 간섭을 몇 가지 없애기는 하였다(이는 사실 카터 행정부 때부터 시작된 경향이다). 과중한 세 부담을 경감시켰으며, 심각한 피해를 끼치던 규제를 몇 개 없앴다. 이때 정부는 가장 문제적인 몇몇 규제를 제거하여 인플레이션을 억제하는 데 도움을 주었다. 이것들 모두 경제 상황을 개선시키는 데 일조한 것은 사실이다.

하지만 큰 그림에 주목해보면, 이 '카우보이 자본주의cowboy capitalism' 시대에 정부는 그 규모와 범위를 잔뜩 키웠다고 볼 수 있다. 다음의 표에서 볼

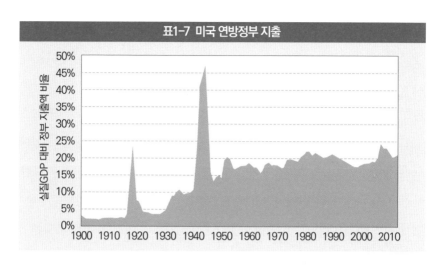

표1-7 미국 연방정부 지출

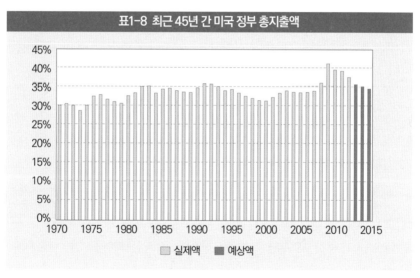

표1-8 최근 45년 간 미국 정부 총지출액

□ 실제액 ■ 예상액

수 있듯이 GDP 대비 연방정부 지출액 비율은 20세기 동안 극적으로 증가
하였다. 1980년 이후에는 클린턴 행정부 시절의 소폭 감소를 제외하고 눈에
띄는 하락은 보이지 않는다.[61]

최근 45년간의 추이를 확대하여 살펴보면, 전술 행정부의 지출 수준은

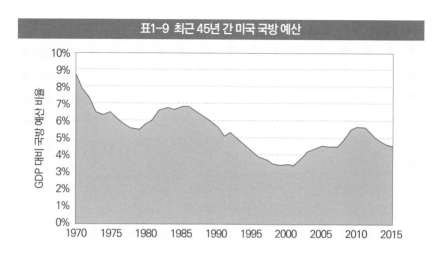

표1-9 최근 45년 간 미국 국방 예산

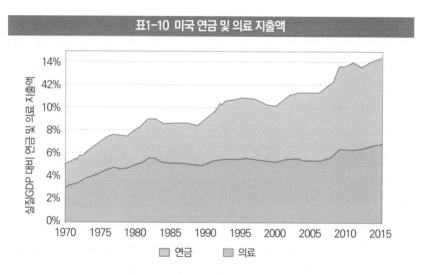

표1-10 미국 연금 및 의료 지출액

GDP 대비 약 35% 근처에서 머물고 있으며, 클린턴 행정부 시기에 살짝 감소하는 것을 볼 수 있다.[62] 하지만 클린턴이 삭감한 것 중 대부분은 아래의 표가 보여주듯이 냉전 종식에 따른 군비 감축에 의한 것이었다.[63]

와중에, 연금과 의료 복지 명목의 정부 지출은 꾸준히 증가하였다. 특히

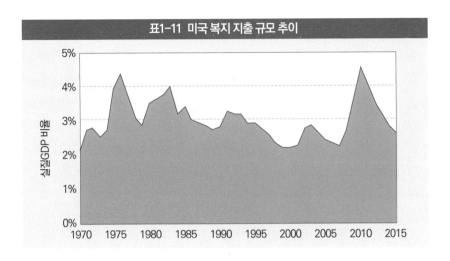

표1-11 미국 복지 지출 규모 추이

사회 복지 프로그램 중에서 가장 큰 규모의 메디케어Medicare와 메디케이드 Medicaid가 시행되어 의료 보장을 위한 정부의 지출이 확대되었다.[64]

다른 복지 프로그램에 관한 지출 추이는 다소 복잡하다. 데이터를 살펴보면 경제 상황에 따라 지출 수준은 확대와 축소를 반복하고 있다. 복지 지출은 호황일 때 줄어드는 경향이 있는데, 이는 복지를 필요로 하는 사람이 적기 때문이다. 반대로, 불황일 때는 많은 사람이 이를 필요로 하기 때문에 복지 지출이 늘어난다. 따라서 자유 시장을 맹신하는 자들이 복지 프로그램을 무작정 폐지한다고 지출이 줄어드는 것이 아니다. 실제로, 복지 지출을 본격적으로 삭감한 유일한 사례는 클린턴 행정부 시기로서, 1996년 통과된 복지개혁법Welfare Reform Act이 주효했다. 이는 복지에 의존하던 많은 사람이 일자리를 갖도록 유도하였다.[65]

규제 수준에서도 이와 비슷한 경향이 나타난다. 미 연방 규제 당국의 예산과 인력 수준은 1960년에서 2013년 사이에 엄청나게 늘어났다. 경제학자 피에르 르뮤Pierre Lemieux에 따르면, "지난 53년 사이, 규제와 관련된 연방 예

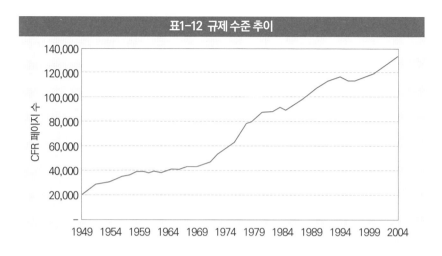

표1-12 규제 수준 추이

(세로축: CFR 페이지 수 — 20,000 / 40,000 / 60,000 / 80,000 / 100,000 / 120,000 / 140,000)

(가로축: 1949 1954 1959 1964 1969 1974 1979 1984 1989 1994 1999 2004)

산 규모는 물가상승률을 고려하였을 때 열일곱 배가 되었고, 규제 당국의 인력 규모는 다섯 배나 커졌다."[66]

심화되는 규제 수준을 나타내는 또 다른 척도로 미국 내 연방 차원의 규제 내용을 모두 적은 미국연방규정집Code of Federal Regulations, CFR의 쪽수를 들 수 있다. 이 규정집의 두께는 꾸준히 늘어났는데, 1949년 19,335쪽으로 시작하여 2005년에는 자그마치 134,261쪽에 달했다.[67] 머카터스 센터Mercatus Center 소속의 연구원인 패트릭 맥러플린Patrick McLaughlin은 만약 누군가 이 규정집 일삼아 읽는다면, 다 읽는 데만 3년 정도가 걸린다고 이야기한다.[68] 이는 연방정부 규제만 따졌을 때의 수치이다. 한 경제학자가 추산한 바에 따르면, 주州 차원의 규제 내용은 이 CFR의 150%에 달한다.[69]

마지막으로, 과도한 규제 완화의 위험성을 설명할 때 거의 빠지지 않고 인용되는 금융 산업에 관해 살펴보자. 주州 단위의 규제 기관은 제외하고 연방 차원만 따지더라도 미국의 금융 시스템은 무려 여덟 개 규제 기관의 감독 아래에 있었다. 이마저도 나름 규제가 덜한 것으로 평가받는 시기의 상황이었는데, 자세한 기관 목록은 다음과 같다.

미국 증권거래위원회U.S. Securities and Exchange Commission, SEC

금융산업규제기구Financial Industry Regulatory Authority, FINRA

상품선물거래위원회Commodity Futures Trading Commission, CFTC

연방준비제도Federal Reserve, Fed

연방예금보험공사Federal Deposit Insurance Corporation, FDIC

통화감독청Office of the Comptroller of the Currency, OCC

신용협동조합감독청National Credit Union Administration, NCUA

저축기관감독청Office of Thrift Supervision, OTS

이 모든 기관은 소위 자유방임주의 시대에도 막강한 영향력을 자랑했다. BB&T은행의 전前 CEO 존 앨리슨John Allison은 "구제 금융은 제외하고서도 금융 규제에만 쓴 예산은 점점 늘어났다. 물가상승률을 반영하면, 1980년의 7억 2천 500만 달러에서, 2007년에는 20억 7천만 달러에 달했다"라고 밝혔다.[70]

그 와중에 1980년부터 2009년 사이에는 하나의 금융 산업 규제가 철폐되면 네 개의 새로운 금융 규제가 등장했다.[71] 이것을 두고 규제 당국이 지난 수십 년 동안 제대로 일을 하지 않았기 때문이라거나, 정부가 오히려 금융 산업에 대해 더 많은 규제를 가했어야 한다는 논란이 있을 수는 있다. 그렇지만 최근 수십 년 동안 금융 시장에 대한 규제가 완화되었다거나, 심지어는 규제가 없었던 시기였다고 주장할 수는 없을 것이다.[72]

불평등에 관한 이들의 표현은 아주 교묘하고 단순하다. 정부가 불평등과 싸우기 위해 경제에 간섭하면 국가는 번영하지만, 반면 경제에서 손을 떼면 오직 부자들만 이득을 보고 나머지는 손해를 본다는 논리다. 이러한 단순화는 다분히 의도적이다. 이를 통해 사람들이 번영의 원천이 무엇인지, 그리고 정부 간섭에 따른 효과가 무엇인지에 대해 깊이 생각하지 않도록 만든다.

미국에는 항상 자유와 정부의 통제가 양립해왔다. 하지만 뉴딜을 시발점으로 정부의 통제가 더 커지게 되었다. 미국은 완전한 자유 사회가 아니라 혼합경제라는 사실을 잊어서는 안된다. 그렇기에 어떤 문제가 발생했을 때 그것은 자유 방임 때문이고, 모든 긍정적인 결과는 통제에 의한 것이라고 딱 잘라 이야기할 수 없다.

다만 우리는 어떤 요소들이 결과에 어떻게 영향을 주었는지에 관해 찬찬히 따져봐야 한다. 그리고 진정한 결과가 무엇이었는지에 대해서도 곰곰이 생각해보아야 한다. 불평등 비판론자들은 지난 40년을 자유방임주의 시대로 잘못 묘사했으며 그 결과로서 당연히 중산층이 정체되었다고 엉터리 설명을 하고 있다.

5. 정체의 시대?

조지프 스티글리츠는 이렇게 말했다.

"부자늘이 더 부유해지더라도, 중산층과 저소득층이 더 빠른 속도로 성장한다면 괜찮다. 특히 상위층의 노력이 다른 이들의 성공에도 영향을 준다면 더욱 좋은 일이다. 그렇다면 우리는 사다리 꼭대기에 있는 자들의 성공을 축하하고, 그들의 기여와 공로에 감사할 수도 있다. 하지만 현실은 이와 다르다."[73]

그렇다면, 이 같은 경제적 불평등 비판론자들이 말하는 현실은 뭘까? 그것은 바로, 중산층과 저소득층의 수입이 정체되었다는 것이다. 센서스 데이터를 인용하며 스티글리츠는 "20세기의 1/3이 넘는 기간 동안 남성 전임 근로자의 임금 수준은 정체되어 왔다"라고 언급하였다.[74] "소득 하위 90% 노동자들의 소득은 지난 30년간 15% 정도만을 증가하였다"[75]라고 피케티와 사에즈 역시 이와 비슷한 결론을 내놓는다. 또한 이들은 미 국세청의 세금 자료를 제시하면서, 1979년과 2007년 사이 소득 증가분의 60%는 상위 1%에게 돌아갔고, 하위 90%의 평균 소득 증가율은 고작 5%에 그쳤다고 주장한다.[76]

하지만 구체적인 통계 자료들을 살펴보기 전에, 지난 40년간 대다수의 미국인이 어떤 삶을 살았는가에 대한 큰 그림을 먼저 이해하도록 하자. 1970년대를 살았던 사람들에게, 오늘날과 당시의 삶을 비교하면 상전벽해桑田碧海 그 자체라는 데 모두 동의할 것이다. 주택, 자동차, 의료, 식품, 전자제품 등이 풍족해졌을 뿐만 아니라 품질 역시 비약적으로 발달했다. 이런 오늘날의 모습을 봤을 때, 지난 40년간 우리의 삶이 정체되어 있었다는 주장에는 동의하기 어렵다.

4달러의 라떼, 10달러짜리 수제 맥주, 120달러에 살 수 있는 테니스화와 함께 400달러로 휴대전화를 사고, 2만 달러 남짓으로 SUV를 살 수 있는 오늘날의 모습을 보면, 미국인들이 그 어느 때보다 많은 가처분소득을 지니고 있다는 것을 짐작할 수 있다. 물론 성급한 일반화일 수도 있겠다. 하지만 대다수의 미국인의 삶이 발전해 왔다는 것을 일관되게 보여주는 증거는 너무나도 많다.

조지 메이슨 대학George Mason University의 경제학자 도널드 J. 부드로Donald

J. Boudreaux와 미시간 플린트 대학University of Michigan-Flint의 경제학자 마크 J. 페리Mark J. Perry는 좋은 삶의 세 가지 믿을만한 척도로 기대 수명, 생활필수품에 대한 지출액, 중산층 미국인들이 실질적으로 소비할 수 있는 제품과 서비스 수준을 든다. 그들에 따르면, 미국은 세 가지 척도 모두 정체가 아닌 발전했다고 한다.

기대 수명은 1980년 74세였던 것이 오늘날 79세로 5년 증가했다. 의식주 및 교통, 전기·수도 등 생활필수품에 대한 지출액은 1950년의 가처분소득 중 53%를 차지했는데, 그 수치는 1970년 32%, 그리고 오늘날에는 32%로 낮아졌다. 또한 오늘날 많은 사람이 부담 없이 소비하는 항공 여행, 휴대전화, PC, 전자책 리더기 등 한때 굉장한 사치로 여겨졌던 것들(심지어는 존재하지 않았을 수도 있다)을 이제는 많은 사람이 누리고 있다.[77]

특히 소비와 관련된 수치가 두드러진다. 소비 여력을 측정하는 방법으로, 특정 물품들을 구매하기 위해 현재 어느 정도의 시간을 일해야 하는지를 과거와 비교해보는 것이 있다. 표1-13은 몇 가지 가전 제품의 1973년과 2013년 가격을 비교한 수치이다.[78]

우리가 오늘날 구매하는 제품들의 실질 가격은 1970년대보다 훨씬 낮고, 이는 일반 미국인들의 삶의 질에 엄청난 향상을 가져다주었다. 게다가 이 수치들은 품질의 향상은 고려하지 않았기 때문에 실제 생활 수준의 향상은 이보다 훨씬 더 높았을 것이다. 요즘의 TV나 식기세척기, 청소기가 1973년의 것들보다는 훨씬 좋으니 말이다. 더욱이, 예전에 비해 내구성이 떨어지는 제품들은 사용 기간이 짧은 대신 훨씬 싼 가격으로 그 단점을 보완해준다.[79]

이렇게 우리가 지난 40년간 누렸던 발전들이 경제적 통계치에는 드러나

가전 제품	1973년 판매가	필요 노동 시간 (시급: $3.95)	2013년 판매가	필요 노동 시간 (시급: $19.30)
세탁기	$285	72.2	$450	23.3
건조기(가스식)	$185	46.8	$450	23.3
식기세척기	$310	78.5	$400	20.7
냉장고	$370	93.7	$432	22.4
냉동고	$240	60.8	$330	17.1
오븐(가스식)	$290	73.4	$550	28.5
커피포트	$37	9.4	$70	3.6
믹서기	$40	10.1	$40	2.1
토스터	$25	6.3	$37	1.9
진공청소기	$90	22.8	$130	6.7
컬러 TV	$400	101.3	$400	20.7
합계	$2,272	575.2	$3,289	170.4

표1-13 가전 제품 구입을 위해 필요한 노동 시간

지 않는다는 사실에 유념해야 한다. 통계적 수치는 단순히 가격만 나타낼 뿐 상품의 가치는 반영하지 못한다. 스카이프Skype나 페이스타임FaceTime과 같은 무료 화상 통화 기술을 이용하여 집 밖에서도 딸아이가 잠들 수 있도록 자장가를 불러주는 것의 가치를 어떻게 계량할 수 있겠는가? GPS 기능을 탑재한 장치와 구글 지도 등의 덕분에 더 이상 길 잃을 걱정을 하지 않아도 되는 것의 가치는? 또는 위키백과와 같은 웹사이트를 통해 단순히 버튼 클릭만으로 거의 모든 질문에 대한 답을 찾아낼 수 있게 된 것은 어떠한가? 그 밖에도 수많은 책, 음악, 그리고 영상을 바로 보거나 들을 수 있게 된 것은? 그러므로 이러한 수많은 발전은 분명 의미있는 일들이다. 단지 경제학자들이 계량할 수 없다고 하여 삶의 질을 논할 때 이것들을 빼놓고 이야기해선 안 된다.

이런 좋은 소식과 별개로 문제점도 몇 가지 존재한다. 첫 번째는, 건강보험이나 교육같이 생활에서 중요한 부분을 차지하는 몇 가지 비용이 지난 수십 년 동안 상승했다. 그런데 이 척도에서는 이것도 무시한다는 사실이다(제5장에서 설명하겠지만, 이러한 지출 증가의 대부분은 정부 간섭의 결과물이다).

둘째는, 많은 여성이 가정주부보다는 일터로 나감에 따라 많은 중산층 가정이 맞벌이 가구가 되었다는 점이다. 이는 사회 전체적으로 긍정적인 현상이지만, 동시에 우리의 큰 그림에 대한 이해를 방해한다. 왜냐하면 생활 수준의 발전이 온전히 경제적 발전에 의한 것이 아니라, 더 많은 사람이 일터로 가게 된 것도 원인으로 포함되기 때문이다. 1970년과 비교해보았을 때, 경제활동인구 중 여성이 차지하는 비율은 9% 정도밖에 증가하지 않았다. 이는 미국 내 가정의 전반적인 소득 증가 수준을 설명하기에는 턱없이 미약한 수치이다.[80]

마지막으로, 이러한 발전들은 일부 미국인이 엄청난 빚을 내고 살기 때문일 수도 있는데 이러한 성장은 지속 가능하지 않다. 하지만 데이터들에 의하면, 최근 수십 년간 미국인들의 소득 대비 부채 비율은 그다지 크게 증가하지 않았다. 경제학자 스티븐 호위츠Steven Horwitz에 따르면, "부채의 형태가 변화하였는데, 기존의 대출보다는 주로 신용카드를 사용하는 식으로, 특히 상점 특화 카드store credit나 내구재 할부 구매의 형태로 바뀌었다. 하지만 전체적인 빚 부담이 굉장히 커진 것은 아니다"라고 한다.[81]

이 지점에서 우리가 지적할 수 있는 것은, 지난 40년간 상당한 경제적 발전이 이루어졌다는 사실이다. 더 많은 발전을 이뤘어야 한다고 말하거나, 더 많이 발전할 수도 있었겠지만, 미국 국민들이 그간 이득을 본 것만은 분명하다.

그렇다면 과거를 정체의 시대라고 하는 주장들을 어떻게 이해해야 할까? 이러한 주장을 하는 불평등 비판론자들은 그저 사실만을 전달하는 듯한 인상을 주려고 한다. 하지만 실제로는, 그러한 사실들은 애매한 통계에 대한 아전인수我田引水격 해석에 지나지 않는다.

소득 자료에 대한 통계는 주로 미국 인구조사국U.S. Census Bureau의 인구조사Current Population Survey, CPS와 미국 국세청의 세금 기록 두 곳에서 찾아볼 수 있다. 각각에는 장단점이 있다. 가구 단위의 조사가 갖는 주요 한계는 응답자가 정확하고 솔직한 답을 하지 않을 수도 있다는 점뿐만 아니라, 이 조사가 고소득자들에 대한 믿을만한 정보를 제공하지 못한다는 것이다. 아무리 표본의 크기를 키우더라도, 흐름을 정확히 파악하기에는 고소득자들 수가 부족한 경우가 많다.[82] 반면 미 국세청 자료의 가장 큰 한계는 정부 이전소득(사회보장제도 등), 일부 비非임금 시장 소득(비과세 자본소득, 고용주가 부담하는 건강보험과 연금 기여에 따른 혜택 등)과 다른 가구 구성원의 소득(신고를 별도로 할 경우)과 같이 가구 소득의 많은 부분이 자료에서 빠지기 때문에, 최상위를 제외한 대부분의 가구에 관한 신뢰할 수 있는 소득 정보를 제공하지 못한다는 점이다.[83]

이러한 한계 때문에, 미국 의회예산처Congressional Budget Office, CBO는 두 가지 자료를 합산한 통계를 고안하였다. 물론 이 데이터가 기존의 것들보다 더 정확하겠지만, 이 자료로부터 올바른 해석을 도출하는 것은 여전히 어려운 일이다. 어떤 자료를 사용할지 선택하는 것의 중요성은 다음의 사례에서 잘 드러난다. 피케티의 접근법에 의하면, 2007년 미국 소득의 중간값은 3만 달러였다. 반면, CPS의 자료에서는 5만 2천 650달러였으며, CBO의 데이터에서는 그 수치가 7천 200달러였는데, 이는 피케티가 제시한 숫자의 두

배가 넘는다.[84]

그러나 이러한 값들은 액면 그대로 받아들여서는 안 된다. 결국, 우리가 소득의 정체에 관한 주장들을 접할 때마다 그 주장들에 대한 근거의 출처를 알아야 하고, 그 출처가 갖는 한계점들을 명확히 인지하는 것은 중요하다. 어떤 자료를 사용하든, 시간에 따른 소득의 변화 양상을 해석하는 데 영향을 주는 요소들은 수없이 많다. 이러한 요소들이 지난 40년 동안 어떻게 중산층 소득에 대해 분석가마다 제각각 다른 결론을 내리도록 만들었는지 알아볼 것이다.

〈종합 문제〉 통계는 그 성질상 범주 단위로 자료를 다루기 때문에 거기에 속한 개인들 각자의 현실은 반영되지 못한다. 시간에 따라 상위 1%나 하위 20%에게 어떤 일이 일어나고 있는지에 관해 알아볼 때, 그 구성원들이 끊임없이 바뀌고 있다는 사실은 간과된다. 그러므로 중산층의 소득 변화에 대해서 우리가 이야기할 때, 대상이 되는 개별 구성원들은 항상 변한다는 점을 언제나 유념해야 한다. 1979년 이래로 중산층의 소득이 정체되어 있다는 주장은 1979년에 일하기 시작한 사람이 현재도 똑같은 소득을 올린다는 걸 의미하는 게 아니다. 그런 경우는 매우 드물다.

개인 단위에서 어떠한 일이 일어나고 있는지를 측정하는 방식에는 두 가지가 있다. 한 가지는 코호트cohort 데이터라고 불리는 것을 사용하는 방법이다. 이 방식을 써서 우리는, 예를 들어 1979년에 20~30세였던 사람들이 당시에 벌었던 액수와 2007년에 48~59세가 되어 오늘날 벌어들인 소득을 비교할 수 있다. 경제학자 스테판 J. 로즈Stephen J. Rose는 기혼 부부의 소득을 이런 방식으로 비교하여 중위 가구 소득이 1979년의 5만 5천 600달러에서 2007년에는 8만 1천 달러로 상승했다는 것을 알아냈다(2007년의 달러 가치로 환산한 결과).[85] 종적인 패널 데이터를 보더라도 이와 유사한 결과가 나온다. 즉, 동일인을 장기간 관찰하는 연구를 해도 비슷한 결과가 도출된다는 이야기이다.

이러한 연구의 시초격인, 1968년에 시작된 소득 역학 패널 연구Panel Study of Income Dynamics 자료로부터 로즈는 "20~31세부터 일하기 시작한 사람들의 소득 중간값은 28년 사이에 44% 상승했음"을 밝혔다.[86] 다시 말해, 대다수의 개인은 시간이 지남에 따라 자신들의 소득이 현저히 증가하는 것을 경험하였다는 것이다.

소위 정체론을 옹호하는 자들도 일반적으로 이를 부정하지는 않는다. 물론 이 사실을 지적하기 위해 군이 노력하지도 않는다. 대신, 그들은 이러한 소득 증대를 일명 생애 소득lifecycle gains 가설로 전부 설명했다. 즉, 나이가 들면서 개인의 숙련도가 올라가고 각자의 커리어가 성장하므로 시간이 지날수록 사람들이 더 많이 버는 건 당연하다는 얘기다. 정체론자들이 묻는 것은 과연 경제 발전이 최상위계층 아래의 대다수에게도 효과를 미치느냐는 것이다. 다르게 표현하면, '현재 가구 소득 수준에서 중심에 있는 가족이 40년 전 같은 위치에 있던 가족보다 더 잘살고 있을까? 미국 경제의 발전으로 모두를 부양하는 데 성공했을까, 아니면 몇 개의 호화 요트만이 떠올랐을까?'와 같은 물음들이다. 하지만 이 질문에 대답하려면 통계적 범주 차원의 데이터에 의존할 수밖에 없고, 그러한 집단 데이터를 사용하면 경제 현상은 쉽게 왜곡될 수 있다.

〈가구 구성〉 소득 추산치를 어림하는 데 영향을 줄 수 있는 것으로 가구 구성을 들 수 있다. 만약 이혼율이 증가하거나 결혼 준비 기간이 길어진다면, 실제 삶의 질 변화와는 무관하게 소득은 더 안 좋게 나올 것이다. 예를 들어, 결혼한 부부에게 각각 연 2만 5천 달러의 소득이 있다고 가정한다면, 총 가구 소득은 5만 달러가 된다. 이러한 상황에서 둘이 이혼을 한다면 이후에 각자의 소득이 3만 5천 달러로 증가하더라도 가구 소득 중간값은 낮아지게 된다. 즉, 한 가구가 5만 달러의 소득을 올리던 게 연 소득 3만 5천 달러의 두 가구로 변한 것이다. 분명 모두가 이전에 비해 경제적으로 더 잘 살고 있음에도, 겉보기에는 더 안 좋아 보일 수도 있다는 얘기다.

이혼율이 1970년대에 급격히 상승한 사실과 함께 혼인하지 않는 동거가 흔해지는 등 가구 구성의 변화가 소득에 미친 영향만 하더라도 지대할 것으로 보인다. 뿐만 아니라, 지난 수십 년 동안 사람들이 자녀를 적게 낳아 평균 가구원의 수는 줄어들었다. 이는 다른 요소들이 일정하다고 가정할 때, 같은 소득으로도 과거보다 더 높은 수준의 삶을 영위할 수 있음을 의미한다.[87]

〈이민 경향〉 지난 40년 동안 수백만 명의 저숙련 노동자가 미국 노동 시장에 진입했다. 1965년 미국 인구의 5% 정도만을 점유하던 이민자들은 이제 인구의 13% 정도를 차지하기에 이르렀다. 또한 이민자들은 미국에서 태어난 이들에 비해 빈곤층에 속할 확률이 두 배나 높다.[88] 이러한 이민자 유입이 소득 통계에 미치는 영향은 엄청나다. 모두의 키가 180센티미터인 열 명의 손님과 모임을 하고 있다고 가정해보자. 몇 시간 뒤에 키가 160센티미터인 열 명의 손님이 더 왔다고 하면, 평균 신장이 갑자기 180센티미터에서 170센티미터로 급감할 것이다. 키가 작아진 사람은 아무도 없는데도 말이다. 미국인 기준에서 저임금 일자리를 이민자들이 가져감에 따라 이 같은 일이 발생하고 있는 것이다. 이처럼 통계에는 실제로 각자 더 잘살게 되더라도 전체적으로는 그대로이거나 더 못살게 되는 것처럼 보이는 착시가 있을 수 있다.

〈근로자 복리 후생〉 1970년대 이래로 근로자의 총급여 중에서 일정 비율은 의료보험과 연금처럼 복리 후생 형태로 지급되고 있다. 그런데 그 비율이 초기에는 10%이던 것이 오늘날엔 19% 정도까지 증가하였다.[89] 단순히 소득액만 가지고는 사람들의 실질 보수 수준을 파악할 수 없다는 말이다. 여기에 몇몇 무형의 혜택이 더해지면 측정이 거의 불가능하다. 예를 들어, 고용주들이 유연한 근로 시간이나 근로 방식을 채택하거나 더 나은 업무 환경을 제공한다면, 근로자들은 더 낮은 임금을 받아들이기도 한다. 그렇게 되면, 근로자 본인은 이로부터 이익을 보더라도 통계적으로는 손해를 입은 것처럼 보일 것이다.

〈인플레이션 조정〉 1979년의 1달러는 2015년의 1달러와 가치가 다르다. 분석가들은 이러한 차이를 적절히 조정하기 위해 노력한다. 하지만 물가상승률에 따라 가격을 조정하는 방법은 다양하다. 물론 완벽한 방법은 없지만 어떤 방법을 사용하느냐에 따라 결과가 크게 달라질 수 있다. 정부는 주로 소비자물가지수Consumer Price Index, CPI-U를 활용하여 인플레이션을 측정하고 가격을 조정한다. 하지만 이 CPI-U는 인플레이션을 과대평가하고 반대로 소득상승률은 과소평가하는 것으로 알려져 있다.

소득이 정체했다는 주장의 대부분은 이 CPI-U 조정법에 기반을 두고 있다. 많은 연구자는 이보다 더 정확한 측정치를 원한다. 예를 들어, 최신

기법의 소비자물가지수Consumer Price Index Research Series Using Current Methods, CPI-U-RS, 혹은 연쇄가중법chain-weighted, CPI이라고 불리는 측정치는 물가 변화에 따라 소비자가 구매 결정한다는 사실을 반영한다.[90] 하지만 이러한 기법조차도 물가상승률을 실제보다 부풀리는 것으로 의심받고 있다.

〈세금과 이전소득〉 사람들은 소위 시장소득만을 가지고 살지 않는다. 정부는 우리로부터 돈을 가져가기도 하고(세금) 우리에게 주기도 한다(이전소득). 소득을 분석하는 데 있어 세전 금액을 측정할 것인지, 이전소득을 제외하고 측정할 것인지, 또는 세후 금액을 측정할 것인지, 이전소득을 포함하여 측정할 것인지, 아니면 여러 조건을 섞어 측정할 것인지에 따라 그 결과는 크게 차이가 난다. 연구가 다양함에 따라 사용하는 기법도 다양하므로, 연구 시에는 어떤 접근법을 왜 사용했는지 분명하게 밝혀야 한다.

〈조세의 변화〉 조세 정책의 변화에 맞춰 개인이, 특히 고소득자가 소득을 신고하는 방법은 변하게 된다. 이 때문에 국세청 자료로 고소득자들의 소득 수준을 추적 조사하는 것(피케티가 사용한 방법)은 매우 잘못된 결과를 낳을 수 있다. 일례로, 경제학자 앨런 레이놀즈Alan Reynolds는 "1983년 이후 상위 1%의 이전소득을 제외한 세전 소득 상승분의 절반, 그리고 2000년 이후 싱승분의 진부는 급여, 비非법인 사업소득, 배낭소득, 사본소득에 대한 한계세율 인하에 따른 반응"이라고 추산한 것을 꼽을 수 있다.[91]

〈경제 단위〉 어떤 단위의 소득을 측정하는가에 따라 수치에는 매우 큰 차이가 발생한다. 측정 단위는 개인 단위, 가구 단위 또는 과세자 단위가 될 수 있다. 개인 단위로 측정하면 가장 좋을 것처럼 보이지만, 사실 이것은 엄청나게 잘못된 결과를 만들어낼 수 있다. 4인 가구 중 부모 중 한 명만이 일할 경우에 개인 단위로 소득을 측정하면, 한 명만 잘살고 나머지 세 명은 끔찍한 가난에 시달리는 것처럼 보일 테니 말이다.

국세청의 세금 자료가 활용하는 과세자 단위가 이보다는 조금 낫지만, 이 역시 결과를 왜곡할 수 있다. 대학생이 부모와 함께 살면서 가끔씩 아르바이트를 한다고 생각해보자. 이 학생이 세금 환급을 신청하면, 실제 생활 수준은 부모 덕에 아주 좋더라도 과세 자료 상 학생의 소득 수준은 매우 낮게 나올 것이다.

동거하는 커플의 경우도 생각해보자. 결혼하지 않은 커플이 함께 살면서 각자의 연봉이 7만 5천 달러라고 할 때, 이 커플은 똑같이 7만 5천 달러의 소득을 올리는 각자 사는 개인들보다 더 많은 소비를 할 수 있다. 왜냐하면, 동거 커플은 주거비, 공과금, 식비를 포함한 다양한 지출을 절감하는 규모의 경제를 달성할 수 있기 때문이다.

한 지붕 아래 같이 사는 사람들을 의미하는 가구 단위도 있다. 여기서 주의해야 할 점은 가구원 수를 고려하지 않을 시, 완전히 다른 수준의 삶을 사는 가구들을 동등하게 취급할 수도 있다는 것이다. 예를 들어, 자녀가 없는 부부가 10만 달러의 소득을 올리는 가구와 가족이 열 명인 집에서 10만 달러의 소득을 올리는 가구를 동등하게 취급하는 경우가 해당된다.

불평등 논쟁에서 등장하는 신기한 사실 중 하나는 바로 대부분 사람의 가구소득은 중간값보다 높다는 점이다. 처음에는 이상하게 들리겠지만, 사실 이는 상위 소득의 가구일수록 가구원의 수가 많다는 경향 때문일 뿐이다.

표1-14 1979, 2007년 사이 소득 성장률 비교				
	과세자 단위	가구 단위	구성원 수 조정 과세자 단위	가구원 수 조정 가구 단위
세전, 이전소득 제외	3.2%	12.5%	14.5%	20.6%
세전, 이전소득 포함	6.0%	15.2%	17.0%	23.6%
세후, 이전소득 포함	9.5%	20.2%	25.0%	29.3%
세후, 이전소득 포함 + 의료보험 혜택	18.2%	27.3%	33.0%	36.7%

이러한 요소들이 어느 정도의 차이를 만들어낼까? 리처드 V. 버크하우 저Richard V. Burkhauser, 제프 래리모어Jeff Larrimore, 그리고 코살리 I. 사이먼 Kosali I. Simon은 2011년 논문을 통해 매우 큰 차이가 존재한다는 것을 보여 주었다. CPS의 자료를 토대로, 이 세 명의 경제학자는 우리가 이야기한 요 소 중 일부만을 바꿔도 중위 소득액이 얼마나 변하는가를 아래의 표를 통 해 보여줬다. 어떤 척도를 사용하느냐에 따라 중산층의 소득은 정체되거나 (1979년 이래로 3.2% 성장함) 혹은 비약적으로 성장(1979년 이래로 36.7% 성 장함)하는 모순적인 결론 중 하나에 다다를 수 있었다.[92]

CBO의 자료를 통해서도 같은 양상을 관찰할 수 있다. 어떤 요소들을 고 려하느냐에 따라 결과치가 극적으로 변한다는 얘기다. 불평등에 비판적인 견해를 가진 재러드 번스타인Jared Burnstein의 경우, CBO 데이터를 분석한 결과 1979년부터 2010년 사이에 가구 단위 근로소득은 7% 정도 감소하였 다고 보고했다.

하지만, 번스타인이 인정한 바와 같이, 그 수치는 이전소득을 제외한 세 전 소득을 사용한 결과이다. 만일 세후 소득과 이전소득까지 고려한다면, 소득 분위 중앙의 가구소득은 해당 기간 36% 증가한 것으로 나타난다.[93]

이를 통해 중산층 소득 수준이 정체해 있다는 잘못된 믿음을 없앨 수는 있지만, 동시에 중산층을 정체로부터 빠져나오게 만드는 유일한 방법은 정부의 지원뿐이라는 인식을 사람들에게 심어줄 수도 있다.

맨해튼연구소Manhattan Institute 소속 연구자인 스콧 윈십Scott Winship의 설명과 같이, 이러한 연구 결과들은 속임수이다. "피케티와 마찬가지로, 번스타인이 인용하는 수치들은 생산 가능 인구에 속하는 가구원들과 은퇴자들을 구분하지 않고, 하나로 합쳐버린다"라는 것이다. 그런데 만약 은퇴자들을 분석 데이터에서 제외하면 도대체 무슨 일이 일어날까?

> 고령 가구만을 놓고 봤을 때, 근로소득은 중산층의 소득 증가를 막는다(즉, 소득이 감소). 비고령 가구의 소득 증가 중에서 세제 혜택과 이전소득이 공헌한 비율은 54% 정도로, 고령층의 91%와 대비된다. … 사실, 중산층 가구 중 자녀가 있는 집의 경우(물가 상승을 고려했을 때), 1979년에 비해 2010년에는 7천~1만 3천 달러 정도 더 버는 것으로 나타났다. 이는 14~23% 정도 증가한 것이다. 여기다 이전소득을 제외한 세전 소득을 따지게 되면, 그 증가폭은 1만 5천 달러, 또는 25%로 늘어난다. 자녀가 없는 비고령 가구 역시 이전소득을 제외한 세전 소득에서 큰 증가를 보였다(8천 달러, 또는 20%).[94]

이와 관련하여 수많은 이견이 있지만 이것 하나만은 확실하다. 바로 중산층 정체론을 뒷받침하는 유일한 수치는 이전소득을 제외한 세전의 소득액이라는 점이다. 이는 각자가 시장에서 얻는 다양한 형태의 보상을 모두 포함하지 못하고, 가구와 노동 인구의 구성 변화를 반영하지 못할 뿐만 아니라, 인플레이션마저 제대로 반영하지 못한다. 대신 다른 측정치를 사용하여 분석하면, 그간 상당한 발전이 있었다는 데는 의심의 여지가 없다.[95] 그렇기 때문에, 이런 정체 이론을 거부하는 불평등 비판론자들도 상당수 존재한다는 것은 그리 놀라운 일이 아니다. 예를 들어, 경제학자 제임스 갤브레이스James Galbraith는 다음과 같이 지적한다.

> 임금 중간값이 1972년을 정점으로 정체했거나 꾸준히 감소했다고 흔히들 이야기한다. 그러므로, 10년, 15년, 20년 전보다 사람들의 삶이 더 팍팍해졌다고 주장하는 것은 당연하다. 그러나 이는 적어도 2008년 금융 위기 이전까지는 들어맞지 않는 얘기다. 왜냐하면 해당 기간 노동 인구는 전체적으로 더 젊어졌을 뿐만 아니라, 여성, 사회적 약자, 이민자들의 노동 참여가 더 많아졌기 때문이다. 이들은 비교적 낮은 임금 수준으로 시작하고 상향 성장할 기회를 가지고 있다. 그러므로 노동 인구 전체를 봤을 때 그 구성원들의 삶이 악화되었다고 할 이유는 없다. 오히려 구성원 대부분은 각자 성공을 거뒀으며, 기술의 발달과 전반적인 후생의 발전을 누렸다.[96]

경제적으로 삶이 더 나아졌음을 증명하는 게 이처럼 어려운 일이기에, 하나의 단편적인 동세에만 의존하여 해석하는 우를 범해서는 안 된다. 하지만 상식에 기초한 관찰 결과와 생활 수준에 대한 포괄적 수준의 자료, 그리고 통계 자료에 관한 합리적 해석의 결과가 일관된 방향을 가리키기에, 우리는 거의 모든 미국인의 삶이 1970년대보다 오늘날 더 풍요로워졌다고 믿을 수밖에 없다. 생애 소득 차원에서의 시간 증가에 따른 소득 상승 때문이기도 하겠지만, 이는 경제적 발전이 전부는 아닐지라도 최소한 대부분의 삶을 개선시켰기 때문이다. 불평등은 심화되고 있지만, 대다수의 미국인이 과거에 비해 더 잘살고 있는 것도 분명한 사실이다.

6. 앞으로 나아갈 길

불평등에 관해 비판하는 이들은, 우리가 어떻게 아메리칸 드림을 버리게 되었는지, 어떻게 다시 이를 부활시킬 수 있을지에 관한 나름의 주장을 펼친다. 정부가 경제적 불평등과 맞서 싸우면 우리는 번성하고, 정부가 싸우지 않고 내버려둔다면 그러지 못한다는 이야기다.

하지만 이 주장은 말이 안 되는 이야기다. 이는 과거를 제대로 설명하지 못할 뿐만 아니라 현재를 제대로 반영하지도 못한 것이다. 미국에는 늘 자유와 정부의 통제가 혼재하였으며, 지난 40년 동안 좋은 소식과 나쁜 소식 모두 골고루 등장했다. 여기서 중요한 점은 무엇이 좋은 소식을 불러오고 어떤 것이 나쁜 소식을 가져다주는지를 구분하는 것이다. 그 구분을 위해 부의 분배부터 따지고 보는 것은 잘못된 접근이다. 우리가 살펴봐야 할 것은 부의 창출과 더불어 더 넓은 관점에서 성공과 행복의 추구를 가능케 하는 환경이다.

주석

1 야론 브룩, 버지니아 주 공화당 2009년 전당대회, 2009년 5월 30일(Yaron Brook, Republican Party of Virginia 2009 State Convention, May 30, 2009).

2 윌리엄 갈스톤, "미국의 과제: 모두를 위한 성장", 월스트리트 저널, 2014년 9월 9일 (William A. Galston, "America's Challenge: Growth That Works for All," *Wall Street Journal*, September 9, 2014, http://online.wsj.com/articles/william-galston-americas-challenge-growth-that-works-for-all-1410304351); 갤럽, "가장 중요한 문제", 2015년 4월 12일 (Gallup, "Most Important Problem," April 12, 2015, http://www.gallup.com/poll/1675/most-important-problem.aspx); 브루스 스톡스, "미국의 높은 소득 격차에 관한 대중의 우려는 낮은 것으로 나타남", 퓨 리서치 센터, 2013년 12월 6일(Bruce Stokes, "The U.S's High Income Gap Is Met with Relatively Low Public Concern," *Pew Research Center*, December 6, 2013, http://www.pewresearch.org/fact-tank/2013/12/06/the-u-s-s-high-income-gap-is-met-with-relatively-low-public-concern/).

3 버락 오바마, "경제적 이동성에 대한 대통령의 발언", 백악관, 2013년 12월 4일(Barack Obama, "Remarks by the President on Economic Mobility," *The White House*, December 4, 2013, http://www.whitehouse.gov/the-press-office/2013/12/04/remarks-president-economic-mobility).

4 조지프 스티글리츠, 『불평등의 대가: 분열된 사회는 왜 위험한가?』(뉴욕: 노턴, 2013), 2쪽(Joseph E. Stiglitz, The Price of Inequality(New York: Norton, 2013), p. 2).

5 역자 주 ― 외국의 원조로 연명하는 부정부패가 심하고 가난한 국가들을 일컬음.

6 티모시 노아, 『대분기: 미국의 증가하는 불평등 위기와 우리가 할 수 있는 일』(뉴욕: 블룸즈버리, 2013), 1장(Timothy Noah, *The Great Divergence: America's Growing Inequality Crisis and What We Can Do About It*(New York: Bloomsbury Press, 2013), chap. 1).

7 토마 피케티, 『21세기 자본』(케임브리지, MA: 벨크납, 2014), 1, 514쪽(Thomas Piketty, in the Twenty-First Century(Cambridge, MA: Belknap, 2014), pp. 1, 514). Capital

8 버락 오바마, "경제적 이동성에 대한 대통령의 발언"(Obama, "Remarks by the President on Economic Mobility").

9 제임스 트러슬로 애덤스, 『미국의 서사시』(뉴욕 가든 시티: 가든 시티 북스, 1933), 317쪽(James Truslow Adams, *The Epic of America*(Garden City, NY: Garden City Books, 1933), p. 317).

10 비락 오비미, "경제적 이동싱에 대한 내동령의 발언"(Obama, "Remarks by the President on Economic Mobility").

11 조지프 스티글리츠, "결론: 느린 성장과 불평등은 정치적 선택이다. 우리는 선택할 수 있다", 2014년 11/12월호(Joseph E. Stiglitz, "Conclusion: Slow Growth and Inequality Are Political Choices. We Can Choose Otherwise," *Washington Monthly*, November/December 2014, https://washingtonmonthly.com/magazine/novdec-2014/conclusion-slow-growth-and-inequality-are-political-choices-we-can-choose-otherwise/).

12 버락 오바마, "경제적 이동성에 대한 대통령의 발언"(Obama, "Remarks by the President on Economic Mobility").

13 토마 피케티, 『21세기 자본』, 513, 517쪽(Piketty, *Capital in the Twenty-First Century*, pp. 513, 517).

14 리처드 윌킨슨과 케이트 피켓, 『평등이 답이다: 왜 평등한 사회는 늘 바람직한가?』 (뉴욕: 블룸즈버리, 2009), 225~26 쪽(Richard Wilkinson and Kate Pickett, *The Spirit Level*(New York: Bloomsbury Press, 2009), pp. 225~26).

15 나오미 클라인, 『이것이 모든 것을 바꾼다: 자본주의 대 기후』(뉴욕: 사이먼 & 슈스터, 2014)(Naomi Klein, This Changes Everything: Capitalism vs. the Climate(New York: Simon & Schuster, 2014)).

16 톰 하트만, "억만장자 금지 캠페인", OpEdNews, 2012년 7월 18일(Thom Hartmann, "The No Billionaires Campaign," OpEdNews, July 18, 2012, http://www.opednews.com/populum/printer_friendly.php?content=a&id=153218).

17 조지프 스티글리츠, 『불평등의 대가: 분열된 사회는 왜 위험한가?』, 8쪽(Stiglitz, The Price of Inequality, p. 8).

18 버락 오바마, "경제적 이동성에 대한 대통령의 발언"(Obama, "Remarks by the President on Economic Mobility").

19 로버트 H. 프랭크와 필립 J. 쿡, 『승자독식사회』(뉴욕: 자유 언론, 1995), 7쪽(Robert H. Frank and Philip J. Cook, The Winner-Take-All Society(New York: Free Press, 1995), p. vii).

20 토마 피케티, 『21세기 자본』, 19쪽(Piketty, Capital in the Twenty-First Century, p. 19).

21 〈참조〉, 예를 들어, 다니엘 T. 로저스, 『미국 산업의 직업 윤리』 1850~1920(시카고: 시카고 대학 출판사, 1970), 1~4쪽(See, for instance, Daniel T. Rodgers, The Work Ethic in Industrial America 1850~1920(Chicago: The University of Chicago Press, 1979), pp. 1~4).

22 고든 우드, 『미국혁명의 급진주의』(뉴욕: 빈티지, 1992), 139쪽(Gordon S. Wood, The Radicalism of the American Revolution(New York: Vintage, 1992), p. 139).

23 J. 헥터 세인트 존 드 크레브쾨르, "미국 농부의 편지: 편지 III – 미국인이란?"(J. Hector St. John de Crèvecœur, "Letters from an American Farmer: Letter III — What Is an American," http://avalon.law.yale.edu/18th_century/letter_03.asp).

24 로저스, 『직업 윤리』, 5쪽(Rodgers, The Work Ethic, p. 5).

25 대니얼 예긴, 『상』(뉴욕: 자유 언론, 2008), 15쪽(Daniel Yergin, The Prize(New York: Free Press, 2008), p. 15).

26 프랜시스 그룬드, 『미국인의 도덕적, 사회적 그리고 정치적 관계, 2권』(런던: 롱맨 출판사, 1837), 1~2쪽, 5. 로저스의 인용, 직업 윤리, 5~6쪽(Francis J. Grund, The Americans in Their Moral, Social, and Political Relations, 2 vols.(London: Longman, Rees, Orme, Brown, Green and Longman, 1837), pp. 1~2, 5. Quoted in Rodgers, The Work Ethic, pp. 5~6).

27 존 로크, 『통치론』, 5장, 34(John Locke, The Second Treatise of Government, V, 34).

28 다음에서 인용됨, 존 워드 인용, "폴 라이언은 1850년대 아일랜드 정부의 포스터를 읽고 이민 개혁의 사례를 만들다", 허핑턴 포스트, 2013년 6월 12일(Quoted in Jon Ward, "Paul Ryan Reads from 1850 Irish Government Poster to Make Case for Immigration Reform," Huffington Post, June 12, 2013, http://www.huffingtonpost.com/2013/06/12/paul-ryan-poster-irish-im_n_3428852.html).

29 로버트 렉터와 레이첼 셰필드, "미국 빈곤의 이해: 미국 빈곤층에 관한 놀라운 사실", 헤리티지 재단, 2011년 9월 13일(Robert Rector and Rachel Sheffield, "Understanding Poverty in the United States: Surprising Facts about America's Poor," Heritage Foundation, September 13, 2011, http://www.heritage.org/research/reports/2011/09/understanding-poverty-in-the-united-states-surprising-facts-about-americas-poor).

30 로버트 라이시, 분노를 넘어서(뉴욕: 빈티지, 2012), 6~7쪽(Robert B. Reich, Beyond Outrage(New York: Vintage, 2012), pp. 6~7).

31 조지프 스티글리츠, "평등한 기회, 우리 국가의 신화", 뉴욕 타임스, 2013년 2월(Joseph E. Stiglitz, "Equal Opportunity, Our National Myth," New York Times, February 2013, http://opinionator.blogs.nytimes.com/2013/02/16/equal-opportunity-our-national-myth/).

32 토마 피케티, 『21세기 자본』, 2014년 3월(Thomas Piketty, "Capital in the Twenty-First Century," March 2014, http://piketty.pse.ens.fr/en/capital21c2).

33 자산 불평등과 관련한 피케티의 데이터가 갖고 있는 다른 문제들에 관해 더 알고 싶다면 다음을 참조하라. 필립 W. 마그네스와 로버트 P. 머피, "토마 피케티의 21세기 자본에 대한 실증적 기여와 도전", 민간기업 저널, 2015년 봄(On some of the problems with Piketty's data on wealth inequality, see Phillip W. Magness and Robert P. Murphy, "Challenging the Empirical Contribution of Thomas Piketty's Capital in the Twenty-First Century," Journal of Private Enterprise, Spring 2015, http://papers.ssrn.com/sol3/papers.cfm?abstract_id=2543012), 말린 살렌과 살림 퍼스, "피케티는 스웨덴 사례에 대해 오해하고 있다", 팀브로, 2014년 11월 7일(Malin Sahlén and Salim Furth, "Piketty is Misleading about the Swedish Case," Timbro, November 7, 2014, http://timbro.se/en/samhallsekonomi/articles/piketty-is-misleading-about-the-swedishcase), 필립 W. 마그네스, "FT 논쟁 후 남은 토마 피케티의 5가지 문제", 아틀라스 네트워크, 2014년 6월 16일(Phillip W. Magness, "5 Remaining Problems for Thomas Piketty in the Wake of the FT Controversy," Atlas Network, June 16, 2014, http://www.atlasnetwork.org/news/article/5-remaining-problems-for-thomas-piketty-in-the-wake-of-the-ft-controversy), 앨런 J. 아우어바흐와 케빈 하셋, "21세기 자본세", 전미경제학회, 2015년 1월 3일(Alan J. Auerbach and Kevin Hassett, "Capital Taxation in the Twenty-First Century," American Economic Association, January 3, 2015, https://www.aeaweb.org/aea/2015conference/program/retrieve.php?pdfid=421), 피케티의 소득 불평등 데이터에 관한 문제는 다음을 참조하라. 필 그램과 마이클 솔론, "소득 불평등을 왜곡하는 방법", 월스트리트 저널, 2014년 11월 11일(On problems with Piketty's data on income inequality,

see Phil Gramm and Michael Solon, "How to Distort Income Inequality," Wall Street Journal, November 11, 2014, http://www.wsj.com/articles/phil-gramm-and-michael-solon-how-to-distort-income-inequality-1415749856), 앨런 콜, "소득 데이터는 불평등 측정에 형편없다", 조세 재단, 2014년 8월 13일(Alan Cole, "Income Data is a Poor Measure of Inequality," Tax Foundation, August 13, 2014, http://taxfoundation.org/article/income-data-poor-measure-inequality).

34 예를 들어, 다음을 참조하라. 데이빗 A. 헨더슨, "경제적 불평등: 사실, 이론 그리고 의의", 국가정책분석센터, 2008년 6월(David A. Henderson, "Economic Inequality: Facts, Theory and Significance," *National Center for Policy Analysis*, June 2008, https://calhoun.nps.edu/handle/10945/45710).

35 필립 마그네스, "피케티 파헤치기", 프리먼, 2015년 3월 31일(Phillip Magness, "Picking Piketty Apart," Freeman, March 31, 2015, http://fee.org/freeman/detail/picking-piketty-apart).

36 폴 크루그먼, "나라를 잃는다는 것", 뉴욕 타임스, 2005년 6월 10일(Paul Krugman, "Losing Our Country," *New York Times*, June 10, 2005, http://www.nytimes.com/2005/06/10/opinion/10krugman.html).

37 로버트 A. 마고, "임금과 임금 불평등", 미국의 역사 통계 Ba 장, 가장 최신의 자료: 수잔 B. 카터, 스콧 지그문트 가트너, 마이클 R. 헤인즈, 앨런 L. 옴스 테드, 리처드 서치, 개빈 라이트가 편집한 밀레니얼 에디션(뉴욕: 케임브리지 대학 언론, 2006)(Robert A. Margo, "Wages and Wage Inequality" in chapter Ba of Historical Statistics of the United States, Earliest Times to the Present: Millennial Edition, edited by Susan B. Carter, Scott Sigmund Gartner, Michael R. Haines, Alan L. Olmstead, Richard Sutch, and Gavin Wright(New York: Cambridge University Press, 2006), http://dx.doi.org/10.1017/ISBN-9780511132971.Ba.ESS.04).

38 마이클 R. 헤인즈, "성별 및 인종별 출생시 기대수명: 1850~1998." 〈표 Ab644~655〉 미국의 역사 통계, 가장 최신의 자료: 수잔 B. 카터, 스콧 지그문트 가트너, 마이클 R. 헤인즈, 앨런 L. 옴스 테드, 리처드 서치, 개빈 라이트가 편집한 밀레니얼 에디션(뉴욕: 케임브리지 대학 언론, 2006)(Michael R. Haines, "Expectation of Life at Birth, by Sex and Race: 1850~1998." Table Ab644~655 in Historical Statistics of the United States, Earliest Times to the Present: Millennial Edition, edited by Susan B. Carter, Scott Sigmund Gartner, Michael R. Haines, Alan L. Olmstead, Richard Sutch, and Gavin Wright(New York: Cambridge University Press, 2006), http://dx.doi.org/10.1017/ISBN-9780511132971.Ab644~911).

39 W. 마이클 콕스와 리처드 알름, 부자와 가난한 사람에 대한 잘못된 믿음, 55쪽(W. Michael Cox and Richard Alm, Myths of Rich & Poor(New York: Basic, 1999).

40 캐스린 M. 네커맨, "최하층 계급 가족 유형의 출현, 1900~1940", 마이클 B. 카츠, "최하층 계급" 토론(프린스턴: 프린스턴 대학 언론, 1993), 206쪽(Kathryn M. Neckerman, "The Emergence of 'Underclass' Family Patterns, 1900~1940," in ed. Michael B. Katz, The "Underclass" Debate(Princeton: Princeton University Press, 1993), p. 206).

41 다음에서 인용됨. 에드워드 C. 커크랜드 인용, 『산업시대의 도래』(시카고 대학, 1967), 405쪽(Quoted in Edward Chase Kirkland, Industry Comes of Age(Chicago: Quadrangle, 1967), p. 405).

42 J. 브래드포드 드롱, "풍요의 뿔: 20세기 경제 성장의 속도", NBER 조사 보고서 No. 7602, 2000년 3월(J. Bradford DeLong, "Cornucopia: The Pace of Economic Growth in the Twentieth Century," NBER Working Paper No. 7602, March 2000, http://www.nber.org/papers/w7602.pdf).

43 폴 크루그먼, 『폴 크루그먼 미래를 말하다』(뉴욕: 노튼 출판사, 2009), 19쪽(Paul Krugman, The Conscience of a Liberal(New York: W.W. Norton & Company, 2009), p. 19).

44 윌리엄 H. 브랜슨, "제2차 세계대전 이후 미국 국제 무역 및 투자 동향", 마틴 펠드스타인, 전환기의 미국 경제, 시카고 대학 언론, 1980(William H. Branson, Herbert Giersch and Peter G. Peterson, "Trends in United States International Trade and Investment Since World War II," in Martin Feldstein, ed., The American Economy in Transition, University of Chicago Press, 1980, http://www.nber.org/chapters/c11297.pdf).

45 예를 들어, 다음을 참조하라. 다이애나 퍼치트고트 로스, "이민이 경제 성장을 증가시키는가?", e21 이슈 브리프 No. 2, 2014년 12월(See, for instance, Diana Furchtgott-Roth, "Does Immigration Increase Economic Growth?" e21 Issue Brief No. 2, December 2014, http://www.manhattan-institute.org/pdf/e21_02.pdf).

46 리안드로 프라도스 델라 에스코슈라, "장기적인 경제적 자유: OECD 국가에 기반한 증거(1850~2007)" CEPR 토론 논문, 2014년 3월(Leandro Prados de la Escosura, "Economic Freedom in the Long Run: Evidence from OECD Countries(1850~2007)," CEPR Discussion Paper No. DP9918, March 2014, http://ssrn.com/abstract=2444861).

47 헨리 해즐릿, 『하나의 경제학 수업』(뉴욕: Three Rivers 출판사, 1979), 141쪽(Henry Hazlitt, Economics in One Lesson(New York: Three Rivers Press, 1979), p. 141).

48 더그 알트너, "노동조합이 아니라 노동법이다", 아메리칸 씽커, 2014년 3월 19일(Doug Altner, "It's Not the Unions—It's the Labor Laws," American Thinker, March 19, 2014, http://www.americanthinker.com/articles/2014/03/its_not_the_unions__its_the_labor_laws.html).

49 토머스 소웰, 『기초 경제학』(뉴욕: 베이직, 2004) 172쪽(Thomas Sowell, Basic Economics(New York: Basic, 2004), p. 172).

50 크루그먼, 『폴 크루그먼 미래를 말하다』, 113쪽(Krugman, The Conscience of a Liberal, p. 113).

51 소웰, 『기초 경제학』, 173쪽(Sowell, Basic Economics, p. 173).

52 제임스 페토코우키스, "1950년대 높이 치솟던 세율로 돌아갈 수없는 이유", AEIdeas, 2012년 4월 18일(James Pethokoukis, "Why We Can't Go Back to Sky-High, 1950s Tax Rates," AEIdeas, April 18, 2012, https://www.aei.org/publication/why-we-cant-go-back-to-sky-high-1950s-tax-rates/).

53 예를 들어, 다음을 참조하라. 알핏 굽타, "1950년대 높은 세율을 재검토하다", 맨해튼 정책연구소, 2013년 4월(See, for instance, Arpit Gupta, "Revisiting the High Tax Rates

of the 1950s," Manhattan Institute for Policy Research, April 2013, http://www.manhat-tan-institute.org/html/ib_19.htm).

54 미국 사회보장국, "표 5.A4 수와 월간 총 혜택, 신탁 기금 및 혜택 유형별 분석, 1940년 12월부터 2009년, 선정된 연도", 2009년(U.S. Social Security Administration, "Table 5.A4 Number and Total Monthly Benefits, by Trust Fund and Type of Benefit, December 1940-2009, Selected Years," 2009, http://www.ssa.gov/policy/docs/statcomps/supple-ment/2010/5a.html#table5.a4), 그리고 미국 인구조사국, "연도별 미국 인구", Multpl.com, 2014년 11월 1일(and U.S. Census Bureau, "U.S. Population by Year," Multpl.com, November 1, 2014, http://www.multpl.com/united-states-population/table).

55 에드먼드 펠프스, 『대규모 번성』(프린스턴, NJ: 프린스턴 대학 언론, 2013), 9장(Edmund Phelps, Mass Flourishing(Princeton, NJ: Princeton University Press, 2013), chapter 9).

56 존 미클스웨잇과 아드리안 울드리지, 『올바른 국가』(뉴욕: 펭귄북스, 2005) 88쪽(John Micklethwait and Adrian Wooldridge, The Right Nation(New York: Penguin Books, 2005), p. 88).

57 로널드 레이건, "첫번째 취임사", 1981년 1월 20일(Ronald Reagan, "First Inaugural Address," January 20, 1981, http://www.bartleby.com/124/pres61.html).

58 헤드릭 스미스, 『누가 아메리칸 드림을 훔쳐갔는가?』(뉴욕: 랜덤하우스, 2012) 22쪽(Hedrick Smith, Who Stole the American Dream?(New York: Random House, 2012), p. xxii).

59 예를 들어, 다음을 참조하라. 크르구먼, 『폴 크루그먼 미래를 말하다; 라이시, 분노를 넘어서; 스미스, 누가 아메리칸 드림을 훔쳐 가는가? ; 토마스 프랭크, 왜 가난한 사람들은 부자를 위해 투표하는가?』(See, for instance, Krugman, The Conscience of a Liberal; Reich, Beyond Outrage; Smith, Who Stole the American Dream? ; Thomas Frank, What's the Matter with Kansas?(New York: Metropolitan Books, 2004)); 조지프 스티글리츠, 『불평등의 대가: 분열된 사회는 왜 위험한가?』(Joseph E. Stiglitz, The Price of Inequality(New York: Norton, 2013)); 토마스 B. 에드살, 『불평등에 관한 새로운 정치』(Thomas Byrne Edsall, The New Politics of Inequality(New York: W.W. Norton & Company, 1984)).

60 프랭크, 『왜 가난한 사람들은 부자를 위해 투표하는가』, 5쪽(Frank, What's the Matter with Kansas? p. 5).

61 크리스토퍼 챈트릴, "20세기의 지출", 2015년 4월 13일(Christopher Chantrill, "Spending in 20th Century," usgovernmentspending.com, April 13, 2015, http://www.usgovern-mentspending.com/spending_chart_1900_2015USp_16s1li011lcn_F0f_Spending_In_20th_Century).

62 크리스토퍼 챈트릴, "최근 총 지출", 2015년 4월 13일(Christopher Chantrill, "Total Recent Spending," usgovernmentspending.com, April 13, 2015, http://www.usgovern-mentspending.com/spending_chart_1970_2015USp_16s1li111lcn_F0t_Total_Recent_Spend-ing).

63 크리스토퍼 챈트릴, "최근 국방비 지출", 2015년 4월 13일(Christopher Chantrill, "Recent Defense Spending," usgovernmentspending.com, April 13, 2015, http://www.usgovernmentspending.com/spending_chart_1970_2015USp_16s1li011lcn_30f_Recent_Defense_Spending).

64 크리스토퍼 챈트릴, "연금과 의료", 2015년 4월 13일(Christopher Chantrill, "Pensions and Health Care," usgovernmentspending.com, April 13, 2015, http://www.usgovernmentspending.com/spending_chart_1970_2015USp_16s1li011lcn_00t10t_Pensions_And_Health_Care).

65 크리스토퍼 챈트릴, "복지 지출" 2015년 4월 13일(Christopher Chantrill, "Welfare Spending Trends," usgovernmentspending.com, April 13, 2015, http://www.usgovernmentspending.com/spending_chart_1970_2015USp_16s1li011lcn_40t_Welfare_Spending_Trends), 론 해스킨스, "복지 개혁, 성공 또는 실패? 작동했다", 2006년 3월 16일(Ron Haskins, "Welfare Reform, Success or Failure? It Worked," American Public Human Services Association, March 16, 2006, http://www.brookings.edu/research/articles/2006/03/15welfare−haskins).

66 피에르 르미외, "점진적 붕괴", 규제, 2014−2015 겨울(Pierre Lemieux, "A Slow−Motion Collapse," Regulation, Winter 2014~2015, http://object.cato.org/sites/cato.org/files/serials/files/regulation/2014/12/regulation−v37n4−3.pdf).

67 존 W. 도슨과 존 J. 시터, "연방 규제와 총체적 경제 성장", 경제 성장 저널, 2013년 6월(John W. Dawson and John J. Seater, "Federal Regulation and Aggregate Economic Growth," Journal of Economic Growth, June, 2013, http://www4.ncsu.edu/~jjseater/regulationandgrowth.pdf).

68 패트릭 맥러플린, "연방 규제 강령", 2015년 4월 1일(Patrick McLaughlin, "The Code of Federal Regulations: The Ultimate Longread," Mercatus Center, April 1, 2015, http://mercatus.org/publication/code−federal−regulations−ultimate−longread−game−thrones−hunger−games).

69 르미외, "점진적 붕괴"(Lemieux, "A Slow−Motion Collapse").

70 존 A. 앨리슨, 『금융위기와 자유 시장의 치료』, 133쪽(John A. Allison, The Financial Crisis and the Free Market Cure(New York: McGraw−Hill, 2013), p. 133).

71 스티븐 호르비츠와 피터 보엣케, 『엉클 샘이 지은 집: 2008년대 불황에 관한 알려지지 않은 이야기』(Steven Horwitz and Peter J. Boettke, The House that Uncle Sam Built: The Untold Story of the Great Recession of 2008, http://fee.org/resources/detail/the−house−that−uncle−sam−built).

72 금융 위기의 원인에 관한 우리의 더 자세한 설명은 다음을 참조하라. 야론 브룩과 돈 왓킨스, 자유시장혁명, 47~62쪽. 〈참조〉 앨리슨, 금융 위기와 자유 시장의 치료, 그리고 데이비드 벡워스, 은행의 호황과 불황: 대공황의 원인과 치유책(For our own account of the causes of the financial crisis see Yaron Brook and Don Watkins, Free Market Revolution(New York: Palgrave Macmillan, 2012), pp. 47~62. See also Allison, The Financial Crisis and the Free Market Cure, and David Beckworth(ed.), Boom and Bust

Banking: The Cause and Cures of the Great Recession(Denver: Independent Institute, 2012)).

73 조지프 스티글리츠, 『불평등의 대가: 분열된 사회는 왜 위험한가?』, 3쪽(Stiglitz, The Price of Inequality, p. 3).

74 위의 책, p. 3.

75 위의 책, p. 9.

76 엠마누엘 사에즈와 토마 피케티, "미국의 소득 불평등, 1913~1998", 계간 경제학 저널(Emmanuel Saez and Thomas Piketty, "Income Inequality in the United States, 1913~1998," Quarterly Journal of Economics, 118(1), 2003, 1~39(2013 updates), http://eml.berkeley.edu/~saez/TabFig2013prel.xls)

77 도널드 J. 번드릭스와 마크 J. 페리, "도널드 번드릭스와 마크 페리: 정체된 중산층이란 신화, 2013년 1월 23일(Donald J. Boudreaux and Mark J. Perry, "Donald Boudreaux and Mark Perry: The Myth of a Stagnant Middle Class," Wall Street Journal, January 23, 2013, http://online.wsj.com/articles/SB10001424127887323468604578249723138161566).

78 마크 J. 페리, "일반 생활용품의 경제성에 관한 한, 부자와 가난한 사람 모두 부유해지고 있다", 2013년 10월 3일(Mark J. Perry, "When It Comes to the Affordability of Common Household Goods, the Rich and the Poor Are Both Getting Richer," AEIdeas, October 3, 2013, https://www.aei.org/publication/when-it-comes-to-the-affordability-of-common-household-goods-the-rich-and-the-poor-are-both-getting-richer/).

79 스티븐 호위츠, "미국의 불평등, 이동성, 빈곤", 사회철학과 정책, 2015년 봄(Steven Horwitz, "Inequality, Mobility, and Being Poor in America," Social Philosophy and Policy, Spring 2015, http://ssrn.com/abstract=2559403).

80 미국 노동국, "1970년~2012년 성별 민간 노동력"(United States Bureau of Labor, "Civilian Labor Force by Sex, 1970~2012," https://www.dol.gov/agencies/wb/data/facts-overtime/women-in-the-labor-force).

81 호위츠 "미국의 불평등, 이동성, 빈곤"(Horwitz, "Inequality, Mobility, and Being Poor in America.")

82 불평등 연구자인 스콧 원십이 설명한 바와 같이, 이러한 조사는 "쏠림 현상을 일으키는 최상위층 사람들을 충분히 대표하지 못한다. 예를 들어 12만 가구의 표본이 있다고 할 때 … 상위 1%의 1%에 속하는 [즉, 상위 0.01%의 소득을 올리는] 가구는 열두 개를 채 넘기지 못한다. 또한, 그 조그만 부표본에서의 1년 사이의 변화는 전체 경향에 큰 영향을 미칠 수도 있다." Scott Winship, "Whither the Bottom 90 Percent, Thomas Piketty?" Forbes.com, 2014년 4월 17일, http://www.forbes.com/sites/scottwinship/2014/04/17/whither-the-bottom-90-percent-thomas-piketty/.

83 원십, "토마 피케티, 하위 90%는 어디에?"; 필 그램과 마이클 솔론, "소득 불평등을 왜곡하는 방법", 월 스트리트 저널, 2014년 11월 11일(Winship, "Whither the Bottom 90 Percent, Thomas Piketty?"; Phil Gramm and Michael Solon, "How to Distort Income Inequality," Wall Street Journal, 2014년 11월 11일, http://online.wsj.com/articles/phil-gramm-and-michael-solon-how-to-distort-income-inequality-1415749856). IRS의

데이터 역시 세제 변화 따라 민감히 반응한다. 하버드대 경제학 교수인 마틴 펠드스타인Martin Feldstein 역시 미국 내 불평등이 심화되고 있다는 주장의 근거로서 피케티가 제시한 것은 대부분 1980년대 미국의 세제 개편에 의한 것이라고 주장한다. Martin Feldstein, "Piketty's Numbers Don't Add Up," *Wall Street Journal*, 2014년 5월 14일, http://www.wsj.com/articles/SB10001424052702304081804579557664176917086.

84 스티브 J. 로즈, "존 F. 케네디(JFK)가 틀렸나? 생산성 증가는 더 이상 중산층 소득 증대로 이어지지 않는가?", 정보 기술 및 혁신 재단, 2014년 12월(Stephen J. Rose, "Was JFK wrong? Does Rising Productivity No Longer Lead to Substantial Middle Class Income Gains?" *The Information Technology & Innovation Foundation*, 2014년 12월, http://www2.itif.org/2014-rising-productivity-middle-class.pdf).

85 위의 보고서.

86 위의 보고서.

87 스콧 윈쉽, "빈곤층과 중산층 소득이 크게 증가했다", e21.org, 2013년 11월 13일(Scott Winship, "Poor and Middle Class Incomes Have Increased Significantly," e21.org, November 13, 2013, http://www.economics21.org/commentary/poor-and-middle-class-incomes-have-increased-significantly)

88 티모시 노아, 『대분기』, 2013, 제4장(Timothy Noah, The Great Divergence(New York: Bloomsbury Press, 2013), chapter 4).

89 도널드 J. 번드릭스와 리야 팔라가슈빌리, "도널드 번드릭스와 리야 팔라가슈빌리: 고임금 신화는 '탈동조화'", 월 스트리트 저널, 2014년 3월 6일(Donald J. Boudreaux and Liya Palagashvili, "Donald Boudreaux and Liya Palagashvili: The Myth of the Great Wages 'Decoupling,'" *Wall Street Journal*, 2014년 3월 6일, http://online.wsj.com/news/articles/SB10001424052702304026804579411300931262562). 또 다른 연구에 의하면 1975년 3.3%에서 2005년 8.5%가 되었다고 한다. 이에 관해서는 다음을 참조하라. 테리 J. 피츠제럴드, "미국의 중산층이 정체되었는가?", 미니애폴리스 연방준비은행, 2007년 9월 1일(Terry J. Fitzgerald, "Has Middle America Stagnated?" Federal Reserve Bank of Minneapolis, Region, September 1, 2007, https://www.minneapolisfed.org/publications/the-region/has-middle-america-stagnated).

90 미국 노동부, "CPI-URS(Current Methods)를 이용한 CPI 연구 시리즈", 노동통계국, 2011년 7월 12일(United States Department of Labor, "CPI Research Series Using Current Methods(CPI-URS)," Bureau of Labor Statistics, July 12, 2011, http://www.bls.gov/cpi/cpirsdc.htm), 롭 매클랜드, "기존 CPI와 체인 가중 CPI의 차이", CBO 블로그, 2013년 4월 19일(Rob McClelland, "Differences Between the Traditional CPI and the Chained CPI," CBO Blog, April 19, 2013, http://www.cbo.gov/publication/44088).

91 앨런 레이놀즈, "불평등의 척도로서 상위 1%의 소득지분을 오용하는 것", 카토 연구소, 2012년 10월 4일(Alan Reynolds, "The Misuse of Top 1 Percent Income Shares as a Measure of Inequality," *Cato Institute*, October 4, 2012, http://www.cato.org/publications/working-paper/misuse-top-1-percent-income-shares-measure-inequality). 그리고 다음도 참조하라. 앨런 레이놀즈, "피케티의 자산 데이터가 가치 없는 이유", 월스트리

트 저널, 2014년 7월 9일(Alan Reynolds, "Why Piketty's Wealth Data Are Worthless," *Wall Street Journal*, July 9, 2014, ttp://www.wsj.com/articles/alan−reynolds−why−pikettys−wealth−data−are−worthless−1404945590); 필 그램과 마이클 솔론, "소득 불평등을 왜 곡하는 방법", 월스트리트 저널, 2014년 11월 11일(Phil Gramm and Michael Solon, "How to Distort Income Inequality," *Wall Street Journal*, November 11, 2014, http://www.wsj.com/articles/phil−gramm−and−michael−solon−how−to−distort−income−inequality−1415749856).

92 리처드 버크하우저, 제프 래리모어, 코살리 사이먼, "미국 중산층의 경제적 건강에 대한 제2의 의견", NBER 조사 보고서 제17164호, 2011년 6월(Richard V. Burkhauser, Jeff Larrimore and Kosali I. Simon, "A 'Second Opinion' on the Economic Health of the American Middle Class," *NBER Working Paper No. 17164*, June 2011, http://www.nber.org/papers/w17164).

93 자레드 번스타인, "피케티의 주장은 여전히 유효하다, 세금 공제 후", 뉴욕 타임즈, 2014년 5월 9일(Jared Bernstein, "Piketty's Arguments Still Hold Up, After Taxes," *New York Times*, May 9 2014, http://www.nytimes.com/2014/05/10/upshot/pikettys−arguments−still−hold−up−after−taxes.html).

94 스콧 윈쉽, "중산층 소득은 정체!(퇴직자는 소득이 없기 때문)", 포브즈, 2014년 5월 20일(Scott Winship, "Middle Class Earnings Are Stagnant!(Because Retirees Have No Earnings)," Forbes.com, May 20, 2014, http://www.forbes.com/sites/scottwinship/2014/05/20/middle−class−earnings−are−stagnant−because−retirees−have−no−earnings/).

95 예를 들어, 다음을 참조하라. 로즈, "존 F. 케네디가 잘못했나? 생산성 증가는 더 이상 중산층 소득 증대로 이어지지 않는가?"; 윈쉽, "빈곤층 및 중산층 소득이 크게 증가했다", 브루스 D. 마이어와 제임스 X. 설리번, "1980년 이후 빈곤층과 중산층의 물질적 행복", 국가 연구 계획, 2011년 10월 23일; 테리 J. 피츠제럴드, "소득은 다 어디로 갔는가?", 2008년 9월 1일(See for instance Rose, "Was JFK wrong? Does Rising Productivity No Longer Lead to Substantial Middle Class Income Gains?"; Winship, "Poor and Middle Class Incomes Have Increased Significantly"; Bruce D. Meyer and James X. Sullivan, "The Material Well−Being of the Poor and the Middle Class Since 1980," National Research Initiative, October 23, 2011, http://www.aei.org/wp−content/uploads/2011/10/Material−Well−Being−Poor−Middle−Class.pdf); Terry J. Fitzgerald, "Where Has All the Income Gone?," Region, September 1, 2008, https://www.minneapolisfed.org/publications/the−region/where−has−all−the−income−gone).

96 제임스 케네스 갤브레이스, "다음 위기까지의 궤변: 제임스 케네스 갤브레이스, '스트래들러'와 대화 중", 스트래들러, 2013년 동계호(James Kenneth Galbraith, "Muddling towards the Next Crisis: James Kenneth Galbraith in Conversation with 'The Straddler,'" *Straddler*, Winter 2013, http://www.thestraddler.com/201310/piece2.php).

| 제2부 |

아메리칸 드림 이해하기

제1장 기회의 땅

1. 행복의 추구

미국은 흔히 기회의 땅으로 알려져 있다. 이것이 정확히 의미하는 바는 무엇일까? 일반적으로 기회는 성공과 행복에 다다르는 데 유리한 조건들을 말한다. 이러한 환경을 미국이 어떻게 잘 조성하였는지 이해하기 위해서 반대로 이러한 기회가 거의 없다시피 한 곳, 공산주의 국가 쿠바의 예를 살펴보는 것이 의미있다.

공산혁명 이전의 쿠바는 부패와 억압으로 가득한 독재 정권 국가였고, 전체 인구의 1/3이 극빈자였다. 그런데 1959년, 부자들을 끌어내리고 모든 쿠바인에게 경제적 평등을 보장하겠다고 약속한 카스트로가 권력을 장악한 이후, 상황은 더욱 악화되었다.

공산주의자들이 쿠바를 장악했을 당시 열한 살이었던 '존John B.'이라는 쿠바인에 따르면, "카스트로는 권력을 장악하자 계급 투쟁을 대대적으로 선포하며, '우리는 모든 가난한 이에게 돈을 주고, 부를 재분배할 것'이라고 했다."[1] 공산주의자들은 은행, 공장뿐만 아니라(쿠바의 한 블로거인 요아니 산체스Yoani Sánchez에 의하면) '심지어 구두 닦는 아이들의 구두닦이통까지 압수'해 갈 정도로 영세 개인사업체까지 장악하며, 부의 재분배를 대대적으로 펼쳤다. 하지만 수십억 달러에 달하는 소련의 지원에도 불구하고, 쿠바의 경제는 급속도로 악화되기 시작했다.[2] 존의 기억에 의하면, "집산集産화된 농장에서 더 이상 농작물을 생산하지 않았기 때문에 먹을 것이 부족해졌다. … 모든 것이 배급되기 시작했고, 기존에는 풍부했던 것들이 부족해지기 시작했다. … 모두의 월급은 약 10달러로 쪼그라들었다. 그들은 애초에 돈을 주고 물건을 살 필요가 없어졌으니 봉급이 적은 건 당연하다고 하였다. 더 이상 돈이 필요 없지 않은가?"[3]하는 것이 그들의 주장이었다.

공산주의자들은 경제적 평등을 추구하면서도 정치적 평등은 거부했다. 이 정치적 특권층은 쿠바 경제를 멋대로 지배하며 대부분의 쿠바인을 가난으로 내몰고, 자신들은 권력을 이용해 풍요로운 삶을 누렸다. 대다수의 쿠바인은 암시장에서 치즈나 식용유를 사고팔지 않았는지 경찰로부터 심문이나 수색을 당하기 일쑤였다. 하지만 정치적 권력자들은 각양각색의 제품으로 가득찬 상점에서 쇼핑하고, 화려한 저택과 외제 사치품 등 대중은 이용할 수 없는 사치를 즐기며 그들만의 특권을 누렸다.

1980년 미국으로 탈출한 쿠바의 한 교사는 "쿠바에는 아무것도 없다"라고 전했다. "쿠바에서는 자신의 감정조차 표현할 수 없다. 정상적인 생활 수준은 공산주의 지도층의 전유물이다. 그들은 차와 멋진 집들을 가지고 있다. 하지만 대부분의 국민은 지난 몇 년 동안 굶주림에 시달리고, 입을 옷조차도 몇 벌 없다. 심지어 세 달 동안 비누를 한 개도 받지 못하는 경우도 있었다."[4]

간혹 일반 쿠바인들이 텔레비전이나 냉장고와 같은 사치품을 입수하는 경우가 있었는데, 이는 오직 국가에 잘 보이는 경우에만 가능한 일이었다. 산체스에 따르면, "당신이 얻을 수 있었던 사치품들은 결코 당신의 노력이나 재능에 의한 것이 아니었다." 대신 공산당에 "복종한 것에 대한 보상이고 특전이었다."[5]

소련이 무너지고 쿠바에 대한 원조가 중단되면서 상황은 급속도로 악화됐다. 쿠바에 거주하는 언론인인 마크 프랭크Mark Frank는 "전등이 켜져 있는 곳보다 꺼진 곳이 더 많았고, 수돗물 역시 이와 마찬가지였다. … 식량은 부족했으며 다른 소비재 역시 거의 없다시피 했다. … 의사들은 마취 없이 골절 수술을 해야만 했다. … 지렁이 분변만이 유일한 비료였다"라고 상황을 묘사했다.[6]

미약하게나마 자유가 증대되고, 암시장의 급속한 성장, 쿠바 내의 관광 산업 덕분에 오늘날의 쿠바는 이전에 비해 약간 나아지긴 하였다. 하지만 성공의 기회를 갈구하는 이들에게 정부가 모든 경제 활동을 통제할 뿐만 아니라, 심지어 대부분의 일자리에 월 20달러, 의사나 변호사의 경우 월 30달러의 최고임금제를 실시하는 것이 쿠바인들에게 그리 만족스러울 리는 없다.[7] 쿠바인들은 단순히 성공할 기회를 박탈당했을 뿐만 아니라, 성공하고자 하는 의지마저 없애버리려고 한 평등주의 시스템의 피해자들이다. 이에 대해 산체스는 다음과 같이 썼다.

> 1970년대 이래로, 쿠바에서는 사람들이 국가가 설정한 상한선을 넘지 않는 수준의 꿈만을 가지도록 만들려는 시도들이 있었다. 즉, 스스로 자신은 경쟁할 수 없다고 인식하도록 만들고, 조금이라도 모두에게 평등히 주어지는 것에 만족하고, 심지어는 감사하도록 만들기 위해 국가가 노력했다는 것이다. 평범함은 겸손이라는 미덕으로 둔갑했고, 자신감은 오만으로 여겨졌다. 물질적인 빈곤이 만연한 가운데, 진정한 혁명가들은 검소함을 받아들여 유행하는 옷을 입는 것을 사치이자 약점으

로 여겼고, 소비지상주의와 새로운 것에 대한 욕망은 용서할 수 없는 것으로 판단했다.[8]

쿠바인들이 성공할 수 있는 방법은 둘 중 하나였다. 첫 번째는 관광 산업에 종사하는 극소수(전체 인구의 1% 미만)의 행운아가 되는 방법이다. 외국 관광객들에게서 팁을 받으며 심장외과의보다 훨씬 높은 수입을 올리는 호텔 청소부와 같은 경우이다. 두 번째는 도망치는 것이다. 목숨을 걸고 도망쳐야 하는 이런 험난한 길을 매년 수만 명의 쿠바인이 선택하고 있다. 한 미국 해안경비대U.S. Coast Guard 관계자는 2014년 뉴욕타임스New York Times에서 다음과 같이 말했다.

"우리는 스티로폼이나 폐타이어 튜브로 만든 보트들을 본 적이 있다. 이런 보트에는 당연히 항해 장비나 인명 구조 장비 따위는 없다. 구명 조끼조차 입고 있는 경우가 거의 없다. 너무나도 위험한 상황이다."[9]

존의 가족은 운이 좋았다. 혁명이 일어나고 몇 년 후, 그들은 항공편을 통해 미국으로 이민갈 수 있었다.

"1962년 미국 마이애미에 도착했을 때, 우리에게는 옷가지 15kg 외에는 아무것도 없었다. 돈도 없었고 그 어떤 재산도 없었다."[10] 그러나, "내가 이 나라에 온 1960년대에는 아주 풍부한 기회가 있었다. 일하기만 하면, 내가 꿈꾸던 삶을 일궈낼 수 있었다."[11]

미국에서는 아무리 가난한 노동자일지라도, 단 하루 일당만으로 대부분의 쿠바인이 받던 월급보다 많은 돈을 벌 수 있었고, 매년 수백만 명이 빈곤에서 벗어날 수 있있다. 일부는 자수성가하여 엄청난 부자가 되기도 하였다.

미국과 쿠바의 이러한 차이점은 어디에서 비롯된 것일까? 왜 혁명 이후의 쿠바를 기회의 땅이라고 여기는 사람은 거의 없고, 19세기부터 오늘날에 이르기까지 미국을 기회의 땅으로 여길까? 쿠바에 사는 개인들을 위한 기회의 문은 대부분 닫혀 있고, 그것을 열 수 있는 유일한 방법은 무릎 꿇고 통치자들에게 사정하거나, 다른 이들을 무릎 꿇리는 통치자의 일부가 되는 것 중 하나다. 이와 대조적으로, 미국에서는 모든 개개인이 자유롭게 자신의 행복을 추구할 수 있고, 자신의 능력에 따라 성패가 판가름나며, 다른 사람을 지배하거나 다른 사람에게 지배당하지 않는다.

두 국가 사이에 이렇게 극명한 차이점이 있다는 것은 그리 놀라운 일이 아니다. 쿠바 정부와 미국 정부 모두 이념에 기반한 정치적 혁명에 의해 설립되었는데, 각 혁명을 촉발시킨 이데올로기들은 아주 상반되기 때문이다. 쿠바의 이념적 기반은 집단주의collectivism이고 미국은 개인주의individualism이다.

각 세포가 근본적으로 몸의 일부분이듯, 집단주의에서는 개인을 집단의 일부분이라 여긴다. 그리고 도덕적으로 집단과 집단의 이익이 개인보다 더 우월하다고 인정한다. 철학자 아인 랜드Ayn Rand의 설명과 같이, 일반적으로 집단주의는 "개인의 권리 같은 것은 없고, 개인의 삶과 일은 집단에 종속되며 … 집단은 집단의 이익을 위해 개인을 희생시킬 수 있다"라는 것이다.[12] 집단주의에 의하면, 당신의 희망, 꿈, 신념, 그리고 가치관은 사회의 요구와 명령에 비하면 부차적인 것이고, 당신에게 부여된 가장 중요한 의무는 사회를 대표하는 국가의 명령에 복종하는 것이다. 만약 국가가 당신이 시작하려고 하는 사업의 종류, 당신이 판매하는 것에 대한 가격의 수준, 쓰려고 하는 책의 내용, 또는 투자하려는 대상이 '공익'에 부합하지 않는다고 결정하면, 그때부터 국가가 물리력을 동원하여 당신을 막는 것이 정당화된다.

가장 순수한 형태의 집단주의는 쿠바의 경우처럼 개인에 대한 전체주의적 통제를 의미한다. 그러나 집단주의가 항상 일관된 형태를 띠는 것은 아니다. 미국이 건국되기 전에 대부분의 정치 체제에는 다소간의 집단주의적 특성이 포함되었다. 비록 개인에 대한 보호와 자유를 확대한 국가들도 있었지만, 사회의 복지가 개인의 이익보다 우선시된다는 것이 기본 원칙이었다. 이에 관해 랜드는 다음과 같이 설명한다.

이같은 제도 아래서 도덕성은 개인에게는 적용 가능했지만, 사회에는 적용되지 않았다. 사회는 그 표상이나 근원, 또는 그에 대한 독점적인 지위를 지닌 해석가들과 더불어 도덕률의 적용을 받지 않는 예외에 해당되었다. 사회적 의무에 대하여 자기희생적인 헌신을 하도록 주입하는 것이 인간의 조건을 다루는 윤리의 주된 목적으로 간주되었다. 단순히 여러 명의 개인에 지나지 않기에, 사회라는 개체는 실존하지 않는다. 따라서, 이는 현실적으로 사회의 지배자들이 도덕률의 적용으로부터 면제되는 것을 의미했다. 전통적인 의례를 따르기만 하면, '선善하다는 것은 사회(또는 부족, 인종, 국가)를 위해 좋은 것이고, 통치자의 명령은 신의 목소리와 같다'라는 암묵적 원칙을 토대로 그들은 완전한 권력을 쥐고 맹목적인 복종을 강요할 수 있었다.[13]

쿠바와 대조적으로, 미국은 개인주의 원칙에 의해 수립되었다. 미국은 정부의 목적이 생명, 자유, 행복 추구라는 개개인의 천부권을 보장함으로써 정치적 평등을 보호하는 것임을 건국 당시에 명문화하였다. 여기에는 인간 관계에 따른 물리적 충돌의 발생 방지도 포함되었다. 개개인이 자유롭게 행복을 추구한다는 것은, 동시에 다른 사람이 어떤 힘을 사용하여 개개인의 행복 추구를 막을 수 없게 한다는 의미이다. 만약 누군가가 힘을 사용하였다면, 정부의 임무는 그 공격자에 대하여 징벌적인 힘을 가함으로써 개인의 권리를 지켜주는 것이다. 실제로 항상 이렇게 하지는 못했지만, 적어도 이론상으로는 이것이 미국의 토대였다. 랜드는 이에 관해 다음과 같이 서술했다.

> 과거의 모든 제도는 한 인간을 타인의 목적 달성을 위해 희생하는 수단으로 간주했고, 사회를 그 희생의 목적으로 간주했다. 반면, 미국은 개인을 존재의 목적으로 여겼고, 사회는 평화롭고, 질서정연하며, 자발적인 공존의 수단으로 간주했다. 과거의 모든 제도는 인간의 생명이 사회의 소유라고 믿었다. 사회는 자기가 원하는 대로 개인을 처리할 수 있을 뿐만 아니라, 개인이 즐기는 자유는 사회의 허락에 의해서만 부여되고, 언제든지 회수할 수 있다고 믿었다. 미국은 한 인간의 생명이 개인에게 천부적 권리(즉, 도덕적 원칙과 본성에 의한 것)로 주어졌으며, 그 권리는 개인의 소유이고, 사회는 그러한 권리가 없을 뿐만 아니라, 정부의 유일한 도덕적 목적은 그러한 개인의 권리를 보호하는 일임을 천명했다.[14]

개인주의에 관해서는 잘못 알려진 바가 많다. 개인주의는 집단으로 함께 일하는 경우 어떠한 이익도 얻지 못한다는 잘못된 믿음이 퍼져 있다. 그러나 개인주의는 원자론原子論이 아니다. 개개인은 분명 서로 협력할 수 있으며 협력해야 마땅하지만, 동시에 협력은 각자가 자발적으로 동의하는 경우에만 가능한 것이다. 또한 개인주의는 타인에게 무관심해지도록 사람들을 유도한다고 알려져 있다. 그러나 개인주의는 인간 혐오가 아니다. 개개인은 다른 사람에게 분명 관심을 가질 수 있고 타인에 대해 관심을 가져야 마땅하지만, 동시에 다른 사람을 위해 개인이 희망과 꿈을 희생하도록 강요되어서는 안 된다는 것이다.

개인주의는 돈만 밝히는 정신이라고도 흔히 알려져 있다. 그러나 개인주의는 물질주의가 아니다. 개개인은 행복한 삶, 성공적인 삶의 달성에 기여하는 모든 가치를 추구할 수 있고 추구해야 한다. 단, 그 가치는 물질적일 수도 있고 정신적일 수도 있는 것이다. 간단히 말하면, 랜드가 말했듯, "인간은 독립적인 존재로서, 모두가 서로를 동등하게 대하고, 자발적이고도 간섭받지 않는 거래가 이뤄지는 사회 속에서 행복의 추구라는 불가분의 권리를 지닌다"라고 주장하는 것이 개인주의이다.[15]

존과 수십만 명의 쿠바인이 미국으로 가기 위해 그토록 목숨까지 걸었던 이유는, 결국 개인주의에 대한 미국의 헌신에 있다. 개개인을 자신의 존재에 대한 주권자로 대우하는 땅에서 그들은 자립적이고 자기주도적인 삶을 자유롭게 살 수 있기 때문이다. 사실상 인간이 번영할 수 있는 유일한 길은 자립적이고 자기 주도적인 삶을 사는 방식뿐이다.

이 장에서 우리는 개인주의적 방식을 취하는 정부가 출신과는 무관하게, 행복을 추구하는 모든 사람에게 폭넓은 기회를 제공하는 것이 어떻게 가능한지에 관해 살펴볼 것이다. 또한, 이러한 기회의 땅에 매력을 느끼는 사람의 종류와 그렇지 않은 사람도 구분해서 보게 될 것이다.

2. 성공의 의미

현대 사회의 생활에서 벗어나 '자급자족하며 몇 개월 살아보기' 위해 알래스카로 떠난 크리스토퍼 존슨 맥캔들리스Christopher Johnson McCandless의 실제 이야기를 바탕으로 한, 존 크라카우어Jon Krakauer의 책 『야생 속으로Into the Wild』를 살펴보자. 맥캔들리스가 떠나며 현대 문명의 이기를 모두 등진 것은 아니다. 그는 산탄총, 호신용 칼을 비롯, 몇 개의 도구를 챙겼고, 심지어 버려진 밴을 자신의 거처로 사용하기도 한다. 하지만 야생에서의 생활은 이것으로 충분하지 않았다. 사냥할 동물들은 충분했음에도 3개월 만에 맥캔들리스는 배고픔에 허덕였고 물살이 강한 강에 갇혀 고립된 생활을 하게 된다. 결국 그는 자신의 낡은 밴에 메모를 남긴다.

"S.O.S. 도와주세요. 저는 부상을 입었고 죽을 것 같아요. 너무 쇠약해져서 여기서 걸어나가지 못하고 있어요. 저는 혼자예요. 장난이 아닙니다! 제발 제 목숨을 구해주세요. 저는 근처에서 열매를 따고 있고 오늘 저녁에 돌아올 거예요."

한 달이 지난 후 이 지역 주민이 메모를 발견했지만, 때는 너무 늦었다. 맥캔들리스는 이미 굶주림에 사망한 것이다.[16]

자연은 우리에게 생존에 필요한 것을 주지 않는다. 맥캔들리스가 선택한 고난에서 본 바와 같이, 우리는 욕구가 저절로 쉽게 충족되는 에덴동산에 살고 있지 않다. 살기 위해서는 생각하고 행동해야 한다. 야생에 홀로 존재하는 우리 모두는 땅에 떨어진 열매를 줍거나 큰 사슴을 사냥하는 등, 먹을 수 있는 식량을 식별하고 이것을 구하기 위한 행동을 취해야 한다. 안식처를 확보하기 위해 오두막을 짓는 법을 알아내고 실제로 지어야 한다. 자연은 저절로 우리의 요구를 충족시켜 주지는 않지만, 대신 독창성과 노력을 통해 부富, 즉, 행복한 삶을 영위하고 살아가는 데 필요한 모든 물질적 가치로 변환시킬 수 있는 자원을 우리에게 실로 무한히 공급해준다.

이는 다른 생산자들과 협력하여 분업하는 오늘날의 복잡한 경제 체계에서도 마찬가지이다. 다른 사람과의 협력을 통해 우리는 훨씬 더 생산적으로 일할 수 있으며, 훨씬 더 많은 재화와 다양한 서비스를 만들어낼 수 있다. 그러나 부를 얻기 위해 개인 스스로가 생각하고 생산해야 한다는 본질은 변하지 않는다. 이것은 자동차 정비공이 차량의 고장난 발전기를 진단하고 수리하는 방법을 배워야 하는 것, 의사가 동맥경화를 진단하고 수술하는 방법을 배워야 하는 것, 또는 경영자가 잘못된 비즈니스 프로세스를 파악하고 해결책을 강구하는 방법을 배워야 하는 것과 같다. 우리가 어떠한 길을 선택하든 간에, 가치 창출을 위해서는 개인적인 사고思考와 노력이 필요하다. 이는 자연이 지니고 있는 아쉬운 점이라기보다는, 인간이 성공과 행복을 추구하는 방식이라고 봐야 한다.

우리는 성공과 돈을 같은 것이라 여기기도 하는데 돈이 성공의 전부라고 할 수는 없다. 우리 시대에 가장 큰 성공을 거둔 사람 중 하나라 여겨지는 스티브 잡스Steve Jobs는 이에 관해 아주 분명한 입장을 보였다. 그는 PBS에서 제작한 다큐멘터리인 '괴짜들의 승리Triumph of the Nerds' 인터뷰에서 다음과 같이 말했다.

"저는 스물세 살 때 재산이 대략 100만 달러, 스물네 살 때는 천만 달러, 그리고 스물다섯 살 때는 1억 달러를 넘었지만, 돈을 벌기 위해서 일을 한다고 생각한 적이 없었습니다. 그래서 그 액수를 그리 중요하게 생각하지는 않았습니다."[17]

그러면 그는 무엇을 위해 일했을까? 그는 훗날 스탠포드 대학교 졸업 축사에서 이에 관한 답을 다음과 같이 말했다.

"당신이 사랑하는 것을 찾으세요. 당신이 사랑하는 사람을 찾는 것처럼 사랑할 일도 찾아야 합니다. 당신이 하는 일은 당신 인생에서 큰 부분을 차지할 것입니다. 진정으로 만족스러운 인생을 사는 유일한 방법은 당신 스스로가 훌륭하다고 믿는 일을 하며 사는 것입니다. 훌륭한 일을 하는 유일한 방법은 당신이 하는 일을 사랑하는 것뿐입니다. 아직 그것을 찾지 못했다면, 계속해서 찾으세요. 결코 안주하지 마십시오."[18]

우리는 각자의 삶에 필요한 가치를 만들어내야 하고 그 작업에 많은 시간을 할애하게 될 것이다. 성공하기 위해서는 우리가 인생에서 투입하는 시간에 대한 물질적인 대가뿐만 아니라 정신적 보람도 주는 직업을 찾는 것이 무엇보다도 우선이자 중요한 일이다.

우리는 자신의 지식과 능력의 폭을 넓히고, 수차례의 성취를 맛보면서 흥미롭고 가치 있는 일에 몰두할 수 있을 때 가장 큰 행복을 느낀다. 누군가에게는 그것이 수십억 달러를 벌 수 있는 획기적인 혁신을 만들어내는 일일 수 있고, 다른 누군가에게는 그것이 학생들을 가르치거나 식당을 경영하는 것일 수도 있다. 중요한 것은 업적의 크기나 소득의 규모가 아니라 우리가 끊임없이 배우고, 성장하며, 커리어를 쌓아가는 과정 중에 등장하는 도전들을 이겨내는 것이다.

예를 들어, 이 책의 저자인 야론은 금융학 박사 학위를 소지하고 있다. 그는 월가Wall Street에서 일했다면 비영리 교육 단체의 책임자가 버는 것보다 훨씬 더 많은 돈을 벌 수 있었을 것이다. 하지만 그는 비영리 교육기관의 운영을 택했다. 자신의 신념을 현실화하는 데 힘을 쏟는 것이 자신의 목적 의식을 고취시킬 뿐만 아니라 자신에게 가장 큰 만족감을 주는 걸 알았기 때문이다. 교사, 회계사, 배우, 또는 기업가 등 그 목표가 무엇이든, 성공하기 위해서는 자신이 사랑하고 최선을 다할 수 있는 생산적인 진로를 찾아야 한다.

그렇다고 돈의 역할을 무시하라는 것은 아니다. 분업 경제에서의 생산 활동이란 돈을 벌기 위해 일하는 것 자체를 의미하니 말이다. 우리는 일을 함으로써 돈을 벌고, 그 돈을 쓴다. 돈은 우리가 먹고살 수 있게 해줄 뿐만 아니라, 우리가 가진 꿈과 포부가 무엇인지도 깨닫게 해준다. 당신의 꿈이 해변의 멋진 집에 사는 것이거나, 세계 여행, 자녀들의 대학 진학, 혹은 창업 등 무엇이든 간에, 돈은 당신의 꿈을 이루는 데 도움이 되는 도구이다.

수명과 행복에 대한 인간의 욕심은 끝이 없듯이, 돈에 대한 욕심도 끝이 없다. 그러나 당신이 돈을 어떻게 벌고 어떻게 쓰는지에 따라 그 가치에는 큰 차이가 생긴다. 성공적인 삶을 살려면 생산적으로 돈을 벌어야 한다. 성취감을 주는 생산적 목적 의식이 없는 삶을 노력 없이 번 돈이 채워주지는 못한다. 그러나 생산적인 목적 의식을 가지고 있고, 자신의 행복을 위해서 번 돈을 어떻게 쓰는 게 좋은지에 관해 고민하였다면, 돈은 많을수록 좋다.

자신이 평생 소비할 수 있는 것보다 더 많은 소득을 벌어들이는 경우에도 마찬가지이다. 아마존Amazon의 설립자이자 CEO인 제프 베조스Jeff Bezos의 재산이 약 220억 달러에 달하는 점을 지적하며 칼럼니스트 리처드 에스코우R.J. Eskow는 다음과 같이 적었다.

"한 사람치고는 아주 많은 재산을 가지고 있다. 물론 베조스는 많은 사람에 비해 훨씬 똑똑하다. 재능도 있고 열심히 일했다. 그러니 부자가 되지 말라는 법이 있는가? 결국 이것이 미국 스타일 아니겠나. 그런데 그렇게나 어마어마한 부자가 되어야 할 필요가 있을까?"[19]

그러나 제프 베조스와 같은 혁신가들을 이끄는 것은 현재 존재하는 재화를 더 많이 거둬들이는 것이 아니라 미래를 개척하는 것이다. 즉, 소비가 아닌 창조가 그들의 가슴을 뛰게 하는 것이다. 조앤 롤링J.K. Rowling이 해리포터Harry Potter 시리즈로 이미 수십억 달러를 벌었음에도 왜 여전히 책을 쓰는지 궁금해하는 사람은 없을 것이다. 책을 쓰는 것 자체가 그녀의 삶의 원동력인 것을 우리는 너무도 잘 알고 있기 때문이다. 이러한 원동력은 예술가뿐만 아니라 혁신가와 기업가에게서도 똑같이 찾아볼 수 있다. 이들은 평생 안주하는 삶의 달성을 위해 부를 추구하지 않는다. 그들은 일평생 성장하기 위해 꾸준히 노력하고, 부는 단지 그들의 성취 범위를 늘리는 데 필요한 도구로 본다.

베조스의 경우, 자신이 설립한 아마존을 계속 확장했을 뿐만 아니라, 민간 우주 여행의 현실화를 위해 블루 오리진Blue Origin이라는 회사를 별도로 설립했다. 이것은 개인이 소비 가능한 수준을 넘는 부를 소유하는 것이 주는 가치 중 하나이다. 이런 거대한 재산을 통해 이전과는 다른 새로운 형태의 성취가 가능해지고 적은 자원으로는 결코 해결할 수 없던 문제들을 해결할 수 있게 해준다.

3. 자발적 거래 : 기회의 수호자

성공과 행복을 추구하는 것은, 결국 스스로 생계를 꾸리며 독립적인 판단을 내리는 생산자로서의 삶을 사는 것이다. 미국은 기회의 땅이지만, 쿠바는 그렇지 못한 이유가 바로 여기에 있다. 쿠바를 지배하고 있는 공산주의자들의 집단주의적 신념이 생산적 능력과 독립적 사고思考를 가로막고 있기 때문이다.

미국의 개인주의적 신념은 우리 모두가 자유롭게 생각하고, 자유로이 각자의 진로를 선택하고, 자신의 재능을 잘 활용해서 재산을 늘리고, 꿈을 향해 나아가는 것을 자유롭게 한다. 단, 우리 모두 그러한 신념에 맞게 살 때 해당되는 말이다. 기회가 성공과 행복의 달성에 필요한 조건들을 의미한다면, 미국은 이러한 기회를 성공적으로 폭넓게 제공해왔다. 다시 말해, 생각할 자유, 선택할 자유, 생산할 자유를 항상 제공해왔을 뿐만 아니라, 다른 생산자들과 더불어 살 수 있는 기회를 제공했다. 그럼으로써 나날이 쌓이는 지식과, 자산, 성과물을 토대로 인간이 추구하는 목표의 범위가 확장되도록 하였다.

미국에는 빌 게이츠Bill Gates나 마크 큐반Mark Cuban과 같은 기업가와 같이 일할 수 있는 기회뿐 아니라, 직접 그들과 같은 성공적인 창업가가 될 수 있는 기회가 널려 있다. 미국인 모두에게는 스티브 잡스나 피터 틸Peter Thiel과 같은 혁신가가 만든 새로운 기술을 이용할 수 있는 기회뿐 아니라, 스스로 자신만의 기술을 새롭게 개발할 기회도 있다. 누구든 은행, 벤처 투자가 또는 다른 투자자로부터 자금을 유치할 수 있고, 직접 자본가가 될 수도 있다. 또한 최고 수준의 기술을 가진 의사, 전기 기사, 건설업자 및 요리사의 서비스를 받을 수 있고, 원하는 분야에서 스스로 일류가 될 수도 있다. 갈수록 적은 비용으로 더 다양하고 좋은 품질의 제품을 구입할 기회도 얻게 되었다. 게다가 이 모든 것은 일부 정치 권력에 머리를 조아린 대가가 아니라, 각자 부를 늘리기 위해 치열하게 경쟁을 치른 결과라는 점도 놀랍다.

자유로운 사회에서는 정부가 공짜로 뭔가를 받을 수 있도록 해주는 배급 카드를 우리에게 주지 않는다. 당신은 생산과 함께 다른 사람과의 자발적인 거래를 통해서만 소유가 가능하다. 갖고자 하는 것이 일자리든, 성공적인 사업이든, 은행 대출 혹은 아이폰이 되었든, 그것을 가질 수 있는 유일한 방법은 스스로 성취를 하고, 다른 이들의 성취물과 맞바꾸는 것뿐이다. 당신이 일하지 않고도 평생을 살 수 있도록 책임져주는 사람은 세상에 존재하지 않는다. 랜드는 이러한 '거래자trader'의 개념을 다음과 같이 설명한다.

거래자는 스스로 노력해서 무언가를 마련하고, 얻지 않은 자들과는 일절 거래를 하지 않는 사람을 의미한다. 그는 개개인을 주인이나 노예로 대하지 않고, 모두를 독립적인 대상으로 동등히 대한다. 그는 자유롭고 자발적이며 자연스러운, 강요받지 않는 거래를 통해 사람을 상대한다. 이러한 거래를 통해 양 당사자는 각자의 독립적인 판단을 기반으로 이익을 얻을 수 있다. 거래자는 자신의 현재 상태에 따른 대가를 기대하지 않고, 자신의 성취에 대한 대가만을 기대한다. 또한 자신의 실패를 남의 탓으로 돌리지 않으며, 다른 사람들의 실패에 자신의 인생을 속박하지도 않는다.[20]

이러한 자발적 거래는 곧 기회의 수호자라고 할 수 있다. 그 누구도 당신을 이용하거나 당신의 성공을 가로막지 못하는 이유는 바로 당신이 다른 사람들과 어떻게 상대할지를 결정하기 때문이다. 만일 당신과 상대방이 서로 동의할 만한 조건에 도달하지 못한다면, 자유롭게 각자의 길을 가면 되기 때문이다. 마찬가지로, 당신이 출신 배경에 관계없이 성공할 수 있는 이유도 다른 생산자들이 자신에게 득이 되는 가치를 지닌 상대방과 거래를 자유롭게 할 수 있기 때문이다.

자동차를 수리하는 사람이, 뇌 수술을 하는 사람이, 혹은 구직을 희망하는 사람이 남자인지 여자인지, 인도 사람인지 파키스탄 사람인지는 전혀 중요하지 않다. 오직 그 사람이 문제를 해결할 능력이 있는지가 중요하다. 만일 성별이나 인종과 같이 의미 없는 것에 관심을 가지는 사람이 있다면, 그는 자신의 불합리성에 항상 시달릴 것이다. 왜냐하면 그런 사람은 다른 사람이 최고의 인재를 후원하거나 고용하는 것을 막을 길이 없기 때문이다.

불평등 비판론자들은 단지 정부가 간섭을 자제한다고 해서 경제적 거래가 자발적이라고 해서는 안 된다고 주장한다. 대신, 막대한 부를 가진 사람들이 비교적 가난한 사람들을 충분히 이용할 수 있기에 경제적 거래는 비자발적이라고 말한다. 최상위층에 있는 사람들은 모든 권력을 독점하여 노동자들이 일한 것에 비해 적은 임금을 지불하고, 소비자들에게는 적정 수준을 초과하는 가격을 받는 등, 하위층의 사람들을 희생시키면서 이익을 취한다는 얘기다. 하지만 이러한 견해에는 정치적 권력과 경제적 권력을 동일시하는 중대한 철학적 오류가 들어 있다.

정치적 권력은 총구로부터 나온다. 즉, 원하는 것을 얻기 위해 물리력을 사용할 수 있는 권력을 의미한다. 정치 권력은 카스트로와 그 일당이 쿠바에서 공산주의에 반대하는 목소리를 낸 사람들의 땅을 빼앗고 그들을 감옥에 보내는 데 사용했던 것이다. 이는 정부가 가지는 힘이다. 정부는 물리적 힘의 사용에 대한 독점권을 가지고 있다. 정부의 법 시행은 결코 제안이나 회유, 혹은 권고의 형태를 띠지 않는다. 그것은 분명한 명령이고, 그것을 준수하지 않으면 물리적인 강압과 맞닥뜨리게 된다.

반면 경제적 권력은 거래 차원의 힘이다. 다른 사람의 자원과 맞바꾸기 위해 당신이 가진 자원을 상대방에게 제의할 수 있다. 애플이 결정한 가격으로 휴대전화를 당신에게 판매하는 것은 애플의 힘이라 할 수 있다. 그리고 그 돈으로 다른 걸 사기로 마음먹을 수 있는 것은 당신의 권력이다. 아마존이 제시한 조건을 수용하기로 한 작가들과 출판사들에게만 자신의 멋진 플랫폼을 제공하는 것도 아마존의 힘이라 볼 수 있다. 또한 그러한 조건을 거부하고 그 결과를 기꺼이 받아들이기로 결정하는 것은 작가와 출판사들이 가지는 권력이다.

결국 경제적 권력은 사람들을 해치거나 착취하는, 또는 그들의 권리를 빼앗아가는 힘이 아니라 보상의 여부를 결정하는 힘이다. 철학자 해리 빈스방거Harry Binswanger의 표현을 빌리자면, "사업체는 당신에게 단지 제안만을 할 수 있기에, 당신의 가능성을 확장해준다고 할 수 있다. 자유 시장에서의 기업이 당신에게 제시하는 선택지는 다음과 같다. '우리와의 거래를 통해 더 나은 삶을 누리세요. 마음에 들지 않으면 이를 무시하셔도 됩니다.' 반면, 정부나 다른 권력체가 당신에게 제시하는 선택지는 다음과 같다. '우리의 명령대로 하라. 그렇지 않으면 당신의 자유, 재산 또는 생명까지 빼앗을 것이다.'"[21]

아무리 자신의 경제력이 강하더라도, 누군가를 자신의 사업장에서 강제로 일하도록 할 수 있는 고용주는 없다. 그가 할 수 있는 것은 제의의 수준이고, 제의를 받은 상대방은 그것을 자유롭게 승낙 혹은 거절할 수 있다. 근로자 채용을 위한 경쟁은 항상 있기 때문에, 낮은 임금 조건은 구직자들에게 외면당할 가능성이 높다. 최저 임금을 지급하는 일자리의 비율이 적은 것은 이 때문이다. 고용주가 직원들에게 적은 임금을 지불한다고 해도, 고용주가 개인적인 이익을 볼 수는 없을 것이다. 경쟁으로 인해 낮아진 가격은 인건비 절감의 효과를 소비자에게 제공하도록 요구받기 때문이다.

그러나 구직자에게 선택의 여지가 거의 없는 경우에는 어떠한가? 이런 상황에서라면 구직자들은 낮은 보수의 일자리와 실업자 신세 중 하나를 골라야 하겠지만, 그 선택은 여전히 자발적이다. 왜냐하면 채용하고자 하는 고용주는 그들의 가능성을 늘려줄 뿐, 결코 제한한다고 할 수가 없기 때문이다.

낮은 임금을 받고 일하는 것을 임금 노예라 부른다면, 그것은 고용주와 노동자 모두를 모욕하는 말이다. 이에 관해 경제학자 조지 레이즈먼George Reisman은 다음과 같이 지적했다.

노동자가 배고픔의 고통을 피하기 위해서는 반드시 일을 해야 한다는 사실에도 불구하고, 자유와 노예제는 낮과 밤만큼이나 명백히 차이가 난다. 위와 같은 경우라 해도 노동자의 배고픔을 불러오는 것은 자본가인 고용주가 아니다. 오히려 고용주는 노동자의 배고픔을 없앨 수 있는 수단을 제공한다. 노동자는 임금이라는 보상을 받고자 자본가를 위해 일한다. 바로 이 점이 자유로운 노동자와 노예의 차이를 보여준다. 노예는 다른 사람들이 쇠사슬, 채찍, 총과 같은 물리적 힘을 자신에게 가하기 때문에 의지에 반反하여 일을 하는 사람이다. 그런 물리력이 사라지면, 그는 도망칠 것이 분명하다. 반면에, 자유로운 노동자는 자신이 선택한 일을 하고, 오히려 일을 못 하게 막는 경우에 물리력이 필요하다.[22]

오늘날 어려운 경제 환경 속에서도, 괜찮은 소득을 올릴 기회는 여전히 풍부하다. 그렇기 때문에 미국인들이 경제적으로 몹시 심각한 상황에 직면했다고는 할 수 없다. 하지만 아주 적은 임금만을 받는 가난한 국가들의 노동자는 어떻게 봐야 할까? 한 가지 우리가 명심해야 할 것은, '빈곤은 주어진다'라는 사실이다.

우리 모두는 자원 없이 태어난 만큼, 살아가면서 자원을 만들어야 한다. 그런데 이렇게 풍요로운 세상에 살아도 여전히 많은 사람이 가난한 이유는 무엇일까? 불의가 그 원인인 경우도 종종 있다. 정치 권력에 의해 개인은 억압당하고, 그 결과 그들은 극심한 빈곤에 시달리게 되며, 심지어 1달러 남짓의 돈으로 하루를 살아가는 경우도 있다.

아프가니스탄, 쿠바, 수단과 같은 국가에서는 자유를 찾아볼 수가 없기 때문에 더 나은 삶을 갈망하는 이들에게 희망조차도 없다. 그런데 놀라운 점은, 불평등을 비판하는 사람들이 가리키는 '착취'와 '억압'의 예시가 이런 극빈국의 사람들에 해당되지 않는다는 것이다. 대신 자유의 확대 덕분에 빈곤에서 벗어나고 있는 개발도상국의 노동자들을 겨냥하고 있다. 중국과 인도와 같은 곳의 노동자들은 노동을 착취하는 공장에서 노예 수준의 임금을 받으며 일하는 것으로 알려져 있고, 애플과 같은 미국 기업들은 '그들의 등골을 뽑아 이익을 내고 있다'라는 비난을 받고 있다.

시간당 1.5달러를 받으며 하루에 열한 시간씩 중국의 공장에서 일하고 싶어 하는 미국인은 없을 것이다. 왜냐하면 그들에게는 훨씬 나은 기회가 있기 때문이다. 하지만 수천 명의 중국인이 이런 노동 착취 공장에 몰려드는 이유는, 그들이 가진 선택지 중에서 그나마 이것이 더 좋은 기회이기 때문이다.

레슬리 장Leslie Chang은 2년간 생산 조립 라인에 근무하는 중국 여성 근로자들의 경험과 좌절, 열망에 대해 직접 취재했다. 그녀는 "감옥에 가까운 생활 환경을 포함하여 중국 여공들에 관한 문제들이 이슈화된 적이 거의 없다"라는 사실에 충격받았다. 그리고 "한 방에서 10~15명이 함께 생활할 뿐만 아니라, 50명이 화장실 하나를 같이 사용하며, 그들의 일과는 밤낮없이 공장의 시계에 맞춰 돌아갔다. 그들의 주변 사람들 역시 모두 비슷한 환경에서 생활하였지만, 이는 중국 농어촌의 기숙사나 가정집에 비하면 더 나은 환경이었다"라고 적고 있다. 그녀는 "공장의 환경이 정말 열악해서 당신이나 나 같으면 결코 일하지 않을 곳"이라고 썼지만, 동시에 "그들의 관점에서 보자면, 예전에 살았던 곳이 더 열악했고, 그들이 일하러 가는 곳이 더 나을 것이므로 이에 희망을 가졌다"라고 글을 맺었다.

레슬리 장은 자신이 인터뷰한 젊은 여공들이 이러한 공장에 취업한 덕분에 다른 곳에서 일하는 경우보다 돈을 더 많이 벌었을 뿐만 아니라, 노예제 아래서는 찾아볼 수 없는 목적 의식, 자부심, 교육 및 성공 기회를 가질 수 있었다고 반복하여 기술했다. 그리고는 다음과 같이 마무리지었다. "중국인 노동자들은 우리가 아이팟iPod을 갖고자 하는 열망 때문에 공장에 강제로 끌려가서 일하는 게 아니다. 그들은 돈을 벌고 새로운 기술을 배우고 더 넓은 세상을 보기 위해 스스로 고향을 떠나기로 한 것이다."[23]

경제학자 벤자민 파월Benjamin Powell의 연구는 레슬리 장의 이러한 경험을 뒷받침한다. 아래 그래프에서 알 수 있듯이, 개발도상국에서는 노동 착취 공장들이 다른 어떤 곳보다 훨씬 높은 생활 수준을 제공한다는 사실을 밝혀냈다. 어떤 경우에는 개발도상국 국민 평균소득의 세 배에 달하기도 하였다. 더욱 놀라운 사실은, 미국 언론에서 연관 기업명까지 들먹이며 일제히 비난했던 노동 착취 공장에서 일하는 사람들이 다른 대다수의 자국민보다 더 나은 조건에서 일하고 있었다는 것이다.[24]

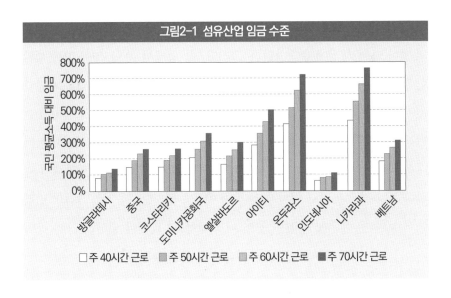

그림2-1 섬유산업 임금 수준

□ 주 40시간 근로 　▨ 주 50시간 근로 　▨ 주 60시간 근로 　■ 주 70시간 근로

파월이 여기서 강조하고자 하는 교훈은, 한 경제 안에 존재하는 근로 기회를 우리가 가진 기회와 비교하여 평가할 수 없다는 것이다. 해당 국가에서 실제로 존재하는 최선의 대안과 비교하는 것이 옳다는 이야기다. 파월은 1993년에 있었던 유명한 사례를 예로 들며, "미국 상원의원이었던 톰 하킨Tom Harkin은 아동 노동이 만연한 국가로부터 수입을 금지하는 법안을 발의했다. 이에 따라 방글라데시의 한 공장은 5만 명의 어린이를 해고하였다. 해고당한 아이들에게 차선책은 무엇이었을까? 영국의 구호 단체인 옥스팜Oxfam에 따르면 이들 중 다수는 매춘부가 되었다"라고 했다.[25]

탐욕스러운 고용주의 경제적 권력 때문에 개발도상국의 임금이 낮은 게 아니다. 이 고용주들은 미국의 고용주들과 같은 방식으로 노동자를 구하기 위해 경쟁해야 한다. 기업에게 정치적 권력이 없는 만큼, 자신의 경제적 권력을 이용하여 멋대로 원하는 수준의 임금만을 지불할 수는 없다. 왜냐하면 구직자들을 다른 경쟁 업체 대신 자기 회사로 끌어들이기 위해서는 충

그림2-2 비난받은 노동 착취 공장들의 평균 임금

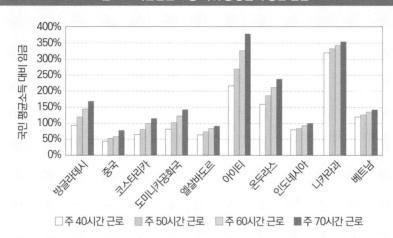

□ 주 40시간 근로　■ 주 50시간 근로　■ 주 60시간 근로　■ 주 70시간 근로

분한 임금을 지불해야 하기 때문이다. 한편으로, 회사에 이윤을 가져다주는 것보다 더 많은 임금을 노동자에게 줄 수는 없다.

이 두 가지는 선진국뿐만 아니라 개발도상국에서도 통용되는 보수 수준의 결정 범위이다. 파월이 설명한 바와 같이, 문제는 "노동자의 생산성(임금의 상한)이 낮고, 노동자들이 고를 수 있는 대안들(임금의 하한)이 형편없기 때문에 제3세계 국가들의 임금 수준이 낮다"라는 점이다.[26] 사실, 막대한 자본의 축적으로 저숙련 노동자들의 생산성까지 비약적으로 높이기 전인 150년 전 미국도 이와 유사한 모습이었다.

일부는 부당하다고 느낄 정도로 낮은 임금이지만, 이는 자발적이면서도 서로에게 이익이 되는 거래의 실질적인 모습이다. 다만 여기에 한 가지 중요한 문제점이 있는데, 언급했던 나라들 모두 완전한 자유 국가와는 거리가 멀다는 사실이다. 국민의 권리가 정부에 의해 보호되지 않는 한, 즉 개개인이 정치적 권력에 예속되는 한, 그들은 공정하게 대우받지 못한다. 그러므로 그들의 자유를 보호한다는 차원에서 항의하는 것은 옳다. 무엇보다도 우리는 우선 그들이 원한다면 미국으로 이민할 수 있는 자유를 위해 싸워야 한다. 그러나 이와 동시에, 그들 본국에서의 자유가 보호되고 확대될 수 있도록 힘써야 한다. 그렇게 해야 그들 역시 우리가 누리는 경제 발전을 이어받을 수 있기 때문이다.

기회의 땅에서 우리 모두는 자유롭다. 자유롭게 생산하고, 각자의 생산 능력에 따라 성공할 가능성이 있다. 그러나 기회의 땅에서 성공한다는 것은 노력 없이도 가능한 쉬운 일이 아니다. 기회는 동시에 큰 부담이기도 하다. 그러한 기회에 부응하는 삶을 살 것인지 말지의 여부는 각자의 선택 사항이다.

4. 기회의 요구 사항

이 책의 저자 중 한 명인 돈Don은 얼마 전 리얼리티 쇼 프로그램인 샤크 탱크Shark Tank에 출연하기도 한 기업가 수잔 피터슨Susan Petersen과 어떻게 사업을 시작하게 되었는지에 관한 이야기를 나누었다. 수잔은 예쁜 아기 모카신을 만드는 법을 공부했고 자신의 재능을 사업화하기로 결심했다. 하지만 사업을 시작하는 데 필요한 재료를 살 돈이 없었다. 그녀는 눈앞에 기회가 보이지 않는다는 것에 좌절하는 대신, 창문 설치하는 일을 하는 친오빠를 여름 내내 따라다니며 버리는 창문의 알루미늄 틀을 얻을 수 있는지 물었다. 그녀는 3개월 동안 낡은 창문의 유리를 깨며 창틀을 모았고, 여름이 끝날 즈음에 그간 모은 알루미늄 프레임을 팔아 300달러를 손에 쥘 수 있었다. 그 돈으로 모카신을 만드는 데 필요한 가죽을 샀다. 이렇게 시작한 그녀의 사업은 오늘날 프레실리 픽드Freshly Picked라는 성공적인 기업으로 성장하였다.

수잔의 이야기를 통해 우리는 기회에 관한 중요한 사실을 알 수 있다. 기회의 가치는 그것을 포착하고 활용하려는 의지에 달려 있다는 것이다. 수잔의 오빠가 하는 사업이 그녀에게 기회가 될 수 있었던 이유는 수잔이 자신의 재능을 사업화하기로 결정했기 때문이고, 나아가 자신이 직면한 문제를 해결할 방법에 관해 고민한 후 이행하기 위해 노력했기 때문이다.

부유한 부모, 인맥, 좋은 곳에서 교육받을 기회와 같이 스스로 노력하지 않고도 얻을 수 있는 기회조차도 잘 활용하기 위해서는 엄청난 노력이 필요하다. 훌륭한 학교에 가더라도 스스로 공부하지 않는다면 아무 소용이 없는 것처럼 말이다. 말콤 글래드웰Malcolm Gladwell은 자신의 베스트셀러인 『아웃라이어Outliers』에서 성공한 사람들은 공통적으로 일종의 행운을 한두 번씩 경험했다는 사실을 비중 있게 다룬다.

예를 들어, 어린 시절의 빌 게이츠는 당시 소수의 사람만이 사용할 수 있었던 컴퓨터를 쓸 수 있는 행운을 경험했다. 그러나 중요한 사실은 게이츠가 단순히 그런 기회(그와 비슷한 환경에 있던 수천 명의 다른 사람 역시 컴퓨터를 사용했다)를 얻었다는 것이 아니라, 그 기회를 활용하여 컴퓨터 프로그래밍하는 법을 배우는 데 많은 시간을 할애했다는 것이다. 그는 결국 집집마다, 모든 책상 위에 컴퓨터가 있도록 하는 것을 목표로 삼아 소프트웨어 회사를 설립하기에 이르렀다. 선택한 목표와 그것을 달성하려는 결의가 있었기에 자기가 다니던 고등학교에 비치된 컴퓨터가 빌 게이츠에게는 기회일 수 있었다.

자유 사회에는 기회가 많은 만큼, 그것을 성과로 연결시키기 위해 많은 고민과 노력을 해야 한다. 사실, 우리가 성공할 수 있도록 해주는 기회 중

다수는 선택을 통해 우리가 직접 만드는 기회이다. 예를 들면, 앤드류 카네기는 열두 살 때 스코틀랜드에서 미국으로 이민했다. 무일푼에다가 고작 5년의 정규 교육만을 받은 그는 방직공장에서 하루 열두 시간씩 일했으며, 일주일에 1.2달러만을 받았다.

이런 그에게 찾아온 첫 번째 큰 행운은 펜실베이니아 철도회사에 고용된 것이다. 그는 어떻게 더 좋은 곳으로 이직할 수 있었을까? 전前 직장인 방직공장에서 카네기는 자신의 근무 시작 시간보다 항상 일찍 출근하여 전신電信을 보내고 받는 법을 익혔다. 그는 모스 부호를 받아 적지 않고 소리만으로도 전보를 받을 수 있게 되었다. 이는 당시 미국에서 카네기를 제외하면 오직 두 사람만이 할 수 있는 대단한 능력이었다.[27] 물론, 카네기가 남긴 업적이 평범한 수준을 훨씬 능가하기는 하나, 새로운 지식을 얻거나 새로운 능력을 개발하는 등, 가치 있는 무언가를 달성하면 이전에는 불가능했던 새로운 기회가 생길 수 있다는 것을 보여주는 하나의 사례다.

기회의 땅에서 성공은 쉽게 찾아오지 않는다. 노력하여 학습하고, 스스로를 개선시키고, 어려운 결정을 내리고, 장기적인 목표 달성을 위해 눈앞의 만족을 잠시 포기할 줄도 알아야만 가능하다. 다시 말해, 성공적인 삶이란 스스로 만들어야 한다는 것이다. 당신은 자립하여 인생에서의 모든 일에 대해 스스로 책임을 져야 한다. 자신의 진로나 인간 관계, 건강, 재정 상태 등 무엇이든 그렇다. 기회의 땅에서 우리는 자립적이고 자기 주도적인 삶을 살아야 한다. 도달할 수 있는 목표에 제한은 없지만, 동시에 그것을 실제 달성하는 것은 전적으로 당신의 책임이기 때문이다.

이러한 책임을 기꺼이 지려고 하는 사람들에게 미국이라는 국가가 매력적이었던 것은 결코 우연이 아니다. 제1장에서 다루었던 미국 이민을 독려

하는 아일랜드의 포스터 내용을 다시 떠올려보자.

"미국에서 한 개인의 성공은 온전히 자기 자신에게 달려 있습니다. 그것은 자신의 근면함, 절제력, 성실함 및 도덕심에 달려있습니다. 그리고 만약 누군가 성공하지 못한다면, 십중팔구 실패의 원인은 자신의 부족함에서 찾아야 합니다."[28]

복지 국가를 채택한 선진국 중에서 미국이 가장 늦은 편이라는 사실에 많은 평론가는 당혹감을 감추지 못한다. 그러나 이것 역시 우연이 아니다. 기회를 원하는 사람들은 보살핌을 원치 않기 때문이다. 그들은 자기 자신이 원하는 삶을 만들어갈 수 있는 자유를 선호한다. 그들은 "누군가가 당신을 돌봐준다"라는 말이 동시에 "누군가가 당신 대신 결정을 하고 있음"을 의미한다는 걸 잘 알고 있다.

미국을 복지 국가로 만든 장본인인 프랭클린 루스벨트Franklin D. Roosevelt 대통령 역시 이 점을 이해했다. 그는 "이러한 복지 프로그램이 실업 수당 타는 것만으로도 자립심에 상처 입는, 자존심 센 미국 국민을 대상으로 한다는 것을 알고 있다"라고 말했다.[29]

그러나 모든 사람이 자립을 중요시하는 것은 아니다. 일부 사람은 자신의 삶에서 어떠한 성취도 할 생각이 없기 때문에, 성공을 위해 필요한 자유를 원하지 않는다. 그들은 아무 생각이나 노력 없이도 자신의 욕구가 충족되기를 바란다. 다시 말해, 그들은 노력 없이 얻고자 한다.

이러한 욕망은 제각각의 형태와 정도로 나타난다. 극단적인 예로 가족이나 국가에 빌붙어 집에서 텔레비전이나 보며 사는 것을 꿈꾸는 자들이 있으며, 도둑질이나 사기 행각을 통해 일하지 않고서도 돈을 버는 범죄자들도 있다. 훨씬 흔한 경우로는, 일은 하지만 자신의 진로나 삶에 대해 곰곰이 생각하지 않거나 마지못해 일하는 사람들을 들 수 있다. 이런 사람들은 정시에 출근하며 맡은 일이야 하겠지만, 수동적인 삶을 살며 변화하는 환경 속에서도 뭔가를 더 배우거나 생활 패턴을 바꿀 생각은 결코 하지 않는다. 그들의 생각을 대변하는 이야기가 다음 문장이다.

"무학無學의 우리 할아버지도 동네 공장에 다니면서 중산층 월급을 받았는데, 나라고 그러지 못할 이유가 있겠어?"

여기에 더해 생산적인 목적 달성이 아닌 국민 세금을 빼돌려 돈을 벌고자 하는, 정치적 특혜를 노리는 자들도 있다. 이들 사이의 차이점이 무엇이든 간에 그들에게는 공통점이 한 가지 있다. 그들은 그저 모든 욕구와 필요가 노력 없이도 저절로 충족되고, 성공과 행복의 달성을 위해 필요한 생각, 판단 및 노력을 할 필요가 없는 에덴동산을 꿈꾼다는 것이다.

불평등 비판론자들에 따르면, 자신들이 옹호한 규제·복지 국가를 채택하면 이러한 이상향을 실현할 수 있다고 한다. 여기서는 돈을 더 벌고자 자기 계발을 할 필요가 없다. 정부가 최저 임금을 정하면 되기 때문이다. 저축과 투자에 대해 고민할 필요도 없다. 정부가 노후 연금을 보장해줄 테니 말이다. 비상금을 따로 마련할 필요도 없다. 정부가 실업 수당을 보장하기 때문이다. 사고자 하는 제품의 유용성 또는 안전성에 대해서도 고민할 필요가 없다. 정부가 대신 판단해주기 때문이다. 은행이 신중한 결정을 내리고 있는지 감시할 필요 역시 없다. 정부가 예금을 보증해줄 테니까. 자녀의 교육법에 대해서도 생각할 필요가 없다. 자녀에게 어떤 사상과 가치를 가르쳐야 하는지는 정부가 결정하기 때문이다. 경쟁에서 앞서기 위해 끊임없이 혁신할 필요도 없다. 정부가 회사나 산업을 경쟁으로부터 보호해주기 때문이다. 당신은 이제 고민하지 않고 살아도 안정을 보장받을 것이다.

기회를 중요시하는 사람들 역시 경제적 안정을 추구하는 것은 물론이다. 이들도 언제든 자신에게 불운이 닥칠 수 있다는 것을 알고 있기 때문이다. 하지만 이들은 진정한 안정이 인생의 고난과 불확실한 미래에 대해 각자 자유롭게 최선의 판단을 내리고 대응할 수 있도록 하는 권리의 보호를 통해서만 가능하다는 사실도 이해한다. 그래서 이들은 미래를 위해 저축과 투자를 하고, 항상 보험을 들고, 최신의 기술을 꾸준히 습득하여 실직자가 되는 일이 없도록 준비한다. 이들은 세상이 그들에게 요구하는 것들을 직접 상대할 수 있는 자유를 추구하지, 정부가 나서서 세상의 요구를 해결해주기를 원하지 않는다.

대신 결정을 해주는 규제·복지 국가의 가장 악독한 점은, 소극적인 행동으로 자신의 삶에 대해 어떠한 책임도 지지 않는 사람들을 보호하고자 책임감 있는 개인이 스스로 자유롭게 결정을 내리거나 각자의 방식으로 인생을 살지 못하게 만든다는 것이다. 정부가 최저 임금이 얼마인지를 결정하면, 그보다 더 낮은 임금을 받아들이는 것이 당신에게 더 유리하더라도 그것은 당신이 결정할 수 없는 사안이 된다.

만약 정부가 사회보장제 명목으로 소득의 12.4%를 토해내라고 결정하면, 당신은 더 이상 그 돈으로 무엇을 할지, 어떻게 퇴직 연금을 마련할 것인지를 스스로 결정할 수 없게 된다. 정부가 어떤 제품이 유용하고 안전한지를 설정하기 시작하면, FDA에서 아직 승인하지 않은 획기적인 치료제를 자원하여 투여하는 등의 방식으로 이를 거부할 방법은 없다. 정부가 보호와 지원을 받을 기업 및 산업을 결정하면, 당신은 더 이상 심각한 문제가 없다면 현 상황을 개선시키고자 노력하지 않게 될 것이다. 결국, 정부가 보장하는 안정은 기회의 제한을 의미한다.

게다가 정부는 실질적인 안정을 제공하지 못한다. 진정한 안정은 자신의 삶을 스스로 관리할 수 있음을 자각하고, 비상 상황에 대비할 방안을 미리 마련하는 것에서 비롯된다. 정부가 할 수 있는 것이라고는 안정의 이미지를 심어주는 것뿐이다. 이런 허울뿐인 안정은 스스로의 노력과 판단에 근거한 것이 아니라 정부의 지원금과 명령에 따른 것이기에, 우리의 삶은 공무원들과 유권자들의 손에 달리게 된다.

소위 기본권 보장entitlement을 위해 재원 마련 방안도 없이 100조 달러 규모의 부채를 떠안는 현실을 보라. 이 때문에 정부는 필연적으로 사회 보장과 메디케어 예산을 언젠가는 대폭 감축할 것이다. 하지만 언제 삭감할 것인가? 한다면 얼마나 줄일까? 이에 관해서는 아무도 대답해줄 수가 없다. 무엇이 미국과 미국인을 특별하게 만드는지를 이해하려면, 이들이 자유 사회를 살아가는 데 필요한 사항들을 스스로의 삶에 반영하였음을 알아야 한다. 미국의 정치인 딘 앨펀지Dean Alfange는 1952년 리더스 다이제스트Reader's Digest에 미국의 정신에 대해 '한 미국인의 신념An American's Creed'이라는 제목의 짧은 글을 기고했다.

나는 평범한 사람이 되는 길을 택하지 않는다. 가능하다면 평범하지 않은 사람이 되는 것은 나의 권리다. 나는 안정이 아닌, 기회를 추구한다. 나는 국가가 나를 돌보도록 함으로써 맥없고 둔감한 시민으로 남고 싶지 않다. 나는 꿈을 꾸고 달성을 위해 노력하며, 실패와 성공이 모두 존재하는 계산된 위험을 감수하고 싶다. 나는 실업수당을 위해 의지를 포기하지 않겠다. … 나는 적선을 위해 자유를, 지원금을 위해 존엄을 포기하지 않을 것이다. 나는 그 누구 앞에서도 움츠리지 않을 것이고, 어떤 위협에도 굴하지 않을 것이다. 똑바로 위풍당당하게 서서 어떤 것에도 두려워하지 않는 것이 나의 유산이다. 스스로 생각하고 행동하며, 내가 이룩한 것이 주는 혜택을 즐기고, 담대하게 세상을 마주하며 이것이 내가 이룩한 모든 것이라고 말하는 것. 미국인으로 산다는 것은 바로 이런 것이다.[30]

기회를 추구하는 사람은 이와 같은 특징을 지닌다. 노력하지 않으면서 돈 벌기를 원하지 않고, 스스로의 선택과 노력을 통해 성공을 쟁취한다. 그리고 심각한 장애로 인해 다른 사람에게 의지해야만 하는 소수를 제외하고는, 우리 모두는 도전을 통해 충분히 성공을 이룰 수 있다고 믿는다.

5. 자수성가

자유 사회는 우리의 권리를 보장해줌으로써 성공을 가로막는 장벽들을 없앤다. 그럼에도 성공하는 것은 결코 쉽지 않다. 특히 아무것도 없이 시작하는 사람들에게는 더욱 그렇다. 하지만 명심해야 할 점은, 자유를 보장해주기만 하면 성공을 향한 의지를 가지고 노력하는 누구든 충분히 성공할 수 있다는 것이다.

이를 증명하기 위해 벤 카슨Ben Carson의 이야기를 살펴보자.[31] 그는 초등 교육 3년만을 거친 편모와 함께 가난한 가정에서 자란 흑인이다. 이런 열악한 조건 속에서도, 카슨은 어린 나이에 의사가 되기로 결심했다. 이는 쉽지 않은 길이었다. 카슨은 태생적으로 재능이 있는 학생이 아니었고 반에서 늘 하위권을 맴돌던 학생이었다.

그러나 그는 최우수 학생이 되겠다는 야심 찬 목표를 스스로 세웠다.

TV 보는 시간을 줄이고 부지런히 공부했으며, 여가 시간에는 다양한 책을 폭넓게 읽었다. 그의 어머니는 "베니야, 글을 읽을 수만 있다면 네가 알고 싶은 모든 것을 배울 수 있단다. 이 세상의 문은 글을 읽을 줄 아는 사람들에게 열려 있어"라고 그에게 말했다.[32] 그후, 2년 만에 카슨은 반에서 우등생이 되겠다는 목표를 달성하게 된다.

그러나 몇 년 후 고등학교에 진학하면서 카슨은 높은 점수를 받는 것보다 평범한 흑인 학생이 되는 데 더 몰입하기 시작했다. 하지만 카슨은 자신의 성적이 떨어졌다는 사실을 깨닫고 자신이 집중해야 할 우선 순위를 재정비했다. 그의 어머니는 스스로의 삶에 대한 최종적인 책임은 결국 자기 자신에게 있음을 항상 강조했다.

그는 자신이 받은 낮은 성적을 돌이켜보며, "이 결과에 관해 비난받아야 할 대상은 오직 나뿐임을 깨닫게 되었다. 내가 선택하지 않는 한, 내가 속한 집단은 나에게 어떤 영향도 주지 않는다"라고 적었다.[33] 그리고 그는 다시 한번 학업에 몰두하기 시작했다. 결과적으로 카슨은 학교에서 최고 등급을 받았고, SAT 점수 또한 높았기에 예일대학교에 진학할 수 있었다. 그리고 뒤이어 미시간대학교의 의과 대학에 진학하였다. 여기서 그는 다시 고군분투했고, 책임감을 갖고 스스로를 발전시켰다.

의대 2학년 시절에 ... 나는 오전 여섯 시쯤 일어나서 모든 개념과 세부 사항을 이해할 때까지 교과서를 계속 반복해서 봤다. ... 나는 깨어 있는 동안에 딴 짓을 하지 않고 밤 열한 시까지 공부만 했다. 병상에 투입되는 3학년 즈음에 나는 모든 교과목을 완전히 이해할 수 있었다.[34]

그 후 얼마 지나지 않아, 카슨은 신경외과학에 매료되면서 이를 전공으로 선택하게 되었다. "더 많은 것을 알아야 한다고 스스로 되뇌었다. 전공과 관련된 글이란 글은 죄다 읽어야만 했다. 강한 집중력과 많은 것을 알고 싶어하는 나의 열정 덕분에 나는 다른 인턴들에 비해 본의 아니게 더 돋보이기 시작했다."[35]

심지어 그는 호출기를 자기에게 쥐어주고 라운지에 낮잠을 자러 가버리는 인턴과 레지던트들의 업무를 떠안기 시작하였다. 하지만 카슨은 크게 개의치 않았다. 왜냐하면 덕분에 배울 기회가 더 많아졌기 때문이다. 결국, 자신의 강한 집중력, 열정, 그리고 배움에 대한 끊임없는 전념 덕분에 카슨은 존스 홉킨스Johns Hopkins 의대 최고의 신경외과의로 거듭날 수 있었다. 카슨은 자신의 길을 되돌아보며 다음과 같은 결론을 내렸다.

자신이 처한 암울한 상황을 타개할 수 있는 유일한 방법은 자기 자신을 바꾸는 것뿐임을 청년들은 알아야 한다. 다른 사람이 자신을 대신해줄 것이라는 기대를 하면 안 된다. 요즘에는 불우한 출신 중에 어려운 상황에서 벗어난 경우를 많이 보지는 못했지만, 산 증인을 하나 소개할 수는 있다. 기본적으로 내가 그러한 사람들과 크게 다르지 않기 때문이다.[36]

건설적인 목표 달성을 위한 끈기와 헌신은 누구나 따라할 수 있다. 뿐만 아니라 성공을 가로막는, 도저히 뛰어넘을 수 없어 보이는 장애물을 극복할 수 있도록 도와준다. 물론 세상 모든 사람이 외과 의사가 될 수 있는 것은 아니다. 우리는 각자의 능력에 맞는 목표를 설정해야 한다. 하지만 이와 동시에 자신의 능력을 과소평가하지 않도록 주의해야 한다.

실제로 노력이 성공하기만 한다면, 우리 모두는 불리한 환경을 극복하고 금전적으로 많은 보수를 받을 수 있을 뿐만 아니라, 정신적으로도 커다란 보람과 만족감을 얻을 수 있게 된다. 최대한의 노력에도 불구하고, 학업을 힘들어하는 사람이 있다고 해보자. 그에게는 여전히 기술자, 전기공, 배관공, 용접공과 같이 숙련된 블루칼라 직업이라는 큰 기회가 존재한다. 높은 임금을 받을 뿐만 아니라 보람 있는 직업임에도 불구하고, 제대로 된 훈련 받은 노동자가 부족하여 수백만 개의 일자리가 널려 있는 상태다.

더티 잡스Dirty Jobs의 진행자였던 마이크 로Mike Rowe가 말한 바와 같이, 이런 현상의 주된 이유는 "우리 사회가 … 일종의 블루칼라 직업과 냉전을 벌이고 있기 때문이다. … 생산직을 대중 문화에서 어떤 식으로 묘사하는지 한번 보라. 배관공이라 하면 우리는 살찐 엉덩이 위에 공구 벨트를 찬, 130kg이 넘어 보이는 남자의 모습을 연상할 것이다. 이렇게 배관공이라는 직업은 웃음거리로 전락했다."[37] 그러나 최후에 웃는 자는 배관공이다. 훈련 몇 년만 받으면 초보 배관공은 연간 4만 달러에서 5만 달러 사이의 수입을 올릴 수 있고, 숙련된 배관공은 7만 달러 이상의 수입을 올릴 수 있다.[38]

기술을 크게 필요로 하지 않는 맥도날드나 월마트Walmart 매장의 서비스직은 비전 없는 일자리dead-end job라는 오명을 얻고 있다. 하지만 낮은 임금의 저숙련 일자리는 기회의 제한이 아니라, 더 좋은 기회를 위한 발판이다. 혹은 그 자체를 좋은 기회로 만들 수도 있다. 오늘날 많은 고용주는 유능한 직원은 고사하고, 제 시간에 출근하고 맡은 일을 마무리할 때까지 자리를 지키는 정상적인 직원을 찾지 못해 힘들어 한다. 이런 기본만 하는 사람이라면 누구든 성장할 수 있다. 그리고 실제 많은 사람은 이런 식의 성장

과정을 밟는다.

사회학자 캐서린 뉴먼Katherine Newman은 할렘Harlem의 빈민가 패스트푸드점에서 일하는 사람들을 연구한 결과, 연구 대상 종사자의 약 1/3은 8년 안에 승진이나 더 높은 월급을 주는 곳으로의 이직, 혹은 대학 및 직업 학교로의 진학을 통해 빈곤으로부터 벗어난다는 사실을 발견했다. 한편, 가난에서 벗어나지 못한 많은 사람은 자신이 한 선택의 결과로 정체된 삶을 살고 있다는 사실도 밝혀냈다.[39]

뉴먼이 지적한 것처럼, 스스로 발전하여 낮은 임금을 주는 일자리에서 벗어나고 싶어하는 사람에게 우리가 저지를 수 있는 최악의 행동 중 하나는 멍청하다는 등 이런 일자리에 종사하는 사람들을 비하하는 것이다. 그녀는 자신의 저서인 『내 일에 부끄럼은 없다[40]No Shame in My Game』에서 많은 저임금 근로자가 화이트칼라 노동자들도 업무에 활용하는 '기억력, 재고 관리 능력, 다양한 직장 동료와의 협동심, 바쁠 때 동료의 업무까지 아우를 수 있는 융통성'과 같은 재능이 사무직 종사자들보다 더 뛰어남에도, 저임금 근로자들은 '그들이 하는 일이 더 이상 가치가 없다는 대중적 인식 때문에 불이익을 받고 있다'라고 지적했다.

뉴먼은 특히 '언론인들이 따분하고 반복적이며 거의 기술이 없어도 되는 직업의 대명사로서 종종 패스트푸드점에서 패티를 뒤집는 종업원을 든다는 점'에 불편해한다. "탈숙련화로 인해 피해를 본 단순 노동자를 옹호하는 사람들조차도 이러한 직업은 더 이상 기술을 요하지 않고 상식적인 사람이라면 당연히 그만둘 것"이라고 표현하는 등 그러한 직업에 대해 부정적인 이미지를 형성하는 데 공헌했다"라고 비판했다.[41]

우리는 정직하게 일하고 있는 사람들을 폄하하는 세상에 살고 있으며,

불평등을 비판하는 자들 역시 여기에 심심찮게 가세한다. 그들은 일을 잘 완수한 것에 대한 자부심을 존중하기보다는, 좋은 대우를 해주는 직업, 아니면 복지 혜택을 곧 자부심이라 여긴다.

빈곤이나 열악한 교육 환경을 극복하고 인생에서 무언가를 이룬다는 것은 분명 영웅적인 성취이다. 그러나 이보다 더 대단한 일은 친구와 가족, 이웃들이 당신의 재능과 야망을 키워주기는커녕 더 나은 삶을 추구하는 당신의 의욕과 열정을 꺾으려는 환경 속에서도 스스로 성공적인 삶을 만들어가는 것이다. 슬프게도 이러한 환경은 오늘날 수백만의 젊은이, 특히 미국에서 가장 가난한 지역에서 살고 있는 이들이 직면하고 있는 현실이다.

뉴욕타임스의 기자 제이슨 디팔레Jason DeParle는 "성공하기 위해 노력하던 이들이 다혈질의 남자 친구, 약에 중독된 여동생, 감옥살이하는 형제 등 자신의 친구와 가족에 의해 좌절당한 이야기는 빈민가에서 너무나도 흔하다"라고 적었다. "빈민가에서 성공한 사례들을 살펴보면, 학교나 군대, 혹은 외부 조력자가 제공하는 피난처와 같은 곳으로 도망치는 순간이 종종 등장한다"[42]라는 것이다.

도심 빈민가 출신 영재 학생들의 이야기를 감동적으로 그려낸 『그럼에도 우리는 일어선다[43]And Still We Rise』를 통해 LA타임스 기자 마일스 코윈Miles Corwin은 게 통발crab-pot과 같은 현실을 묘사하였다. 이는 통발 속에서 밖으로 도망치려는 게를 다른 게들이 붙잡고 끌어당겨 못 나가도록 하는 것을 비유하는데, 동료의 사회적 압력에 의해 성공을 향한 개인의 노력이 좌절되는 상황을 의미한다.

10대 청소년들이 랩 가사나 뮤직비디오를 통해 거친 남성성을 과시하고, 운동 선수와 비행 청소년들이 학교 복도에서 가장 많은 관심을 받는 흑인 빈민가에서는 학업에 대한 관심은 숨기는 게 마땅하지. 그리 자랑할 만한 것은 아니다. 빈민가에서는 이렇게 진지한 학생들이 계집애 같은 약자이자 배신자로 간주되며, 이들이 다른 또래들의 문화를 무시하는 것으로 받아들여진다.

코윈은 자신의 책에 "학급 토론에 열심히 참여하여 자신의 의견을 조리 있게 표현하려고 노력"하였으나 돌아온 다른 학생들의 반응은 "백인처럼 행동하지 마라는 고함과 조롱뿐이었다"라는 사디Sadi의 경험담을 언급했다. 학교의 영재 교육 프로그램 책임자인 스캇 브랙스턴Scott Braxton은 많은 학생이 이와 같은 모멸을 겪을 바에는 영재 교육 프로그램을 그만둔다고 설명했다. "매년 많은 학생이 제 교무실을 찾아와 자기를 영재 교육 프로그램에서 빼달라고 간곡히 요청합니다. 학업의 길을 택하면 또래들 사이에 끼지 못한다는 두려움이 있는 거죠. 분명한 압력이 그들에게 전해집니다. 이 학생들은 책을 끼고 학교에 다닌다든지, 학교에서 우수한 학생이 되기 위해 공부하고 노력하는 것에 대해 강한 반감이 존재하는 동네의 분위기에 발목 잡힙니다."[44]

문제는 열정과 성취에 대한 노골적인 적대감에서 끝나지 않는다. 성공으로 이어지는 가치와 성품을 청년들이 배워야 함에도, 결손 가정에서 자라난 이들은 범죄와 인종 차별, 약물 중독, 알코올 중독, 팽배한 무기력에 둘러싸여 그것을 벗어나기가 어려운 실정이다. 찰스 머레이Charles Murray와 로버트 퍼트넘Robert D. Putnam과 같은 연구자들의 최근 연구 결과들에 따르면, 이런 사회 문제들이 빈곤 지역에서 심화되고 있는 추세이다.[45]

성공하기란 언제나 어려운 일이다. 심지어 모든 조건이 다 갖춰져 있어도 성공은 쉽사리 오지 않는 법이다. 가족과 이웃, 그리고 동네 분위기까지 모두 자신의 발목을 잡는 상황에서도 야심 찬 목표를 설정하고 달성을 위해 헌신하는 데는 엄청난 용기와 독립심이 필요하고, 그 자체만으로도 대단한 도덕적 성취이다.

하지만 수백만의 미국인이 보여준 것처럼, 이것은 결코 불가능한 일이 아니다. 많은 사람이 내린 결론과 같이, 불우한 환경의 사람들은 굳이 성공하려고 노력할 필요가 없다고 한다면, 이는 이들을 무시하는 처사이다. 미국 역사에서 불평등에 관한 가장 영향력 있는 작품 중 하나인 마이클 해링턴Michael Harrington의 1962년 작 『미국의 이면: 미국 내 빈곤 문제[46]The Other America: Poverty in the America』에서는 작가의 비아냥대는 시선이 가장 잘 드러난다. 해링턴은 이 책에서 가난한 사람들이 빈곤 지역에 살면서 어려움에 직면하면 이를 감당하지 못한다고 주장한다.

술에 빠져 살고, 불안정한 결혼 생활을 하며, 폭력이 난무하는 생활은 단순히 미국의 이면에 사는 일부 개인의 문제가 아니다. 이것은 자신들이 살고 있는 환경에 대한 반응으로서, 사회의 한 집단이 보이는 특징이다. … 이런 환경의 미국인들은 가난의 늪에서 허덕이느라 자유로운 선택에 관해 이야기조차 못 하며, 도덕적 선택에 관해서는 생각할 겨를도 없는 삶을 산다. … 그들이 스스로 노력하여 해결하기를 기다리기보다는 사회가 나서서 그들을 도와야 한다.[47]

이러한 관점은 빈민가에서 자라나는 것이 아주 어렵다는 사실을 이해하는 것이나, 누군가에 대해 도덕적 판단을 내릴 때 그가 훌륭한 롤 모델과 풍족한 환경 속에 있었는지 혹은 빈곤한 환경 속에서 범죄자들과 자랐는지를 고려하는 게 중요함을 인정하는 것과는 분명 다르다. 이와 같은 관점은 많은 사람이 이러한 환경에 직면하면 속수무책이 되고, 그들이 한 나쁜 결정에 대해서는 책임을 물을 수 없다고 말한다. 경제적 불평등에 대한 비판이 우려스러운 가장 큰 이유 중의 하나가 바로 이러한 관점이 담겨 있기 때문이다. 다시 말해, 미국인들을 향해 본인의 노력으로는 성공할 수 없다고 암시하거나, 때로는 노골적으로 그 사실을 말하기 때문이라는 것이다.

UC 데이비스University of California Davis의 경제학자 그레고리 클락Gregory Clark은 "당신의 자녀와 손주, 심지어 증손주의 사회적 지위는 모두 당신의 현재 경제 상태에 달려 있다"라고 말하기도 했다.[48] 이와 같은 주장들을 받아들이게 되면, 성공하기 위해 장애물을 극복하려는 노력도 필요 없다. 또 마약을 하는 등의 범죄를 저지르거나 아이를 키울 능력도 없이 자녀를 가지는 등 성공을 가로막는 선택들에 대해 잘못을 물을 필요도 없다.

이런 행동을 두고 좌파 성향의 매체 살롱Salon의 엘리아 이스퀴쓰Elias Is-quith는 그것이 '피해자를 탓하는 행위'이자 '자기 자신에게 현대 사회의 물질적 안락함을 제공하지 못하는 것이 사회 경제 시스템의 실패가 아닌 자신의 부족함에서 비롯'한다는 생각을 심는 행위라고 했다.[49]

이러한 관섬은 결과에 대한 책임이 전적으로 개인에게 있거나, 그렇지 않으면 개인은 일말의 책임도 질 필요가 없다는 흑백 논리로서, 얼핏 들으면 그럴싸해 보이는 거짓말이다. 게다가 이는 앞으로 펼쳐질 상황에 대해서 각자 어떻게 처신해야 하는지에 관한 더 시급한 질문은 무시한다.

성공하지 못한 것이 과연 자신의 잘못인지 아닌지에 대한 답과는 무관하게, 성공의 여부가 자기 자신에게 달려 있음은 분명한 사실이다. 이러한 맥락에서 등장하는 책임은 누군가를 비난하기 위함이 아니라 오히려 힘을 북돋아주기 위함이다. 즉, 어떤 방식으로 피해를 입었다 하더라도 책임감을 갖고 노력하면 불리한 환경을 딛고 충분히 성공할 수 있기에, 계속 피해자로 살 필요가 없다는 이야기다.

개천에서 용 나기 어려운 지역 사회가 여기저기에 있고, 성공하기 어렵게 만드는 정부 정책이 범람하는 오늘날에도 분명 성공은 가능하다. 단, 개인 스스로가 피해자 역할을 거부하고, 자신이 속한 사회가 현존하는 모든 사회경제적 문제를 해결하기까지 기다리는 대신 스스로 성공을 위해 고군분투하는 한 말이다.

이 책의 저자 중 한 명인 돈의 친구 제러마야Jeremiah는 이런 책임감의 힘을 보여줄 수 있는 산 증인이다. 제러마야는 미국 코네티컷주Connecticut 내에서도 가장 위험한 우범 지역 출신으로서 아버지의 학대에 시달리고, 모텔 방, 낡은 임대 주택 및 노숙자 보호소를 전전하며 어린 시절을 보냈다.

"우리 아버지는 알코올 중독자이자 마약에 찌들어 살았다. 그는 1970년대부터 감옥에 들락거린 사람이다. 아버지에 대해 가장 생생하게 기억하는 장면은 대부분 아버지가 잔뜩 화난 상태로 집에 와서 나를 괴롭힌 것이다. … 아버지는 나에게 공포 그 자체였다."

놀러 다니느라 집을 비운 부모 때문에 제러마야와 누이들은 불안에 떨며 많은 밤을 지내야 했다. 다음 날, 아이들은 놀다 온 부모가 오후 늦게 일어날 때까지 침대에서 몇 시간이고 가만히 앉아 있어야만 했다. 때문에 제러마야는 학교에 가지 못하는 경우도 왕왕 있었다. 집에는 먹을만한 음식이 거의 없었기에 배고픔으로 힘든 하루하루를 보내야 했다.

"집에 있을 때 나는 동생들과 여기서 도망치는 날이 오기만을 꿈꿨다. 기차 화물칸에서 사는 고아들의 이야기를 다룬 동화책을 아주 좋아했는데, 그게 내 꿈이었기 때문이다. 나는 동생들을 데리고 빈 기차 화물칸을 찾아서 어떻게든 살 거라고 상상했었다."

하지만 그는 도망치는 대신, 아동 위탁 보호 제도를 통해 이전의 생지옥에서 벗어나 약간은 나은 삶을 살 수 있게 되었다.

제러마야와 같은 사람이 자신은 피해자라고 말한다면, 그건 분명 일리가 있는 이야기다. 하지만 그는 자기가 처한 환경에 굴하지 않고, 극복해내는 것을 자신의 책무라고 생각했다. "열네 살이 되던 때 나는 내가 무엇인가를 이루고자 한다면 내 손으로 직접 해야 한다는 결론을 명확하게 내렸다. 나는 스스로 '다른 사람들이 나를 위해 뭔가 해주기를 기다리지 않겠다'라고 다짐했다." 그는 "매우 독립적으로 변했다. 무언가를 해야 할 필요성이 생기면, 그것을 반드시 하였다. 또한 한번 시작한 일은 끝장을 보고야 말았다."

학교 생활과 더불어 학창 시절과 20대 초반까지 맡은 일들을 통해 제러마야는 자신만의 직업 윤리를 만들어냈다. 학교에서는 항상 우등생 명단에 올랐으며, 사무실에서 서류를 정리하는 일이 됐든, 백화점에서 신발을 팔거나 피자 가게에서의 설거지가 됐든, 그가 일에 임하는 자세는 항상 같았다.

"무엇을 하든지 간에 그것의 최고가 되어라. … 나는 단순히 설거지를 하러 간 것이 아니라, 그들이 이때까지 본 사람 중에서 최고로 설거지를 잘하는 사람이 되고자 했던 것이다."

그의 노력은 성공으로 돌아왔다. 힘든 청소년기를 보냈지만 결국 제러마야는 대학에 진학했고, 문학을 전공한 후 성공적인 경력을 쌓았다. 이제 그는 중학교에서 학생들에게 문법과 문학을 가르치고 있다.

"나는 사람들에게 자기를 둘러싼 세상을 가르치고 싶었다. … 교육의 세계는 마치 동굴 속에 갇혀 있던 사람들을 나올 수 있게 하는 잠재력을 지니고 있기에 나에게는 황홀하게 다가온다."[50]

미국인은 절대 무력하지 않고, 이들을 무력한 사람으로 취급하는 것은 연민이 아니라 부도덕한 짓이다. 피해 의식을 강조하면 더 많은 피해자를 양산할 뿐만 아니라, 야망과 성공을 비난하는 환경이 조성된다. 사람들이 자신의 노력만으로 성공할 수 없다는 이야기를 듣게 되면, 그러한 생각을 받아들이는 사람들이 자신의 노력으로 성공하려는 사람들을 자연스럽게 시기하게 되어 많은 사람이 좌절하는 게 통발과 같은 현실이 만들어진다. 이에 관해 사회학자 캐서린 뉴먼은 가난한 패스트푸드점 노동자들에 대한 연구에서 다음과 같이 설명한다.

할렘 버거Harlem Burger Barn, 미국 내 유명 햄버거 체인의 가명에서 일하는 10대 소녀 티파니는 일하지 않는 동네 친구들이 왜 자기를 괴롭히는지 알겠다고 말했다. 만약 동네에서 아무도 성공하기 위해 노력하지 않는다면 자신들이 실패하는 것에 대해 기분 나빠할 이유도 없으니, 친구들이 티파니의 성공을 바라지 않는다는 것이다. 그러나 만약 누군가가 성공을 위해 고군분투하고 반복된 실패에 무감각해지는 것으로부터 벗어나는 모습을 보이면, 그것은 누구든 할 수 있는 것이 되어버린다. 단순한 괴롭힘으로 포장된 이러한 순응의 강요는 성공 스토리가 펼쳐지지 못하도록 만든다.

"어떤 경우든 한 공동체 내에서, 특히 흑인 사회에서 당신이 어떤 잘난 모습을 보이면 당신의 또래들로부터 놀림을 받게 된다. 이는 '게같은'

경우라고 할 수 있다. ... 큰 양동이에다 많은 게를 넣어 놨다고 하자. 이때, 게 한 마리가 양동이 밖으로 벗어나려고 하면, 다른 게들은 어떤 행동을 보일까? 내 생각에는 게들이 서로를 끌어주고 밀어줘 양동이 밖으로 나가도록 돕는 게 맞을 것 같다. 하지만 다른 게들은 나가려고 하는 게를 통 속으로 끌어당기는 게 현실이다. 이것은 지역 사회에서 빈번히 일어나는 일을 비유한 것이다."

모두가 하향 평준화되면 절망감이 생길 이유도 없다. 왜냐하면 자신은 달라질 수 있다는 믿음조차 사라지기 때문이다.[51]

우리가 연민해야 할 대상은 어려운 도전을 하는 사람들이다. 우리는 그들이 어려움 극복이라는 책무를 포기하지 않고 이어가도록 존중해야 하고, 그들 스스로 해낼 능력이 있다는 것을 인정해야 한다. 그리고 정부가 그들의 성공을 방해하는 큰 장애물임을 감안할 때, 스스로 노력하면 성공할 수 있는 기회가 모두에게 최대한 보장되는, 보다 자유로운 미국을 위해 우리 모두는 싸워야 한다.

6. '기회의 평등'이라는 속임수

요즘은 기회보다는 기회의 평등을 많이들 말한다. 그런데 이 말에 대한 분명한 성의定義는 찾기 힘들고 표현도 다양하다. 기회의 평등이라는 개념을 형성하는 데 지대한 영향을 준 이는 평등주의 철학자 존 롤스John Rawls이다. 롤스에게 기회의 평등이란 단순히 성공을 가로막는 법 제도적 장애물(예를 들면, 인종 차별을 법제화한 짐 크로Jim Crow법)이 없는 상태일 뿐만 아니라, 성공을 위한 기회가 모두에게 평등히 주어지는 것을 의미한다.

롤스주의자들은 인생이라는 경주에서 성공을 향한 시도의 기회가 모두에게 공평히 주어져야 한다고 주장한다. 육상 대회에서 일부 참가자가 트랙의 절반 이상을 앞서 시작한다면, 그것은 불공평한 일이다. 따라서, 정부가 나서서 부유한 이들의 우위를 빼앗아(예를 들어 엄청난 상속세를 부과하는 것) 가난한 이들에게 돌아가도록 하는(예를 들어 공공 의료나 공교육의 제공) 등 기울어진 운동장을 바로잡음으로써 기회를 적극적으로 제공해야 한다고 이들은 역설한다.[52]

이런 기회의 평등이라는 개념은 많은 사람에게 그럴싸하게 들리고, 심지어 경제적 불평등으로 피해를 겪지 않은 사람들조차도 이를 받아들인다. 『평등이 답이다』의 저자들이 지적한 것처럼, "광범위한 평등과는 달리, 적어도 이론상으로 기회의 평등은 좌우 관계없이 가치 있는 것으로 받아들여지고 있다."[53] 이 개념이 매력적인 이유는 이것이 공정한 것이라는 인상을 우리에게 주기 때문이다. 어떤 경기든, 모두가 동일한 규칙에 따라 운영되기를 바라는 게 인간이니 말이다.

하지만 인생은 경기가 아니다. 그리고 출발선이 모두 같은 기회의 평등을 이룬다는 것은 곧 사람들에게 각기 다른 규칙을 강요하는 것이다. 인생에서 성공을 향한 각자의 출발점을 같게 하고자 한다면, 정부가 사람들을 차별없이 평등하게 대하여서는 안 된다. 동등한 물질적 자원과 교육 수준의 출발점을 보장하기 위해 정부는 부유한 부모들이 노력하여 번 돈을 걷어 가난한 부모에게 아무 대가 없이 제공해줘야 한다.

그러나 출발선 상의 평등한 기회 달성만으로는 역부족이다. 평등주의적 관점에서 기회의 평등이라는 개념에 따르자면, 다른 사람의 자녀에게 더 좋은 학교, 더 좋은 컴퓨터, 더 좋은 책 또는 외국 여행과 같은 기회가 주어지지 않는다면, 당신의 자녀에게도 그런 기회를 제공하여서는 안 된다. 최근에 한 철학자는 부모가 자녀에게 책을 읽어주는 것도 '불공정한 혜택'이 될 수도 있으니 해서는 안 된다고 주장하기도 했다.[54]

이런 말도 안 되는 주장은 그 전제부터 터무니없다. 인생은 결코 경주가 아니다. 인생의 성공은 다른 사람들과 비교해서 얼마나 잘했는지로 판가름 나는 것이 아니다. 자기 스스로가 설정한 희망과 꿈을 이룰 수 있는지의 여부에 따라 결정된다. 그 꿈은 위대한 회사를 설립하는 것일 수도 있고, 걸작의 책을 쓰는 것일 수도 있으며, 뛰어난 컴퓨터 프로그래머가 되는 것일 수도 있고, 훌륭한 교사나 뛰어난 배관공이 되는 것일 수도 있다. 어떤 형태의 희망이든, 목표를 달성하기 위해 다른 사람을 반드시 이기려 할 필요가 없다. 동시에, 다른 사람들이 더 좋은 조건을 가지고 있다고 하여 좌절할 필요도 없다.

정확히 말하면, 오히려 그 반대다. 수많은 사람이 미국으로 몰려드는 이유 중 하나는 미국인들이 자신의 고국 사람들보다 더 부유하고, 교육을 잘 받았으며, 더 생산성이 높기 때문이다. 쿠바에서 택시 운전사로 사는 것보다는 미국에서 사는 것이 훨씬 수월한 것처럼 말이다. 만약 인생이 실제로 평등주의자들이 말하는 달리기 대회와 같다면, 전 세계인이 미국으로 이민 갈 것이 아니라, 미국인들이 그들을 가장 부유하고 교육 수준이 높은 사람으로 분류하는 멕시코나 인도 같은 곳으로 이민 가는 게 맞을 것이다.

그러나 이런 일이 실제로 일어나지 않는다. 그 이유는, 성공을 위해서는 경쟁하여 상대방을 반드시 이겨야만 하는 제로섬 게임의 세계에 우리가 사는 게 아니기 때문이다. 각자 가치를 창출하고 다른 사람들과 그 가치를 주고받으면서 성공을 거두게 되고, 결국에는 상호 이익을 얻게 되는 것이 현실이다. 거래할 사람이 많으면 많을수록 우리의 성공이 쉬워지는 것도 사실이다.

우리 모두는 강점과 약점을 가지고 태어났으며, 우리의 행복은 자신의 강점을 극대화하고 자신의 부족한 부분을 보완하는 데 달려 있다. 성공하기 위해 고군분투하는 과정이 특히 힘든 사람도 있지 않을까? 물론이다. 만일 당신이 자애롭고 부유할 뿐만 아니라 교육 수준이 높고 인맥이 두터운 부모를 뒀다면, 가난한 고아로 태어난 경우보다는 더 쉽게 성공적인 삶을 이룰 수 있을 것이다. 이 때문에 부모들은 열심히 노력하여 자녀들에게 기회를 제공하고자 한다.

사실 기회를 균등하게 하는 유일한 방법은 일부 사람의 정당한 기회를 빼앗는 것뿐이다. 하지만 우리는 시작점에 관계 없이 각자의 인생에서 최선을 다해 기회를 살리는 것에 집중해야지, 타인의 우월적 지위와 성취를 시기하고 있어서는 안 된다.

우리 모두 최선의 삶을 살 수 있도록 해주는 것은 정치적 평등에 의해 보장된 자유다. 만인이 법 앞에 평등할 때, 그 누구도 정부의 힘을 이용해서 우리를 억압하거나 착취하는 특권을 가질 수 없게 된다. 흑인이든 백인이든, 부유하든 가난하든, 우리 모두는 자유롭게 생각하고, 생산하고, 다른 사람들과 거래할 권리를 동등하게 지닌다. 이런 의미에서 자유 사회는 기울어지지 않은 운동장을 제공한다고 할 수 있다. 모두가 똑같은 규칙을 적용받기에, 누구든지 자유로운 사회가 제공하는 기회를 잡을 수 있는 것이다.

미국이 이러한 지위를 누릴 수 있었던 것은 정치적 평등이라는 이상을 어느 정도 실현한 덕이다. 수백만 명이 고국을 떠나 바다 건너 미국으로 온 이유는 미국이 기회의 땅이라고 믿은 이유와 같다. 그들은 동등한 기회가 아니라, 권리의 평등이 가져다주는 자유를 찾아온 것이다. 이 자유는 인류 역사상 가장 큰 진보의 물결에 동참할 수 있도록 해주었기 때문이다. 그들의 고국에서는 자유를 제한하고 재산을 몰수함으로써 주어진 환경 안에서 최선을 다하지 못하도록 다른 사람들이 훼방할 수 있었다. 하지만 미국에서는 그 누구도 그런 짓을 할 수 없다.

미국을 위대하게 만들었을 뿐만 아니라, 여전히 많은 사람이 기회를 찾아 미국으로 도망치도록 만드는 이유는 바로 어떤 시작점에서 출발하든지 간에 미국에서는 자신의 생각과 노력을 통해 성공할 자유를 누릴 수 있기 때문이다. 공산주의와 같은 집단주의적 이데올로기는 시기심과 불로 소득에 대한 욕구를 불러일으키지만, 미국은 어떤 장애물이 있더라도 나은 삶을 위해 최선을 다하도록 만든다. 앞서 다뤘던 쿠바 이민자 존은 이에 관해 다음과 같이 말한다.

나는 학교에 다녔고 일을 했으며 결과적으로는 안정된 삶을 이룰 수 있었다. 지금은 은퇴해서 일하지 않지만, 꽤나 잘했었다고 자부한다. 이 나라는 열심히 일할 자유를 보장해주니까 말이다. 그런 것에 대한 어떠한 제한도 없었고 계급제 같은 것도 없었다. … 그 누구도 나에게 어떤 특별한 것을 제공해주지 않았지만, 그렇다고 내게서 가져간 것도 없다. 나는 내 능력으로 경쟁했고 모든 것을 스스로의 힘으로 했다.[55]

경제 불평등 비판론자들은 이런 태도를 순진한 것으로 치부한다. 그들은 기회는 동등해야 한다고 끊임없이 주장한다. 그리고 결과가 차이나는 이상, 기회는 평등할 수가 없다고 덧붙인다. 조지프 스티글리츠는 "결과의 불평등

과 기회의 불평등은 서로를 보강한다"라고 적은 바 있다.[56]

대학을 졸업하는 것과 같은 성공적인 결과를 달성할 때마다 사람들에게는 새로운 기회의 장이 펼쳐진다. 가난했던 부모가 부자가 되면, 더 나은 의료 서비스와 더 나은 교육, 유명한 곳에서의 인턴십 기회와 같은 불평등한 기회를 자녀들에게 제공할 수 있다. 크루그먼은 "비록 '결과의 평등이 아닌 기회의 평등'이라는 원칙이 그럴싸하게 들릴 수 있지만, 이 둘 사이에는 사실상 차이가 없다. 결과가 매우 불공평한 사회는 필연적으로 기회가 불균등한 사회이기도 하기 때문"이라고 썼다.

따라서 불평등 비판론자들은 진정한 기회의 평등을 이룩하기 위해서는 교육, 의료, 임금 재산의 수준으로 측정한 결과가 동등해지도록 정부가 조치해야 한다고 주장한다. 이에 크루그먼은 "만약 당신이 모든 미국인에게 출발선에서 동등한 기회를 가질 자격이 있다고 믿는다면, 불평등을 줄이기 위한 방법을 찾으라"라고 결론짓는다.[57] 만일 진정으로 기회에 관심이 있다면, 기회의 평등이라는 평등주의자들의 개념보다는 동등한 권리의 보장과 그에 따른 삶의 무한한 기회를 활용할 수 있는 자유에 초점을 맞춰야 할 것이다.

제2장 진보를 위한 환경

1. 놀라운 세상

경제 발전은 아메리칸 드림의 핵심이다. 이는 미래가 과거보다 더 나아질 것이라는 미국인 특유의 낙관론에서 비롯한다. 그런데 이러한 발전을 가능하게 하는 것은 무엇일까?

우리는 경제적 발전을 당연시하는 경향이 있는데, 알고 보면 이는 놀랍게도 등장한 지 얼마 되지 않은 새로운 현상이다. 한 개인이 태어날 때부터 죽을 때까지 세상에는 그리 큰 변화가 없던 게 인류 역사의 대부분이었다. 인생은 반복적이었을 뿐, 진보와는 거리가 있었다.

200만 년이 넘는 세월 동안 인류의 최첨단 기술은 석기 도구 몇 가지가 전부였다. 무려 200만 년간. 애플이 200만 년 동안 아이폰을 업데이트하지 않았다고 상상해 보라! 그렇다고 조상들이 멍청했다는 것은 아니다. 단지 새로운 지식을 습득하고 신기술을 개발하는 것이 인간이 할 수 있는 일 중에서 가장 어려운 것이라는 얘기다. 그러므로 우리 조상들이 동굴에서 나오는 데까지 걸린 시간에 놀랄 것이 아니라, 그 이후에 오늘날까지 우리가 얼마나 많은 발전을 이뤘는가에 경탄해야 마땅하다.

동굴에서 살던 원시인까지 갈 것도 없이, 최근 100년 동안 우리가 얼마나 발전했는지를 살펴보자. 역사적으로도 미국인들은 1900년에 이미 역사상

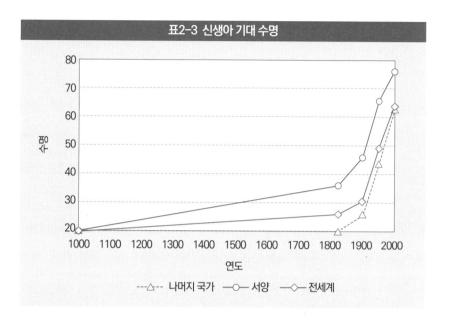

표2-3 신생아 기대 수명

---△--- 나머지 국가   —○— 서양   —◇— 전세계

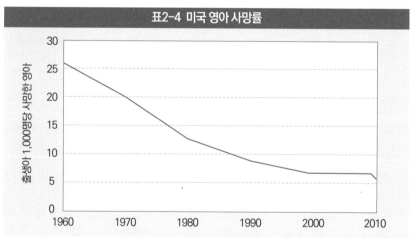

표2-4 미국 영아 사망률

가장 부유한 위치에 올랐으며, 인류가 가지고 있는 가장 심각한 두 가지 문제인 질병과 기근을 사실상 퇴치하였다. 우리가 생각할 수 있는 어떤 기준을 적용해봐도, 인류의 삶은 선조들이 상상하던 것 이상으로 개선되었다.

표2-5 미국산 밀 생산량

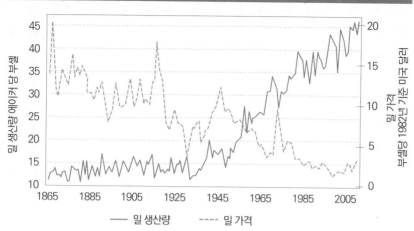

―― 밀 생산량   ---- 밀 가격

카토 연구소Cato Institute의 인류 발전 프로젝트Human Progress Project에서 수집한 연구 결과를 보자. 카토 연구소는 자유 시장을 지향하는 성향의 싱크탱크임에도, 이 연구는 논쟁의 여지가 없었다. 연구에 따르면 35세를 살짝 웃돌던 미국인의 신생아 기대 수명이 불과 200년 만에 거의 80세로 늘어났다고 한다.[58] 1960년 미국의 영아 사망률은 1천 명당 스물여섯 명이었지만, 2011년에는 1천 명당 여섯 명으로 감소했다.[59]

인류 역사의 대부분 동안 가장 시급했던 문제는 충분한 식량의 확보였다. 오늘날 식량은 충분해졌고 식품 가격은 저렴해졌다. 그 예로, 위와 같이 밀의 가격은 하락하는데 밀 수확량은 크게 증가한 것을 들 수 있다.[60]

생활 수준은 어떻게 변했을까? 우리의 생활 수준을 측정하는 흥미로운 방법 중 하나로 기초적인 생필품을 사는 데 들이는 지출액을 소득 대비 백분율로 나타내는 방법이 있다. 1929년에는 소득의 54% 이상을 식품과 주택과 같은 필수품을 사기 위해 사용한 것으로 조사됐다. 2011년에는 이 수치

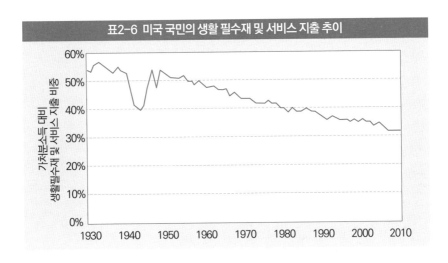

표2-6 미국 국민의 생활 필수재 및 서비스 지출 추이

가 32%로 떨어졌다.[61]

그러나 이 모든 데이터도 핵심은 아니다. 우리의 삶이 얼마나 발전했는지 체감하고 싶다면, 아래의 질문들에 스스로 답해보라.

- 당신은 자신의 직장 대신 하루 열네 시간씩 힘들고 위험한 단순 반복 작업만을 하는 농장 일을 하던 때로 돌아갈 수 있는가?
- 당신이 타고 다니는 자동차를 포기하고 말을 타거나 걸어서 느릿느릿 이동하던 때로 돌아갈 수 있는가?
- 연한 고기, 신선한 과일과 채소, 저렴하고 편리한 가공 식품으로 구성된 영양가 있고 맛있는 음식 대신 19세기 때처럼 빵과 우유만으로 저녁을 때울 자신이 있는가? TV, 라디오, 아이팟, 아이패드나 컴퓨터 없이 네댓 권의 책과 가족끼리의 합창으로 시간을 보낼 자신은 있는가?
- 지금의 넓고 온도 조절이 가능한 집 대신 여름에는 푹푹 찌고 겨울

에는 꽁꽁 어는, 게다가 벽난로에서 나오는 유해한 연기가 집 안을 가득 채우는 판잣집에서 살 수 있겠는가? 쓰레기차가 쓰레기를 수거해가지 않아 당신 집 앞 인도에 쓰레기가 쌓인다면 어떻겠는가? 전기 오븐, 커피 머신, 식기세척기 및 세탁기 없이 일주일 내내 가사 일에 시달리는 것은 상상이 되는가?

- 현대 의학 대신 감염되면 절단하고, 출산 도중에 사망하고, 치과 방문이 고문과도 같던(사실 이건 크게 바뀌지 않은 것 같다) 시절로 돌아갈 수 있겠는가?

역사적 관점에서 볼 때, 우리 대부분은 그 어느 때의 삶과 비교해 봐도 가장 오래도록 안전하며, 풍요로운 삶을 누리고 있다. 그렇다고 필요한 것들이 저절로 공급되는 에덴동산에 우리가 살고 있는 것은 아니다. 하지만 우리는 놀라운 인생을 영위할 수 있는, 지구라는 아름다운 세상에 살고 있다. 우리는 일정한 양의 부를 놓고 서로 경쟁하는 것이 아니라, 통찰과 노력으로 각자의 삶을 향상시킬 수 있기에, 모두 놀라운 삶을 살 수 있는 것이다. 우리는 부를 창출하며, 우리가 창출할 수 있는 부의 양에는 제한이 없다.

2. 현대 문명을 이룩한 건 누구인가?

애플의 공동 창업자인 스티브 워즈니악Steve Wozniak은 그의 자서전에서 네 살 때부터 엔지니어였던 아버지로부터 전자 제품이 어떻게 작동하는지 설명을 들었다고 이야기한다. "어릴 적 나는 그걸 들으며 속으로 생각했다. '우와, 아빠는 정말 멋진 세상에 살고 있구나.' 내가 느낀 건 감탄뿐이었다. 이런 일을 할 수 있는 사람들, 즉, 작은 부품들을 조립하여 무언가를 하도록 작동하는 방법을 아는 사람들은 이 세상에서 가장 똑똑한 사람들임에 틀림이 없었다. … 아버지가 무엇을 하든 나는 그것을 내 눈앞에서 바로 볼 수 있었고, 그 일이 무엇이 됐든 중요한 것이고 좋은 일임이 분명했다."[62]

워즈가 열한 살이 되던 해, 그는 아버지에게 엔지니어가 되고 싶다고 말했다.

> 나는 마치 예술가와 같이, 사람들이 가장 유용하게 쓸 수 있는 칩을 최고로 잘 설계하는 사람이 되고 싶었다. 그것이 나의 첫 번째 컴퓨터인 애플I을 만들었을 때의 목표였다. 그 컴퓨터는 키보드를 적용한 최초의 컴퓨터로서, 키보드를 사용하여 입력할 수 있었고, 처음으로 시각적으로 볼 수 있는 화면을 활용한 컴퓨터였다. 이 유용한 기술의 아이디어는 언젠가 사람들이 사용할 수 있는 기계를 만들 것이라는 환상을 가졌던 어릴 적 내 머릿속에서 탄생했다. 그리고 그 일이 실제로 일어난 것이다!"[63]

그러나 그 일이 쉽지만은 않았다. 평생을 바친 일과 연구를 통해 비로소 이룰 수 있었기 때문이다. 워즈는 게임에서 절대 지지 않도록 설계된 전자 빙고 게임기와 같은 기기를 스스로 만들며 어린 시절을 보냈고, 중학교 1학년 때에는 더하기 빼기가 가능한 전자계산기를 만들기도 했다. 고등학교에 진학한 워즈는 당시 아주 초기 단계에 있던 컴퓨터 프로그래밍을 접하게 된다. 또래의 다른 아이들은 연애나 운동하기 바쁠 때, 워즈는 집에서 컴퓨터를 만들었다.

컴퓨터의 부품이 되는 논리 회로와 전자칩에 관한 카탈로그, 출시된 컴퓨터 설명서를 모아 읽은 후, 자신만의 컴퓨터를 디자인하곤 했다. 신형의 더 나은 부품들을 사용해서 같은 컴퓨터를 두 번이고 세 번이고 다시 디자인했다. … 왜냐하면 내가 디자인한 컴퓨터를 만들 부품을 살 돈이 없었기 때문에 종이 위에 설계하는 것이 다였다. 보통 한번 디자인을 시작하면 며칠 밤을 새우면서 아주 늦게까지 작업했다. 내 방바닥에는 종이와 콜라 캔이 쌓여갔다. 내가 디자인한 컴퓨터를 직접 만들 수 있는 길은 없었기 때문에, 내가 할 수 있는 유일한 일은 더 적은 수의 부품들을 사용해서 더 나은 디자인을 만드는 것뿐이었다. 나는 나 자신과 경쟁하며 절대 다른 사람에게 말이나 글로는 설명하지 못하는 나만의 비법을 개발할 수 있었다.[64]

1975년, 스물다섯 살의 젊은 나이에 워즈는 마이크로프로세서에 대해 알게 되었다. 그것이 고등학생과 대학생 시절에 자신이 "종이에 설계한 자신의 소형 컴퓨터와 거의 비슷하다"라는 사실을 깨달은 것이다. 단지 "모든 CPU 부품이 하나의 칩 위에 있다는 차이뿐이었다. … 마치 내 인생이 여기에 이르기 위해 이어져온 것처럼 느껴졌다."

개인용 컴퓨터에 대한 생각은 그의 머릿속에 항상 있었다. 그는 "그날 밤, 나는 훗날 애플I으로 불리게 된 컴퓨터를 스케치했다"라고 말했다.[65] 2000년, 이 최초의 개인용 컴퓨터를 발명한 공로로 워즈는 '인류의 사회적, 경제적 발전을 가능하게 해준 위대한 기술적 진보를 이룩한 사람'을 기리고자 만든, 미국 발명가 명예의 전당National Inventors Hall of Fame에 자신의 이름을 올렸다.[66]

부를 창출하는 사람은 누구일까? 어떻게 보면, 우리 모두 여기에 해당한다. 우리 모두 오늘날의 놀라운 세상을 가능하게 하는 제품과 서비스를 생산하는 데 일조하고 있으니 말이다. 당신은 소프트웨어 코드를 짜는 사람일 수도 있다. 아니면, 중학교에서 학생들에게 음악을 가르치는 사람일 수도 있다. 어쩌면 자동차를 고치거나 뇌 수술을 하는 사람일 수도 있고, 불평등에 관한 책을 쓰는 딱한 사람일지도 모른다. 무엇이 됐든, 당신은 다른 사람들이 생산하는 수만 가지의 물건을 사기 위한 돈을 목표로 생산적인 일을 할 것이다.

그러나 실제 세상은 이보다 복잡하다. 우선, 세상 모든 일이 똑같이 생산적인 것은 아니라는 점부터 살펴보자. 우리 중 일부는 약간의 부만을 창출하고, 또 다른 일부는 아주 많은 부를 창출한다. 스티브 워즈니악과 같은 극소수의 사람은 역사책에 이름을 남길 정도로 막대한 부를 창출하기도 한다.

당신의 인생을 풍요롭게 만드는 것들을 한번 떠올려보라. 휴대전화, 컴퓨터, 혹은 인터넷이 떠오르는가? 그럼 집적 회로를 발명한 로버트 노이스Robert Noyce와 잭 킬비Jack Kilby에게 감사해야 한다. 혹시 통근 시 몰았던 자동차를 떠올렸는가? 그렇다면 자동차를 일부 부자들의 장난감에서 대량생산을 통해 대중적인 제품으로 바꾼 헨리 포드Henry Ford에게 감사해야 한다. 출근길에 들었던 라디오라고 답했다면, 그건 굴리엘모 마르코니Guglielmo Marconi의 덕택이다. 가장 친한 친구의 결혼식에 참석할 수 있도록 해준 비행기는? 라이트Wright 형제 덕이다. 값싼 대형 TV라고 답했다면, 샘 월튼Sam Walton에게 감사하라. 그 대형 TV를 볼 수 있게 해주는 전기는? 토마스 에디슨Thomas Edison과 니콜라 테슬라Nikola Tesla 덕분이다. 100년 전까지만 해도 치명적이었던 질병을 이제는 쉽게 치료할 수 있게 해준 페니실린은? 알렉산

더 플레밍Alexander Fleming의 발명 덕분이다. 이 인쇄된 책이 당신의 인생을 멋지게 만드는가? 그러면 요하네스 구텐베르크Johannes Gutenberg에게 고마워하라. 만약 아이패드로 전자책을 읽고 있다면 스티브 잡스에게 감사해야겠지만.

물론 다른 많은 사람도 이러한 발명에 어떤 방식으로든 기여했다. 하지만 중요한 것은 그게 아니다. 선대에 비해 오늘날 훨씬 안락한 삶을 누릴 수 있게 만든 주인공들은 이 세상을 살아간 수십억 명의 사람 중에서 수백 명에 불과하다는 점이 핵심이다. 이 사람들이 우리와 다른 점은 무엇인가? 신체적인 힘은 당연히 아닐 것이다. 강인한 뱃사람에게 스티브 잡스 정도는 한 주먹 거리에 불과할 테니 말이다. 노력이나 도덕심만으로 가능한 것도 아니다. 물론 이러한 사람들이 자신들의 업적을 달성하기까지 엄청난 노력과 윤리 의식을 발휘한 것은 분명하다.

그러나 넷플릭스를 켠 후, 더티 잡스를 틀면 수많은 전기기술자, 청소부, 동물원 사육사 역시 성심껏 부지런히 일하는 모습을 볼 수 있을 것이다. 우리는 이들에게 감사하는 게 마땅하겠지만, 그렇다고 이들이 세상을 바꾸는 일을 한 것은 아니다.

세상을 바꾼 이들은 새로운 아이디어를 내 발전에 공헌했다. 부의 창출은 기본적으로 지적知的인 프로젝트와 같다. 이 사실을 이해하는 것은 오늘날 우리가 살아가는 이 놀라운 세상을 이해하는 데 핵심이 된다. 부의 창출은 다름 아닌 지식의 창조이다. 이러한 이유로 현대 문명을 이룩한 사람들의 명단에 아리스토텔레스, 유클리드, 갈릴레오, 뉴턴, 아인슈타인, 다윈과 같은 위대한 사상가들의 이름이 소수의 다른 이와 함께 올라가 있는 것이다.

막대기와 돌로 창을 만들든, 강철과 유리로 마천루를 만들든, 인간이 만드는 모든 것은 자연의 원료를 가져다 인간의 목적에 맞게 가공하는 과정을 거쳐야만 한다. 재료들을 구해 잠재적인 쓰임새를 파악한 후, 그것을 조립하는 새로운 방법을 찾고, 조립한 것이 쓰일 목적에 대해 생각하는 이 모든 과정에는 인간의 사고思考가 필요하다. 인류 행복의 가장 큰 돌파구는 바로 지식으로부터 나온다. 여기에는 새롭고 중요한 아이디어를 누군가가 발견하고 이를 생산적인 활동에 실제 적용하는 과정이 필요하다.

아리스토텔레스는 논리적 사고의 기초를 생각해냄으로써 이후 모든 과학적 성취가 가능하도록 하였다. 뉴턴은 운동의 법칙, 만유인력, 미적분을 발견하여 고전 역학의 토대를 마련했다. 이를 통해 인류는 달 탐사를 할 수 있었다. 토마스 뉴커먼Thomas Newcomen은 최초로 증기기관을 발명함으로써 기계 시대의 서막을 열었다. 헨리 포드가 대량 생산을 통해 비용을 획기적으로 낮추는 방법을 발견했기에 수천만 명의 미국인은 자동차를 이용할 수 있게 되었다. 루이스 파스퇴르Louis Pasteur가 예방 접종의 원리를 발견한 덕에 수많은 사람이 목숨을 구할 수 있었다. 노먼 볼러그Norman Borlaug는 농업을 획기적으로 발전시키는 방법을 발견하여 10억 명이 넘는 사람을 기아로부터 구제했다.

인류 발전의 원천은 인간의 능력, 즉 지적 능력에 있다. 생산에 가장 큰 기여를 하는 사람들은 육체 노동을 공급하는 사람들이 아니라, 생산 과정에 새로운 이론, 발명품, 도구, 사업, 기술 등의 아이디어를 제공하는 사람들이다. 이는 혁신적인 기업가가 하는 일이다.

기업가는 항상 새로운 이익 창출의 기회를 찾고, 새로운 제품이나 서비스, 또는 새로운 사업 방식을 소개한다. 빌 게이츠(마이크로소프트Microsoft),

일론 머스크(페이팔Paypal), 리처드 브랜슨Richard Branson(버진Virgin)과 같은 기업가들은 위험을 감수하는 선구자로서, 새로운 사업뿐 아니라 새로운 산업을 탄생시켰다.

기업가를 일컫는 단어인 앙트레프레너entrepreneur는 프랑스의 경제학자 장 밥티스트 세Jean-Baptiste Say가 처음 사용한 것으로 알려진, '책임을 도맡아 착수하다'라는 의미의 프랑스어 앙트레프랑드르entreprendre에서 유래했다. 세에 따르면, 기업가는 '주인인 동시에 대리인master-agent'이다. 기업가는 종종 다른 투자자의 투자금과 함께 자신의 재산을 모두 잃는 위험을 감수하면서도 기업을 설립한다. 그리고 그 기업의 성패는 기업가의 어깨에 달려 있다.

스티브 잡스의 경우를 보자. 애플Ⅰ이나 애플Ⅱ를 디자인한 건 잡스가 아닌 워즈였다. 워즈가 말했듯, 자신이 발명가였다면 잡스는 사업가였다.[67] 워즈가 단순히 취미로 만든 물건이 그의 차고에 처박혀 있을 게 아니라 모든 미국인 가정에 하나씩 있어야 맞다는 것을 인지한 건 잡스였다. 워즈가 말하기를, "나였다면 세상 모든 사람을 상대로 '당신은 이러한 이유로 집에다 컴퓨터를 둬야 합니다, 혹은 이 컴퓨터가 이러한 이유로 우리 사회와 세상을 더 좋게 만들 겁니다'라고 설명하지 못했을 것이다."[68]

그것은 잡스가 이룬 성과였다. 그는 워즈의 훌륭한 발명품을 성공적인 소비재로 날바꿈시켰다. 잡스가 자기 부모님의 집에서 불과 1천 300달러의 자본으로 시작한 사업은 세계에서 가장 성공적인 컴퓨터 회사인 애플로 변모했고, 결국 역사상 가장 성공적인 회사가 되어 우리가 살아가고 일하는 방식을 변화시키고 있다. 이런 기업가와 마찬가지로 경제 체계 내에서 어떤 역할을 수행하든, 번영을 촉진하는 건 인간의 지능이라는 사실이다. 이를 확인하기 위해 경영, 재무, 노동이라는 세 가지 역할을 간단히 살펴보자.

〈경영〉 우리의 삶을 향상시킨 혁신의 대부분은 제품의 혁신이 아닌 절차의 혁신이었다. 회사를 조직하는 방법, 공급망을 짜는 방법, 자원을 효율적으로 사용하는 방법, 훌륭한 직원을 찾고 유지하는 방법 등이 이에 해당된다. 여기서 핵심은 관리자이다. 관리자는 회사의 목표를 달성하고 자원이 최대한 효율적으로 사용되도록 자본과 노동의 사용을 감독한다. 일선 관리자에서 CEO까지, 관리자들은 회사의 자원을 계획하고 관리하는 사람이다. 직원들의 주안점은 개별 프로젝트와 과업에 맞춰져 있는 반면, 관리자의 임무는 조직을 거시적으로 바라보는 것이다. 최고 경영자, 즉 CEO는 조직 내에서 가장 넓은 시야와 장기적인 안목을 가져야 한다.

애플의 경우, 스티브 잡스도 결국 이러한 역할을 수행하게 된다. 잡스는 자신이 1985년에 만든 회사에서 사임했다. 그러나 그 이후 일련의 무능한 경영자들이 애플을 파산 직전까지 몰자 잡스는 1997년 회사로 돌아왔다. 처음에는 임시 CEO 직책을 맡았다가 나중에는 정식 CEO가 되었다. 그 당시 많은 사람이 애플은 끝났다고 생각했고, 시장 점유율은 마이크로소프트에 의해 곤두박질친 상태였다. 하지만 잡스는 그렇게 생각하지 않았다.

잡스는 애플의 이전 경영자들이 '잘못된 사람들이 잘못된 가치를 들고 들어왔고, 훌륭한 제품을 만드는 것에 대한 헌신을 포기했기 때문에 애플이 무너지게 됐다'라고 생각했다.[69] 위기의 애플을 구하기 위해 잡스는 전 방위로 엄청난 변화를 일으켰다. 잡스의 전기傳記를 쓴 월터 아이작슨Walter Isaacson은 "잡스는 자신이 신뢰하는 사람들을 애플의 최고 자리에 곧바로 앉혔고", 동시에 "기존의 애플 최고위층 인재들의 유출을 막기 위해" 노력

했다고 설명했다.[70]

제품과 관련하여 잡스는 직접 다음과 같이 문제의 진단부터 시작했다. "제품이 형편없어! 전혀 끌리지 않아!"[71]

잡스는 포커스의 부재가 많은 문제 중 하나라고 생각했다. 애플 제품의 종류가 너무 많았고, 각 제품마다 버전 또한 너무나 많았다. 그는 애플을 살릴 수 있다고 믿는 제품에 집중하도록 제품 가짓수를 줄여나갔다. 아이작슨은 이 같은 상품 전략과 관련된 일화를 다음과 같이 묘사했다.

그는 마커로 화이트보드에 가로와 세로 선을 그어 네 칸짜리 차트를 만들고는 "우리에게 필요한 것은 이것"이라고 말했다. 그는 열의 꼭대기에다가는 각각 '소비자'와 '전문가'라 썼고, 행의 맨 앞에다가는 '데스크톱'과 '휴대용'이라고 적었다. 그리고 이제 각 사분면마다 하나씩, 즉 네 개의 훌륭한 제품을 만드는 것이 그들의 임무라고 잡스는 말했다. "회의실은 한동안 침묵에 빠졌다"라며 한 회의 참석자는 당시 상황을 회고했다.[72]

잡스는 초창기에 이와 같은 중요한 결정을 수도 없이 했다. 아이작슨에 따르면 잡스는 "제품 디자인, 절단하는 위치, 공급 업체와의 협상 및 광고 대행사 검토까지 사업의 모든 측면에 관여했다"라고 한다. 잡스는 심지어 이사진을 전격 교체하기도 했다.[73] 그의 CEO로서의 첫 공적 업무는 애플의 철학을 담아내고자 한, 유명 광고 캠페인인 '다르게 생각하라Think Different'였다.

미친 사람들, 부적응자, 반동자, 사고뭉치, 네모난 구멍에 끼워진 둥근 말뚝과 같은 자들, 세상을 다르게 보는 이들에게 경의를 표합니다. 그들은 규칙을 좋아하지 않습니다. 그리고 그들은 현상現狀에 안주하지 않습니다. 당신은 그들의 생각에 동의하거나 동의하지 않을 수도 있고, 그들을 찬양하거나 비난할 수도 있습니다. 그러나 당신은 결코 그들을 무시할 수는 없을 것입니다. 왜냐하면 그들은 변화를 만들기 때문입니다. 그들은 인류를 앞으로 나아가게 합니다. 어떤 이들은 그들을 미치광이라고 부르겠지만, 우리에겐 천재로 보입니다. 세상을 바꿀 수 있다고 생각할 정도로 미친 사람들이야말로 실제로 세상을 바꾸는 자들이기 때문입니다.[74]

인간의 능력에 대한 이 예찬과 함께 애플은 인간의 지성으로 전 세계를 변화시키는 길을 걷기 시작했다.

〈재무〉 재무 활동에는 금융 자본을 조달하고 그것을 생산적인 용도에 사용하는 것이 포함된다. 여기에는 투자자, 주주, 은행가, 브로커, 트레이더, 그리고 투기자speculator들이 있으며, 이들은 자본을 공급한다. 그들은 이전의 생산 활동을 통해 얻은 부를 소비하는 대신에, 그것을 오늘날의 놀라운 세상을 열어주는 온갖 상품과 서비스를 창조하는 기업가와 관리자의 손에 맡긴다.

이것은 쉬운 일이 아니다. 세탁소를 차리려는 이민자에서부터 새로운 기술을 개발하려는 대학 중퇴자에 이르기까지, 투자받기를 원하는 사람은 항상 수없이 존재한다. 그러나 자본은 한정되어 있다. 자본은 잘못된 곳으로 유입되면 증발해버릴 수도 있다. 하지만 자본이 제대로 된 곳으로 간다면 무한정의 성공을 거둘 수 있다. 이러한 결정을 내리는 사람은 다름 아닌 자본가이다.

윌리엄 번스타인William Bernstein은 『부의 탄생The Birth of Plenty』에서 "서구 사회의 번영에 가장 크게 기여한 것은, 소수의 천재이다"라고 말했다. 그러나 "그들의 생각을 경제적 현실로 바꾸기 위해서는 … 엄청난 양의 자본이 필요하다."[75]

이것은 애플의 경우에도 마찬가지였다. 잡스가 부모님의 차고에서 시작한 조그만 사업의 수준을 넘어서기 위해 애플은 자본을 필요로 했다. 그것도 아주 많이. 그러나 관련된 산업은 존재하지도 않는데, 검증되지 않은 제품을 시장에다 출시하겠다는 무경력의 두 청년에게 누가 수십만 달러를 위험을 감수하며 투자하겠는가? 잡스는 몇몇 잠재적 투자자에게 접근했지만 번번이 거절당했다.

그러던 중에, 그는 마이크 마쿨라Mike Markkula를 만나게 된다. 잡스의 전기를 쓴 작가의 말을 빌리자면, '신중하면서도 상황 판단이 아주 빠른' 마쿨라는 애플의 엄청난 잠재력을 보았다. 그는 잡스에게 "우리는 2년 안에 포춘 500 기업이 될 것"이라고 말하며, "이것은 한 산업의 탄생"이라고 표현했다.

마쿨라는 잡스와 워즈에게 25만 달러의 신용 대출을 해줬다. 훗날, 잡스는 "마쿨라가 준 그 25만 달러를 다시는 못 보게 될 것 같다고 스스로 생각했는데, 동시에 그가 기꺼이 그런 위험을 감수하는 것에 감명을 받았다"라고 회상했다.[76] 마쿨라의 비전과, 그 비전이라는 이름으로 돈을 투자하는 의지가 없었더라면 애플은 아마 탄생하지 못했을 것이다.

〈노동〉 자본가들이 제공하는 자원을 이용해서 기업가의 비전과 경영자의 계획에 따라 수행하는 것이 바로 노동이다. 여기에는 파일럿, 식당 종업원, 자동차 판매원, 광부, 건설 노동자, 방송작가, 회계사 등 수많은 사람이 해당된다. 노동은 육체 노동을 하는 미숙련 노동자가 하는 일에서부터 회사 리더들에게 필요한 고도의 사고思考 행위까지, 그 모두를 포함한다.

애플의 핵심 인재 중 한 명은 디자인 팀의 수장이었던 조니 아이브Jony Ive 였다. 잡스가 막 복귀한 1997년, 아이브는 회사를 그만둘 참이었다. 훌륭한 제품을 만들겠다는 의지가 이미 오래 전에 사라진 애플에 실망했기 때문이다. 잡스는 그런 그에게 앞으로는 새로운 날이 펼쳐질 것이라고 약속했다. 잡스는 훗날 아이브를 '영혼의 파트너'라고 설명할 정도로 함께 긴밀히 일했다. 두 사람은 디자인의 모든 측면에 대해 고민하며 간단하면서도 우아한 제품을 만들겠다는 공통된 의지를 이어갔다.

아이브는 "어떤 제품으로부터 대충 만들었다는 느낌을 받는 것을 나는 매우 싫어한다"라고 말한 바 있다. 그래서 아이브의 작품 중에는 심혈을 기울이지 않은 것이 없었다. 그는 자신과 잡스가 추구하는 단순함을 이루기 위해서는 엄청난 양의 생각이 필요하다는 것을 깨달았다. "그러기 위해서는 복잡함에 대해 깊게 파헤쳐야만 한다. 진정한 단순화를 위해서는 정말 깊이 들어가야 한다. 예를 들어, 단순히 나사가 없는 제품을 만든다고 간단한 제품이 되는 것이 아니다. 오히려 아주 복잡한 제품이 될 수도 있다. 더 좋은 방법은 단순함에 대해 더 깊이 이해하는, 즉 한 제품에 관련된 모든 것을 이해하고 그것이 어떻게 만들어지는지 이해하는 것이다. 필수적이지 않은 부분을 제거하기 위해서는 제품의 본질을 깊게 이해해야 한다."[77]

당신의 직업이 업무 비서이거나 자동차 정비사, 중간 관리자, 혹은 애플의 수석 디자이너이든 상관없이, 당신을 뛰어나게 해주는 건 무엇일까? 무엇이 당신의 생산성을 결정할까? 육체적 힘은 아니다. 운동 선수들도 자신들이 성공하는 데 육체적 힘 자체는 아주 작은 부분만을 차지한다는 걸 잘 알고 있다. 또한 많은 육체적 노력을 들이고 갖은 불편을 견뎌내는 열심만으로 되는 것도 아니다. 당신이 커리어 목표를 달성할 수 있게 해주는 것은 당신의 지식, 기술, 판단력, 지적知的 노력이다. 이는 파일럿뿐만 아니라 청소부에게도 똑같이 적용되는 사실이다. 좋은 청소부와 나쁜 청소부의 차이는 더 깨끗하고 빠르게, 효율적으로 청소하는 방법이라는 지식에 의해 대부분 결정된다. 어느 분야가 됐든, 당신을 대체 불가능하도록 만드는 것은 당신의 두뇌이다.

현대 문명을 만든 것은 누구인가? 바로 생각하는 사람들이었다. 이는 능력의 수준과 상관없는 것이지만, 특출난 사람들에게 대부분의 공로가 돌아가는 것도 사실이다. 불평등을 둘러싼 논쟁들의 가장 우려스러운 점은, 그러한 논쟁들이 인간의 능력에 관한 문제에 대해서는 거의 귀를 닫고 침묵하고 있다는 것이다. 불평등 비판론자들은 대개 능력에 관해서는 이야기하지 않는다. 간혹 이에 대해 말하는 경우가 있다 하더라도 이는 가장 큰 규모의 부를 창출해낸 사람들이 탐욕스럽게 남을 착취하는 자들이라고 비난하기 위함이다. 그러나 특별한 능력을 가진 사람들은 결코 착취자가 아니다. 그들은 부를 창출하고자 하는 이들의 위대한 후원자이다.

3. 생산자들 간 이익의 조화

누군가가 일을 하지 않고 부를 추구한다면, 그것은 다른 사람의 이익을 희생하지 않고서는 불가능하다. 재주는 곰이 넘고 돈은 왕서방이 받는 꼴이 될 테니 말이다. 하지만 상호 이익이 되는지의 여부를 떠나, 사람들이 서로를 거래의 대상으로 대하기 시작하면 그들은 이익의 조화를 즐길 수 있게 된다. 이는 누군가의 소득 수준이나 능력과 관계없는 사실이다. 사실, 이러한 방식으로부터 가장 큰 이익을 얻는 쪽은 오히려 능력이 부족한 사람들이다. 최상위층의 생산적인 노력은 다른 모든 이의 생활 수준도 함께 높여주기 때문이다.

자유 시장에서 돈이 부자에게서 가난한 자로 마법처럼 흘러내려 갈 것이라는 이론이 있는데, 이는 '낙수 효과trickle-down economics'와는 다른 개념이다. 자발적인 거래가 일어날 때 실제로 일어나는 현상은, 더 많은 능력을 가진 사람들이 모두의, 특히 능력이 적은 사람들의 생산성을 현저히 향상시키는 것이다. 이것이 바로 아인 랜드가 말하는 능력의 피라미드Pyramid of Ability이다. 이는 가장 유능한 생산자들이 더 크게 성공할수록 능력이 떨어지는 생산자들의 생산성 향상에 더 많은 기여를 하게 되는 현상을 일컫는다.

공장 근로자가 부품들을 조립하여 TV나 토스터를 만듦으로써 실질적인 기여를 하는 것은 사실이다. 그래도 그가 만든 결과물이 다음 단계로 나아가지는 않는다. 특정 고객을 위한 특정 제품을 공급하는 것에 그친다. 하지만 아이디어를 제공하는 사람은 무한히 많은 사람의 생산성과 생활 수준을 높일 수 있다. 그의 공헌 덕택에 공장을 세울 수 있었고 텔레비전을 발명할 수 있었으며 조립 라인을 설계할 수 있다. 그 결과 공장 노동자들은 특출난 능력 없이도 TV를 생산하고, 임금을 받으면서 수백 년 전의 왕들보다 더 나은 삶을 누릴 수 있게 된 것이다. 랜드는 이에 관해 다음과 같이 설명한다.

새로운 발명품을 만드는 사람은 그가 쏟아부은 정신적 에너지에 비례하여, 창출한 가치의 일부만을 물질적 대가로 받는다. 그것이 억만금이 된다 해도 말이다. 반면 그 발명품을 생산하는 공장에서 청소부로 일하는 사람은 자신의 업무에서 요구하는 정신적 노력의 수준에 비해 막대한 대가를 받게 된다. 이는 어떠한 수준의 야망과 능력을 가지고 있든, 모든 사람에게 적용되는 사실이다. 지적 능력의 피라미드 꼭대기에 있는 사람의 기여는 대부분 자기 아래에 있는 모든 사람에게 돌아가지만, 정작 자신은 물질적인 대가만을 받을 뿐, 자기 시간의 가치를 더해주는 지적인 혜택은 다른 이들로부터 받지 못한다. 제일 밑바닥에 있는 사람을 혼자 내버려두면 자신의 부족한 능력에 허덕이게 될 것이다. 자신보다 위에 있는 사람들에게는 그 어떤 기여도 하지 않지만, 정작 자신은 모든 지적인 혜택을 누린다.[78]

랜드는 『아틀라스Atlas Shrugged』에서 '기계의 도움으로 하루 100켤레의 신발을 만드는 노동자'를 예로 들며 이에 관해 더 자세히 설명한다.

그는 신발 100켤레를 생산하기에 돈을 받을 수 있다(공장 소유자나 발명가 등의 몫은 제외하고). 그러나 기계나 관리자 없이 자기 혼자서는 하루에 단 열 켤레의 신발만을 생산할 수 있을 것이다. 그의 생산 능력은 기계의 발명가 덕에 증가한 셈이다. 이러한 과정에서 두 사람 중 그 누구도 다른 사람의 것을 빼앗지 않는다. 일종의 공정한 교환인 것이다. 하지만 발명가가 노동자에게 가져다주는 것보다 노동자가 발명가에게 주는 것은 분명 더 적다.[79]

능력의 피라미드는 단순히 우리를 더 생산적으로 만들어주는 장치들을 공급하는 이가 가장 유능한 생산자임을 입증하고자 하는 개념이 아니다. 논리적으로 사고하는 방법을 가르치는 아리스토텔레스에서부터 최고를 향한 타협하지 않는 추구의 결실이 무엇인지 보여주는 스티브 잡스까지, 뛰어난 능력을 가진 사람들은 우리의 가장 훌륭한 선생님이다. 조지 워싱턴 George Washington의 말을 빌리자면, 그들은 기준을 높여 이성과 능력을 지닌 자들만이 문제를 해결하도록 만든다. 그들의 이해 관계는 우리의 이해와 결코 상충되지 않는다. 오히려, 그들이 더 많이 이룰수록 우리도 더 많은 것을 성취할 수 있는 관계이다.

이렇게 말하면, 아마 당신의 머릿속에 생산자들 간 이익의 충돌이 일어나는 반례가 많이 떠오를 수 있다. 예를 들어, 노사 간 이익은 충돌할 수밖에 없는 것과 같이 분명해 보이는 사례를 생각해 보자. 근로자는 더 높은 보수를 원하고, 고용주는 비용을 낮추려고 할 것이다. 그러나 여기에는 사람들의 이해 관계를 너무 좁게 해석하는 오류가 있다. 물론 근로자와 고용주가 보수 수준을 놓고 이견을 보일 수 있다. 하지만 둘 모두 급여 수준이 회사에게 이익이 되는 선(그렇지 않으면 회사는 망할 테니)과 직원이 다른 직장에서 받을 수 있는 선(그렇지 않으면 그는 이직할 테니) 사이에서 결정되면 서로 이익을 본다. 더 일반적으로 말하자면, 노사 모두 서로 만족할 수 있는 고용 계약에 도달하기 위한 자유를 원한다. 만약 정부가 노사의 판단을 대신하게 되면, 양측 모두 손해를 입게 된다.

이런 큰 그림을 염두에 두고 생각하면, 각자 다른 수준의 능력을 가진 생산자들 사이에도 이해 상충은 없다는 점이 분명해진다. 우리가 서로를 거래자로서 대한다면, 우리 모두는 생각과 노력을 통해 우리의 삶을 향상시킬 수 있다. 인생은 누군가의 승리가 반드시 다른 누군가의 패배를 의미하는 경주가 결코 아니다. 당신의 행복은 당신이 다른 사람들보다 더 잘하는가에 달린 게 아니라, 당신이 유능하고, 열심히 일하며, 배우고 성장하기를 열망하는 사람인가에 달려 있다.

경제 시스템 내에도 분명 경쟁은 존재한다. 하지만 큰 틀에서는 이 역시 한쪽의 승리가 곧 다른 쪽의 패배를 의미하는 제로섬 게임은 아니다. 만약 취직이 안 되었거나, 새로 시작한 사업이 근처에 월마트가 생기는 바람에 망했다고 해서 당신이 시베리아로 추방당하는 일은 없지 않은가. 당신은 얼마든지 다른 직장을 찾거나 새로운 사업을 시작할 수 있다. 사람들이 자유롭게 일자리나 고객을 두고 경쟁함으로써 경제 환경은 역동적이 되고 번영을 거듭하며 이 속에서 생활하는 당신은 이로부터 무궁한 이득을 취할 수 있게 된다.

경제적 경쟁이란 결국 분업 사회에서 자신에게 맞는 위치를 찾기 위한 경쟁이다. 즉 당신과 당신을 상대하는 사람들에게 가장 좋은 당신의 역할을 찾는 과정이다. 스포츠에 비유하자면, 이는 유소년 야구단에 참여하는 것과 비슷하다. 누구나 팀을 만들 수 있고, 모두가 경기에 참여할 기회를 가질 수 있다. 경쟁이란 사실 발견의 과정으로서, 각자 자신의 비교 우위가 있는 역할을 찾는 것이다. 다만, 실제 경제와의 차이점은, 그 누구도 당신을 당신이 원하지 않는 위치에 배치할 수 없고, 매일 새로운 시범 경기가 진행된다는 점이다.

인간은 어떻게 석기 시대부터 시작해서 디지털 시대까지 발전할 수 있었을까? 그것은 수없이 많은 개인, 특히 뛰어난 능력을 가진 사람들 덕분이다. 그래서 우리는 현실 세계에 대한 이해를 넓힐 수 있었고, 자연적 요소를 조합하는 새롭고 더 나은 방법을 발견하여 인류의 삶을 개선할 수 있었다. 그 결과로 등장한 것이 인간 관계의 혁신이다. 그럼으로써 모두가 동등하게 가난한 채로 살며 부스러기를 두고 싸우는 대신, 모두가 동시에 번영을 누릴 수 있게 되었다. 실제로, 오늘날 미국 내에서 상대적으로 가난한 사람들조차도 역사적으로 보면 역대 가장 부유한 사람들일 수 있다.

여전히 산업화되지 않은 세계에 사는 사람들은 불행하게도 인류의 발전에 따른 혜택을 받지 못했다. 심지어 침략과 식민 착취의 희생자가 된 비극적인 경우도 있다. 그러나 이것이 그들 빈곤의 원인은 아니다. 또한 식민 지배가 서구 번영의 주요 원천도 아니다. 서구 세계의 번영은 개인이 사고하고, 창조하고, 거래하며, 번영할 수 있는 환경을 만든 데서 비롯되었다. 오늘날, 점점 더 많은 국가가 이러한 선례를 따르고 있으며, 그 결과 최근 수십 년간 전 세계 수십억의 사람이 빈곤으로부터 해방될 수 있었다. 1981년 이후, 하루에 1달러 미만으로 살아가는 전 세계 인구 비율은 기존의 약 40%에서 14%로 떨어졌다.[80]

이것은 실로 놀라운 성과다. 그럼에도 경제적 불평등에 관해 핏대를 올리는 사람의 대부분은 이러한 성과를 애써 외면하고 있다. 똑똑한 지도자라면 이러한 성과를 기념함과 동시에, 이것을 가능하게 해준 정치적, 경제적 환경 역시 설명해야 마땅할 것이다.

캘리포니아의 병원에서 암으로 인한 사망률이 40%에서 14%로 감소했다고 상상해보자. 그렇다면 우리는 당연히 의학 연구자들이 이 대단한 업적의 근원에 대해 조사하리라 기대할 것이고, 반대로 그들이 이 업적을 무시하고 조사하지 않았다는 사실을 알게 된다면 우리는 분노할 것이다.

불평등에 경각심을 느낀 사람 중 일부가 한 짓은 이것보다 더 나쁘다. 그들은 전 세계적 빈곤 탈출 현상에 대해 단순히 침묵했을 뿐만 아니라, 오히려 그것이 불평등을 심화시킨다고 비난했다. 이는 캘리포니아의 병원들이 암 환자들의 생존율을 높인 것이 불평등을 심화시켰다고 비난하는 꼴이다.[81] 서구 세계는 두 세기하고도 반 전에, 나머지 국가들은 오늘날 빈곤으로부터 벗어난 사실을 기념하고, 이를 가능하게 한 정치적, 경제적, 그리고 도덕적 환경들을 연구해야 할 것이다. 그때가 바로 지금이다.

4. 이성과 자유는 어떻게 인류의 발전을 불러 일으켰는가?

오늘날과 같은 꾸준한 발전 추세는 실질적으로 1700년대 네덜란드에서부터 시작되었는데, 이는 영국으로, 나중에는 미국으로 퍼지게 되었다. 그런데 이 기간에는 과연 어떤 일이 있었길래 이 국가들이 번영의 길로 들어설 수 있었을까? 이를 알아보기 위해 이 국가들의 시작점을 한번 살펴보자.

중세 시대의 거의 모든 개인은 노예와 다름없었다. 그들은 자신의 경제 생활을 포함한 삶의 거의 모든 요소가 종교 및 정치 권력자의 통제 아래에 놓이도록 복종해야만 했다. 당시의 사회는 조작된 시스템 그 자체였다. 예를 들어, 영국 봉건주의 시대라면 당신의 지위는 출생과 함께 결정됐다. 능력 따위는 전혀 중요하지 않았다. 당신의 부모가 귀족이면, 당신도 당연히 귀족이 되었다. 반대로, 당신의 부모가 농노라면 당신도 마찬가지로 농노가 되었다. 만약 당신이 농사일 대신 교육을 받거나 대장장이가 되기를 원한다고 해도 당시에는 별 수 없었다. 열심히 일하거나 배우고 성장하려는 간절한 의지는 아무런 의미가 없었다. 당신은 영주領主의 땅에 예속되어 당신의 아버지가 했던 것과 같은 단조로운 일만을 평생 반복했을 것이다. 물론 최상위층의 사람들은 계층 밑바닥의 사람들을 착취해가며 당시의 기준으로 호화롭게 살았겠지만.

이러한 개인의 억압과 함께 빠짐없이 나타난 것은 가난과 침체이다. 봉건 제도 하에서는 개인의 사고思考와 능력이 발휘될 여지가 없었기 때문에 놀라울 만큼 성과가 좋지 못했고, 비생산적인 시스템을 유지했다. 개인은 권위에 의문을 제기하지 않았고, 전통과 관습을 따르는 것이 그들의 의무라고 배웠다. 만일 개인이 권위에 의문을 제기하면, 권력자들이 개인을 복종하도록 만드는 물리력을 행사했다.

하지만 이런 물리적 강압만 사라진다면, 그 무엇도 개인의 사고, 생산, 혁신을 막을 수 없다. 물론 순응하는 수동적 삶을 선택하는 것도 개인의 자유이지만, 그들을 순응하게 만드는 것은 강압에 의한 방법뿐이다. 이 시기에 폭력은 모두의 삶 곳곳에 도사리고 있는 현실이었다. 당시 도시에서의 경제 생활을 예로 들어 살펴보자. 경제사학자 네이선 로젠버그Nathan Rosenberg와 법학자 버드젤 주니어L. E. Birdzell, Jr는 다음과 같이 설명했다.

> 도시 내에서 대부분의 산업과 상업은 길드guild가 독점하고 있었다. 그러나 교회의 정당 가격과 정당 임금 개념은 견습생들과 직인들journeymen의 임금, 품질과 기술 표준, 거래 허가, 정해진 가격과 임금에 따라 사업을 하도록 하는 의무 등을 다루는 길드의 규정에 대해 도덕적 제재를 가했다. 당시 길드들은 구속력 있는 규칙을 만들고 그것을 위반했다고 판단하면 벌금을 부과하거나 처벌할 수 있는 정치적 권한을 가졌다.[82]

서구의 부상은 봉건주의의 종말과 경제 생활을 사사건건 방해하던 규제의 약화를 통해 가능했다. 그러나 서구 세계가 비약적으로 성장한 것은 계몽주의 시대이다. 아이작 뉴턴의 위대한 업적으로 대표되는 과학 혁명을 목격한 후, 계몽주의 사상가들은 우주의 비밀을 푸는 열쇠가 신의 계시가 아닌 이성理性임을 이해하게 되었다. 개인은 더 이상 미지의 초자연적 힘에 의해 지배받는 알 수 없는 현실 속 무력한 존재가 아니게 되었다. 인간은 세상을 이해하고, 스스로 목표를 설정하고, 선택을 내리며, 자립하는 삶을 살 수 있는 이성적인 생명체였던 것이다.

이렇게 이성과 개인을 강조한 관점 덕에 정치적 평등이라는 이상이 생겨날 수 있었다. 17세기 영국의 정치인 알제논 시드니Algernon Sidney는 "이성을 가진 존재로서 인간은 모두 평등하며, 평등한 존재 간에는 서로에 대한 권리를 가질 수 없다"라고 말했다.[83] 계몽주의 관점에서 봤을 때, 개인은 종교나 정치 권력에 복종할 의무가 없었다. 개개인은 동등한 권리를 지닌 자율적인 존재이므로 간섭받지 않고 자유롭게 일하고 거래하며, 자신의 행복과 성공을 추구할 수 있어야 한다.

프린스턴대학의 경제학자 앵거스 디턴Angus Deaton은 "위험을 무릅쓰고 널리 퍼진 교조를 거역하던 계몽 시대의 사람들이 새로운 과학, 의학, 상업 기술을 사용하는 실험에 더 적극적이었다"라고 말한다. 이는 "왕과 교회에 복종하는 것과 같은 고정 관념에 도전하기 위해 이성을 발휘하고, 물질적 소유와 신체적 건강을 포함한 자신의 삶을 향상시키는 방법을 찾음으로써 행복의 추구가 비로소 가능하다"라는 것을 의미했다.[84] 인간은 이성을 발휘함으로써 세상에 대한 이해를 지속적으로 확장할 수 있었으며, 인간의 삶을 개선하고자 그 지식을 생산적인 활동에 적용했다.

서구 세계가 부유해질 수 있었던 비결은 바로 이것이다. 개인주의의 부상, 이성과 자유에 대한 예찬 덕에 개인들은 이성을 발휘할 수 있게 되었다. 그 결과 세상은 인간의 삶과 행복이 꽃피는 곳으로 점차 변모하게 되었다. 자유는 개인의 능력을 마음껏 발휘하도록 만드는 동시에 인류가 발전할 수 있는 환경도 만들어낸다. 하지만 구체적으로 어떤 과정에 의해 이것이 이루어졌던 것일까? 자유는 어떻게 발전으로 이어졌을까? 간단하게 설명하자면, 인간의 자유로운 이성이 무한한 기술 혁신을 이끌어냈기에 가능했던 일이다.

5. 속박에서 벗어난 경제

몇 년 전, 저자 중 한 명인 돈Don은 아내인 케이트Kate와 함께 샌프란시스코에 방문한 적이 있다. 그들은 남부 캘리포니아에서 샌프란시스코까지 큰 탈 없이 운전해 갔다. 그런데 도착 후 호텔 직원으로부터는 샌프란시스코 시내를 자동차로 돌아다니는 것을 그리 추천하지 않는다는 이야기를 들었다. 샌프란시스코는 주차가 어렵기로 악명이 높기 때문이었다.

어쨌든 도시 통틀어서 네 대 정도의 택시만이 돌아다니는 걸 알게 된 돈과 케이트는 첫 번째 외출을 하면서 담배 냄새를 풍기며 짜증을 내는 기사가 모는 택시를 타기 위해 한 시간 가까이 기다려야 했다. 그러던 중 그들은 우버Uber에 대해 듣게 됐다.

아이폰으로 우버 앱에 로그인하고 불과 몇 초 뒤, 돈의 휴대전화에는 배차가 이루어져 차량이 오고 있다는 메시지가 떴다. 뿐만 아니라 우버 앱을 이용하여 운전 기사의 이름, 사진, 자동차 번호 및 다른 승객들이 남긴 리뷰들도 볼 수 있었다. 2분 후, 반짝이는 검은색 세단의 유쾌한 운전자가 부부 바로 앞에 차를 세우더니 문을 열어주었다. 기사는 케이트와 돈에게 시

원한 생수까지 제공했다. 목적지에 도착했을 때도 돈은 신용카드를 꺼낼 필요가 없었다. 앱에서 자동으로 결제되었기 때문이다. 비용은 일반 택시보다 약간 비쌌지만, 수십만 명의 다른 승객이 느낀 바와 같이 우버는 충분히 그만한 가치가 있다고 돈은 생각했다.

우버는 놀라운 혁신이다. 우버가 나오기 전까지 소비자는 사전 예약을 요하는 고가의 리무진 서비스 또는 신뢰할 수 없는 택시 중 하나를 선택해야 했다. 우버는 사용하기 쉬운 스마트폰 앱을 통해 비교적 저렴하게 고급 차량 서비스를 고객에게 제공하는 방식을 만들어냈다. 그 이후에는 우버엑스 UberX 서비스를 통해 기존의 택시보다 더 싼 가격 모델을 만들어냈다. 다른 모든 혁신가와 마찬가지로, 우버는 파괴적이다. 우버의 사업 모델은 택시 산업의 수익성을 위협했다.

그러나 우버는 또 다른 의미에서도 파괴적이었다. 수십 년 동안, 택시 회사들은 대부분 지역에서 택시 면허의 수를 제한하는 법률 덕분에 경쟁으로부터 보호받을 수 있었다. 택시 요금이 비싼 데다가 서비스가 불쾌하고, 택시 잡기가 어렵지만 당신은 차 지붕에 택시등을 달고 운전할 수 없었다. 당신이 만약 택시 면허 하나를 얻고자 한다면, 수만, 아마도 수십만 달러를 쓸 수밖에 없다. 우버는 이러한 규제를 피하고자 택시 회사가 아닌 리무진 서비스 회사로 사업을 시작했다. 하지만 택시 기사들은 이내 반발했고, 그들은 정부가 우버를 폐쇄하도록 로비를 했다. 우버의 성패는 고객들이 기꺼이 지불할 수 있는 가격에 훌륭한 서비스를 제공함으로써 경쟁자들을 능가하는 것에 달렸다. 여기에 경쟁할 자유, 즉 정부가 강압적으로 우버가 시장에 진입하여 경쟁하는 것을 방해하거나 막을 것인지에도 달려 있다.

인류의 발전은 혁신에 의해 일어난다. 혁신은 우리의 번영과 생활 수준

향상의 원천이다. 그것은 또한 인간의 능력이 우리의 삶을 개선하고 경제 성장을 촉진하도록 만들어주는 중요한 방식이다. 오늘날 우리는 단지 조상들이 애썼던 것(밀을 더 많이 기르고, 마차를 더 만드는 것 따위)을 더 잘 해내는 것에서 그치지 않는다. 우리는 새로운 제품, 새로운 도구, 새로운 조직 형태를 만들기 위해 이성을 사용한다. 그 결과 우리는 과거에 비해 적은 비용으로도 더 빠르고, 능숙하게 생산할 수 있게 되었다.

예를 들자면, 나무와 벽돌 대신 콘크리트와 강철을 쓰게 된 것처럼 말이다. 인류는 동물의 힘을 빌리다가 화석 연료를 거쳐 원자력을 사용하기에 이르렀다. 또, 삽 대신 불도저를 사용하게 되었으며, 전신電信에서 시작하여 전화를 거쳐 인터넷을 사용하게 되었다. 나아가, 레코드판과 카세트 테이프 대신 CD와 MP3를, 온갖 엉터리 민간요법 대신 생명을 구하는 첨단의 약품들을, 주판 대신 계산기를, 메인 프레임 컴퓨터mainframes와 미니 컴퓨터minicomputers 대신 과거 달 탐사에 쓰인 컴퓨터들보다 더 강력한 연산 기능을 갖춘 PC와 휴대전화를 사용하게 되었다. 우리가 사는 방식에 혁명을 일으킨 이러한 혁신들은 극히 일부에 불과하다. 우리 주변의 세상을 꾸준히 개선하는 무수한 작은 혁신은 말할 것도 없다.

그러나 이 같은 광범위한 혁신을 모든 사회나 모든 역사적 시대에서 볼 수 있는 것은 아니다. 대신 우리는 혁신을 값지게 여기고 혁신의 과정을 보호하는 곳에서만 그것들을 볼 수 있다. 많은 사회에서 혁신은 확립된 질서에 대한 위협으로 여겨지고, 따라서 이러한 사회들은 택시업계가 정부를 이용하여 우버를 막으려고 하는 방식과 같이 그러한 발전을 억압하고자 정치적 힘을 사용한다.

혁신이 장려되기 위해서는 개인들에게 (1) 고정 관념에 도전하고 새로운 아이디어를 채택할 자유 (2) 채택한 새 아이디어를 실제 적용할 자유 (3) 혁신가를 제외한 사회의 다른 사람들이 혁신가의 아이디어를 채택하거나 거부할 자유 (4) 혁신가가 성공적인 혁신으로부터 이익을 취할 자유가 보장되어야 한다. 정치적 평등은 특히 이것을 보장해주는 장치인데, 이는 모든 개개인의 사상과 표현의 자유, 계약의 자유 및 지적 재산권을 포함한 사유 재산권을 보장해줌으로써 가능하다.

사상과 표현의 자유란 개인이 원하는 사상을 방해받지 않고 채택하며, 그것을 옹호할 권리가 보호받음을 의미한다. 교황이 됐든, 한 국가의 왕이 됐든, 조폭이 됐든, 독재자가 됐든, 그 누구도 혁신가가 기존의 관념에 도전하는 것을 막을 수 없다.

계약의 자유는 한 개인이 자신에게 이익이 된다고 판단한 이상, 그것이 어떠한 형태가 됐든 경제적 관계를 형성하고 거래에 참여할 수 있는 개인의 권한을 보호해주는 것이다. 어떤 혁신가든 새로운 분야에 진입하거나, 신제품을 선사하거나, 시장의 잠재 가치를 선점하고자 노력하는 경우에 타인의 허락을 구할 필요는 없다. 이와 마찬가지로, 그 어떤 혁신가도 자신의 사업에 투자하거나, 자신의 사업을 위해 일하거나, 자신의 제품을 구매하도록 강요할 수는 없다. 이는 계약의 자유를 침해하는 행위들이다.

사유 재산권은 생산자가 재산을 획득하고 그것을 사용할 수 있는 권리를 보호한다. 이는 혁신에 있어 두 가지 이유로 아주 중요한데, 사유 재산권이 사람들에게 혁신할 수 있는 동력과 혁신에 대한 인센티브를 제공하기 때문이다. 재산권 없이는 독립적인 행동이 불가능하다. 대부분의 새로운 아이디어는 실패하고, 결국 성공한 아이디어의 대부분은 당시 주류主流에 의해 어리석은 것으로 간주되었다.

구글이 처음 서비스를 선보였을 때, 많은 논평가는 다음과 같이 의문을 표했다.

"또 다른 검색 엔진을 필요로 하는 사람이 있을까?"

구글의 창업자인 래리 페이지Larry Page와 같은 혁신가가 시험해보지 않은 형태의 회사를 시작할 수 있었던 유일한 이유는 자기가 판단하기에 최적의 방식으로 자신의 자원을 자유롭게 사용할 수 있었기 때문이다. 그리고 자기를 기꺼이 지원하겠다는 사람들의 도움을 자유롭게 요청할 수도 있었기 때문이다.

대부분의 혁신가가 시험해보지 않은 회사를 큰 위험을 감수하면서 시작하고, 다른 이들이 자신의 사업에 시간과 돈을 들이도록 설득할 수 있는 가장 큰 이유는 커다란 보상의 기회가 존재하기 때문일 것이다. 사유 재산권은 혁신가가 혁신을 통해 얼마를 벌든, 그가 그것을 온전히 갖도록 보장한다.

우리는 이제 왜 생활 양식으로서의 혁신이 현대 서구 사회에서만 번성했는지 알 수 있다. 정치적 불평등은 언제나 힘 있는 자들의 관심이 개인의 자율성에 앞선다는 것을 의미한다. 서구 세계는 정치적 평등을 추구하기 시작한 때부터 비로소 그 속박을 서서히 제거할 수 있었다. 로젠버그와 버드젤은 이에 관해 다음과 같이 설명한다.

19세기 중반 무렵, 서구 사회는 기업들에 특정 권리를 부여했다. 이는 대부분의 다른 사회에서는 정치적 또는 종교적 권위자들에 의해 이루어지던 몇 가지 결정을 기업이 내릴 수 있도록 하는 일종의 허가, 혹은 숱한 정치적 또는 종교적 통제로부터의 자유를 부여한 것으로 볼 수 있다. 이 중, 네 가지 권리가 혁신 기반의 경제 성장이 탄생하는 발판이 되었다. 첫째, 개인들은 더 적은 정치적 제약 하에서 기업을 설립할 수 있게 되었다. 기업의 설립이 자금의 부족, 재능의 부족 또는 둘 다에 의해 제한되었을 뿐이지, 정치 당국이 허가해주지 않거나, 교회가 승인해주지 않아서 제한되는 일은 없어진 것이다. 둘째, 기업은 재화를 취득하고 손익을 보며 그것을 되팔 수 있게 되었는데, 이 역시 큰 제약 없이, 혹은 완전히 자유롭게 행할 수 있게 되었다. 셋째, 기업은 추가적인 경제적 행위를 하거나 더 유망해 보이는 다른 기업 활동으로 자신의 활동을 전환할 수 있게 되었다. 이 또한 제약이 거의 없었다. 정치적 또는 종교적 제한이 존재하기는 했으나, 생산하는 제품이나 서비스의 종류나 그것을 생산하는 방법, 그것을 직접 생산하거나 타사의 것을 매입하는 것과 같은 의사 결정, 그것의 판매 방법과 판매 가격과 같은 기업의 선택에 관련해서는 규제하지 않았다. 마지막으로, 기업의 자산과 활동으로 축적된 이익에 대해서는 미리 정해진 비율로 과세할 수 있었지만, 기업의 자산이 정치 당국에 의해 임의로 압수 또는 수용되는 일은 없게 되었다.[85]

경제사학자 디드러 매클로스키Deirdre McCloskey는 이러한 결과를 다음과 같이 요약했다. "1700년경 암스테르담과 런던에서 처음으로 거래의 성립과 혁신에 대한 존중의 개념이 생겼고, 이를 통한 거래의 자유를 채택함으로써 현대 세계가 탄생할 수 있었다."[86]

미국 역시 이를 빠르게 채택했으며, 혁신할 자유를 보호하는 데 있어서는 그 어떤 국가보다 앞서 나갔다. 토머스 제퍼슨Thomas Jefferson은 "좋은 정부란 현명하고 간소한 정부로서, 한 사람이 타인을 해하지 못하도록 저지하고, 그러한 경우를 제외하고는 스스로 노력하고 개발할 수 있도록 자유를 줘야 하며, 노동을 통해 얻은 소득을 빼앗아서는 안된다"라고 말한 바 있다.[87] 미국 정부가 이를 완벽히 지키지는 못했지만 그나마 이에 근접했고, 이를 토대로 '스스로 노력하고 개발할 자유'를 지닌 미국인들은 전 세계가 여태껏 보지 못한 규모의 혁신을 이룩해낼 수 있었다.

1854년에 한 영국인은 "뉴잉글랜드 주州들의 공장에서 일하는 평범한 청년치고 기계의 발명이나 제품 개선에 관한 아이디어가 없는 사람이 없고, 이를 통해 나중에 기회가 되면 자신의 직위를 향상시키거나, 부자가 되는 등의 출세를 희망한다"라고 적었다.[88]

19세기와 20세기 초의 미국은 그야말로 발명의 시대였다. 알렉산더 그레이엄 벨Alexander Graham Bell은 전화기를 발명했다. 일라이어스 하우Elias Howe는 재봉틀을 발명했고, 후에 아이작 메릿 싱어Isaac Merritt Singer가 이것을 획기적으로 개선했다. 엘리샤 오티스Elisha Graves Otis는 엘리베이터가 추락하는 것을 방지하는 안전 장치를 발명했고, 이를 통해 윌리엄 레 바론 제니William Le Baron Jenney를 비롯한 몇몇 이가 처음으로 마천루를 지을 수 있었다. 존 로블링John Roebling은 현수교의 설계를 완성시켰으며, 오늘날까지 존재하는 브루클린 다리Brooklyn Bridge의 건설을 담당했다(이 프로젝트는 그가 세상을 떠난 뒤 그의 자녀들에 의해 완성되었다). 조지 웨스팅하우스George Westinghouse는 생명을 구하는 철도용 공기 브레이크를 비롯한 수백 가지의 혁신적인 제품을 발명했다. 윌리스 캐리어Willis Carrier는 최초의 에어컨을 만들었다. 토마스 에디슨은 4중 전신기, 축음기, 전력 발전소, 백열 전구, 축전지, 영화 촬영용 카메라 등 수많은 발명을 통해 세상에 기여했다. 물론 여기에 나열한 사례들은 일부에 불과하다.

발명가들, 기업가들, 혁신가들은 미국에서 유명인사가 되는 정도가 아니라 찬미의 대상이 되기도 했다. 1876년, 미국의 100주년을 기념하는 자리에서도 정치적 성과만큼이나 상업적 성과 역시 주목을 받았다. 필라델피아에서 열린 만국 박람회의 기계 전시장에는 "역직기, 선반旋盤, 재봉틀, 프레스, 펌프, 공구 제작 기계, 차축, 전선 케이블, 기관차 등 풍성한 기계 장치들이 이목을 끌었다."[89] 런던 타임스는 "그리스 인들이 조각을 하고 이탈리아인들이 그림을 그렸다면 미국인들은 발명을 한다. 한마디로 천재적이다"라고 적었다.[90]

발명은 사실 혁신의 한 가지 단면에 불과한데, 이러한 대규모의 발명과 함께 생산 기업의 조직 및 금융 분야에도 혁신이 등장하게 된다. 강철빔을 만들거나 자동차를 생산하는 것 자체도 큰 일이지만, 국가 전체에 강철을 공급하고 전국의 모든 차고에 자동차가 있도록 만드는 것은 엄청난 일이다. 미국이 이토록 발전하기 위해서는 역사상 존재했던 그 어떤 것보다 훨씬 큰 규모의 기업들이 필요했다. 그와 같은 대규모 조직만이 미국인들이 기꺼이 지불할 의사와 능력이 되는 가격 수준에서 제품을 대량 생산할 수 있었기 때문이다.

이와 관련된 발전의 핵심은 전례 없는 규모의 자본을 축적하고 투자할 수 있는 현대적 기업의 탄생이다.[91] 자본의 대부분은 공장, 역직기, 증기 기관, 발전기, 크레인, 용광로와 같은 막대한 돈이 들어가는 생산 도구를 사는 데 사용되었다. 대량 생산으로 인한 규모의 경제 덕분에 생산 비용이 대폭 절감되었다. 예를 들어, 앤드류 카네기는 이러한 규모의 경제를 이용하여 강철을 만드는 데 드는 비용을 톤당 100달러에서 12달러로 줄일 수 있었고, 존 록펠러John D. Rockefeller는 등유를 생산하는 데 드는 비용을 갤런당

1.5센트에서 0.45센트로 줄일 수 있었다.[92]

비용을 대폭 낮추고 생산량을 늘림으로써 미국의 산업가들은 지속적으로 낮아지는 판매 가격에도 불구하고 수익을 계속 증가시킬 수 있었다. 예를 들어, 강철을 미국 전체에 공급한 카네기의 1888년 이익은 200만 달러였는데, 1900년에는 그보다 낮은 가격에 제품을 팔아도 이익은 4천만 달러로 증가하게 되었다.[93]

그런데 카네기, 록펠러, 포드와 같은 혁신적인 산업가들은 그들이 벌어들인 이익을 가지고 무엇을 했을까? 놀랍게도 그들은 이익의 거의 전부를 다시 자신들의 회사에 투자하여 기업의 생산 능력뿐 아니라 미국의 전반적인 발전 속도를 지속적으로 증대시켰다.

기업가들은 자신들의 사업을 점점 더 자본 집약적으로 만듦으로써 노동자들의 생산성을 지속적으로 향상시켰다. 이는 생산을 위한 더 나은 도구가 제공됨으로써 가능했다. 예를 들어 자동차를 제조하는 노동자가 매일 차체에 부착할 수 있는 바퀴의 수가 개량된 도구 덕분에 세 배로 늘어났다고 해보자. 그러면 노동자들의 생산성이 높아지고, 보수의 수준도 이를 반영하여 증가하게 된다. 왜냐하면 기업들이 고객 유치를 위해 경쟁하는 것과 마찬가지로, 고용주들은 근로자를 구하기 위해 경쟁해야 하기 때문이다. 한 노동자의 생산성이 높을수록 회사의 수익을 더 많이 창출할 수 있는 만큼 고용주는 더 많은 돈을 주고서라도 그의 노동력을 확보하고자 할 것이다.

포드에서 일어난 일이 바로 이것이다. 1914년에 헨리 포드는 초봉을 일당 5달러(오늘날로 환산하면 120달러 정도)로 인상한 것으로 유명하다. 1913년 포드의 이직률은 370%에 달했기에 사실 이는 불가피한 선택이었다.[94] 점점

수익성이 좋아지던 그의 자동차를 조립하는 인력을 유지하고 새로운 노동자를 채용하기 위해서 포드는 경쟁사(다른 자동차 회사뿐만 아니라 자사의 잠재적 근로자를 채용하고자 하는 모든 고용주를 포함)보다 더 높은 임금을 불러야 했다.

미국은 혁신가들의 자유를 보호하는 정도가 특별했다. 뿐만 아니라 그들의 혁신으로 인한 지속적인 변화의 흐름을 수용하는 미국인들의 방식 역시 남달랐다. 19세기 영국의 공학자 조지프 휘트워스Joseph Whitworth는 '새로운 발전이 쉽게 용인되도록 하고, 창의 정신을 자극하는 미국 노동자들의 준비된 자세'에 관해 찬사를 보냈다.[95]

주로 변화에 따라 자신들의 기능과 기술력, 사업이 쓸모없어진다고 생각하는 사람들에 의한 저항은 항상 있어 왔다. 하지만 전체적으로 미국인들은 이러한 어려움을 진보의 대가로 받아들였다. 경제사학자 조너선 휴즈Jonathan Hughes는 "미국인들처럼 경제적 변화에 맞춰 자신들의 사회에 잘 적응시키고 미래를 계획하는 국민은 전 세계에서 찾아볼 수 없다. 그들은 이를 통해 물질적으로 아주 풍족한 삶을 보상받을 수 있었다. 하지만 이는 동시에 불확실하고 지속적인 사회경제적 격변의 삶을 의미하기도 한다. 단순한 생활 방식은 결코 아니다"라고 결론짓는다.[96]

여러 가지 면에서 이러한 정신은 오늘날의 미국에 그대로 남아 있다. 우버와 같은 신생 기업이, 기존의 산업에 도전할 자유가 더 이상 당연한 일이 아니긴 하지만, 우리는 새로운 회사들이 기존의 오래된 회사를 따라잡는 현상을 계속해서 보고 있다. 월마트가 케이마트K-Mart를 추월했고, 아마존은 보더스Borders나 반스 앤 노블Barnes and Noble과 같은 소매 서점을 압도적으로 뛰어넘었다. 구글은 야후Yahoo!를 추월했으며, 페이스북Facebook은 마이스페이스MySpace를 앞질렀다. 미국이 여전히 세계의 혁신을 주도하는 리더로 남아 있기에, 미국인들은 경제 발전의 결실을 계속해서 누릴 수 있는 것이다.

6. 불평등과 발전

경제가 발전함에 따라 경제적 불평등은 심화된다는 사실은 부인할 수 없다. 만일 에디슨, 기네기 및 잡스와 같은 사람들이 막대한 돈을 벌고 그것을 즐기며 투자할 자유가 없다면 모두가 번영하는 대신 모두가 동등하게 비참해지는 결과가 생길 것이다. 꾸준한 경제 발전을 경험하는 모든 국가에는 필연적으로 엄청난 불평등이 존재한다. 여기에는 스칸디나비아 국가들 같이 불평등이 덜한 것으로 알려진 국가들도 포함된다. 미국보다는 불평등의 정도가 덜할 수 있다. 하지만 대다수의 시민이 버는 것과 가장 부유한 자들의 수입 사이에는 큰 격차가 이곳에서도 역시 존재한다. 오히려 이러한 불평등을 없애려 하다가 경제 발전이 사라지는 불상사를 겪게 될 수도 있다.

이 주장의 사례로 동독과 서독의 비교를 들 수 있다. 제2차 세계대전이 끝나고 1989년에 베를린 장벽이 무너질 때까지 동독과 서독은 장벽으로 분리되었을 뿐만 아니라, 각자 다른 경제 체제를 유지하고 있었다. 같은 역사와 언어, 환경을 공유한 두 국가였지만, 인간의 자유에 대해서는 완전히 다른 입장으로 접근했고 그로 인한 결과 역시 완전히 달랐다.

다양한 부의 재분배 정책과 경제 간섭주의의 기조를 유지하기는 했으나, 전후 서독의 경제는 비교적 자유로웠다고 할 수 있다. 우선 표현의 자유가 보장되었다. 나아가 재산의 대부분은 개인 소유였으며, 가격과 임금은 대부분 개인 간의 자발적인 결정에 의해 정해졌다. 자신의 이웃보다 훨씬 더 부유해지는 한이 있더라도, 그 누구든 생산적인 노력을 통해 스스로 성공을 거둘 자유를 가지고 있었다.

반면 동독은 구舊소련의 전체주의, 중앙 계획 경제, '개개인의 능력이나 노력의 차이에 관계없이 결과의 통일성을 강조'하는 평등주의에 익숙해져 있었다.[97] 동독의 사회주의통일당Socialist Unity Party of Germany은 사실상 모든 생산 활동을 감독했고, 생산 수단의 대부분은 국가가 소유했으며, 물가와 임금 수준은 중앙 집권적 통제 하에 놓여 있었다. 정부는 무엇을 생산해야 하는지, 어떻게 생산해야 하는지, 생산한 것을 어떻게 분배해야 하는지를 일방적으로 정하여 명령했다.

비록 약간의 소득 격차를 허용했지만, 그 차이가 서독보다 훨씬 작았던 것은 사실이다.[98] 그러나 소득 차이보다는 생활 수준에 초점을 맞춘다면, 동독의 경제적 평등은 빈곤과 침체라는 문제를 동반했으며, 서독의 경제적 불평등은 번영 및 발전과 함께 맞물려 진행되었다.

다음은 1960년대 초 서베를린의 풍경에 대한 한 작가의 묘사이다.

서베를린은 … 여기저기 고풍스러운 분위기를 풍기면서도 동시에 매우 현대적이다. 도시는 아주 부산하고 분주하다. … 서베를린의 주요 거리 인 쿠어퓌르스텐담Kurfürstendamm(줄여서 쿠담Ku'damm이라 부름)은 밤 에 휘황찬란히 빛나면서 이 독특한 도시의 또 다른 매력을 발산했다. 뉴욕의 5번가와 파리의 샹젤리제 거리를 한 데 합친듯한 이 광활한 대 로는 평범한 시내의 거리로 바뀌는 지점 전까지 양옆으로 최신 유행 의 세련된 기념품을 뽐내는 우아한 상점들과 함께 고풍스러우면서도 Gemütlichkeit 현대적인 분위기의 카페들로 가득하다. 켐핀스키Kempinski

호텔에서 유럽 최고의 아이스크림 디저트를 맛볼 수도 있지만, 대부분의 사람은 쿠담 거리의 테라스에 앉아 햇살을 즐기면서 마치 흰 눈과 같이 부드러운 생크림Schlagsahne으로 덮힌 헤이즐넛 케이크torte에 빠져들었다.[99]

반면, 1963년 동독에 관한 타임지의 기사를 한번 보자.

동독 사람들은 겨우 입에 풀칠만 하는 실정이다. 오렌지나 레몬과 같은 신선한 과일이 부족해 얼굴이 잿빛으로 보이는 경향이 있다(일반적인 소비자는 1년에 평균 다섯 개 미만의 오렌지만을 받게 된다). 빵, 주식主食, 일부 가공식품 및 마가린을 제외한 대부분의 음식은 배급된다. 예를 들어, 작센주Saxony의 한 개인에게 원칙적으로 주어지는 한 주 간의 식량은 약 200g의 고기, 계란 두 개, 소시지 약 200g, 버터 약 170g에 불과하다. 배급되지 않는 식품을 미리 구매해두는 가장 좋은 전략은 모든 가족 구성원이 각자 다른 상점에 줄을 서는 것이다. 가격은 서독에 비해 네 배에서 다섯 배 정도 높아 많은 사람은 커피와 같은 희소한 제품(파운드당 10달러)을 줄 서서 구매할 시간이 없는 사람들에게 비싸게 판매함으로써 생계를 유지한다.[100]

차이가 너무 극명한 나머지, 통계치만으로는 동독의 빈곤을 완전히 파악할 수조차 없다. 예를 들자면, 1983년에 서독인의 41%가 자동차를 소유했다. 그러나 동독에서는 그 수치가 20%도 채 되지 않았다.[101] 여기다 대부분의 동독인이 구매할 수 있었던 유일한 차종은 트라반트Trabant로서 연료 탱크에 기름을 채우기만 하면 가격이 두 배가 되는 차로 놀림받을 만큼 형편 없던 차였다는 점을 감안하면 더욱 절망적이다.

1989년, 베를린 장벽이 무너지면서 전 세계인은 동독이 그나마 보유 중이라고 주장하던 그 한심한 수준의 생산성조차도 과장이었다는 것을 알게 되었다. 통일 초기, 절박했던 한 동독 기업은 투자를 유치하기 위해 어느 이탈리아 회사에 무료로 공장을 제공하겠다고 했지만 거절당하기도 했다. 이 탈리아 회사의 회장은 "구조 조정에 따른 비용이 너무 큰 나머지, 우리에게 공장이 무료로 제공된다고 하더라도 동독의 그 사업을 인수하는 것은 말이 되지 않았다"라고 말했다. 이것이 뉴욕타임스가 1990년에 칭한 '공산주의 국가 중 가장 건실한 경제'의 실상이었다.[102]

물론 미국이 동독처럼 되는 것이 미국을 더 번영케 하는 길이라고 믿는 사람은 거의 없다. 심지어 경제 불평등 비판론자들조차도 토마 피케티가 2014년의 한 인터뷰에서 러스 로버츠Russ Roberts에게 털어놓은 바와 같이, "실질적인 성장을 위해서는 불평등이 유용할 수 있다"라고 인정한다. 그러나 피케티는 여기에 "문제는 부의 불평등과 부의 편중이 너무 심해지면 더이상 성장에 유용하지 않게 된다는 것"이라고 덧붙였다.[103] 불평등 비판론자들 중 일부는 한술 더 떠 불평등이 발전을 저해하기 시작하는 지점이 있다고 주장한다. 그리고 그들은 대체로 오늘날의 미국이 그 지점에 이르렀다고 믿는다.

그들은 무슨 근거로 그런 결론을 냈을까? 소득이나 부의 격차 때문에 인류의 진보를 늦추어야 하는 이론적인 이유는 없다. '소비가 경제를 이끈다'라는 개념과 부유한 사람들이 다른 이들에 비해 적게 지출한다는 사실은 경제학자들의 흥미를 끌지 못한다. 반면 저축, 투자, 혁신이 우리를 더 풍요

롭게 만든다는 것은 경제학자들에 의해 널리 인정받고 있다.[104]

이렇게 되자 많은 불평등 비판론자가 통계에 기초한 실증적 근거에 의존하기 시작했다. 이들은 주로 높은 불평등도와 낮은 성장률, 낮은 불평등도와 높은 성장률 사이에 상관 관계가 존재한다는 결론을 이끌어내려 했다. 하지만 이조차도 시류에 역행하는 행위이다. 대부분의 전문가는 선진국 중에서 미국의 소득 불평등 수준이 가장 높다는 데 동의한다. 그래도 1인당 GDP, 중위 생활 수준, 중위 가처분 소득, 실업률 등 존재하는 거의 모든 측정 기준에서 미국은 지난 40년 동안 서구의 다른 어떤 주요 국가들과 비교하더라도 더 나은 성과를 거두었다.[105]

그럼에도 불구하고 일부 불평등 비판론자는 국제통화기금International Monetary Fund, IMF의 널리 알려진 연구 보고서들을 인용한다. 이에 따르면 저개발국가에서는 높은 수준의 불평등과 낮은 경제성장률 사이에 상관 관계가 존재한다.[106] 좌익 단체인 뉴아메리카New America의 선임 연구원 조지아 레벤슨 코헤인Georgia Levenson Keohane은 이 IMF의 연구를 인용하며, "미국은 '북미의 바나나 공화국'이자 다른 빈곤한 국가들과 별반 다른 것이 없다"라고 말한다. "우리의 소득 불평등은 가이아나Guyana나 니카라과, 베네수엘라 보다도 심각하다. 공동 번영 여부를 따지면, 우리는 이란이나 예멘과 어깨를 나란히 하는 수준이다"[107]라는 것이 그의 주장이다. 결론적으로 이는 미국의 경제가 이러한 국가들과 같은 방향으로 향할 것이라는 얘기이다.

이는 마치 K마트, 서킷시티Circuit City, 몽고메리 워드Montgomery Ward가 대대적인 할인을 해서 월마트가 망할 것이라고 주장하는 것과 같다. 핵심은 경제적 불평등이 실제로 성장을 낮추는지의 여부이다. 몇몇 저개발국에서 높은 수준의 불평등이 관찰된다는 사실만을 가지고는 이에 관한 답을 할 수가 없다.

이처럼 심각한 불평등을 나타내는 저개발 국가들은 독재 정권의 지배 아래에 있는 경우가 많다. 이곳의 통치자들은 정치 권력을 이용하여 자신의 이익과 독재 정권과 유착 관계에 있는 세력의 이익을 위해 국민을 착취한다. 이와 같은 강탈에 의한 경제적 불평등을 근거로 자유의 유무로부터 나오는 경제적 불평등의 장점을 무시하는 판단을 내리는 것은 말도 안 되는 논리이다.

게다가, 위 IMF 보고서와 같은 연구를 인용하는 사람들은 성장률과 불평등에 관한 문헌들이 방대하고, 잠정적인 결론에 불과하며 모순적이기까지 하다는 사실을 무시한다. 높은 불평등도가 높은 성장률과 상관있다는 사실을 보여주는 연구가 많음에도, 이러한 연구는 보도되는 경우가 거의 없다.[108] 그 결과 많은 불평등 비판론자가 불평등이 성장을 저해한다는 주장을 지지하기 꺼려한다.

폴 크루그먼은 "불평등이 성과에 나쁘다는 주장에 완전히 반대하지는 않지만, 다소 회의적이다. 널리 퍼진 주장들에 비해 내 기준에서는 그 근거들이 빈약하기 때문"이라고 말했다.[109] 마찬가지로, 좌익 성향의 미국진보센터 Center for American Progress 연구에서 재러드 번스타인은 "객관적인 관찰자들이 불평등은 성장을 억제하였다고 명백히 결론지을 만큼의 충분한 구체적 증거는 없다"라고 적었다.[110] 맞는 얘기다. 이와 관련된 주제의 학술 문헌으로부터는 어떠한 결론을 내더라도 그것은 완전히 자의적인 해석이다.

경제적 불평등이 경제 발전을 저해한다는 주장이 터무니없다고 한다면, 정부가 경제 발전을 방해하지 않으면서 경제 불평등과 싸울 수 있다는 주장은 그나마 약간 실현 가능성이 있는 얘기다. 후자의 주장에 대한 주요 증거로는 비교적 높은 생활 수준과 함께 강력한 복지 덕에 선진국에서 가장 낮은 수준의 경제적 불평등을 기록한 스웨덴과 덴마크와 같은 스칸디나비아 국가들의 성공 사례가 자주 등장한다. 그러나 불평등 비판론자들은 여기서도 잘못된 해석을 하여 틀린 결론을 도출하고 있다.

우선 스칸디나비아를 무턱대고 찬양하지 않는 것이 중요하다. 스칸디나비아 사회 역시 알코올 중독, 우울증, 자살, 폭력에 관한 문제와 더불어 적잖은 경제적 문제를 안고 있다. 한 작가는 덴마크의 상황을 다음과 같이 설명했다.

소득의 58~72%에 이르는 막대한 세금을 내야 하는 것 외에도, 존재하는 거의 모든 것이 다른 나라에 비해 비싸다. 책은 여기서 사치품과도 같다. 다리를 건너는 데 통행료가 45달러에 달한다. 의료 서비스는 무료이지만, 진료하기까지 돈 대신 막대한 시간이 소요된다. 의료 서비스는 대기실에서 끝없이 기다린 후에만 받을 수 있다. 한 시민은 한쪽 눈에 이물질이 들어가 눈이 일시적으로 보이지 않는 아들을 응급실에 데리고 갔지만, 예약을 하지 않았다고 해서 진료를 받지도 못하고 돌아왔다며 불만을 토로했다. 모든 약국은 국영으로서, 독점 형태이다. 따라서 아스피린 하나 사는 데도 엄청난 시간이 소요된다.[111]

이를 통해 이러한 나라들이 높은 생활 수준을 누리고 있다는 사실을 부정하려는 것은 아니다. 대신 이러한 국가들은 경제적 불평등과 싸우기 때문에 생활 수준이 높다기보다는 불평등과 싸우고 있음에도 불구하고 생활 수준은 높다고 표현하는 편이 옳을 것이다.

전반적으로 스칸디나비아 국가들의 자유에 대한 보장은 다른 서구 국가들과 어깨를 나란히 할 수준이다. 그들은 미국, 캐나다 및 영국과 거의 같은 수준으로 표현의 자유, 계약의 자유 및 사유 재산권을 보장한다. 이처럼 자유와 정부의 통제가 섞여 있는 국가들이 전체적으로 다른 국가보다 더 자유로운지 평가하는 것은 매우 어렵다. 스칸디나비아 국가들은 미국보다 세율이 높고 더 강력한 복지 정책을 펼치지만, 반대로 미국은 분명 더 엄격한 규제 체계와 복잡한 세법을 가지고 있는 것처럼 말이다. 여기다 경제 성과에 영향을 미칠 수 있는 요인이 수없이 더 있다는 건 말할 필요도 없다.

스칸디나비아 국가들의 역사를 살펴볼 때 분명한 건, 경제적으로 더 자유롭고 불평등하던 시기에 그들은 번영했고, 경제적 자유가 침해받고 불평등 수준은 덜하던 시기에 위기를 맞았다는 사실이다. 스웨덴의 경우를 보자. 1800년대 초반, 스웨덴은 서유럽에서 가장 가난한 나라 중 하나였다. 그러다 1900년대 중반 스웨덴은 세계에서 가장 부유한 나라의 반열에 올랐다. 이것이 가능했던 이유는 무엇일까? 그 비결은 바로 자유에 있다. 19세기 전반前半에 걸쳐 정부의 주요한 규제 및 규정, 간섭이 모두 사라졌으며, 자본주의의 근간이 되는 생산 수단의 사적 소유, 경쟁의 자유, 그리고 자유무역이 확립되었다. 정부의 규모는 작았으며(GDP의 10%만을 지출함) 세율 역시 낮았다.[112]

1870년대는 스웨덴의 소위 '100년 간의 황금기'가 시작된 시기이다. 1870~1970년의 스웨덴은 세계에서 가장 높은 수준의 경제 성장, 생산성의 성장, 임금 수준의 상승을 기록했다. 1970년에는 1인당 GDP 세계 3위를 기록할 정도로 부유한 국가였다. 그러나 20세기 말이 되면서 스웨덴은 상위 20위에 간신히 드는 상황이 되었다.[113] 어쩌다 이렇게 됐을까? 그것은 자유에 대한 추구를 포기했기 때문이다.

1960~1980년 사이 정부 지출은 GDP의 30%에서 60%로 두 배가 증가했다.[114] 날로 확대되는 복지를 위한 자금 마련의 명목으로 세율은 급등했다. 예를 들어, 1970~1980년대의 최고 한계 세율은 무려 90%를 맴돌았다.[115] 그 결과, 경제 발전의 속도도 느려졌다. 1950년대와 1960년대의 평균 성장률은 연 3.5~4.5%였는데, 1971~2001년 스웨덴의 평균 성장률은 연 2%를 약간 웃도는 수준이 되었다(1971~2001년 OECD 평균 성장률은 3.11%, 미국의 평균 성장률은 3.24%였다.).[116] 공교롭게도 1970년대와 1980년대의 스웨덴은 현대 선진국 중에서 가장 낮은 수준의 경제적 불평등을 달성했다.[117]

그 이후로는 어떻게 되었을까? 2006년에 스웨덴은 다시 한번 더 자유로운 방향으로 움직이기 시작했다. 스웨덴의 국회의원이었던 요니 뭉크함마르Johnny Munkhammar는 스웨덴 사람들이 "더 많은 노동 이주를 위해 국경이 개방되고, 더 많은 국영 기업이 매각되며, 공무원의 수가 줄어드는 것을 지켜보았다"라고 적었다. 이어 "스웨덴 정부는 재산세를 인하하고 부유세를 폐지했으며, 평균 소득의 근로자들이 세후 한 달치 임금에 해당하는 액수를 매년 추가로 받을 수 있도록 소득 공제 제도를 새로이 도입했다. 오늘날의 조세부담률은 GDP의 45%로서, 10년 전의 56%에서 감소하였다"라고 했다.

그 결과 스웨덴은 재정 적자가 사라졌으며 유럽에서 가장 빠르게 경제가 성장하는 국가 중 하나로 부상했다.[118] 반면 스웨덴의 불평등도는 상승했다.[119] 스웨덴의 이러한 역사는 반례가 아니라, 오히려 우리가 주장하는 바를 그대로 보여주는 사례이다. 자유와 번영은 불가분의 관계에 있으며 경제적 불평등과는 아무 상관이 없다는 것을 말이다.

만약 진정으로 발전에 신경을 쓴다면, 우리의 가장 큰 관심사는 자유를 보호하고 인간의 능력을 옹호하는 데 있어야 할 것이다. 그러나 완전한 자유를 가진 사회는 아직까지 없다. 심지어 미국에서도 처음부터 경제적 자유를 포함하여 자유에 관한 심각한 규제가 있었다. 노예 제도는 가장 노골적이고 잔혹한 예이지만, 그것 외에도 다양한 제약이 존재했다.

비록 오늘날의 우리는 봉건제 하의 선조들보다 훨씬 더 폭넓은 자유를 누리고 있지만, 여전히 정부는 우리의 생산과 거래의 자유를 다양한 방식으로 억압하고 있다. 여기에는 최저 임금법, 임대료 통제, 직업 면허법, 관세, 노동조합법, 반독점법, 우편이나 교육과 같은 분야의 정부 독점, 농업이나 풍력 및 태양광 발전과 같은 산업에 대한 보조금, 토지 수용법, 복지 국가 기조 및 누진 소득세를 통한 부의 재분배 등이 포함된다.

안타깝게도 이러한 부담과 통제는 증가하는 추세이다. 오늘날 기회가 공격받고 있다는 주장은 바로 이 점을 지적하는 것이지, 경제 불평등의 심화를 의미하는 것이 아니다. 정부는 우리의 권리를 침해하기 위해, 일부는 정치적 특권을 이용해 성공하도록, 나머지는 능력을 통해서도 성공할 수 없도록 하기 위해 권력을 휘두르고 있다. 지속적인 경제 발전 덕분에 우리는 그 어느 때보다도 많은 기회를 누리고 있지만, 동시에 정치적 평등과 경제적 자유라는 경제 발전의 기반은 갈수록 위협받고 있다.

결국 아메리칸 드림 정신은 하나의 간단한 공식으로 요약될 수 있다.

능력과 노력 + 자유 = 기회

아메리칸 드림이 오늘날 처한 상황을 평가하고, 그 꿈을 완전히 실현하기 위해서는 우선 오로지 우리 스스로의 능력으로 성공할 수 있는 자유를 정부가 어떻게 조금씩 빼앗아가고 있는지를 알아야 할 필요가 있다. 이것에 대해서는 제3부에서 알아볼 것이다.

주석

1 코리 엠버슨과 릭 린드스트롬, 『자유의 추구: 미국의 새로운 자유의 눈을 통해』, 162 쪽(Cory Emberson and Rick Lindstrom, *Pursuing Liberty: America through the Eyes of the Newly Free*(Livermore, CA: Founders Editions, 2012), p. 162.

2 요아니 산체스, "공산주의 쿠바의 자유와 교환", 케이토 연구소, 2010년 6월 16일(Yoani Sánchez, "Freedom and Exchange in Communist Cuba," *Cato Institute*, June 16, 2010, http://object.cato.org/sites/cato.org/files/pubs/pdf/dbp5.pdf).

3 엠버슨과 린드스트롬, "자유의 추구: 미국의 새로운 자유의 눈을 통해", 165, 167, 175 쪽(Emberson and Lindstrom, *Pursuing Liberty: America through the Eyes of the Newly Free*, pp. 165, 167, 175).

4 피터 슈워츠에서 인용된, "쿠바의 보트피플, 사회주의, 이중잣대", 1980년 5월 15일 (Quoted in Peter Schwartz, "Cuba's Boat People, Socialism, and Double Standards," *The Intellectual Activist*, Volume 1, Number 14, May 15, 1980).

5 산체스, "공산주의 쿠바의 자유와 교환"(Sánchez, "Freedom and Exchange in Communist Cuba").

6 마이클 J. 토튼 인용, "최후의 공산주의 도시", 시티 저널, 2014년 봄(Quoted in Michael J. Totten, "The Last Communist City," *City Journal*, Spring 2014, http://www.city-journal.org/2014/24_2_havana.html).

7 토튼, "최후의 공산주의 도시"(Totten, "The Last Communist City").

8 산체스, "공산주의 쿠바의 자유와 교환"(Sánchez, "Freedom and Exchange in Communist Cuba").

9 프랜시스 로블레스, "리키 보트에서 쿠바 이주민들은 다시 미국으로 도피한다", 뉴욕 타임즈, 2014년 10월 9일(Frances Robles, "In Rickety Boats, Cuban Migrants Again Flee to U.S.," *New York Times*, October 9, 2014, http://www.nytimes.com/2014/10/10/us/sharp-rise-in-cuban-migration-stirs-worries-of-a-mass-exodus.html).

10 엠버슨과 린드스트롬, 『자유의 추구: 미국의 새로운 자유의 눈을 통해』, 178쪽(Emberson and Lindstrom, Pursuing Liberty: America through the Eyes of the Newly Free, p. 178).

11 위의 책.

12 아인 랜드, 『"인종차별주의』, 재발행됨, 『이기주의의 미덕』(뉴욕: 시그넷, 1964년 100 주년 기념판), 149쪽(Ayn Rand, "Racism," reprinted in Ayn Rand, *The Virtue of Selfishness*(New York: Signet, 1964 Centennial edition) p. 149).

13 아인 랜드, 『인간의 권리』, 재발행됨, 이기주의의 미덕(뉴욕: 시그넷, 1964년 100주년 기념판), 108~109쪽(Ayn Rand, "Man's Rights," reprinted in Ayn Rand, *The Virtue of Selfishness*(New York: Signet, 1964 Centennial edition), pp. 108~109).

14 위의 책, pp. 109~110.

15 아인 랜드, 『내일을 향한 유일한 길』, 다음에 실림. 피터 슈워츠 재발행, 아인 랜드 칼럼, 114쪽(Ayn Rand, "The Only Path to Tomorrow," reprinted in Peter Schwartz(ed.),

The Ayn Rand Column(Irvine, C.A.: Ayn Rand Institute Press, 1998), p. 114).

16 다이애나 세이버린, "크리스 맥캔들리스 집착 문제", 2013년 12월 18일(Diana Saverin, "The Chris McCandless Obsession Problem," *Outside*, December 18, 2013, http://www.outsideonline.com/outdoor−adventure/Death−of−an−Innocent.html). 이 사례를 지적해 준 웨슬리 켐프Wesley Kemp에게 감사드린다(Thanks to Wesley Kemp for bringing this example to our attention).

17 PBS 다큐멘터리 '얼간이의 승리' 인터뷰: 우연한 제국의 출현(Interview in the PBS documentary Triumph of the Nerds: The Rise of Accidental Empires(1996)).

18 스티브 잡스, "'사랑하는 것을 찾아야 한다'고 잡스는 말한다", 스탠포드 리포트, 2005년 6월 14일(Steve Jobs, "'You've Got to Find What You Love,' Jobs Says," *Stanford Report*, June 14, 2005, http://news.stanford.edu/news/2005/june15/jobs−061505.html).

19 R.J. 에스코우, "부자들이 너무 많은 돈을 가지고 있다는 8가지 신호", Salon.com, 2013년 8월 12일(R.J. Eskow, "8 Signs the Rich Have Way Too Much Money," Salon.com, August 12, 2013, http://www.salon.com/2013/08/12/8_signs_the_rich_have_way_too_much_money_partner/).

20 아인 랜드, "객관주의 윤리", 다음에 실림. 이기주의의 미덕(뉴욕: 시그넷, 1964년 100주년 기념판), 34~35쪽(Ayn Rand, "The Objectivist Ethics," reprinted in Ayn Rand, *The Virtue of Selfishness*(New York: Signet, 1964 Centennial edition), pp. 34~35).

21 해리 빈스왕거, '달러 와 총', 데비 게이트와 리처드 E. 랄스턴 편집, 기업인들에게 철학이 필요한 이유(뉴욕: 뉴 아메리칸 라이브러리, 2011), 270쪽(Harry Binswanger, "The Dollar and the Gun," in Debi Ghate and Richard E. Ralston(ed.), Why Businessmen Need Philosophy(New York: New American Library, 2011), p. 270).

22 조지 라이스만, 『자본주의』(오타와, I.L.: 제임스on, 1998), 331쪽(George Reisman, Capitalism(Ottawa, I.L.: Jameson, 1998), p. 331).

23 레슬리 T 장, "중국 노동자들의 목소리", 테드, 2012년 9월(Leslie T. Chang, "The Voices of China's Workers," TED, September 2012, https://www.ted.com/talks/leslie_t_chang_the_voices_of_china_s_workers/transcript?language=en).

24 벤자민 파월, 『"노동착취를 방어하기 위해"』, 경제자유 도서관, 2008년 6월 2일(Benjamin Powell, "In Defense of 'Sweatshops,'" Library of Economics and Liberty, June 2, 2008, http://www.econlib.org/library/Columns/y2008/Powellsweatshops.html).

25 파월, "노동착취를 방어하기 위해"(Powell, "In Defense of 'Sweatshops'").

26 파월, "노동착취를 방어하기 위해"(Powell, "In Defense of 'Sweatshops'").

27 리처드 테들로, 『자이언츠 오브 엔터프라이즈』(뉴욕: 콜린스, 2003), 19~33쪽(Richard Tedlow, Giants of Enterprise(New York: Collins, 2003), pp. 19~33).

28 다음에 인용됨. 존 워드, "폴 라이언, 1850년 아일랜드 정부 포스터에서 이민개혁을 위한 사례를 낭독", 허핑턴 포스트, 2013년 6월 12일(Quoted in Jon Ward, "Paul Ryan Reads from 1850 Irish Government Poster to Make Case for Immigration Reform," *Huffington Post*, June 12, 2013, http://www.huffingtonpost.com/2013/06/12/paul−ryan−poster−irish−im_n_3428852.html).

29 프랭클린 D 루스벨트, "조지아 애틀랜타에서 연설", 프랭클린 D 루스벨트의 업적, 1935년 11월 29일(Franklin D. Roosevelt, "Address at Atlanta, Georgia," *Works of Franklin D. Roosevelt*, November 29, 1935, https://www.presidency.ucsb.edu/documents/address-atlanta-georgia).

30 딘 알판지, "존경을 담아 인용함: 인용 사전. 1989", Bartleby.com(Dean Alfange, "Respectfully Quoted: A Dictionary of Quotations. 1989," Bartleby.com, http://www.bartleby.com/73/71.html).

31 우리는 카슨의 생각, 특히 그의 종교적 관점과 생각을 달리하는 경우가 많지만, 그렇다고 외과의사로서의 그의 업적을 무시하지는 않는다.

32 벤 카슨과 세실 머피, 『타고난 재능: 벤 카슨 이야기』, 37쪽(Ben Carson with Cecil Murphey, *Gifted Hands: The Ben Carson Story*(Grand Rapids, MI: Zondervan, 1990), p. 37).

33 위의 책, pp. 63~64.

34 위의 책, p. 103.

35 위의 책, p. 106.

36 위의 책, p. 117.

37 마이크 로우, 스티븐 사마니에고와의 인터뷰에서, "더러운 일자리 정리", CNNMoney.com, 2011년 5월 18일(Mike Rowe in interview with Stephen Samaniego, "Cleaning Up 'Dirty Jobs,'" CNNMoney.com, May 18, 2011, http://money.cnn.com/2011/05/18/news/economy/mike_rowe_dirty_jobs/).

38 엠마 울리, "배관공은 얼마나 버나?", 커리어 베어, 2012년 4월 17일(Emma Woolley, "How Much Do Plumbers Make?" Career Bear, April 17, 2012, http://careerbear.com/plumber/article/how-much-do-plumbers-make).

39 캐서린 S. 뉴먼, Russ Roberts의 인터뷰, "저임금 노동자에 대하여", EconTalk, 2010년 3월 8일(Katherine S. Newman, Interview by Russ Roberts, "Newman on Low-wage Workers," EconTalk, March 8, 2010, http://www.econtalk.org/archives/2010/03/newman_on_low-w.html).

40 아직까지 번역되지 않은 도서로서, 제목은 역자가 의역한 가제임.

41 캐서린 S. 뉴먼, 내 게임에 수치심은 없다: 도심에서 일하는 가난한 사람들(뉴욕: 빈티지, 2000), 제5장(Katherine S. Newman, *No Shame in My Game: The Working Poor in the Inner City*(New York: Vintage, 2000), chapter 5).

42 제이슨 드팔, 아메리칸 드림(뉴욕: 펭귄, 2004), 79쪽(Jason DeParle, American Dream(New York: Penguin, 2004), p. 79).

43 아직까지 번역되지 않은 도서로서, 제목은 역자가 의역한 가제임.

44 마일즈 코윈, 『그리고 우리는 지지 않는다』, 36~7쪽(Miles Corwin, *And Still We Rise*(New York: Harper Perennial, 2001), pp. 36~7).

45 무엇 때문에 이렇게 기회를 만들어내는 가치들이 감퇴하고 있는지 설명하기는 어렵다. 빈곤 그 자체가 원인은 아니다. 오늘날에 비해 절대적, 상대적 빈곤 수준은 1960년이 훨씬 심했다. 그러나 정치사회학자 찰스 머레이(Charles Murray)를 비롯한 여러 학

자가 보여준 바대로, 당시 가장 빈곤했던 미국인들은 기회를 창출하려는 자세에서 부유층 사람들과 큰 차이를 보이지 않았다. 혼외 출산은 드물었고, 범죄율도 낮았으며, 직업 의식의 수준은 높았고, 저마다 책임감도 강했을 뿐만 아니라, 개개인의 야망은 권장되었다. 그렇다고 인종 차별의 탓을 할 수도 없다. 1960년의 인종 차별은 오늘날보다 훨씬 심했으며, 백인 빈곤 지역 역시 흑인 빈곤 지역처럼 부정적인 분위기를 유지해왔기 때문이다. 실제 원인은 복합적이겠지만, 우리는 궁극적인 원인으로 이념과(일부) 정부 정책을 꼽는다. 이에 관해서는 다음을 참조하라. 돈 왓킨스, 루스벨트 케어: 사회보장제도가 자립의 땅을 어떻게 파괴하고 있는가(Don Watkins, *RooseveltCare: How Social Security Is Sabotaging the Land of Self-Reliance*(Irvine, CA: Ayn Rand Institute Press, 2014)).

46 아직까지 번역되지 않은 도서로서, 제목은 역자가 의역한 가제임.

47 마이클 해링턴, 『다른 미국: 미국의 빈곤』, 162쪽(Michael Harrington, *The Other America: Poverty in the United States*(New York: Touchstone, 1997), p. 162).

48 스티브 라지, "UC 데이비스 경제학 교수: 아메리칸 드림은 없다", CBS 새크라멘토, 2014년 11월 26일(Steve Large, "UC Davis Economics Professor: There Is No American Dream," *CBS Sacramento*, November 26, 2014, http://sacramento.cbslocal.com/2014/11/26/uc-davis-economics-professor-there-is-no-american-dream/).

49 엘리아스 이스퀴스, "폴 라이언의 '피해자 탓'병: 그가 전형적인 끔찍한 합의를 묘사하는 방법", Salon.com, 2014년 7월 26일(Elias Isquith, "Paul Ryan's 'Blame the Victim' Disease: How He Epitomizes a Horrible New Consensus," Salon.com, July 26, 2014, http://www.salon.com/2014/07/26/paul_ryans_blame_the_victim_disease_how_he_epitomizes_a_horrible_new_consensus/).

50 돈 왓킨스Don Watkins와의 인터뷰 중, 2015년 5월.

51 뉴먼, 『내 게임에 수치심은 없다: 도심에서 일하는 가난한 사람들』(Newman, *No Shame in My Game: The Working Poor in the Inner City*, chapter 4).

52 리암 머피와 토마스 나겔, 『소유권에 대한 믿음』(뉴욕: 옥스퍼드 대학 출판부, 2002), 120쪽(Liam Murphy and Thomas Nagel, *The Myth of Ownership*(New York: Oxford University Press, 2002), p. 120).

53 리처드 윌킨슨과 케이트 피켓, 『평등이 답이다: 왜 평등한 사회는 늘 바람직한가?』(뉴욕: Bloomsbury Press, 2009), 157쪽(Richard Wilkinson and Kate Pickett, *The Spirit Level*(New York: Bloomsbury Press, 2009), p. 157).

54 다음에서 인용됨. 조 겔로네시, "사랑하는 가족을 갖는 것이 불공평한 이점인가?", ABC.com, 2015년 5월 1일(Quoted in Joe Gelonesi, "Is Having a Loving Family an Unfair Advantage?" ABC.com, May 1, 2015, http://www.abc.net.au/radionational/programs/philosopherszone/new-family-values/6437058).

55 엠버슨과 린드스트롬, 『자유의 추구: 미국의 새로운 자유의 눈을 통해』, 178쪽(Emberson and Lindstrom, *Pursuing Liberty: America through the Eyes of the Newly Free*, p. 178).

56 조지프 스티글리츠, "기회균등, 우리의 국가적 신화", 뉴욕 타임즈, 2013년 2월 16일

(Joseph E. Stiglitz, "Equal Opportunity, Our National Myth," *New York Times Opinionator*, February 16, 2013, http://opinionator.blogs.nytimes.com/2013/02/16/equal-opportunity-our-national-myth/).

57 폴 크루그먼, 『자유주의자의 양심』, 249쪽(Paul Krugman, *The Conscience of a Liberal*(New York: W.W. Norton & Company, 2009), p. 249).

58 "출생시 기대수명"("Life Expectancy at Birth," HumanProgress.org, https://www.humanprogress.org/dataset/life-expectancy-at-birth/).

59 "유아 사망률"("Infant Mortality Rate," HumanProgress.org, https://www.humanprogress.org/dataset/infant-mortality-rate/).

60 "미국 밀 수확량"("U.S. Wheat Yields," HumanProgress.org, https://www.cato.org/blog/hunger-college-campuses-not-really).

61 "가처분소득으로 본 미국 생활필수재 지출"("U.S. Spending on the Basics as a Share of Disposable Personal Income," HumanProgress .org, https://www.humanprogress.org/dataset/u-s-spending-on-the-basics-as-a-share-of-disposable-personal-income/).

62 지나 스미스와 스티브 워즈니악, 스티브 워즈니악(iWoz), 12~13쪽(Steve Wozniak with Gina Smith, *iWoz: Computer Geek to Cult Icon*(New York: Norton, 2006), pp. 12~13).

63 위의 책, p. 18.

64 위의 책, pp. 54~55

65 위의 책, pp. 155~56.

66 "국가 발명가 명예의 전당", 오하이오 역사센터("National Inventors Hall of Fame," Ohio History Central, http://www.ohiohistorycentral.org/w/National_Inventors_Hall_of_Fame?rec=1727).

67 다음에서 인용됨. 숀 로스먼, "애플의 'The Woz'는 일자리, 기업가정신을 말한다", 탈라하시 민주당, 2014년 11월 6일(Quoted in Sean Rossman, "Apple's 'The Woz' Talks Jobs, Entrepreneurship," *Tallahassee Democrat*, November 6, 2014, http://www.tallahassee.com/story/news/local/2014/11/05/apples-woz-talks-jobs-entrepreneurship/18561425/).

68 다음에서 인용됨. 알렉 호그, "애플의 스티브 워즈니악은 직장에서 새로운 사업을 시작하고, 세상을 바꾸고, 항상 만족하지 말고 끊임없이 새로운 것을 배우라 말한다", BizNews.com, February 17, 2014(Quoted in Alec Hogg, "Apple's 'Other' Steve—Wozniak on Jobs, Starting a Business, Changing the World, and Staying Hungry, Staying Foolish," BizNews.com, February 17, 2014, http://www.biznews.com/video/2014/02/17/apples-other-steve-wozniak-on-jobs-starting-a-business-changing-the-world/).

69 월터 아이작슨, 『스티브 잡스』(뉴욕: 사이먼 & 슈스터, 2011), 295쪽(Walter Isaacson, Steve Jobs(New York: Simon & Schuster, 2011), p. 295).

70 위의 책, pp. 308, 318.

71 위의 책, p. 317.

72 위의 책, p. 337.

73 위의 책, pp. 318~19.

74 위의 책, p. 329.

75 윌리엄 번스타인, 『풍요의 탄생』, 125쪽(William J. Bernstein, *The Birth of Plenty*(New York: McGraw-Hill, 2004), p. 125).

76 아이작슨, 스티브 잡스, 76~77쪽(Isaacson, *Steve Jobs*, pp. 76~77).

77 위의 책, pp. 340~43.

78 아인 랜드, 아틀라스, 1065쪽(Ayn Rand, *Atlas Shrugged*(New York: Penguin, 1999), p. 1065).

79 데이비드 해리먼, 아인 랜드의 저널, 421쪽(David Harriman(ed.), *Journals of Ayn Rand*(New York: Plume, 1999), p. 421).

80 앵거스 디튼, 『대탈출: 건강, 부, 불평등의 기원』, 45~46쪽(Angus Deaton, *The Great Escape: Health, Wealth, and the Origins of Inequality*(Princeton, NJ: Princeton, 2013), pp. 45~46).

81 예를 들어, 다음을 참조하라. 케이티 바나토, "세계적 불평등의 엄청난 증가: OECD", 2014년 10월 1일(Katy Barnato, "'Enormous Increase' in Global Inequality: OECD," CNBC.com, October 1, 2014, http://www.cnbc.com/id/102048998).

82 네이선 로젠버그와 버즈젤 주니어, 『서구가 부자가 된 방법』, 51쪽(Nathan Rosenberg and L. E. Birdzell, Jr., *How the West Grew Rich*(New York: Basic, 1986), p. 51).

83 알제논 시드니, 정부에 관한 강연(Algernon Sidney, *Discourses Concerning Government*), 3.33. 로크에 버금가는 수준으로 미국의 국부들에게 지대한 영향을 준 시드니는 정치적 자유를 위해 싸우다 1683년에 처형당한다.

84 디튼, 『대탈출: 건강, 부, 불평등의 기원』, 84쪽(Deaton, *The Great Escape: Health, Wealth, and the Origins of Inequality*, p. 84).

85 로젠버그와 버드젤 주니어, 『서구가 부자가 된 방법』, 22쪽(Rosenberg and Birdzell, Jr., *How the West Grew Rich*, p. 22).

86 디어드리 맥클로스키, 『부르주아의 품격』, 397쪽(Deirdre N. McCloskey, *Bourgeois Dignity*(Chicago: University of Chicago Press, 2010), p. 397).

87 토마스 제퍼슨, "첫번째 취임사", 1801년 3월 4일(Thomas Jefferson, "First Inaugural Address," March 4, 1801, http://avalon.law.yale.edu/19th_century/jefinau1.asp).

88 다음에서 인용됨. 찰스 모리스, 『재계의 거물』(Charles R. Morris, *The Tycoons*(New York: Owl, 2005), p. 39).

89 앨런 트래치텐버그, 『미국의 기업』, 41쪽(Alan Trachtenberg, *The Incorporation of America*(New York: Hill and Wang, 2007), p. 41).

90 "100주년 전시회 관광: 기계관"("Centennial Exhibition Tours: Machinery Hall," https://libwww.freelibrary.org/digital/feature/centennial/tours).

91 기업의 형태가 어떻게 발달했는지에 관해서는 다음을 참조하라. 로젠버그와 버드젤 주니어, 서구가 부자가 된 방법 189~210쪽(Rosenberg and Birdzell, Jr., *How the West Grew Rich*, pp. 189~210). 기업이 왜 "국가의 산물"이 아닌, 경제적 자유의 산물인지에 관해서는 다음을 참조하라. 로버트 헤센, 회사의 방어(Robert Hessen, *In Defense of the Corporation*(Stanford, CA: Hoover Institution Press, 1979)).

92 로젠버그와 버드젤 주니어, 서구가 부자가 된 방법, 213쪽(Rosenberg and Birdzell, Jr.,

How the West Grew Rich, p. 213).

93 버튼 폴섬 주니어, 귀족 강도의 신화, 67쪽(Burton W. Folsom, Jr., *The Myth of the Rob-ber Barons*(Herndon, VA: Young America's Foundation, 2003), p. 67)

94 리처드 테드로우, 『대기업』, 164쪽(Richard S. Tedlow, *Giants of Enterprise*(New York: HarperCollins, 2001), p. 164).

95 다음에서 인용됨. 모리스, 『재계의 거물』, 56쪽(Morris, *The Tycoons*, p. 56).

96 조나단 휴즈, 『필수적 몇 가지』, 560쪽(Jonathan Hughes, *The Vital Few*(New York: Ox-ford University Press, 1986), p. 560).

97 앨런, 크루거와 요른 스테판 피슈케, 『동독과 서독의 노동시장 비교분석: 통일 전후로』(Alan B. Krueger and Jorn-Steffen Pischke, "A Comparative Analysis of East and West German Labor Markets: Before and after Unification," NBER Working Paper No. 4154, 1992년 8월, http://www.nber.org/papers/w4154).

98 위의 논문.

99 노먼 겔브, 『베를린 장벽』, 51, 53쪽(Norman Gelb, *The Berlin Wall*(New York: Simon & Schuster, 1988) p. 51, 53).

100 "동독: 그들은 희망을 버렸다"("East Germany: They Have Given Up Hope," *Time*, 1963년 12월 6일, http://content.time.com/time/subscriber/article/0,33009,898090,00. html).

101 줄리안 사이먼, 『궁극의 자원2』, 498쪽(Julian L. Simon, *The Ultimate Resource 2*(Prince-ton, NJ: Princeton University Press, 1996), p. 498).

102 페르디난드 프로츠만, 동독 경제가 예상보다 훨씬 나쁘다"(Ferdinand Protzman, "East Germany's Economy Far Sicker than Expected," *New York Times*, September 20, 1990, http://www.nytimes.com/1990/09/20/business/east-germany-s-economy-far-sick-er-than-expected.html).

103 토마 피케티와 러셀 로버츠의 인터뷰, "21세기 불평등과 자본에 대한 피케티의 생각"(Thomas Piketty interview with Russell Roberts, "Thomas Piketty on Inequality and Capital in theTwenty-First Century," *EconTalk*, September 22, 2014, http://www.econ-talk.org/archives/2014/09/thomas_piketty.html).

104 예를 들어, 다음을 참조하라. 존 코크레인, "우리는 불평등에 대해 왜 그리고 어떻게 관심을 갖는가"(John Cochrane, "Why and How We Care About Inequality," *The Grumpy Economist*, September 29, 2014, http://johnhcochrane.blogspot.com/2014/09/why-and-how-we-care-about-inequality.html), 그리고 아인 랜드, "평등주의와 인플레이션"(Ayn Rand, "Egalitarianism and Inflation,") 다음에 실림. 아인 랜드, 『철학: 누가 필요로 하는가』(Ayn Rand, *Philosophy: Who Needs It*(New York: Signet, 1984)).

105 킵 하고피안과 리 오하니안, "불평등의 잘못된 측정"(Kip Hagopian and Lee Ohanian, "The Mismeasure of Inequality," *Policy Review*, August 1, 2012, http://www.hoover.org/research/mismeasure-inequality).

106 앤드류 버그와 조나단 오스트리, "평등과 효율"(Andrew G. Berg and Jonathan D. Os-try, "Equality and Efficiency," *Finance & Development*, September, 2011, http://www.imf.

org/external/pubs/ft/fandd/2011/09/berg.htm).

107 조지아 레벤슨 코헤인, "미국의 불평등: 매독과 진보"(Georgia Levenson Keohane, "Inequality in America: Pox and Progress," *Next New Deal*, September 28, 2011, https://web.archive.org/web/20150906150304/http://www.nextnewdeal.net/inequality-america-pox-and-progress).

108 스콧 윈쉽, "불평등은 번영을 감소시키지 않는다"(Scott Winship, "Inequality Does Not Reduce Prosperity," *e21 Report*, October, 2014, http://www.manhattan-institute.org/pdf/e21_01.pdf).

109 폴 크루그먼, "불평등과 경제적 성과"(Paul Krugman, "Inequality and Economic Performance," *The Conscience of a Liberal*(blog), *New York Times*, December 2, 2014, https://krugman.blogs.nytimes.com/2014/12/02/inequality-and-economic-performance/).

110 자레드 번스타인, "불평등이 성장에 미치는 영향"(Jared Bernstein, "The Impact of Inequality on Growth," *Center for American Progress*, December, 2013, https://www.americanprogress.org/wp-content/uploads/2013/12/BersteinInequality.pdf).

111 카일 스미스, "미안해 리버럴들, 스칸디나비아 국가들은 유토피아가 아니야"(Kyle Smith, "Sorry, Liberals, Scandinavian Countries Aren't Utopias," *New York Post*, January 11, 2015, http://nypost.com/2015/01/11/sorry-liberals-scandinavian-countries-arent-utopias/).

112 칼 스반버그, "스웨덴은 어때?"(Carl Svanberg. "What about Sweden?" Lecture, Objectivist Summer Conference, Chicago, July 6-8, 2013.

113 위의 강연.

114 위의 강연.

115 에릭 노르만과 찰스 멕루어 주니어, "스웨덴의 조세정책"(Erik Norrman and Charles E. McLure Jr., "Tax Policy in Sweden," *National Bureau of Economic Research*, January, 1997, http://www.nber.org/chapters/c6521.pdf).

116 스반버그, "스웨덴은 어때?"(Svanberg. "What about Sweden?") 다음도 참조하라. 다니엘 미첼, "미국은 북유럽 모델로부터 무엇을 배울 수 있나?"(Daniel J. Mitchell, "What Can the United States Learn from the Nordic Model?" *Policy Analysis*, November 5, 2007, http://object.cato.org/sites/cato.org/files/pubs/pdf/pa-603.pdf).

117 토마 피케티, 『21세기 자본』, 247~49쪽(Thomas Piketty, *Capital in the Twenty-First Century*(Cambridge, MA: Belknap, 2014), pp. 247~249).

118 조니 문카마르, "스웨덴 모델: 자유 시장 개혁이야, 멍청아!"(Johnny Munkhammar, "The Swedish Model: It's the Free-Market Reforms, Stupid!" *Wall Street Journal*, January 26, 2011, http://www.wsj.com/articles/SB10001424052748704698004576104023432243468).

119 피케티, 『21세기 자본』, 246쪽(Piketty, *Capital in the Twenty-First Century*, p. 246).

| 제3부 |

기회의 배신

제1장 기회와의 전쟁

1. 사회이동성은 허구인가?

불평등 비판론자들에 따르면 아메리칸 드림은 허구로 판명났다고 한다. 조지프 스티글리츠의 글에 의하면, "미국은 한때 기회의 땅으로 알려졌었다. 하지만 오늘날 미국의 어린이들에게 주어지는 인생 기회life chances는 대부분 부모의 소득 수준에 달려 있고, 이러한 경향은 유럽은 물론, 데이터가 존재하는 전 세계 선진국 그 어느 곳보다 미국에서 더 두드러진다."[1]

오바마의 말에 따르면, "미국은 가진 것 없이 태어나더라도 조금만 열심히 일하면 삶의 여건을 개선할 수 있고, 자식들에게 물려줄 무엇인가는 일궈낼 수 있는 곳이라고 확신했었다. … 하지만 불평등의 심화와 함께 최근 사회적 상향 이동이 줄어드는 문제점을 우리 모두가 목격하고 있다."[2]

이 이야기는 당신 인생에서의 성공이 결국 당신의 손에 달려 있지 않다는 말이다. 만일 당신이 부자로 태어났다면 아마 평생을 부자로 살 것이다. 반면, 만약 당신이 가난한 집에서 태어났다면 아마도 평생을 가난하게 지낼 것이다. 불평등이 심각한 나라에서 자신의 미래를 바꾸어나갈 방도는 사실상 없다.

폴 크루그먼은 이에 관해 다음과 같이 적었다.

"우리는 그 누구라도 의지를 갖고 노력하면 성공할 수 있다고 믿지만, 실상은 그렇지 않다. … 오늘날의 미국에서는 계급, 다시 말해 상속된 지위가 종종 재능을 압도한다."[3]

이와 같은 비참한 현실이 과연 사실일까? 그리고 만약 사실이라면, 어떻게 이를 해결할 수 있을까? 기회가 사라졌다는 이러한 주장의 대부분은 사회이동성 통계에 그 기반을 둔다. 불평등 비판론자들은 보통 기회와 사회이동성의 개념을 엮어서 설명한다. 그런데 두 개념은 연관되어 있기는 하지만 결코 같지는 않다. 앞에서 다뤘듯, 기회란 성공과 행복의 달성을 수월하게 해주는 환경들이다. 이동성mobility은 이보다 더 좁은 개념으로서, 초라한 출발선에서부터 최대한의 성공에까지 이르도록 해주는 한 개인의 능력을 의미한다. 그런데 현재의 사회이동성 통계는 이것을 측정조차 하지 않는다.

사실 사회이동성은 중요한 문제다. 이는 정치적 평등의 결과로서, 세계 각지로부터 혁신가들이 유입될 수 있도록 해주기 때문이다. 트루슬로 애덤스Truslow Adams는 '아메리칸 드림'의 개념을 소개한 자신의 저서에서, 19세기 미국에 '광범위한 낙관주의'가 일어날 수 있었던 것은 "그 어떠한 종류의 계급제도 없었던 덕분이었다. … 유럽과 달리 미국은, 최소한 이론상으로는 누구에게나 밑바닥에서 일어설 기회가 주어지는 땅이었다"라고 적었다. 또한 "미국의 격동기였던 1830~1840년대에 이민자들과 그들의 후손 모두는 '이 시기가 지나면 자신들에게 행운이 돌아올 것을 직감'했으며, 내국인이든 외국인이든, 부유하건 가난하건, 배웠든 못 배웠든 출신은 전혀 중요하지 않은, 모두에게 자유로운 일종의 달리기 대회와 같은 상황이었다. 그에 따라 생산된 상품賞品은 이전 세대, 혹은 유럽의 부호들도 상상하기 힘들었을 정도로 대단한 것"이라고 썼다.[4]

이와 비슷하게, 사회적 이동이 활발한 사회의 역동성이란, 자신이 어떤 지위에서 시작했든 지금까지의 성취에 안주하면 결국 실패로 이어진다는 것을 의미하기도 한다. 20세기에 접어들며 유명해진 말이 바로 '부자는 3대를 넘기기 힘들다'라는 것이다. 한 혁신가가 부를 쌓아 자신의 자녀에게 넘기더라도, 그 자녀는 부모의 업적만큼 달성하지 못하거나 그럴 의지조차 없을 수 있다. 따라서 그렇게 모은 부가 3대째로 넘어갈 때쯤에는 모조리 사라져버릴지도 모른다는 얘기다. 사회이동성은 결국 자유 사회가 가지는 활력의 부산물이다. 장기적으로 성공하는 유일한 방법은 지속적으로 능력을 발휘하는 것 이외에는 없다.

오늘날 미국에서 사회이동성은 여전히 존재할까? 현실적으로 이를 측정하기란 쉽지 않고, 불평등 비판론자들이나 거의 모든 이가 택하는 설명법은 문제를 분명하게 지적하기보다는 되려 혼란만을 가중시키고 있다.

연구자들이 이동성을 측정하는 방법으로는 크게 두 가지가 있다. 리처드 윌킨슨과 케이트 피킷이 자신들의 저서 『평등이 답이다』에서 설명하듯, "사람들은 일생 동안 위로 혹은 아래로 이동(세대 내 이동성)하거나 자식이 부모에 비해 상향 혹은 하향(세대 간 이동성)할 수 있다." 여기서 저자들이 "부모에 비해 상향 혹은 하향한다"라고 할 때, 윌킨슨과 피킷은 부모보다 자녀들이 단순히 돈을 더 버느냐의 문제, 일명 절대적 이동성을 말한 것이 아니라는 데 주목하자. 절대적 이동성을 따지자면, 오늘날 미국인의 절대 다수는 지금 자신의 나이 때 부모의 가계 실질소득에 비해 훨씬 높은 실질소득을 올리며 살고 있다.[5] 그러므로 그들이 다루는 것은 상대적 이동성이다. 즉, 같은 시대 사람들과 비교한 누군가의 상대적 소득 수준이 그의 부모가 기록한 상대적 소득 수준보다 높아졌는가 고려해봐야 한다.

"부모의 소득과 자녀의 소득 간의 상관 관계가 높게 나온다면, 그것은 부유한 부모 밑의 자녀들 역시 부유한 경향이 있음을 의미한다. 반면 가난한 부모에게는 평생 가난하게 지내는 자녀가 있음을 의미한다."[6]

이 접근법의 문제는 이동성 통계가 정작 이동성을 측정하지 못한다는 데 있다. 더 자세하게 설명하자면, 성공할 수 있는 자를 측정하기보다는 성공한 자만을 측정한다는 것이다. 이는 오바마가 '조금만 열심히 일하면 삶의 여건을 개선할 수 있는지'에 관한 문제 제기에는 어떠한 대답도 해주지 못한다. 왜냐하면 이 이동성 통계는 열심히 일하는 자와 그렇지 않은 자, 다양한 이유로 발전하지 못하는 자들을 뭉뚱그려 설명하기 때문이다. 경제학자 토머스 소웰이 고찰한 바와 같이,

사회적 이동성, 즉 상향으로 이동할 기회는 단순히 얼마나 많은 이동이 발생했는가만을 가지고는 측정할 수 없다. 기회는 경제력 상승의 다양한 요인 중 하나에 불과하다. 한 개인이나 집단이 존재하는 기회를 얼마나 잘 활용하느냐는 건 별개의 문제다. 성공하지 못하는 이유가 사회적 장벽 때문이라고 암묵적으로, 그리고 자의적으로 가정하는 경우에만 미국 사회에서는 상향 이동의 기회가 사라졌다고 이야기할 수 있다.[7]

이동성 통계는 성공을 위해 노력하지 않는 자와 성공하지 못하는 자를 구분하지 않기 때문에 질적으로 이동성이 얼마나 우수한지 측정하는 데도 효과적이지 못하다. 미국 재무부에서 발간한 미국 내 이동성 통계 추산치를 보면 이것이 잘 드러난다. 2007년 보고서에 따르면, 가계의 소득을 5분위로 나누었을 때, 1996~2005년 사이에 하위 50% 가계들은 적어도 1분위

표3-1 1996~2005년 소득 이동성					
1996년 각 소득 분위에서 2005년 다른 소득 분위로 이동한 비율(미 재무부 자료)					
	(2005) 1분위	2분위	3분위	4분위	5분위
1분위(1996)	42.4	28.6	13.9	9.9	5.3
2분위	17.0	33.3	26.7	15.1	7.9
3분위	7.1	17.5	33.3	29.6	12.5
4분위	4.1	7.3	18.3	40.2	30.2
5분위	2.6	3.2	7.1	17.8	69.4

씩 개선되었으며, 중위층 가계의 약 75%는 중위층을 유지하거나 등급이 개선되었다고 한다.[8]

이것이 바람직한 수준의 움직임일지 아닐지를 쉽사리 판단하기란 불가능하다. 어떤 이의 시작점과 마지막 결과 사이에 어떠한 관계가 존재한다고 해서 사회 이동에 장애물이 존재한다는 건 사실이 아니다. 한 사회의 구성원 모두에게 성공할 능력이 존재한다고 하더라도, 부모가 더 많은 교육을 받았거나, 더 부유하거나, 혹은 자녀에게 더 많은 신경을 쏟는다면, 그 자녀는 일반적으로 성공하기 더 수월할 것이다. 자녀들에게 이 같은 기회를 제공하기 위해 부모들은 열심히 돈을 번다. 문제는 능력의 측면에서 성공에 방해되는 장애물들이 있느냐는 것인데, 사회이동성 통계는 그에 대한 대답을 해주지 못한다.

이를 염두에 두고, 불평등 비판론자들이 이런 통계들을 이용하여 아래에 있는 이들을 밀어올리고 위에 있는 이들을 끌어내리려는 자신들의 어젠다를 어떻게 뒷받침하는지 보자. 사회 이동 통계들을 인용하며 그들은 두 가지를 전제한다. (1) 미국 사회 내에서 불평등이 심화됨에 따라 사회이동성 역시 감퇴하였으며, (2) 불평등의 정도가 덜한 국가들에 비해 미국 내 사회이동성은 낮은 수준이라는 것이다. 이를 종합해보면, 불평등에 맞서 싸운다는 정책들, 다시 말해 '부자들'에 대한 높은 세율과 수많은 복지, 그리고 국가의 규제들이 사회이동성도 개선한다고 그들은 주장한다.

이러한 주장들이 사실이라고 치자. 그렇다고 해도 누군가의 성취물을 빼앗아 다른 사람들에게 나누어줌으로써 더 많은 이동을 창출해내는 일이 결코 정의롭다고는 할 수 없다. 이는 아무런 가치가 없는 이동인 것이다. 우리가 관심을 가져야 할 것은 개인들이 능력에 따라 성공할 수 있는가의 여부이다.

그런데 불평등 비판론자들이 주장하는 사회이동성 증대 정책들의 대부분은 실제로 능력에 따라 성공하는 것을 더욱 힘들게 만든다. 이들이 지지하는 높은 세율과 규제는 기존의 기업들에게 유리한 환경을 만든다. 부를 쌓기 위해서는 높은 이익률을 기록함과 동시에 그 이익의 대부분을 기업에 지속적으로 투자해야 한다. 하지만 세금 부담이 가중될수록 이러한 과정은 더 힘들어진다. 소액 투자가 장기간에 걸친 복리를 통해 큰 수익으로 변신할 수 있는 것처럼, 비교적 작은 세 부담도 장기간 복리를 거치면 어마어마한 손실로 다가오게 된다.

기업으로부터 떼어간 수백만 달러의 세금은 단순히 현재 수백만 달러의 비용만을 발생시키는 것에서 그치지 않고, 그것을 재투자함으로써 창출해낼 수 있었던 수많은 수익까지 가져가버리는 꼴인 것이다. 여기에, 규제 또한 기업에 무거운 부담을 준다. 기존의 기업들이야 변호인단을 써서 쉽게 맞추어 나가겠지만, 스타트업들의 경우에는 규제에 직격탄을 맞을 가능성이 있다. 이뿐만이 아니다. 불평등 및 사회이동성에 관한 비판론자들의 주장은 그들이 제시하는 중산층 정체 현상에 관한 통계 자료만큼이나 신뢰할 수 없는 것으로 드러났다.

첫 번째 문제점은, 불평등 비판론자인 티모시 노아가 인정하는 바와 같이, "미국 내 이동성이 정점을 찍었던 때는, 기존의 농경 사회에서 산업혁명의 도래에 따라 창조적 파괴가 극에 달하던 19세기 후반과 20세기 초였다"라는 점이다. 노아는 또한 "전후戰後 시기의 이동성은 허레이쇼 앨저Horatio Alger가 살던 시기의 노동자들이 누렸던 그것과는 비교가 되지 않는다"라고 했다.[9] 이 시기만 하더라도 복지 국가의 개념은 고사하고, 규제조차 거의 존재하지 않던 때였다. 세율은 지금으로서는 상상도 못할 정도로 낮았고, 경제적 불평등의 격차는 컸다.

불평등의 심화가 사회이동성을 약화시킨다는 주장만큼이나 문제적인 연구 결과가 기회의 평등 프로젝트Equality of Opportunity Project로부터 나왔다. 1971년 이래로 미국 내의 불평등은 감소한 적이 없음에도 불구하고 이동성은 둔화되지 않았다는 것이다(참고로, 이 연구의 저자들은 다름 아닌 유명 불평등 비판론자들로서, 토마 피케티와 종종 글을 같이 쓰는 엠마뉴엘 사에즈도 여기에 포함된다.).[10] 물론 이 연구 결과를 확정적으로 받아들여서는 안 될 것이다. 하지만 이로부터 불평등 비판론자들은 왜 사회이동성이 위축되고 있는 것으로 단정 짓고 있는가에 대한 의문이 생겨날 수밖에 없다.

이뿐만 아니라, 리처드 윌킨슨과 케이트 피킷의 『평등이 답이다』에도 적혀 있듯, "세대 간 사회이동성과 소득 불평등 사이의 상관 관계는 아주 강하다. … 소득 불평등이 큰 국가들은 훨씬 낮은 사회이동성을 보이는 경향이 존재한다"라는 주장에도 의문을 제기할 수밖에 없다.[11] 어떻게 보면 이 주장은 예상이 가능하고 뻔한 이야기다. 불평등이 심하지 않은 나라에서는

표3-2 세대 간 수치의 일관성

한 개인의 소득에 작은 변화만 생기더라도 상대적으로는 큰 경제적 여건의 개선으로 나타날 테니 말이다. 작가 맥스 보더스Max Borders는 이에 대해 적절한 비유를 들어 설명한다.

길이를 5등분하여 표시한 두 개의 막대기가 있다고 상상해보자. 한 막대기는 바닥에서 문고리까지 닿을 정도의 길이이고, 다른 하나는 바닥에서 천장까지 닿는다. 친구와 내가 높이뛰기 대결을 한다고 가정하자. 그런데 내 친구는 대학 농구 선수 출신이다. 만약 내가 문고리까지 닿는 막대기를 써서 내 점프를 기록한다면, 아마도 막대기의 4/5까지 기록할지도 모른다. 반면에 내 친구는 천장까지 닿는 막대기를 써서 점프 높이를 기록한다면 아마도 2/5 지점밖에 닿지 못할 거다. 그렇다고 내가 내 친구보다 더 높이 뛴다고 할 수 있을까? 당연히 아니다. 두 개의 다른 잣대를 사용한다는 의미일 뿐이다. 많은 사람이 소득과 관

련된 이동성 데이터를 설명할 때 이런 장난을 친다.[12]

불평등 비판론자들에게는 안타깝지만, 불평등이 심하지 않은 국가들이 더 높은 사회이동성을 자랑한다는 그들의 주장에는 이보다 더 많은 문제점이 존재한다. 윌킨슨과 피킷의 주장은 아마도 지금은 더 이상 맞지 않을 것이다. 그들은 2009년에 자신들의 연구 결과를 발표했는데, 최근의 다른 연구는 데이터를 보다 더 세심히 분석하였으며, 그 결과 아주 다른 결론에 도달할 수 있었다. 각 국가마다 다른 기준의 불평등 정도를 비교하는 것도 어려웠지만, 사회이동성과 관련된 초기 연구들의 가장 큰 문제점은 상향 이동성(가난했던 자녀들이 부모보다 더 잘살게 되는 능력)과 하향 이동성(부유했던 자녀가 그들의 부모에 비해 더 못살게 될 가능성)을 구분하지 않았다는 것이다.

경제적 불평등을 비판하는 자들은 종종 미국 내의 이동성 둔화를 상향 이동성의 감소와 동일시한다. 하지만 2014년 마일즈 코락Miles Corak, 오타와 대학 소속, 매튜 J. 린드퀴스트Matthew J. Lindquist, 스톡홀름대학의 SOFI 소속, 바쉬카 매줌더Bhashkar Mazumder, 시카고 연준Federal Reserve Bank of Chicago 소속의 연구에 따르면 미국 내 전체적으로 이동성이 감소한 것은 거의 전적으로 하향 이동성이 감소했기 때문이라고 한다. 비록 저자들이 자신들의 연구 결과가 최종적이라고 단정짓는 데는 조심스럽지만, 스웨덴 및 캐나다와 비교했을 때 "미국 내 상향 이동성이 약화되었다는 팽배한 믿음에도 불구하고, 실제 상향 이동성에는 큰 변화가 없었음을 알 수 있었다."[13] 이 결과만을 가지고 역시 단정지을 수는 없겠지만, 자신들의 견해를 뒷받침하는 연구만을 인용하고 반대되는 증거들은 무시하는 불평등 비판론자들의 신뢰도 여부에 대해서는 시사하는 바가 많다.[14] 이제 이동성 통계도 믿을 수 없다면, 미국 내에서의 기회 불평등 문제는 어떻게 측정할 수 있을까?

2. 성공할 수 없는 사람들

지금까지 살펴본 바와 같이 자유로운 환경에서 우리 모두는 각자의 생산 능력만큼 성공할 수 있다. 그러므로 기회와 이동성은 정부의 정책과 그것이 자유를 얼마나 억압하거나 보호하는지의 정도로 측정 가능할 것이다. 이를 통해 우리는 오늘날 실제로 기회가 위험에 처해 있고, 이런 위험에 빠뜨린 장본인은 많은 돈을 버는 성공한 자들이 아님을 알 수 있다. 오히려 우리의 성공 가도 앞에 실타래와 같이 뒤엉킨 장애물을 가로놓는 정부가 바로 그 주범이다. 그 장애물들의 사실상 불평등 비판론자들에 의해 지지를 받고 있는 실정이다.

무엇인가를 해내고자 하는 야심찬 청년들이 정부의 간섭으로 맞닥뜨려야 할 장애물들에는 어떤 것들이 있을까? 아마도 처음으로 맞닥뜨리는 장애물이자 가장 큰 난관은 바로 끔찍한 교육 시스템일 것이다. 현재로서는 정부가 교육을 사실상 독점해 수백만 명의 미국인을 형편없는, 때로는 위험한 학교에 배정하고, 부유한 이들만 이로부터 빠져나올 수 있도록 만들었다는 점을 지적하고 싶다.

고등학교까지 살아남은 학생들이 맞닥뜨리는 다음 도전은 대학이다. 무엇보다도 대학교 학자금을 마련해야 하는 것이 가장 큰 부담이다. 30년 전만 하더라도 최저 임금을 주는 일자리만 구하면 대학을 문제없이 다닐 수 있었지만, 오늘날에는 폭증하는 학비 때문에 그와 같은 방법은 사실상 불가능하다.

그러면 왜 학비가 이토록 빠르게 증가하였을까? 카토 연구소의 연구에 따르면, 학비 상승의 주요 원인 중 하나는 대학 학비를 더 저렴하게 만들기 위한 정부의 노력 때문이라고 한다. "연방 정부가 실시하는 학자금 보조 프로그램 운영의 결과 중 하나는 더 높은 대학 학비이다." 역설적으로 보이지만, 기초적인 경제 이론만으로도 충분히 예상할 수 있는 결과이다. 정부의 노력으로 학생들이 대학 진학을 위한 돈을 더 많이 모으게 되면, 대학으로서는 당연히 학비를 올릴 여력이 생기기 때문이다.

"연방 정부 대출, 펠 그랜트Pell Grant 무상 장학금 등의 모든 학자금 지원 정책은 일관되게 미국 내 대학의 학비를 올리는 결과를 가져왔다."[15]

이제 큰 빚 없이 대학을 졸업하는 경우는 매우 드물며, 이러한 비용 부담은 많은 이가 대학 진학을 고려조차 하지 못하게 만든다.

대학 진학을 포기하고, 직업 능력과 업무 경험이 부족한 청년들이 성공하기 위한 가장 확실한 방법은 어떠한 직업이든 찾아 거기서 승부를 거는 방법일 것이다. 월마트나 맥도날드와 같은 곳의 서비스직은 그다지 매력적이지는 않지만, 성공을 위한 징검다리가 되는 일자리라는 점에서 어느 정도 가치가 있다. 이는 좋은 교육을 받지 못한 이들에게도 해당된다.

최근 은퇴한 전前 CEO 돈 톰슨Don Thompson이 지적한 바와 같이, "오늘날 맥도날드 전체의 60%, 즉, 미국 내 맥도날드 지점 소유주의 60%는 아르바이트로 처음 일을 시작했다." 톰슨 본인부터 시카고의 악명 높은 카브리니-그린 주거단지Cabrini-Green housing project에서 자라면서 맥도날드의 아르바이트직으로 일했었다.[16] 물론, 미숙련 노동자가 이런 저숙련 저임금 일자리로 시작하며 얻는 능력과 경험을 통해 다른 분야의 더 나은 일자리로 나아가는 경우가 더 흔한 패턴이기는 하다.

그런데 만약 첫 직장마저 구하지 못하면 어떻게 될까? 낮은 교육 수준과 직업 능력, 업무 경험이 부족한 이가 가질 수 있는 가장 큰 경쟁 우위는 적은 돈을 받고도 일하고자 하는 의지이다. 앤드류 카네기가 교육받지 못한 젊은 이민자로 처음 미국 땅을 밟았을 때 그가 처음으로 가진 직업은 주당 1달러 남짓 주는 공장에서의 허드렛일이었다. 하지만 그 직업을 통해 그는 자신이 열심히 일하고 빠르게 배울 수 있음을 보여줄 기회를 얻었으며, 머지않아 더 나은 조건의 좋은 일자리를 잡을 수 있었다. 하지만 오늘날, 정부는 이러한 성공의 길을 최저 임금제를 통해 막아버렸다.

우리는 최저 임금제가 많은 이가 돈을 더 벌 수 있도록 해주는 방법이라고 교육받았다. 하지만 실제로 최저 임금이 하는 것은 각자가 허용할 수 있는 수준의 임금을 받고 일할 기회를 없애는 것이다. 당신을 시급 7.25달러(본서 집필 당시의 연방 최저 임금액)에 채용할 고용주를 찾지 못해도 당신은 그보다 적게 주는 일자리를 법적으로 구할 수 없다. 최저 임금제가 일부 노동자들의 임금을 올릴 수는 있겠지만, 이는 동시에 다른 이들이 일할 수 없게 만든다.

"최저 임금을 올리는 것의 효과는 무엇일까요?"

폴 크루그먼은 이에 다음과 같이 답한다.

"경제학 원론을 들은 학생이라면 다음과 같이 답할 것입니다. 높아진 임금은 노동 수요량을 낮추고, 이는 실업을 유발하게 됩니다."[17]

최저 임금제는 기업주들에게 분명한 해를 끼친다. 최근 시애틀 시가 최저 임금을 인상하자, 몇몇 식당은 높아진 임금을 부담하지 못해 곧장 문을 닫을 수밖에 없었다.[18] 하지만 가장 큰 피해자는 저숙련 노동자들이다. 정부가 최저 임금을 올리면, 높아진 임금 때문에 더 숙련된 노동자들이 이전에는 기피했던 일자리를 차지하고자 경쟁에 참여하게 된다. 시간당 7.25달러를 줄 때는 대학생들이 맥도날드에서의 아르바이트를 하려고 하지 않았겠지만, 시급 10달러의 경우에는 얘기가 달라질 것이다. 이렇게 되면, 예를 들어 남미 출신의 교육받지 못한 이민자에게는 기회가 줄어드는 결과가 발생한다.

하지만 일부 불평등 비평론자들은 이 정도에 놀라지 않는다. 좌익 공공정책 단체 데모스Demos의 숀 맥엘위Sean McElwee는 비록 "일부 기업이 망하고, 실업률이 증가하고 물가가 오르더라도 최저 임금 인상은 여전히 용인할 만한 정책이다. 우리는 스스로에게 가장 가난한 이들이 기본적인 생필품마저 살 수 없는 사회에서 과연 살고 싶은지 물어봐야 한다"라고 말하기도 했다.[19] 우리가 그들의 직업마저 없애는 게 더 낫다고 믿고 멋대로 그런 결정을 내려도 되는 것일까? 맥엘위는 그에 대한 대답을 하지는 않는다.

요즘 최저 임금제에 의한 실업 유발 효과가 적거나 심지어 존재하지 않는다는 주장의 연구가 심심찮게 인용되곤 한다(정반대의 결과가 나온 대다수의 연구는 무시하면서[20]). 하지만 이런 연구들은 복잡한 현상을 연구할 때 흔히 발생하는 인과 관계 혼동의 문제뿐만 아니라 다른 두 가지의 중대한 문제점을 내포한다. 먼저, 여기서 일반적으로 연구하는 임금의 인상 폭은 비교적 작았는데, 특히 불평등 비판론자들이 권고한 인상분에 못 미쳤다. 예를 들어, 최저 임금 인상의 실업 유발 효과를 최소로 분석한 연구 중에서 가장 널리 인용되는 '1994년 카드Card와 크루거Krueger의 연구'에서는 기존의 4.25달러에서 겨우 5.05달러로 인상한 경우를 예로 들었다. 최저 임금에 관해서는 사이즈가 중요하다. 16% 수준의 증가는 오늘날 제기되는 30%에서 심지어 100% 인상과는 분명히 다르다.[21]

더 중요한 것은, 이러한 연구들은 단기적인 결과만을 보여준다는 점이다. 장기적으로 최저 임금 인상은 기업들로 하여금 직원을 기술로 대체하거나 직원 복지를 줄이는 등 비용을 아끼게 만든다. 또한 높아진 노동 비용은 기업들이 사세를 확장하지 못하도록 만들 뿐만 아니라, 어떤 기업들은 시작조차 못 하게 만들 수도 있다. 어떤 경우든, 저숙련 노동자들을 위한 일자리는 줄어들게 된다.[22]

여기서 우리는 카드와 크루거의 연구를 비판하려는 게 아니다. 다만, 하나의 연구를 마치 금과옥조처럼 떠받들고 그 결과를 모든 경우에 손쉽게 적용하는 게 잘못임을 지적하는 것이다. 1998년의 글에서 크루그먼은 본 연구의 "불확실한 결과가 일부 좌파liberals의 핵심 의제인 대규모 최저 임금 인상의 근거로 눈에 띄었다는 게 놀랍다. … 옹호론자들은 노동 임금을 휘발유나 맨해튼의 아파트와 달리 수요와 공급에 따르지 않고 정의감에 따라 아무런 부작용 없이 결정할 수 있다고 믿고 싶어한다"라고 하였다.[23] 하지만 이후, 크루그먼은 큰 폭의 최저 임금 인상에 동의하고 이는 실업을 증가시키지 않는다며 자신의 주장을 번복한다.[24]

이번에는 당신이 일자리를 구했다고 치자. 당신이 받는 임금이 낮을수록 일정 생활 수준을 달성하기 위해서는 더 많이 일해야 할 것이다. 하지만 또 다른 규제들이 추가 근로를 하지 못하도록 당신을 방해할 수 있다. 정부에서 강제로 추가 근로 수당을 결정하게 되면, 고용주들은 그 비용이 너무 비싼 나머지 주당 일정 근로 시간 이상을 일하지 못하게 할 것이다. 여기에 오바마케어Obamacare까지 가세하여 주당 30시간 이상 일하는 근로자들에게 건강보험 혜택을 제공하는 것을 의무화함에 따라 근로 시간 제한이 더 강해지게 될 것이다.

만약 당신이 이러한 장벽을 모두 뛰어넘었다 하더라도, 여전히 많은 장애물이 당신을 기다리고 있다. 여기에는 추가적인 세 부담이 포함된다. 저소득 미국인들은 일반적으로 소득세를 안 내지만, 소비세나 유류세, 담배나 술과 같은 재화에 붙는 '죄악세sin taxes'는 부담한다.

많은 경제학자는 법인세의 부담은 더 높은 물건 가격이라는 형태로 소비자들에게 세금이 전가되고, 임금의 축소 및 적은 일자리의 형태로 노동자들에게 비용이 전가된다고 본다. 하지만 밑바닥에서 시작하는 이들에게 가장 부담을 주는 세금은 사회보장제도Social Security 및 메디케어 비용 명목의 근로소득세이다. 이 급여세만 하더라도 소득의 15.3%를 당신으로부터 가져가 고령층에게 준다. 결국 당신은 연간 한 달 반 이상을 추가적으로 급여 없이 일하며 다른 이들의 노후나 의료를 보장해주고 있는 셈이다.

성공을 가로막는 장벽은 이뿐만이 아니다. 정부는 또 특정 직종에 관한 면허법을 만들어 필요한 고객들에게 서비스를 제공할 기회를 제한함으로써 많은 직종으로의 진입을 매우 힘들고 비싸게 만들어 놓았다. 뉴욕타임스의 저널리스트인 제이슨 디팔레Jason DeParle는 복지 제도 개혁에 관한 자신의 책 『아메리칸 드림American Dream』에서 밀워키 주에 사는 쥬얼Jewel이라는 사람이 복지 혜택을 누리지 않고 살고자 노력하는 모습을 묘사한다. 그런데 그녀는 한 가지 금지 사항 때문에 어려움에 처한다.

"그녀는 미용과 손톱 관리에 관해 해박하고, 식탁 인테리어kitchen-table beautician 관련 일을 했다. 하지만 터무니없게도, 주州 정부는 뷰티 샵에서 일하고자 할 경우 고등학교를 반드시 졸업해야 한다고 규정했다."[25]

이와 같은 사례는 분명 터무니없지만 자주 볼 수 있는 일이다. 미국의 정의를 위한 연구소Institute for Justice의 도움으로 이 규정이 바뀌기 전까지, 미시시피 주에서 머리땋기 시술hairbraiding을 하려면 300시간의 교육을 거친 후 자격증을 따야만 했다. 또 이를 교육하려는 자는 미용술과 미용 강사 프로그램을 3천 200시간 이수해야 했는데, 이는 공인 응급구조사가 되기 위한 조건보다 까다로운 것이었다.[26] 관 제작에서부터 동물 마사지까지, 다양한 분야에 관한 유사한 법들이 미국 전역에 존재한다. 오늘날, 미국인 중 약 30%가 자격증 등을 필요로 하는 직종에 종사하고 있다.[27]

역사적으로 가난을 벗어나기 위해 애용되던 창업의 길도 함께 막혀버렸다. 예를 들어, 몇몇 지역에서는 노점상이 아예 금지되거나 값비싼 허가증을 통해 통제된다. 창업과 관련된 가장 지독한 규제는 아마도 수요인증서법 Certificate of Need laws일 것인데, 이는 30개 주 이상에서 다양한 산업에 적용된다. 관련법들은 경영자들이 어떤 분야에 진입하기 위해 훈련을 받거나 그들에게 학위, 혹은 시험 합격을 요구하지는 않는다. 대신 사업가가 되고자 하는 이들로 하여금 자신의 사업에 대한 '공공의 수요public need'가 존재하는지를 정부에 증명하도록 요구한다.

"이는 쉬운 일이 아닙니다."

퍼시픽 법무재단Pacific Legal Foundation의 대표 변호사 티모시 샌더퍼Timothy Sandefur의 말이다.

"이런 법들의 경우, 상당히 애매한 언어로 적혀 있어 그 누구도 무얼 의미하는지 모릅니다. 대체 '공공의 편리와 필요성'이 뭘까요? 결국에는 정부가 말하는 대로 흘러가게 됩니다. 만약 관료들이 새로운 경쟁이 필요하지 않다고 결론 지으면 새로운 사업을 시작하지 못하게 할 수 있습니다. 그 사람이 얼마나 능력이 있거나 자격이 넘치는지는 상관없습니다."

실질적으로 이러한 법들은 경쟁자의 거부권과도 같다. 기존의 사업체들이 정부 관료들에게 새로운 경쟁은 자신들의 수익을 위협할 것이라고 불평함으로써 신규 진입자를 막을 수 있게 되는 것이다.[28] 그리고 여기에 노조가 등장한다. 노조는 자유 시장에서 노동자가 얻을 수 있는 소득보다 더 높은 임금을 요구할 수 있는 특수한 권한을 정부로부터 얻었다. 하지만 이렇게 높아진 노동 비용은 고용주들로 하여금 채용을 줄이도록 하여, 사회 전체의 고용을 감소시킬 뿐만 아니라 제품의 생산 비용을 증가시킨다.

한 경제 내에서 노조가 얼마나 득세하느냐에 따라, 심할 경우 노조에 소속된 근로자들마저 손해를 보게 될 수도 있다. 임금은 올랐어도, 다른 노조에 소속된 노동자들에 의해 생산된 다른 재화들의 가격도 높아졌기 때문에 생활 수준은 이전에 비해 낮아질 수도 있는 것이다.

또한 본인의 노력을 통해 성공하고자 하는 야심찬 이들에게 노조는 높은 벽으로 다가올 수 있다. 왜냐하면 노조는 능력이 아닌 연공서열에 따라 보상을 주고자 하기 때문이다. 펜실베이니아 주 에딘보로Edinboro 시에 위치한 식료품 가게 자이언트 이글Giant Eagle의 관리자들은 가장 실적이 좋은 직원들에게 임금을 인상시켜줬다. 하지만 식품 및 상업 노조United Food and Commercial Workers 23지역 지부는 이 인상을 폐지해달라며 회사를 고발하였다.

"왜 23지역 지부는 자신들의 노조원들이 더 높은 급여를 받는 것에 반대하였을까요?"

보수 성향 싱크탱크인 헤리티지 재단The Heritage Foundation의 학자인 제임스 셔크James Sherk는 묻는다.

"그건 부하 직원들이 상급자들보다 더 많이 받게 되어 그들의 연공서열 시스템과 배치背馳되기 때문입니다. 23지역 지부는 동등한 임금 체계를 원한 것입니다. 그것이 비록 일부 노조원의 임금을 삭감하더라도 말이죠."[29]

정부는 사람들로 하여금 돈을 더 벌기 힘들게 만들 뿐만 아니라, 자유를 제한함으로써 생활비 수준을 크게 증가시킨다. 이에 따라 얼마를 벌어들이든 상관없이 구매력을 감소시킨다. 정부는 노동 비용을 다양한 방식으로 증가시켜 사실상 모든 것을 더 비싸게 만든다. 예를 들어 최저 임금제의 경우, 기업들은 이로부터 높아진 가격을 소비자들에게 전가한다. 오바마 정부 시절 백악관 경제자문위원회 위원장을 지낸 크리스티나 로머Christina Romer 는 "맥도날드 지점 방문객이나 월마트의 쇼핑객들을 포함하여 생필품 가격을 지불하는 소비자들의 가구소득은 아주 낮은 경우가 많다. 따라서 이러한 가격은 최저 임금제가 돕고자 하였던 이들에게 되려 해를 끼치는 결과를 불러온다"라고 하였다.[30] 세금 역시 비용을 올리는 것은 물론이다. 그런데 여기에는 그보다 더 복잡한 이야기가 존재한다.

주거 비용을 한번 따져보자. 주거비는 많은 사람에게 대부분 가장 큰 경제적 부담이 된다. 토지 이용에 관한 법과 구역 규제, 고도 제한, 그리고 토지 분할 최소 면적 기준minimum-lot-size requirements 등의 정부 간섭은 주택의 공급을 제한하여 많은 지역의 주택 가격을 올리게 된다.[31] 임대료 통제법은 다른 악법들과 더불어 임대료를 통제받는 주택의 품질은 저하시키고, 동시에 통제를 받지 않는 주택들의 가격은 오르게 한다.

소위 도심 재생 프로젝트들은 저소득층들이 살 수 있었던 저렴한 주택의 대부분을 철거하며, 다른 곳에서 살 수 있을 정도로 충분한 돈을 가진 이들의 구미에 맞추고자 노력한다.[32] 결국 정부의 이른바 '합리적 가격의 주택 공급 정책'은 주택 가격 거품을 일으키며 아직까지 주택을 사지 못한 이들에게 피해만 끼쳤다.

여기에다 에너지 비용도 고려해보자. 가스나 전기 가격을 통해 우리에게 직접적 영향을 미칠 뿐만 아니라, 우리가 구매하는 제품의 생산 비용이나 운송 비용을 증가시킴으로써 간접적으로도 영향을 주는 것은 바로 에너지 비용이다. 미 환경보호국EPA 규제의 대부분은 우리 주변의 환경을 더 안전하게 만드는 것과는 상관없이 에너지 가격만 올릴 뿐이다.

수많은 예 중에서 신재생 연료 의무 혼합제Renewable fuel standards를 꼽아보자. 이는 정제소들로 하여금 강제로 옥수수에서 뽑아낸 에탄올을 연료로 바꾸도록 만들어 연료의 효율을 떨어뜨리고 연료와 옥수수의 가격을 높이는 것 이외에는 아무런 효과도 없는 것이다. 앨 고어AI Gore마저 이에 반대할 지경이다. 그리고 석유 시추와 관련한 규제, '신재생 에너지 촉진법'과 보조 정책, 원자력 발전에 관한 과도한 규제, 기타 여러 가지 많은 간섭이 에너지 가격을 올리는 주요 요인으로 꼽히고 있다.[33] 이 모든 걸 종합해보면 정부가 국민에게 지우는 부담은 충격적인 수준이다. 그럼에도 수많은 미국인이 매년 빈곤으로부터 지속적으로 탈출한다는 사실은 믿기가 힘들 정도이다.

3. 혁신가들의 기회를 빼앗다

사람들이 기회에 관해 이야기할 때, 그들의 관심사는 가난한 이들이 가난으로부터 벗어나는 능력에 관한 것일 경우가 많다. 하지만 기회란 가난을 벗어나는 것만을 일컫는 게 아니다. 그것은 지금 현재의 위치로부터 더 높은 곳으로 상승하는 모두의 능력에 관한 것이다. 그 누구든 생산적인 목표 달성에 관한 확고한 의지만 있다면, 지금까지 얼마나 달성했는가는 중요치 않다. 기회의 땅은 장애물 없는 성공 가도를 제공할 것이기 때문이다.

하지만 오늘날 그 길은 장애물로 가득하며, 그런 장애물들로 인해 밑바닥으로부터 벗어나려고 노력하는 이들은 물론, 인류 발전을 이끌어내는 혁신가들조차 발목이 붙잡혀 있는 상태다.

지금 미국에서 가장 자유로운 산업들은 실리콘 밸리로 대표되는 테크 분야에서 발견할 수 있다. 실리콘 밸리의 HPHewlett Packard, 페이스북, 구글, 시스코Cisco, 오라클Oracle, 인텔Intel같은 기업들은 이미 널리 알려져 있다. 그런데 실리콘 밸리의 기업가 정신과 문화가 19세기와 20세기 초 미국의 모습과 매우 흡사하다는 사실을 알고 있는가? 사회적 역동성과 낙관주의, 성공과 성취를 향한 겁 없는 도전의 면면에서 둘은 유사하다.

작가이자 기업가인 데보라 페리 피시오니Deborah Perry Piscione는 실리콘 밸리에서 수개월을 지내면서 "수많은 사람이 여기서 운전자의 역할을 하고 있다는 사실을 긍정적으로 보기 시작했다. 이런 자신만의 길을 걸어가는 문화는 기존의 길을 따르는 것보다는 새로운 변혁에 관심을 둔다"[34]라고 자신의 저서 『실리콘 밸리의 비밀Secrets of Silicon Valley』에서 설명했다.

여러 방면에서 실리콘 밸리는 기회의 땅 중에서도 기회의 땅이라 할 수 있다. 따라서 실리콘 밸리 거주자 중 35% 가까이가 이주자라는 사실(미국 전체로는 약 13%밖에 되지 않는다)은 그리 놀랍지도 않을 것이다. 페리 피시오니는 "이들 이민자 중 다수는 영어도 못 하는 채로 왔으며, 친지도 없이 교육 수준도 제각각이었다. 하지만 그들은 단지 더 나은 기회를 찾겠다는 공통된 일념으로 왔다. 당신에게 동기動機만 있다면, 실리콘 밸리에서는 무엇이든 여지없이 해낼 수 있을 것이라 나는 믿는다"[35]라고 했다.

실리콘 밸리에서는 당신이 어디서 태어났고 어느 대학을 나왔는가는(혹은 심지어 대학을 나왔는지 여부까지) 중요하지 않다. 중요한 것은 당신의 능력뿐이다. 실리콘 밸리에서의 화폐는 재능이고, 그곳 사람들은 그 재능을 통해 소셜미디어나 빅데이터, 개인 맞춤 헬스케어, 바이오 기술, 스마트폰,

모바일 상거래, 클라우드 기술, 3D 프린팅 등등에 관한 혁신을 일으켜 인류의 진보를 이뤄낸다. 실리콘 밸리는 일론 머스크, 스티브 잡스, 피터 틸과 같은 창조자들이 미래를 그려내며 부를 창출하는 곳이다.

그러면 이 모든 것이 어떻게 가능했을까? 여기에는 물론 여러 가지 요인이 있겠지만, 하나의 중요한 요인은 정부가 실리콘 밸리가 하는 일에 간섭하지 않았다는 점이다. 페리 피시오니는 "일반적으로 기존의 금융업이나 기업들, 그리고 노조의 이익을 보호하는 촘촘한 정부의 규제가 없었다는 점"에서 신생 스타트업들은 실리콘 밸리에서 혜택을 받았다고 지적한다.[36] 이곳에서는 자신의 벤처기업을 세우기 위해 정부 허가 제도로 가득 찬 지뢰밭을 건널 필요가 없었다. 모두가 자신의 아이디어에 따라 자유롭게 행동할 수 있고, 능력으로 경쟁할 수 있는 곳이다. 이곳은 빌 게이츠의 표현처럼 생각의 속도로 기업 활동이 이뤄지기 때문이다.

하지만 실리콘 밸리 역시 정부의 간섭으로부터 완벽히 자유롭지는 못한데, 특히 반독점법에 관해서 그러하다. 이 법들은 경쟁을 보호하기 위해 존재한다고 한다. 하지만 실제로 하는 것이라고는 경쟁업계의 최상위 기업을 징벌하는 것뿐이다.[37] 반독점법의 표적이 된 테크 기업들의 목록을 살펴보면 가장 혁신적인 기업들의 목록과 다를 바 없다는 것을 알 수 있다. 여기에는 인텔, 구글, 애플, 어도비Adobe, 마이크로소프트가 포함된다.

시애틀에 본사를 둔 마이크로소프트의 경우, 이 법에 의해 특히 큰 피해를 입었다. 1990년대 초, 빌 게이츠의 마이크로소프트는 역사상 가장 혁신적이고 성공적인 기업 중 하나였다. 하지만 이 회사는 반독점과 관련하여 10년 간이나 끊임없는 공격을 받아야 했고, 결국에는 인터넷 익스플로러를 무료로 제공했다는 죄로 미 법무부를 상대로 반독점 혐의에 관해 항변해야 하는 처지에 이르렀다.

처음에는 토마스 펜필드 잭슨Thomas Penfield Jackson 판사가 마이크로소프트를 분리해야 한다고 판시하였다. 이후에 판결의 대부분은 뒤집혔지만 어쨌건 마이크로소프트는 10여 년 동안 정부의 따가운 눈총을 직접적으로 받아야만 했다. 이런 경험으로 인해 상처받은 빌 게이츠는 2000년에 CEO의 자리에서 물러났다. 빌 게이츠의 은퇴 선언 이후 기가 인포메이션 그룹 Giga Information Group의 애널리스트 롭 엔덜레Rob Enderle는 그의 심경을 이렇게 정리했다.[38]

"법무부의 이러한 행동은 일에서 오던 재미를 다 앗아갔다."

빌 게이츠가 은퇴하고 반독점에 관한 서슬 퍼런 감시 상황에서 이후 10년 간 마이크로소프트의 혁신성이나 기업가 정신은 무뎌질 수밖에 없었다. 반독점법 아래서 생산자들은 자신이 무엇을 할 수 있고 무엇을 할 수 없는가에 대해 알 방법이 없다. 마이크로소프트가 인터넷 익스플로러를 무료로 배포한 것도 하나의 예다. 만약 그 제품을 유료로 판매하였다면 어떻게 되었을까? 약탈적predatory 행위로는 기소되지 않았겠지만 아마 독점적 지위를 이용하여 소비자들을 바가지 씌웠다고 기소되었을 것이다.

반독점 규제는 혁신가들을 마비시킨다. 그들이 취할 수 있는 안전한 자세는 혁신을 그만두고, 경쟁하지 않으며 아무것도 하지 않은 채로 가만히 있는 것뿐이다.

"반독점과 관련된 소송 이후 마이크로소프트는 예전에 비해 훨씬 조심스러워졌으며 덜 과감해졌습니다."

2011년 MIT 교수 마이클 쿠수마노Michael Cusumano의 말이다.

"겁먹은 것처럼 보였어요. 미국의 반독점법이 되었든 유럽의 반독점법이 되었든, 그 때문에 마이크로소프트는 변화하는 세상에 빠르게 반응하기보다 천천히 반응하기 시작했습니다."[39] 반독점 규제가 생각의 속도로 움직이던 기업을 공무원의 일 처리 속도로 움직이는 기업으로 바꿔 놓은 것이다. 마이크로소프트가 반독점법에 의해 상처입은 첫 번째 테크 기업이긴 하지만, 마지막 기업은 아닐 것이다. 요즘 애플이 기업 내에 반독점 감독관을 배치해야 하는 위기에 처해 있는 걸 보면 그렇다.

만약 실리콘 밸리의 기업가들이 자유롭게 행동하지 못할 정도라면, 다른 산업의 상황은 말할 필요도 없을 것이다. 인류 발전과 행복을 위해 필수적이지만 혁신하기 어려운 환경으로 정부가 만들어버린 두 개의 분야, 교육과 의료에 관해 살펴보자. 한 세기가 넘는 기간 정부는 기본적으로 교육업을 독점화하였다. 물론 아직도 사립학교를 여는 것은 합법이다. 다만 그러기 위해서는 거대한 정치적 장애물을 넘어서야 한다. 특히 고등학교 수준의 학교를 열려면 더욱 그렇다.

문제는 잠재적 고객들이 사립학교 학비를 부담할 수 없어 시장이 제한적인데, 공립학교에는 매년 수천 달러씩 돈을 지원하고 있다는 것이다. 이는 마치 소비자들에게 원하는 차를 마음껏 고르라고 해놓고, 크라이슬러의 모델 안에서만 마음껏 고르라는 단서를 붙이는 것과 같다.

이런 어마어마한 재정적 부담은 공립학교들의 대안이 많지 않음을 의미하고, 그마저도 부유한 소비자층을 타깃으로 존재한다는 것이다. 심지어 비교적 부유한 부모들마저 자녀들의 교육에 두 배를 지출하기보다 조금 나은 공립학교가 있는 지역으로 이사하곤 한다. 빈곤층 미국인들은 당연히 이런 대안을 택하기 힘들다. 그들에게는 정부가 제공하는 것 말고는 선택지가 없다.

교육 제도가 비교적 성공적인(시험 점수로 판단하였을 때) 것으로 평가받는 핀란드나 일본같은 국가들마저 학교를 국가가 독점하여 교육계 전체는 우려될 정도로 침체되어 있다. 하이테크 산업을 이루는 다양성, 선택, 혁신은 찾아볼 수가 없다.

미국의 경우는 특히나 좋지 못하다. 거의 모든 면에서 세계 다른 국가들에 비해 뒤처지고 있고, 경쟁이나 실적에 따라 상벌할 방안이 없다. 그래서 당분간은 개선될 기대도 할 수 없다. 소수의 혁신가가 교육계의 애플이나 구글을 만들려는 노력을 기울이고는 있다. 하지만 이렇게 한 분야를 바꾸려고 노력하는 혁신가들은 정부에 의해 크게 제약받고 있는 실정이다. 심지어 사립학교마저 자기 마음대로 규칙과 기준을 세울 수 없고 정부를 설득하는 과정을 거쳐야 한다.

정부가 교육을 통제함으로써 나타나는 효과 중에서 가장 뼈아픈 점은, 전 세계 최상위인 것에 비해서 미국의 학교들이 얼마나 뒤떨어지는가가 아니다. 만일 교육 시스템이 자유로웠다면 지금에 비해 얼마나 더 나아질 수 있는지를 알게 되는 시점일 것이다. 우리가 상상조차 할 수 없는 수많은 혁신은 말할 필요도 없다. 정부가 교육을 독점하지 않는다면 분명히 존재할 선택지만이라도 따져보자. 다양한 학교가 교육의 목표에 대한 각자의 방식을 세울 것이다. 예를 들어, 학생들을 취업에 대비하도록 한다든지, 올바른 시민으로 키운다든지, 사고하고 가치 판단하는 능력을 길러낸다든지 하는 것들이 그에 해당한다. 그리고 어떻게 아이들이 가장 잘 교육받을 수 있는지에 관한 각자의 이론을 도입할 것이며(예를 들어 진보주의Progressive나 몬테소리Montessori 교육법), 이에 따라 자신들의 커리큘럼을 모두 제각각으로 구성할 것이다(예를 들어 커먼코어Common Core 교과 과정이나 전통적인 교육 과정 등). 그밖에 비용, 학급 크기, 기술 사용 정도, 수업 시간, 교사 교육, 규율에 관한 접근법 등에 따라 택할 수 있는 선택지의 가짓수는 셀 수 없을 정도로 다양할 것이다. 또한 모든 학교는 고객 유치를 위해 경쟁하여야 할 것이고, 최고의 학교만이 번창하고 최악의 학교는 도태하게 될 것이다.

교육에 관한 정부의 독점은 엄청난 기회의 축소를 의미한다. 교육 분야에 자신들의 창의성을 발휘하여 이익을 얻고자 하는 기업가와 혁신가들의 기회와, 자신들의 독특한 가치와 요구를 충족시켜주는 학교를 고를 부모들의 기회, 불우한 학생들이 최소한의 수준 있는 교육을 받을 기회, 이 모두를 없애버리는 것이다.

정부가 교육을 통제하는 것에 관해 가장 쟁점이 되는 부분 중 하나는 자유 시장 아래서 교육비를 지불할 여건이 되지 않는 아이들을 위해 정부가 개입하여야 되느냐는 것이다. 하지만 이것이야말로 혁신가들이 해결할 수 있는 문제이다. 더 낮은 비용으로 아이들을 교육할 수 있는 방법을 찾아내면 큰 이익이 따라온다.

일부 대안학교charter schools는 이미 컴퓨터를 활용하여 필요한 교사의 수를 대폭 낮춤과 동시에 수행평가 결과는 더 개선할 수 있었다.[40] 교육학자 제임스 툴리James Tooley가 정리한 바에 따르면 전 세계적으로 가장 가난한 국가들에서조차 사립학교 시스템이 급성장하고 있으며, 이를 통해 하루 수 달러밖에 벌지 못하는 부모들의 자녀들도 교육 서비스를 받고 있다. 게다가 무료 공립학교에 보내는 선택지도 있다.[41] 불우한 어린이들을 돕는 자선 사업, 장학 제도, 비영리 학교들을 활용하는 방법도 있다.

마지막으로 의료에 관해 간단히 살펴보자. 미국의 의료 시스템은 세계 어느 나라와 비교해도 가장 혁신적이고 자유롭다.[42] 그럼에도 불구하고 실리콘 밸리와 같은 모습이기보다는 정체되어 있는 미국의 교육 시스템과 흡사한 점이 많다. 기업들과 혁신가들이 변화를 불러일으키고 개선할 기회가 있는 분야들도 있지만, 전체적으로는 이곳 역시 관료주의와 장애물에 가로막혀 있다.

미국의 의료 시스템은 흔히 자유 시장 시스템으로 묘사되는데(제도 상의 모든 문제점은 이 자유의 탓으로 귀결된다), 사실은 이 역시 정부에 의해 지배당하고 있다. 오바마케어가 등장하기 전부터 미국 의료비 지출의 절반 정도는 정부 지출에 의존했다.[43] 메디케어와 메디케이드가 시작된 1965년부터 미국 정부는 지불 능력에 관계없이 전 국민에게 의료를 보장하고자 했다.

하지만 돈 낼 필요 없이, 혹은 비용 전체를 지불하지 않아도 사람들이 의료 서비스를 받게 해주려면 상상 이상으로 어마어마한 돈이 든다. 이러한 의료 복지 프로그램을 시행하고 얼마 지나지 않아 정부는 의사와 병원, 보험사들에 지출을 줄이도록 압박을 가하기 시작했다.

13만 2천 쪽 분량의 복잡한 규정 및 규칙, 법의 제한을 받는 메디케어와 같이, 이러한 통제는 의료 서비스 제공자들의 운신의 폭을 크게 좁혔다. 원래 의도와는 반대로 오히려 비용을 늘리는 결과를 불러왔다. 일반적인 병원이 메디케어 청구 기준을 맞추는 데만 매년 3만 8천 400시간의 노동력이 필요하고, 병원 직원들이 메디케어 적용 환자들을 돌보기 위해 추가로 투입하는 시간 중 절반 가까이가 서류 작업에 소요된다.[44] 이렇게 준법을 위해 드는 시간과 돈이 너무나도 부담스러운 나머지 산딥 자와Sandeep Jauhar라는 의사는 이렇게 적었다.

설문 조사에서 의사의 대부분은 의학에 대한 열의가 줄었다고 했으며 친지들에게 이 분야를 추천하지 않겠다고 대답했다. 2008년에 1만 2천 명의 의사를 상대로 진행한 설문에서는 6%만이 긍정적 반응을 보였다. 84%는 자신의 소득이 이전과 똑같거나 이전에 비해 감소 중이라고 대답했다. 응답자의 대부분은 서류 작업으로 인해 환자와 충분한 시간을 보내지 못했다고 하였으며, 절반 가까이는 향후 3년간 환자의 수를 줄이거나 그렇지 않으면 아예 그만두겠다는 계획을 밝혔다.[45]

의사들에게 환자를 대하는 것 대신 서류 더미 작성에 시간을 쏟게 하는 것만 해도 잘못되었는데, 환자를 볼 때도 의사들은 마음대로 진단하지 못하고 규제에 의해 제한받는 경우가 많다. 자와는 자신의 환자에게 폐렴이라고 진단할 근거가 별로 없음에도 폐렴 치료를 위해 항생제를 처방했던 경우를 예로 들며 설명한다. 자와는 치료를 중단하였지만, 얼마 가지 않아 그 환자는 항생제 사용 때문에 흔히 발병하는 클로스트리디움 디피실 감염증 C. difficile colitis에 걸리고 말았다. "이 합병증은 병원에 온지 여섯 시간 이내에 폐렴 환자에 대해서는 항생제를 투여하여야 한다는 메디케어 때문에 일어난 것"이라고 자와는 설명했다.

문제는 폐렴을 진단하는 데 종종 그보다 오랜 시간이 소요되어 의사들은 '확실치 않은 진단이라도 내려야 하는 압박에 시달리는데, 이 환자도 그 같은 경우'다. 규제 당국이 옳다고 믿는 대로 환자들을 대하는 의사들에게만 돈을 지급하는 이러한 메디케어의 가이드 라인이 의학 혁신을 '냉각시키는 효과'를 불러올 것이라고 걱정하는 한 고위 의료 컨설턴트와의 대화에서 자와는 설명을 이어나갔다. 컨설턴트는 궁금해하며 다음과 같이 물었다.

"더 나은 효과를 위해 이 가이드 라인에서 벗어나는 병원들은 어떻게 해야 할까요? 혁신을 시도했다는 이유로 처벌받아야 할까요? 최신 의학 연구 수준에 맞게 평가 기준이 바뀔 때까지 금전적 손해를 감수해야 하나요?"[46]

우리의 인생에서 의료가 얼마나 중요한 서비스인지 알기에, 우리 생명을 보호해주는 이들을 이러한 관료주의라는 수렁에 빠뜨리는 것은 정말 말도 안 되는 일이다. 다른 이들이 우리의 의료를 위해 돈을 대신 내도록 만드는 우리의 권리가, 의사들의 뜻대로 의료 행위를 할 권리보다 앞선다고 말하는 것과 다름없다. 의사들이 자율성을 포기하면 자동차 수리공만도 못한 수준의 의사들에게 우리 생명을 맡기겠다는 꼴인 것이다.

손발이 묶인 건 의사들뿐만이 아니다. 예를 들어, 의료 기기 제작사들은 신제품 허가까지 평균 54개월이 걸리는 FDA 허가라는 값비싸고도 괴로운 과정을 거쳐야 한다. 이는 유럽에서 허가받기까지 소요되는 시간의 다섯 배에 가까운데, 이 과정에 오랜 시간이 소요된다고 더 안전해진다는 증거도 없다.[47]

모든 애플 제품이 정부의 허가를 받기까지 4년 반을 기다려야 한다고 상상해보라. 우리는 아직까지도 아이폰 3GS를 쓰고 있을 것이다. 설상가상으로, 오바마케어로 인해 기기 제작사들은 매출의 2.3%(이익의 2.3%가 아니다)를 세금으로 부과받고 있는데, 이는 대부분 R&D를 위한 자금에 해당한다.

어드바메드AdvaMed의 CEO 스테판 우블Stephen Ubl은 "오늘의 연구에 대한 투자가 내일의 치료법이 된다는 점에서 R&D의 감소는 특히 문제가 심각하다. 세금에 대해 조치가 이뤄지지 않는다면 수십 년간 파괴적인 파급 효과를 일으킬 것이다. 이 세금은 단순히 의료 기술 기업들에 관한 세금이 아니다. 의학 발전에 대한 세금이다"라고 했다.[48]

의료 비용에 관한 문제도 등장한다. 자유로운 산업의 경우, 혁신은 비용

절감을 중심으로 이뤄진다. 비용을 절감하는 방법을 찾아냄으로써 기업가들은 가격에 민감한 구매자들에게 더 매력적인 제품을 만들 수 있다. 델Dell이 비용을 낮추어 컴퓨터의 가격을 떨어뜨린 것으로 명성을 얻은 것처럼 말이다. 하지만 의료 분야에서는 비용 절감을 목표로 하는 혁신이 우려스러울 정도로 일어나지 않고 있다. 왜 그럴까? 주된 이유는, 정부가 의료에 개입하면서 우리 역시 가격에 민감하지 않게 되었기 때문이다.

사소한 치료까지 보험을 통해 지불하도록 장려하는 메디케어나 메디케이드와 같은 복지 프로그램, 세제 혜택은 제3자 지불third-party payer이라는 제도를 탄생시켰다. 1달러어치의 치료를 받는 데 환자가 직접 부담해야 하는 금액은 평균 14센트 정도에 불과하다. 이 때문에 사람들은 의료 서비스를 구매할 때 비용에 관해 신경쓰지 않게 되었고, 의사나 병원, 제약사 혹은 잠재적 의료 혁신가들 역시 비용 절감을 위해 노력할 필요가 없어졌다.

우리가 가격에 민감한 분야 중 하나는 의료보험이다. 하지만 이것마저 정부가 혁신을 위한 문을 닫아버렸다. 의료보험사들은 연방, 주, 지역 단위 정부가 너나없이 만든 규제에 의해 강제로 값비싼 상품을 제안하게 되었다. 카토 연구소가 발간한 『정책 입안자를 위한 편람Handbook for Policymakers』에서는 이 문제에 관해 다음과 같이 설명한다.

그러한 규제들은 보험업자들이 보장 범위를 제한하거나 보장을 거절하도록 하는 것을 포함하고, 리스크에 따라 요율을 바꾸게 하며, 서비스를 할인하여 제공하도록 서비스 제공자들을 설득하게 만든다. 정부는 또한 보험 가입자들이 자신이 원하는 정도의 보장범위만을 구입할 자유를 제한한다. 그리고 주州 정부는 주민들이 더 소비자 친화적인

다른 주의 보험 상품을 사지 못하게 한다.[49]

이러한 가격 규제의 효과를 제대로 느끼기 위해 각 주의 보험과 관련된 법령 목록을 살펴보자. 이것은 좋든 싫든 보험을 구매하게 만드는 오바마 케어와 관련된 법만을 얘기하는 것이 아니다. 주州 법령은 시민들이 살 수 있게 한 보험 패키지에는 어떤 것이 보장되어야 하는지를 지정하고 있다. 주별로 다르기는 하지만, 다음과 같은 공통적 법령을 포함한다.

보장과 관련된 법령은 보험 패키지에 어떤 치료법과 수술, 진단 검사를 포함하여 보장하여야 하는지를 지정한다. 당신의 나이가 젊어도, 당신에게 자녀 계획이 없어도, 당신이 음주를 하지 않아도 이 법령은 시험관 시술이나 간 이식, 심지어 알코올 중독 치료까지 보장하는 보험에 가입하도록 강요하여 의미없이 많은 돈을 지불하게 만든다.

– '가입 보장 제도guaranteed issue'는 보험사들로 하여금 개인 이력이나 병력에 무관하게 강제로 누구든 가입하게끔 만든다.

– '갱신 보장제guaranteed renewability'는 고위험군 고객이라도 보험료만 냈다면 보험사들로 하여금 무조건 보험을 갱신하도록 만든다.

– '커뮤니티 평가 보장법guaranteed community rating'은 보험사들에게 나이나 생활 습관, 건강과 같은 결정적인 차이점을 무시하고 모두에게 똑같은 요율을 적용하게 만든다(오늘날의 보험사들은 대부분의 경우, 수정된 커뮤니티 보장법을 적용받아 약간의 가격 차별이 허용된다.).[50]

이같은 구조 속에서 의료보험 제공자들이 현격히 비용을 줄일 방도를 찾기란 쉽지 않다. 이와 함께 셀 수 없을 정도로 다양한 간섭으로 인해 의료 비용이 증가하고 서비스 품질은 들쑥날쑥할 수밖에 없다. 자유로운 시장에서는 과도한 관료주의나 가격 폭증이 발생하지 않는다. 대신 고객만족도가 지속적으로 개선되고 가격은 점진적으로 인하된다. 우리는 테크 산업과 여타 보험업계(생명보험, 자동차보험)에서 이러한 현상을 목격하였다. 심지어 정부에 의해 지배받지 않는 일부 의료 산업(라식수술, 성형외과)에서도 이런 현상을 볼 수 있다.

자유롭지 못한 의료 산업은 "혁신가가 필요 없다"라는 선언과 마찬가지다. "구글이 의료 회사가 될 수도 있나요?"라는 질문을 받았을 때, 구글의 공동 창업자인 세르게이 브린은 다음과 같이 대답했다.

"의료업계는 너무나도 규제가 심하기 때문에 실제 사업을 한다면 고통스러울 것 같습니다. 그런 곳에 제 시간을 쏟고 싶지는 않군요. … 제가 생각하기에는 미국 정부의 규제로부터 오는 부담이 심각해 많은 기업가의 의지를 꺾을 것 같습니다."

구글의 다른 공동 창업자인 래리 페이지도 말을 이어나갔다. 그 역시 의료 산업은 "규제가 너무 심하여 쉽지 않은 분야라 생각합니다. … 저 역시 그런 규제 때문에 엄청난 가능성이 사라질 수도 있는 점을 우려합니다"라고 말했다.[51]

당신이 인류의 삶을 개선하는 새로운 방법을 찾고자 막 스타트를 끊은 야심찬 젊은이가 되었든, 혹은 이미 성공적인 창조가가 되었든 당신의 기회의 폭은 갈수록 정부의 더 많은 제약에 의해 좁아지고 있다. 개인 스스로의 노력으로 일어설 수 있는 자유를 보호하는 대신, 딛고 일어나기 더 힘든 사회를 만들고 있다. 동시에, 다른 사람의 노력에 기대어 손쉽게 살 수 있는 세상을 만들고 있다.

4. 복지 국가 대 기회

우리는 복지 국가적 장치들이 아메리칸 드림을 보장하는 데 중요한 역할을 하고, 사회보장제도나 메디케어, 여러 가지 빈곤 퇴치 제도와 같은 프로그램이 기회를 만들어준다는 이야기에 익숙하다. 하지만 기회라는 것은 막힘없이 뚫린 도로를 달릴 수 있다는 의미이지, 그 길을 따라 당신을 목적지까지 데려가줘야 할 의무가 다른 사람들에게 있다는 얘기는 아니다.

오늘날의 기회에 대한 논쟁은 복지 국가의 진실과 일부 관련 있다. 복지 국가의 기본 원칙은 기회의 개념을 완전히 뒤집어놓는다. 아메리칸 드림은 성취에서 오는 보상과 관련 있지만, 복지 국가는 당신이 무언가를 이루어도 그에 따른 보상을 차지할 권리는 당신에게 없다고 얘기한다. 반면 당신이 성취에 실패하면 다른 이의 보상이 당신에게 주어진다.

이런 거꾸로 된 사회는 개인들이 생산한 부를 빼앗아가는 데서 멈추지 않는다. 요즘 이에 관해서 대수롭지 않게 생각하는 세태만으로도 신경 쓰이는 일이기는 하지만 말이다. 더 큰 문제는 많은 이가 자립심이나 스스로 결정하는 능력을 기르는 것을 사회가 가로막는다는 점이다. 복지 국가가 기회에 끼치는 해악은 일명 빈곤과의 전쟁에서 잘 드러난다.

빈곤 퇴치를 주제로 한 프로그램들을 나열하자면 그 목록은 길다. 연방 수준으로만 봐도 126개의 프로그램이 있는데, 여기에는 근로장려세제Earned Income Tax Credit, 생활보조금Supplemental Security Income, 푸드 스탬프food stamps, 주택 보조금, 고용 훈련 프로그램, 보육 지원금, 메디케어 등이 포함된다. 이러한 프로그램에 대한 주 정부 및 지방 정부 차원의 지출은 어마어마한

데, 이는 연간 약 1조 달러에 이른다.[52]

이러한 빈곤 퇴치 프로그램에서 첫 번째로 주목해야 할 점은, 이 프로그램들이 정작 빈곤을 퇴치하지는 못했다는 것이다. 최소한 정부가 빈곤을 정의한 바에 따르면 말이다(아이티나 우간다 등지에서 볼 수 있는 절대적 빈곤은 복지 국가가 등장하기 훨씬 이전부터 서방 세계에서는 사라졌다. 선진국 차원에서의 빈곤을 말할 때는 상대적 빈곤을 의미한다.).

공식적 빈곤의 척도에 따르면, 미국 내 빈곤 수준은 1960년대 중반에 린든 B. 존슨 대통령이 빈곤과의 전쟁을 선포한 이래로 변함이 없다. 그런데 여기에는 약간의 문제가 있다. 전문가들은 대체로 정부의 공식 빈곤 척도는 빈곤을 실제보다 과장한다는 데 동의한다. 새롭게 개발된 더 나은 평가법에 따르면 최근 50년간 빈곤 수준은 절반으로 감소하였기 때문이다.[53]

더구나 정부가 빈곤층으로 분류하는 이들 중 대부분은 비교적 안락한 생활을 하고 있다. 물론 각자의 경제적 어려움이 없지는 않겠으나, 오늘날의 빈곤층은 일반적으로 적당한 식생활을 영위하고, 전기나 상하수도, 자동차, 식기세척기, TV, DVD 플레이어와 같은 가전 제품을 보유하고 있다. 게다가 미국 내 하위층의 평균 주거 면적은 유럽의 하위층에 속하지 않는 이들의 평균 집보다 넓다.[54]

그렇다고 미국인의 기대 수준이 여기에 멈춰 있을 리는 없다. 존슨 대통령은 빈곤과의 전쟁에서, 가난한 미국인들에게 '단순히 돈이 아닌 기회를 제공하는 것이 목표'라고 선언하였다. 그러면 여기서 빈곤 퇴치를 위한 노력들이 과연 가난한 이들이 자립하도록 만드는 것에 성공적이었는지, 아니면 그저 가난하게 지내는 것이 덜 불편하도록 만드는 데 그쳤는지에 관해 알아봐야 할 것이다.

이에 관한 증거들을 살펴보면 결과는 꽤 분명하다. 전체적으로 소위 빈곤 퇴치 프로그램이 한 것이라고는 생산을 하지 않으면서도 더 많이 소비할 수 있도록 해준 것뿐이다. 기회를 창출해내겠다는 대통령의 공언에 따르면, 빈곤을 퇴치하기 위한 노력은 단순히 실패한 것이 아니라 상황을 오히려 악화시켰다.

전 세계에서 가장 부유한 국가에 사는 사람 중 일부는 왜 계속 가난할까? 이를 설명하는 이론 중 하나는, 빈곤을 퇴치하는 데 연간 1인당 1만 4천 달러에 가까운 엄청난 돈을 사용함에도[55] 여전히 복지 국가가 충분히 자비롭지 못해 빈곤으로부터 탈출하지 못하였다는 것이다. 만일 현재 투입하고 있는 돈을 불우한 미국인들 손에 직접 쥐어주면 4인 가족은 연간 5만 6천 달러를 받게 되는데, 이것만 하더라도 미국 중위 가구소득보다 크다. 물론 실제로는 그 돈이 모두 가난한 이들에게 곧장 흘러갈 수는 없다. 많은 부분은 정부 관료, 사회복지사, 빈곤 퇴치 운동가, 잡상인 등의 주머니로 들어가기 때문이다.

좀더 그럴듯한 이론은, 가난한 이들이 가질 수 있는 일자리들의 급여 수준이 충분치 않아서 자립하지 못한다는 것이다. 하지만 정치학자 찰스 머레이에 따르면, 취업을 하고 빈곤을 벗어나기는 비교적 쉽다고 한다. "2010년 기준, 자녀가 없는 기혼 남성이 최저 임금을 받고 주당 50.5시간을 일하면 빈곤층에서 벗어날 수 있다"라는 것이다. 시간제로 일하는 이들의 94%가 최저 임금 이상을 받는다는 사실을 고려하면, 이는 아주 놀라운 이야기다.[56]

이와 유사하게, 뉴욕대학교의 로렌스 미드Lawrence Mead 교수는 2009년에 조금이라도 일을 했던 성인의 빈곤율은 7%밖에 되지 않았고, 연중 상근직을 가진 성인들 사이에서는 3%, 일을 전혀 하지 않은 이들의 빈곤율은 23%였던 것으로 조사하였다.[57] 이에 따르면, 낮은 임금은 빈곤을 잘 설명하지 못한다. 만일 당신이 임금을 받고 있기만 하다면, 당신은 가난하지 않은 것이 거의 확실한 셈이다.

가난한 미국인이 가난한 이유는 많겠지만, 일을 하고 있지 않기 때문인 경우가 압도적이다. 미드 교수는 빈곤층의 가장家長 중에서 연중 잠시라도 일했다고 응답한 비율이 1959년 68%에서 2009년 46%로 떨어졌음을 지적한다. 연중 상근으로 일한 이의 비율은 31%에서 15%로 감소하였다. 이 감소세는 일부는 대침체기Great Recession 때문이었으나, 그 영향은 미미하였다. 1989년에 이미 위의 비율들이 각각 48.9%, 16.2%로 떨어졌기 때문이다.[58]

이 큰 폭의 감소는 저숙련 일자리의 부족 때문이었을까? 일부 그러한 면도 있겠으나, 여기서 가장 큰 비난을 받아야 할 것은 일자리를 없애는 데 기여한 최저 임금제다. 저널리스트 제이슨 라일리Jason Riley는, "1995년의 한 연구는 최저 임금을 인상한 주州의 어머니들은 그렇지 않은 주들의 대조군보다 44%나 더 긴 시간 동안 생활 보호를 받아야 했다는 연구 결과를 발표했다."[59]

이 감소세의 주 요인이 일자리의 부족 때문이 아니라는 주장에는 근거가 있다. 일단 빈곤층 본인들의 증언부터 그러하다. 뉴욕대학교의 미드 교수는 "2009년, 하위층 성인 중 전혀 일을 하지 않은 이들의 12%만이 일자리를 구하지 못했기 때문이라고 응답했다. 금융 위기 이전의 2007년에는 이 비율이 5%밖에 되지 않았는데, 이는 2007, 2009년 두 해 동안 일하지 않은 이유에 관한 설문 조사에서 가장 적은 응답을 받은 답변이었다. 훨씬 많은 응답을 받은 것은 질병, 은퇴, 집안 사정, 혹은 진학이었다."[60]

결국 미국의 빈곤층 사이에서 일자리가 줄어든 것은 빈곤 퇴치 프로그램을 전개한 노력에도 불구하고 발생한 게 아니라, 오히려 그 때문에 발생한 일이다. 빈곤 퇴치 프로그램은 가난한 이들을 노동 인구로 편입시키는 데 성공하지 못했을 뿐만 아니라 오히려 노동 인구로 들어가지 못하게 만들었다. 이것이 저소득 노동자들 사이에 공유된 생각이란 점은 특기할 만하다.

할렘의 근로 빈곤층에 관한 연구를 풀어 쓴 책, 『내 일에 부끄럼은 없다』에서 프린스턴대 사회학자 캐서린 뉴먼은 패스트푸드 매장에서 일하는 이들을 인터뷰하며 복지가 직업 윤리를 훼손한다고 믿는 이들을 소개한다. 젊은 근로자인 이아나Ianna는 이렇게 말한다.

나는 복지에 기대어 살지 않는다. 하지만 충분히 자립하여 일할 수 있으면서 복지에 기대어 사는 이들을 알고 있다. 물론 그들에게 잘못은 없다. 그들은 그저 일하지 않기로 선택했을 뿐이다. 사실 그들이 생활 보호를 받을 필요는 없다. 그들은 그저 그렇게 할 수 있기에 그럴 뿐이다. 나는 그게 옳다고 생각하지 않는다. 왜냐하면 내 세금이 자립하고 싶어하지 않는 게으른 이들을 위해 쓰이니까 말이다. 만약 어떤 여자가 세 명의 자녀를 돌봐야 하고 남편은 떠났으며, 가정주부였기 때문에 직업이 없다면, 좋다, 충분히 그럴 만하다. 그래도 조금 지나면 사회 복지 당국에서 낭신을 학교로 보낼 것이다. 공부해서 간호조무사나 요양사나 무슨 일이든 할 수 있지 않은가![61]

나중에 뉴먼은 패티Patty의 일화도 소개한다.

남들이 보기에 패티는 복지 수혜자들에게 한없이 너그러워 보일 수도 있다. 패티 역시 그런 처지에 있어 봤으니까 말이다. 하지만 실제로는 전혀 그렇지 않다. 고생 끝에 제대로 된 일자리를 쟁취하고 나니, 왜 다른 이들은 자기보다 더 쉽게 인생을 살 수 있는지 이해할 수 없게 된 것이다.

"도시에는 일이 많습니다. 항상 구인 중이죠. 당신이 원하는 직장이 아닐 수도 있습니다. 급여가 당신 생각보다 적을 수도 있습니다. 그럼에도 당신은 언제든지 직장을 잡을 수는 있습니다. 햄버거 가게에서 일주일 내내 일하고 집에 피곤한 채로 돌아와 애들을 돌봐야 하는 상황에서도 나는 만족했습니다. 당신도 충분히 할 수 있을 것입니다."[62]

뉴요커New Yorker의 칼럼니스트 켄 올레타Ken Auletta 역시 비슷한 사고 방식의 인물을 만날 수 있었다. 그는 빈민가 주민인 레온 해리스Leon Harris의 말을 다음과 같이 옮겨 적었다. "복지 혜택을 받고 사는 많은 사람은 '일하느냐? 어차피 누군가 날 돌봐줄 건데. 어쨌든 정부가 다 해줄 거 아냐?' 이런 식으로 이야기하죠. 자식들한테도 그와 똑같이 가르칩니다. '왜 밖에 나가서 뼈 빠지게 일하고 세금을 꼬박꼬박 바쳐야 하지?'"[63]

올레타는 또 다른 주민의 말을 전한다.

"복지 수혜자들은 못 가져도 만족하는 법을 배웁니다. 더 이상의 생활 수준을 따지지 않고 단순히 살아남기만 하면 되죠. 자신의 자녀들에게도 그런 정신을 주입하고 생각하지 않게 만듭니다. … 그러면 얼마 지나지 않아 아무것도 없는 이 상태에 안주하고 복지에 의존하는 것을 즐기게 됩니다. 이것이 그들의 사고 방식입니다. 그것은 사람을 무책임하고 게으르게 만들며 불공평한 시스템에 의존하게 만듭니다."[64]

여기서의 교훈은 복지 수혜자 모두가 게으르고 무책임하다는 것이 아니다. 이런 빈곤 퇴치 프로그램이 열심히 일하는 이들의 돈으로 그러한 행동 양식을 보조하고 지속시킨다는 사실을 아는 것이다. 더 중요한 점은, 빈곤 퇴치 프로그램이 선량한 사람들마저 노동 인구로부터 이탈하도록 유인하고, 더 좋은 기회로의 징검다리 역할을 하는 기초적인 일을 갖는 것마저 방해할 수 있다는 사실이다. 결국 우리는 기회를 포기하는 사람들에게 돈을 주는 셈이다.

1990년대 후반, 럿거스대학Rutgers University의 사회학자 캐서린 이딘Kathryn Edin과 텍사스 오스틴대학의 인류학자 로라 레인Laura Lein은 저소득층 편모偏母들을 인터뷰한 적이 있다. 인터뷰 결과, 대부분은 대략 최저 임금의 두 배는 받아야 복지 수급을 그만두고 일을 하겠다고 대답했다. 뉴먼은 본 연구 결과를 다음과 같이 요약하였다.

복지 수급을 그만두고 노동 인구로 들어간다는 건 추가적인 의료 비용(왜냐하면 저임금 일자리 중에서 의료보험을 제공하는 곳은 별로 없고, 설사 제공하더라도 공제금deductibles이나 자기 부담금copayments 때문에 여전히 지출이 늘어난다), 통근이나 아이들을 맡기러 가는 데 따른 추가적인 교통비(교외로 통근하는 것은 시간이 많이 소요되고 불편하다. 따라서 중고차를 구입하고 유지하는 것이 편모들의 목표다), 때로는 더 높은 주거비(소득이 발생하면 보조금이 줄어 주거비 부담이 커진다)와 새로운 옷값 지출(직장에 따라 다르지만)을 의미한다. ... 복지를 받고 사는 편모들은 저숙련 직장을 위해 복지를 희생하는 것은 손해라

는 걸 잘 알고 있다.[65]

더 최근에는 카토 연구소의 연구가 있었는데, 마이클 태너Michael Tanner와 찰스 휴즈Charles Hughes 역시 비슷한 결과를 얻었다.

"현재의 복지 시스템은 너무 높은 수준의 혜택을 제공하여 일하지 않을 유인으로 작용한다. 근로 장려 세제를 고려하더라도 현재 35개 주에서는 복지 급여가 최저 임금 액수보다 더 크며, 13개 주에서는 그 액수가 시간당 15달러를 넘었다."[66]

폴 그루그먼은 이것의 영향에 관해 단도직입적으로 표현했다.

"이 누더기 같은 무분별한 빈곤 퇴치 프로그램들은 저소득 가구들의 생활 개선을 위한 노력들을 포기하게 만드는 효과가 있다. 더 많이 벌수록 세금이 늘어 가계 이익은 줄어들기 때문이다. 결국 해당 가계들은 아주 높은 한계 세율과 맞닥뜨린다. 추가로 벌어들이는 1달러 중 대부분은 정부가 다시 빼앗아간다. 어떤 경우에는 심지어 80센트 이상을 가져가기도 한다."[67]

사람들이 저임금 일자리마저 갖지 않도록 만드는 빈곤 퇴치 장치들은 결국 고임금 직장, 나아가 자립하는 것으로부터 얻을 수 있는 만족감과 자존감을 가로막는다는 점에서 비극적이다. 더구나 복지 국가는 선량한 사람의 자립성마저 훼손할 수 있다.

돈Don의 친구 제러마이아Jeremiah는 대학 시절 잠시 일을 하였지만, 양養부모 가정에서 자랐기에 정부로부터 약간의 지원금을 받았다. 대학교 2학년 때 제러마이아는 교통사고를 당해 차는 전소되었고 본인은 물리치료를 받아야 했다. 힘들기는 했겠지만, 당시 제러마이아가 계속 일하고자 했다면 할 수 있었을 것이다. 하지만 정부지원금에 기댈 수 있다는 걸 알고 있었기에 그는 일을 포기했다.

"내게 그 수표가 없었다면 스스로에게 물었겠죠. '이 상황에서 벗어나려면 어떻게 해야 하지?'" 하지만 그 대신, "어차피 이 수표를 받을 거니까 일하지 않아도 되겠다고 느꼈어요. 그래서 이 수표 덕에 그 상황으로부터 벗어날 궁리를 하는 대신 가만히 앉아 자기 연민에 빠져 지낼 수 있었죠."

제러마이아에 의하면, 바로 그것이 복지의 가장 파괴적인 측면이다. 단순히 사람들이 일하지 않고도 살 수 있게 만들어 줄 뿐만 아니라, 스스로를 무력한 피해자로 자처하면서 그것이 초래하는 악영향을 숨기고 실제로 사람들이 스스로를 피해자라 생각하게 만든다는 점이다. "복지를 받고 살면 그렇게 되는 거예요. 세상에 일어난 많은 일을 놓고 보면, 일부는 정말로 당신의 잘못이 아니고, 어떤 것들은 당신의 잘못이 아니라고 스스로를 설득했을 겁니다. 하지만 인생에서의 성공은 누구의 잘못을 따지는 것과는 상관없습니다. 어떻게 일을 해결할 것인가와 관련 있죠. 하지만 복지 국가는 나쁜 철학, 즉, 피해 의식victimhood을 재정적으로 지원합니다. 돈만 있으면 그런 생각을 할 수 있거든요. 만약 내게 그런 수표가 없었다면 배가 고파서 그런 생각을 할 겨를도 없었을 거예요. 복지 국가는 나쁜 철학을 심어주고, 그 안에서 살게 만들고, 그러한 피해 의식이 싹트게 만듭니다. 그것이 당신을 파괴할 것 같다는 느낌을 받기 전까지는 말이죠."[68]

소위 빈곤과 관련된 토론들로부터 나오는 가장 나쁜 결론은 빈곤 퇴치와 부의 재분배를 같은 걸로 본다는 점이다. 하지만 빈곤은 생산의 문제이지 분배와는 상관없다. 결국 사람들이 가난한 이유는 자신이 번영할 정도의 충분한 부를 창출하지 못했기 때문이다. 빈곤을 현격히 낮추는 유일한 방법은 자유와 이에 따른 경제의 발전뿐이다.

경제의 발전 덕분에 존슨 대통령이 빈곤과의 전쟁을 선포하기 이전부터 미국의 빈곤은 수년간 빠르게 감소하고 있었다. 그리고 빈곤을 끝내겠다는 명목으로 수조 달러를 투입하기 시작하면서부터 오히려 그 감소세가 멈췄다.[69] 이 정체의 원인을 복지 국가에다 모조리 뒤집어씌우는 것은 잘못이겠으나, 재분배 정책들이 발전을 방해했다는 데는 의심의 여지가 없다.

세금은 생산을 억제하고 정부의 지원금은 사람들이 일하지 않게끔 만든다. 게다가 저축한 이들의 소득을 복지 수혜자들에게 이전하면 새로운 일자리, 새로운 기업, 기업 확장에 쓰일 자본들이 사라져 기회는 소멸한다. 이러한 과정이 눈에 잘 보이지 않는다고 해서 재분배에 따른 비용이 존재하지 않는 것은 아니다.

이른바 빈곤 퇴치 프로그램들은 이와는 다르다. 그것은 생산 활동에 참여하는 개인들이 내고 부담하는 보조금이다. 많은 이는 자기의 잘못이 아닌 이유로 자립할 수 없는 이들을 돕기 위해 이런 프로그램이 반드시 필요하다고 믿는다.

하지만 역사를 돌아보면 전혀 그렇지 않다. 미국 내에서 개인 차원의 자선 사업은 항상 풍부했다. 또 관료주의에 의해 흔히 하나의 구조로 운영되지 않았기에 일할 수 없는 사람과 일할 의지가 없는 사람을 잘 구별할 수 있었다. 그래서 의지를 가진 이들이 힘들 때 스스로 일어날 수 있도록 도울 수 있었다.[70] 그럼에도 여전히 복지 국가 없이 살 수 있다는 주장에 동의하지 않은 이들도 있을 것이다. 하지만 그것이 기회를 창출하는 것이 아닌, 기회를 파괴한다는 사실만은 그들도 분명히 알았으면 좋겠다.

제2장 부를 창출하는 자들과 빼돌리는 자들

1. 부자가 될 만한 사람들은 누구인가?

아메리칸 드림은 단순히 노력만 하면 반드시 성공한다는 이야기가 아니다. 사실 그것은 도덕에 관한 이야기라 할 수 있다. 당신이 옳은 일을 하면, 다시 말해, 깊이 생각하고, 배우고, 고군분투하며, 책임감 있게 행동한다면 위대한 것들을 이뤄낼 수 있다고 아메리칸 드림은 말해준다.

미국에서 중요한 것은 특권이 아닌 능력이다. 성공이 존경받는 이유는 사기가 아닌 이상, 분명히 노력의 결과이기 때문이다. 그래서 성공을 이룩한 자라면 그것을 누릴 자격이 있다. 사람들이 사회의 공정함에 대해 이야기할 때 대부분은 이것을 염두에 두고 하는 말이다. 그러한 사회에서는 개인의 선택에 따라 운명이 좌우된다.

그런데 불평등 비판론자들은 미국 사회가 한때는 그러했을지 몰라도 더이상은 그렇지 않다고 주장한다. '부자들'은 더 부유해지고, 그들이 유리하도록 만든 질서 속에서 나머지는 열심히 일해봤자 아무것도 이룰 수 없다고 말한다.

오늘날 정치적 특권을 통해 부유해지는 사람들이 존재하는 것은 사실이다. 하지만 성공한 많은 미국인 중에서 그런 자들이 차지하는 비율은 아주 낮다. 만약 정말로 공정함을 중요시한다면, 가질 자격이 있는 부earned fortunes와 그렇지 못한 부unearned fortunes를 구별하는 법을 배울 필요가 있다. 그리고 자격이 없는 부를 사람들이 누리지 못하도록 해야 할 것이다.

누군가 돈을 '벌 자격이 있다'라는 건 무엇을 의미하는가? 그것은 쉽게 말해, 그가 그것을 생산했다는 것이다. 만약 로빈슨 크루소가 스스로 작살을 만들어 물고기를 잡았다면, 그는 그것을 생산한 것이다. 이제 그 물고기는 그의 소유이고, 프라이데이가 따라와서 그것을 가져간다면 그건 분명 잘못된 일이다.

우리는 각자가 생산한 것을 다른 이들이 생산한 것과 교환함으로써 간접적으로 가치를 생산할 수 있다. 만약 크루소가 잡은 생선을 자기가 먹는 대신 프라이데이가 나무에서 잘라낸 코코넛과 교환한다면, 크루소는 그 코코넛을 프라이데이와의 자율적 동의 아래 가치 교환을 통해 얻은 것이다.

노동 분업이 이루어지는 복잡한 경제의 작동 원리도 이와 같다. 하지만 그 원리가 실제 적용되는 양상은 그리 간단하지 않다. 우리는 물물교환 경제처럼 물고기나 코코넛과 같은 유형의 재화를 생산하고 교환하지 않는다. 대신 돈을 벌기 위해 생산하고, 다른 이가 생산한 것을 사는 대가로 화폐를 건넨다.

생산하는 데 들인 노력에 대해 얼마를 받을 수 있는지, 그리고 그 돈을 가지고 무엇을 살 수 있는지, 이 모든 것은 거래하는 사람들 간의 자율적 동의를 통해 결정된다. 노동 분업 하에서, 무엇인가를 벌기 위해서는 생산과 자율적 교환을 거쳐야만 한다. 우리가 가치 있다고 생각하는 것은 자발적으로 나와 거래하기로 한 이들에 의해 평가되는, 우리가 생산하는 경제적 가치를 의미한다.

그러나 경제적 보상이 이같은 가치를 정확히 나타내는 금액이라고 보는 것은 잘못된 판단이다. 우리가 성실함, 진실됨, 노력 등의 미덕이나 훌륭한 성품에 대해 돈을 받지는 않는 것처럼 말이다. 빌 게이츠가 마이크로소프트를 만들기 위해 열심히 노력했어도, 그가 일반 미국인보다 2만 배 더 열심히 노력해서 억만장자가 된 건 아니다. 한 사람이 엄청난 성공을 거뒀을 경우 그 사람의 됨됨이에 어떠한 미덕이 있음은 거의 확실하다.

하지만 중요한 점은, 경제적 관점에서 한 사람이 벌어들인 것 혹은 가질 만한 자격이 있는 것은 그가 생산적인 노력과 자발적 교환을 통해 달성할 수 있는 보상의 수준에 이르렀음을 의미한다는 것이다. 1997년에 조앤 롤링은 해리포터 시리즈 중 첫 번째 책을 출판했다. 그 이후 10년 동안 그녀는 여섯 권의 해리포터 책을 더 써냈다. 수백만 명의 독자 팬은 기꺼이 한 권에 10~20달러씩을 지불하였고, 롤링은 억만장자가 되었다.

지난 10년간 가장 많은 돈을 받았던 CEO 중 한 명은 스티브 잡스로서, 수십억 달러를 받았다(대부분 스톡옵션의 형태로). CEO로 재직하며 잡스는 파산 지경에 있던 애플을 구해냈을 뿐만 아니라, 수백만 고객의 삶이 윤택해지도록 돕는 제품들을 만들었다. 그래서 맥Mac, 아이팟, 아이폰, 아이패드를 구매하는 데 사람들이 기꺼이 수천 달러씩 쓰게 했다. 이에 따라 잡스는 애플의 기업 가치를 30억 달러에서 3천 470억 달러로 끌어올릴 수 있었다.[71]

워렌 버핏은 역사상 가장 부유한 투자자로서, 순 자산이 800억 달러 정도 된다. 어마어마한 돈이긴 하지만, 버핏은 자신의 기업인 버크셔 해서웨이Berkshire Hathaway의 가치가 1960년대 말 2천 210만 달러에서 오늘날 3천억 달러로 증가하도록 도왔다. 다시 말해, 버크셔 해서웨이에 1967년에 20.50달러를 투자하였다면 오늘날 그것은 무려 20만 달러 이상의 가치를 지닌다.

이는 무엇과도 비교할 수 없는 기록적인 수치이다.[72]

버핏은 다른 이들이 보지 못한 기회를 포착하는 자신의 천재성을 이용하여 기업들에 투자를 하였다. 버핏의 투자를 받은 기업들은 향후 고객과 주주들에게 엄청난 가치를 돌려주어 버핏은 어마어마한 부를 거머쥘 수 있었다. 특히 그는 한번 투자한 기업에 대해서는 꿋꿋이 지원하여 사업이 번창할 수 있도록 도와주었다.

이렇게 특출난 능력을 지닌 사람들은 그 능력을 통해 부를 이뤄냈다. 그들은 분명 그걸 가질 자격이 있다. 보상의 가장 큰 장점은 다른 사람의 희생에 따른 게 아니라는 것이다. 빌 게이츠가 억만장자가 되는 과정에서 다른 사람이 더 가난해지지는 않았다. 그는 오히려 소비자, 납품업자, 소프트웨어 제작사들이 번성할 수 있도록 제품들을 만들고, 인터넷 혁명의 핵심적 역할을 해냄으로써 수십억 달러의 가치를 창출하였다. 그가 벌어들인 500억 달러가 초라해 보일 정도의 업적이다. 성공적인 창조자들이 얼마를 벌어들였든, 그것은 그들이 창조해낸 총 가치의 극히 일부에 지나지 않는다.

이런 억만장자들이 벌어들인 돈은 다른 많은 이가 자발적으로 지불한 결과라는 사실을 상기하면 이는 더욱 분명해진다. 왜 그토록 많은 사람이 기꺼이 자기 돈을 건넸을까? 그 이유는 그 대가로 받는 것이 그 돈의 액수보다 더 가치 있기 때문이다. 이것은 자유주의 하에서 왜 불평등이 발생하는지를 이해하는 데 필요한 핵심적 개념이다. 또한, 왜 불평등이 발생해야만 하는지를 설명하는 중심 개념이기도 하다.

1996년, 조앤 롤링이 가진 순 자산은 거의 전무하다시피 했다. 하지만 그녀는 엄청난 횟수의 자발적 거래를 통해 부자로 거듭났다. 수백만 명의 사람이 그녀의 책을 위해 20달러씩 내기로 하였으니 당연히 불평등은 증가했다. 그녀의 소득과 부는 증가하였지만, 그녀의 팬들의 소득은 그대로였고 부는 약간 줄어들게 되었으니 말이다.

하지만 결과적으로 이 거래에 참여한 모두는 이득을 봤다. 독자들은 그 책을 20달러보다 더 가치 있다고 평가했고, 롤링은(그리고 출판업자는) 그 한 권의 책보다 20달러의 가치를 더 높게 봤다. 모두가 이득을 얻는 이런 자발적, 윈윈win/win 거래를 통해 롤링은 소득 상위 0.1% 명단에 이름을 올릴 수 있었다. 불평등은 증가했지만 세상은 이전에 비해 나아졌다.[73]

이런 경제적 보상들의 가장 큰 장점이 자발적, 윈윈 거래에 의해 탄생하는 것이라면, 자격 없는 보상들은 비자발적이다. 그것들은 한쪽은 얻고 한쪽은 잃는 관계에 의해 발생한다. 다시 말해, 다른 이의 희생에 따라 누군가 이득을 얻는다는 이야기다.

오늘날 이런 자격 없는 보상을 통해 부유해진 사람이 많은 건 분명하다. 하지만 어떻게 이들을 식별하고 바라봐야 할까? 이러한 질문에 잘못된 대답을 하는 불평등 비판론자들을 아래에서 확인하게 될 것이다. 그들이 착취로 착각하는 많은 부분은 사실 생산적 성취에 해당한다. 그렇기 때문에 편협한 관점에서 비롯된 그들의 해결책은 불공정할 수밖에 없다.

2. 능력 대 특권

로버트 풀턴Robert Fulton은 1807년에 처음으로 뉴욕항을 드나드는 증기선을 띄운 사람이다. 풀턴은 30년 동안 자신을 제외한 그 누구도 뉴욕의 항로에 증기선을 띄울 수 없도록 하는 보증을 뉴욕 주의회로부터 받았다. 하지만 10년 후, 풀턴의 독점적 지위는 23세의 코넬리어스 밴더빌트Cornelius Vanderbilt에 의해 도전받았다. 뉴저지 증기선을 운영한 토머스 기번스Thomas

Gibbons 밑에서 일하던 밴더빌트는 뉴저지주 엘리자베스시와 뉴욕시 사이의 구간을 운영하였다. "뉴저지는 자유로워야 한다"라는 깃발을 나부끼며 무단으로 운항한 것이다.

뉴욕주 당국은 밴더빌트를 붙잡으려고 했지만 그는 60일 동안 피해 다녔으며, 그 사이 승객들은 밴더빌트의 낮은 운임을 즐겼다. 작가 앤드류 번스타인Andrew Bernstein에 따르면, 밴더빌트는 "널빤지 밑에 숨은 뒤 경찰이 승선하면 도망치곤 하였다. 그는 또한 배 안에 비밀 옷장을 만들어 거기에 숨었다. 그를 잡으러 온 이들은 젊은 여성이 배를 모는 장면만을 승객들의 조롱과 비웃음 속에서 멍하니 보고 있을 수밖에 없었다."[74]

결국 이 사건은 법원으로 향했으며, 1824년 기번스 대 오그덴Ogden의 판결에서 미 대법원은 풀턴이 행하던 독점의 해체를 명령했다. 그 결과는 엄청났는데, 역사학자 버튼 폴섬Burton Folsom은 다음과 같이 적었다.

"기번스 대 오그덴 판결 1년 후, 오하이오강의 증기선 통행량은 곱절로 늘어났고, 2년 후에는 네 배로 늘어났다."

경쟁업체들이 더 가볍고 값싼 보일러를 사용하기 시작하고 더 저렴한 연료를 사용하면서 선박 산업의 혁신이 시작되었다. 폴섬에 의하면,

풀턴의 독점적 지위를 무너뜨린 것의 진정한 가치는 증기선 운송의 비용이 떨어졌다는 데 있다. 여객 운송의 경우, 뉴욕시에서 올버니Albany까지의 운임은 판결 직후 7달러에서 3달러로 떨어졌다. 풀턴의 회사는 이 새로운 운임을 견디지 못하고 금방 도산하였다. 반면 기번스와 밴더빌트는 새로운 기술을 통해 비용을 절감하여, 1820년대 말에는 연간 4만 달러씩의 이익을 올릴 수 있었다.[75]

밴더빌트와 풀턴은 부자가 되는 두 가지의 다른 길을 상징한다. 그 두 가지는 바로 능력과 특권이다.[76] 1963년의 기사 '돈을 버는 성격The Money-Making Personality'에서 아인 랜드는 능력을 통해 돈을 버는 이들을 '부를 창출하는 사람들Money-Makers'이라 칭하였고, 특권을 통해 부자가 되는 이들을 '돈을 빼돌리는 사람들Money-Appropriators'이라 이름 붙였다.

부를 창출하는 사람들은 자신의 발견을 물질로 바꾸는 이들이다. 이는 복잡한 분업의 공업 사회에서는 한 사람, 혹은 파트너 관계의 두 사람이 될 수도 있다. 지식을 발견하는 과학자와 그 지식을 어떻게 사용할 것인지를 떠올리고, 원재료와 노동력을 구성하여 재화를 생산해내는 기업을 어떻게 만들어낼지 고민하는 기업가와 같이 말이다.

반면 돈을 빼돌리는 이들은 전혀 다른 종류의 인간들이다. 그들은 본질적으로 창의적이지 않으며, 기본적 목표가 다른 이들에 의해 창출된 부의 지분을 얻고자 하는 것이다. 그들은 부자가 되고자 하지만, 경쟁에서 이기기보다는 다른 사람을 조종해서 그것을 달성하고자 하고, 지성을 통해서가 아닌 사회적 영향력을 통해 그것을 이루고자 한다. 그들은 생산하지 아니하고 재분배할 뿐이다. 그들은 그저 이미 존재하는 부를 기존 주인의 주머니에서 자신의 주머니로 옮길 뿐이다.

돈을 빼돌리는 이들은 정치인이 될 수도 있고, '원칙을 무시하는 기업가'가 될 수도 있고, 혹은 '혼합 경제'가 낳은 괴물이 될 수도 있다. 즉, 특권, 보조금, 정부 허가 산업 등 정부가 제공하는 혜택을 통해 규모를 키우는 기업가, 다시 말해, 합법화된 영향력을 통해 부를 키우는 자가 될 수도 있다.[77]

요즘에는 부와 기회를 가진 이들을 '특권층'으로 쉽게 칭하곤 한다. 부모들은 자녀를 아끼는 마음에 그들에게 기회가 아닌 특권을 물려주며, 무일푼에서 부자가 된 자수성가형 사업가는 성공의 아이콘이 아니라 그저 특권을 받았을 뿐이라고 폄하한다. 특권이라는 개념을 이런 식으로 사용하면 부모가 준 기회를 잡아 열심히 일하는 아이들과, 자신의 수중에 저절로 모든 것이 쥐어지기 바라는 망나니를 구분하지 않게 된다. 그리고 생산적인 능력을 통해 무언가를 이뤄내는 사람과 정치적 권력을 써서 부자가 되는 이들을 구별하지 않는다. 경제적 관점에서 특권이란 정부로부터의 특혜를 통해 주머니를 채우는 자들에 관해서만 제한적으로 쓰여야 한다. 이는 주로 정경 유착cronyism이라 불리고 있다.[78]

오늘날 정경 유착을 통해 부자가 될 기회는 아주 많다. 여기에는 정부가 지원하는 독점 산업이나 구제 금융, 보조금 제도, 대출 보증, 세제 혜택, 관세 제도, 일부 기업에만 혜택을 주거나 경쟁사들은 불리하게 만드는 규제 등이 포함될 수 있다.[79] 이러한 특혜의 결과에는 반드시 승자와 패자가 생긴다. 정부가 지원하는 독점 산업은 가격을 올리고, 구매자들의 선택 폭을 좁히며, 경쟁자들의 기회를 빼앗아간다.

구제 금융은 도산하려는 기업을 강제로 납세자가 살리도록 만들며, 이를 발판으로 사업을 시작하려던 경쟁자의 기회는 무산된다. 보조금은 정부가 좋아하는 기업들에게 돈을 주고자 몇몇 사람의 돈을 뺏는 것인데, 경쟁자들의 입장에서는 이 때문에 불공정하면서도 불리한 상황에 놓이게 된다.

이런 특혜의 예로서, 파눌 집안Fanjul Family의 이야기를 들 수 있다. 파눌가는 저리低利의 정부 특혜성 대출과 함께 파눌을 비롯한 미국의 설탕 재배업자들이 국제 가격의 두 배를 받을 수 있도록 하는 보호주의적 관세를 토대로 사탕수수 제국을 세울 수 있었다. 이 관세 때문에 미국인들은 연간 19억 달러의 내지 않아도 될 돈을 더 지불하고 있다.[80]

일반적으로 농업은 정부로부터 엄청난 보조를 받는데, 직접 보조금만 하더라도 연간 총 200억 달러에 달한다.[81] 하지만 정부가 납세자의 돈을 통해 자유를 훼손하는 것은 농업에서 멈추지 않는다. 테슬라는 전기차 사업을 시작하며 미국 에너지국으로부터 4억 6천 500만 달러의 대출을 받을 수 있었다.[82] 친환경 에너지 기업 솔린드라Solyndra는 파산하기 전, 에너지국으로부터 5억 3천 500만 달러의 융자를 받은 것으로 유명하다.

한편, 당시 CEO였던 제프리 이멜트Jeffrey Immelt 덕분에 GEGeneral Electric는 정부의 특혜를 중심으로 사업을 운영하는 경영 전략을 세울 수 있었다. 작가 헌터 루이스Hunter Lewis는 GE가 "금융, 국방, 친환경 에너지, TV 미디어, 기술, 수출에 있어 정부와 밀접하면서도 공생적 관계를 유지했다"라고 밝혔다. GE는 "오바마 행정부가 시행한 경기 부양책stimulus bill의 주된 수혜자"라고 적었다.[83]

여기서 무엇이 정경 유착에 해당하고, 무엇은 해당하지 않는지에 관해 분명하게 구분하는 것이 중요하다. 불평등 비판론자들에 의해 정경 유착이란 꼬리표가 붙은 많은 것이 실제로는 그렇지 않은 경우가 많기 때문이다. 자신에게 피해를 끼치는 규제로부터 자신들을 보호하기 위해 어떤 기업이 로비 활동을 하는 경우는 정경 유착이라 할 수 없다. 납치범으로부터 풀려나고자 몸값을 지불하는 행위를 뇌물이라 표현할 수 없는 것처럼 말이다. 정부의 강력한 영향력이 존재하는 오늘날의 세상에서 기업들은 사실상 자기방어를 위한 로비 활동을 할 수밖에 없다.

이에 관한 예로 마이크로소프트의 이야기만한 것이 없다. 마이크로소프트는 1997년 한 해 로비 활동으로만 2억 달러를 썼다. 전 마이크로소프트 직원이자 좌익 성향의 저널리스트인 마이클 킨슬리Michael Kinsley의 증언에 따르면 "빌 게이츠는 소프트웨어 기업이 그토록 많은 로비스트와 변호사를 고용해야 한다는 점을 받아들일 수 없었다. 그는 자유롭게 소프트웨어를 만들고 파는 것 이외에 정부로부터 어떠한 특혜도 원하지 않았다. 만약 정부가 그를 가만히 내버려둔다면 그도 정부를 가만히 둘 참이었다."[84]

하지만 마이크로소프트의 "우리를 가만히 내버려두라"라는 태도는 워싱턴 정가로부터 좋은 평가를 받지 못했다. 오히려 그렇게 하면 향후 좋은 일은 없을 거라는 경고만을 받았다.[85] 그리고 얼마 가지 않아 그 경고는 현실이 되었다.

인터넷 익스플로러를 무료로 배포했다는 혐의로 빌 게이츠는 미 법무부에 의해 반독점법 위반으로 고발되었을 뿐만 아니라 당시 공화당 상원의원이자 상원법사위원회Senate Judiciary Committee 위원장이었던 오린 해치Orrin Hatch로부터, "나는 마이크로소프트에 조언을 해줬지만, 그들은 아무 신경도 쓰지 않는군요"와 같은 공개적인 비난을 받는 수모도 겪어야 했다.[86] 빌 게이츠는 자기 평생을 바쳐 일궈낸 기업을 정부에게 빼앗길 위험과 맞닥뜨리게 된 것이다.

결과는 어떻게 되었을까? 마이크로소프트는 정치활동위원회PAC에 주는 돈을 다섯 배가량 늘리게 되었고, 2010년 선거에서는 상원의원 후보자들에게 230만 달러를 후원하였으며, 특히 오린 해치의 2006년, 2012년 캠페인에는 당시 최대 허용액인 1만 달러를 냈다. 전체적으로 마이크로소프트는 청문회 이후로 1억 달러가 넘는 돈을 로비 활동에 사용하였다.[87] 킨슬리는 여기서의 교훈을 다음과 같이 정리한다.

마이크로소프트의 사례가 보여주듯이, 워싱턴 정가의 권력 남용은 기업들이 로비스트를 고용하여 활동하는 데서 생긴 게 아니다. 이는 정치인들과 선거 캠프에 의해 광범위하게 이뤄지는 일종의 폭력 집단이 자행하는 갈취와도 같은 것이다. 여기 이 소프트웨어 회사, 꽤나 좋아 보이는데. 우리가 규제하거나 정부의 프로그램 때문에 세율을 올리게 되면 어쩌나? 당신네 경쟁사는 방금 막 후원을 크게 했던데. 당신들은 그럴 생각 없어?[88]

기업가들이 자기 방어를 위해 로비를 해야 하는 요즘 시스템의 문제점 중 하나는, 그것이 특혜나 특별 대우를 위한 로비로 이어지는 경우가 많다는 점이다. 티모시 카니Timothy Carney에 의하면, "처음에는 자기 방어를 위해 워싱턴DC를 찾아온 기업들이 얼마 가지 않아 큰 정부를 이용하여 이득을 취하는 법을 배운다. 오늘날의 마이크로소프트는 더 이상 자신을 내버려두기를 바라지 않는다. 그들은 오바마의 경기 부양책 중 하나였던 컴퓨터 보조금과 '망중립성net neutrality' 규정을 지지하며 자신들의 수익 구조를 보호하고자 하였다."[89]

많은 경우, 회사는 자기가 방어를 하고 있는지, 공격을 하고 있는지 알 수 없다. 그 경계는 분명치 않고, 만약 오늘날의 정치 시스템에 실제로 광범위한 부패의 문제가 존재한다면, 아마 그 중 최악은 이것일 것이다. 알지도 못하는 사이에 부를 창출해내는 자들을 돈을 빼돌리는 자들로 바꿔놓는 것. 하지만 마이크로소프트는 더 이상 그러한 항변을 할 수 없다. 2011년에 마이크로소프트는 그런 시스템을 이용하여 오히려 구글을 반독점법 위반으로 신고하였기 때문이다.[90]

결국 부를 창출하는 것과 돈을 빼돌리는 것의 핵심 차별점은 이것이다. 어떤 사업이 자발적 교환에 의해 부를 창출했는가, 아니면 자신의 영향력을 통해 그렇게 하였는가? 정부의 영향력을 통해 자유 시장에서라면 불가능했을 방식으로 이익을 얻어냈는가, 아니면 자유 시장에서 경쟁하기 위해 정부를 상대로 로비 활동을 하였는가?

정경 유착이 만연하지만, 그것이 경제적 불평등 심화의 주된 이유라는 증기는 찾을 수 없다. 만약 그것이 상위 1%의 소득을 올리는 주된 요인이라고 하더라도 최상위 고소득자들에 대한 규제나 징세를 정당화하지는 못한다. 만연한 정경 유착의 해결책은 정경 유착을 멈추게 하는 것이다. 어떻게 달성했는지에는 관계없이 성공한 사람 모두의 주머니를 터는 것은 해결책이 아니다. 그건 마치 랜스 암스트롱Lance Armstrong이 도핑을 하였다고 모든 투르 드 프랑스Tour de France 우승자의 상금을 압수하는 것만큼이나 불공정한 처사이다.

물론 정경 유착에는 불평등의 문제가 존재한다. 하지만 정경 유착은 정치적 불평등이 빚어낸 관행이다. 그것은 특권층이 정부의 권력을 이용하여 다른 이들을 약탈하도록 만든다. 불평등 비판론자들이 정경 유착에 반대할 때는, 사람들이 정부로부터 특혜를 받고 자격 없이 돈을 받는 것에 대해 비판하는 게 아니라, 그 특혜와 자격 없는 돈을 잘못된 사람들이 받고 있다는 것을 지적하는 것이다.

다시 말해, '99%'가 아닌 '상위 1%'가 그것을 가져간다는 이야기다. 그렇기 때문에 금융 산업에 대한 구제 금융에는 반대하지만, 자동차 산업에 대해 그들은 반대하지 않는 것이다. 그들은 정치적 특권을 없애고 싶어하지 않는다. 단지 그 특권을 받는 이들을 바꾸고 싶어할 뿐이다.

3. 복잡한 사례, 금융 산업

야론과의 공개 토론에서 경제학자 제임스 갤브레이스는 불평등의 심화가 금융 산업의 탓임을 다음과 같이 분명히 하였다.

"미국 내에서 증가하는 소득 불평등의 주 요인은, 국세 통계에서도 볼 수 있듯이 금융 산업이며, 최소 2008년 위기 이전까지는 금융 산업 때문에 소득 불평등이 심해졌습니다. 이건 데이터 상으로도 분명히 확인할 수 있습니다."

하지만 불평등 비판론계의 슈퍼스타인 토마 피케티의 눈에는 그렇게 분명하지 않은 듯하다. 그는 "최고 소득층의 80%는 금융업에 종사하고 있지 않으며, 고소득층의 소득 증가는 주로 대기업의 최고 관리층에 대한 임금의 폭증에 따른 것이다. 이는 비非금융계뿐 아니라 금융업에서도 고루 일어나고 있는 현상"이라고 하였다.[91]

갤브레이스는 여기에 금융업의 늘어난 부는 생산성이 증대되어서가 아니라, 정부가 눈감아주는 사이에 이기심에 의한 사기가 동원된 것이라고 덧붙였다.

"1990년대 민주당 정권 아래서의 규제 완화와 2000년대 공화당 정권 하의 관리 감독 완화에 따라 금융 사기를 조사하는 인력이 대규모 철수하였으며, 이는 대출 심사에 관해 관리 감독을 하지 않겠다는 분명한 신호를 주었습니다. 이에 따라 금융 사기는 걷잡을 수 없게 되었습니다."[92]

갤브레이스의 이런 관점은 널리 통용되고 있다. 금융 산업은 부자가 더욱 큰 부자가 되는 곳으로서, 생산적인 달성을 통한 것이 아니라 서류 작업, 사기, 부당한 거래, 정경 유착을 통해서 이뤄진다는 인식이 많다. 하지만 이중에서 진실은 거의 없다. 오히려 정부가 금융 산업에 너무 많이 개입하여 정경 유착과 위법 행위들이 발생한다. 또한 금융 산업이 하는 일의 많은 부분이 외부인들에게는 잘 보이지 않기 때문에, 과연 이들이 부를 창출하는 자들인지 돈을 **빼돌리는** 자들인지 구분하기란 어렵다.

하지만 세 가지는 분명하다. (1) 금융 산업은 굉장히 생산적이며, 생산적인 금융업자들이 벌어들인 것을 본인들이 가져갈 자격은 그들에게 분명히 있다. (2) 정부의 산업 통제에 따라 금융업자들이 돈을 버는 경우, 그 잘못은 주로 정부에게 있고 이에 대한 해결책은 산업을 더 자유롭게 하는 것이다. (3) 사기나 횡령과 같이 실제로 범죄 행위가 일어나고 있다면, 무고한 이들에게 더 많은 규제를 가해 부담을 지울 것이 아니라 철저히 조사하여 범인을 처벌함으로써 해결해야 한다.

금융은 단순히 생산적인 것만이 아니다. 금융은 경제 발전의 중추적 역할을 함으로써 사회에 공헌한다. 금융 산업이 없는 세상을 상상해보라. 어떤 사람들이 일정 기간 자기가 소비한 것보다 더 많이 생산하더라도 남은 것을 가지고 어떤 것도 할 수가 없다. 그저 매트리스 밑에 처박아두거나 금고 안에 넣어두고 그것을 쓰기로 마음먹기 전까지는 가만히 놔둘 것이다. 금융업자 없이는 저축에 대한 이자도 없다. 노후 은퇴 자금 따위는 상상조차 할 수 없다.

차를 사려고 하는 경우에는 어떨까? 여기에는 대출도 존재하지 않는다. 신용카드도 쓸 수 없다. 그것도 일종의 대출이니까. 현금으로 살 수 있는 것만을 사게 될 것이다. 그렇다고 걱정할 필요는 없다. 왜냐하면 애초에 살 수 있는 자동차가 아예 없을 테니까. 자동차를 생산하는 데 필요한 어마어마한 양의 자본과 판매 매장을 여는 데 필요한 대출금 등을 공급하는 금융 산업 없이는 자동차 산업이 존재할 수가 없다.

만약 식당을 열고 싶다면? 놀이공원을 만들고 싶다면? 혹은 암 치료법을 연구하고자 한다면? 아니면 실리콘 밸리에서 스타트업을 시작하고 싶다면? 거의 모든 사업은 자본과 대출을 통해 이뤄진다. 심지어 큰돈을 들이지 않고 시작하는 홈 오피스마저 웹호스팅 서비스나 제조업체의 아웃소싱을 필요로 하는데, 이곳들 역시 금융 산업에 기댈 수밖에 없다.

금융 산업은 굉장히 복잡한 영역이긴 하지만, 그곳의 모든 활동은 크게 세 개의 기본적 기능으로 분류할 수 있다. 그것은 대출, 투자, 리스크 관리이다. 이 모두는 자본이 가장 생산적인 데 투입될 수 있도록 도와주는 활동들이다.

대출은 은행 대출에서 회사채, 기업 어음까지 다양한 형태로 이루어진다. 대출은 기본적으로 저축한 이들이 돈을 필요로 하는 사람들에게 돈을 빌려주도록 해줌으로써 이뤄지는데, 양 당사자 모두가 이로부터 이익을 얻는다. 추가로 돈이 필요한 사람은 은행으로부터 돈을 빌릴 수 있고, 나중에 이자와 함께 상환이 이루어지면 대여자는 자신의 부가 늘어나는 걸 볼 수 있을 것이다.

투자는 생산적 기업에 관한 소유권 지분을 대가로 자본을 제공하는 것이다. 이는 종종 벤처캐피탈이나 사모펀드, 헤지펀드, 투자은행, 주주 등에 의해 이뤄진다. 기업가 머릿속의 아무리 좋은 아이디어도 그것을 현실화시킬 수 있는 인력과 재원을 구하지 못하면 가치가 없다. 이 과정은 결코 만만하지 않다.

우리의 생활 수준을 놀라울 정도로 높게 만들어주는 것은, 경제학자 루이지 징갈레스Luigi Zingales의 말을 빌리자면, 세상의 수많은 스티브 잡스와 제프 베조스의 손에 자원을 투입하는 '재능과 돈의 매칭'을 통해 가능한 것이다.[93] 저축이 가장 가치 있는 곳에 쓰이도록 만듦으로써 금융업자들은 우리에게 수많은 재화와 용역을 선사한다. 여기에는 컴퓨터부터 호텔, 항공기까지 포함된다. 우리가 아이폰을 사용하여 우버를 호출할 수 있는 것도 벤처캐피탈이 우버에 수억 달러를 투입하여 전광석화와 같이 성장할 수 있었기에 가능한 것이었다.

이와 같은 투자 역시 원원 거래이다. 투자를 해서 항상 이익을 보는 것은 아니지만, 양 당사자 모두가 이득을 볼 것으로 기대하기 때문에 이뤄지는 것이다. 주식 시장을 예로 들어 보자. 한 회사가 기업 공개를 하면 많은 개인이 배당이나 미래에 더 높은 가격에 주식을 팔아 이익을 볼 것으로 기대하고 주식을 산다. 그리고 이를 통해 회사는 대규모의 자본을 조달하여 성장하고, 이전보다 돈을 더 많이 벌 것으로 기대한다.

또한 금융의 리스크 관리는 파생 상품이나 선물futures, 신용 부도 스왑credit default swaps, 기타 여러 상품을 이용하여 예측불가한 위험으로부터 고객을 보호하는 역할을 한다. 가장 흔한 리스크 관리 방법은 보험이다. 금융업자들이 없다면, 우리는 보험 없이 스스로 저축하여 예상치 못한 지출을 충당하여야 할 것이다.

보험은 미리 고정된 보장으로 미래에 일어날 수 있는 예기치 못한 재앙적인 사건으로부터 자신을 보호할 수 있도록 해준다. 반면 보험사는 리스크를 정확히 평가할 수 있는 능력을 토대로, 지급하는 보험금보다 수수료를 더 많이 받을 것으로(그 수수료 수익을 투자하여 얻는 이익도 포함하여) 생각하고 운영하는 것이다. 결국 양쪽 모두 이득을 보게 된다.

이 모든 거래는 판단과 리스크를 수반한다. 피케티와 같은 불평등 비판론자들이 부자들은 돈을 투자하기만 하면 저절로 더 부자가 된다고 하지만 이는 사실이 아니다. 성공적인 금융업자들은 창출하는 가치가 어마어마하기 때문에 그토록 많은 돈을 버는 것이다. 실제로 그렇게 많은 가치를 장시간에 걸쳐 만들어내는 능력을 가진 이들은 아주 적기 때문에 엄청난 급여를 받는 것이다.

그렇다고 해서 생산적이지도 않고 나쁜, 심지어 범죄에 해당하는 행위가 금융계에서 벌어지고 있다는 사실을 부정하려는 것은 결코 아니다. 산업 자체가 부패했다는 것도 아니다. 정리하면 한 산업이 기본적으로 도덕적이고 생산적이라는 사실이 그 산업 내의 모두가 도덕적이고 생산적이란 말은 아니다.

그런데 미국의 금융 산업은 정부에 의해 지배당하고 있고 이것이 상황을 훨씬 악화시킨다. 모두의 권리가 보호받는 자유 시장에서 경제적 관계가 자발적이라는 것은 다른 사람을 위해 가치를 창출하지 않는 이상 이익을 올릴 수 없음을 의미한다. 이는 장기적으로 봤을 때 더 분명하게 드러난다. 만약 당신이 가치를 아예 창출하지 않거나, 소득에 비해 낮은 가치만을 창출하거나 제멋대로 행동하면, 당신과 관련된 사람들은 그것을 발견하고 고쳐줘야 한다. 만약 당신이 명백한 사기, 횡령, 혹은 기타 범죄에 가담했다면 정부가 당신을 제지하고 처벌해야 마땅하다. 하지만 정부의 개입은 이러한 과정을 여러 방면에서 방해한다. 과연 금융업자들이 자신들의 소득을 받을 자격이 있는가에 관한 논의 못지않게 정부의 개입을 둘러싼 논란도 적지 않다.

정부 간섭과 관련된 많은 예 중에서 금융 산업에서의 정경 유착에 관해 살펴보자. 정부가 규제를 만들어 일부는 이득을 보고 일부는 손해를 보는 선택들을 하면, 일부 사람이 정부에 영향을 미치려고 시도하는 것은 당연한 수순이다. 일부는 자기 보호를 위해, 일부는 유착을 위해, 또 일부는 여러 가지가 뒤섞인 이유로 정부를 상대로 로비를 할 것이다.

금융 산업에서의 영향력을 행사하기 위한 쟁탈전은 꽤나 치열한데, 이는 정부가 너무도 깊숙이 개입하였기 때문이기도 하고, 여기에 걸린 돈이 너무도 큰 때문이기도 하다. 미국에서 가장 촘촘한 규제를 받고 있는 이 산업이 로비 활동에 돈을 가장 많이 쓴다는 사실은 그리 놀랍지도 않다.[94]

지난 수십 년간 가장 노골적인 정경 유착은 대침체기 때 결정적 역할을 했던 대마불사大馬不死 금융기관들에 대한 정부의 반관半官적 정책들이었다. 경제학자들은 당시의 집값 버블과 폭락 사태의 원인에 관해 현재까지도 지속적으로 논쟁을 벌이고 있다. 하지만 금융 산업 종사자 상당수가 굉장히 위험한 행동에 가담했다는 점은 분명하다. 리스크를 통해 그들은 큰 이익을 올렸으나, 나머지 사람들은 훨씬 더 큰 손해를 입어야만 했다. 여기서 중요한 것은 이러한 상황이 정부의 개입에 의해 만들어졌다는 점이다.

자유 시장에서 리스크는 상방 가능성(큰 이익)과 하방 가능성(큰 손해) 모두를 지닌다. 채권자들은 한 기업이 감당할 수 없는 리스크를 감수하기 시작하면 거기에 빠르게 제동을 건다. 하지만 2008년까지 많은 선도 금융기관의 레버리지 비율이 30:1, 혹은 그보다 더 높은 수치를 기록했다. 이 비율은 다른 산업에서는 찾아볼 수 없을 정도로 높은 수치였다. 무슨 일이 생긴 걸까? 이것은 정부가 지난 20년간 대형 금융기관들이 파산하지 않게끔 반복적으로 구제 금융을 실시하고 채권자들이 손해를 입지 않도록 보호하느라 벌어진 일이었다. 이를 통해 다음과 같은 분명한 메시지가 전달됐다.

"은행에 빚이 많다고 걱정하지 말고 안심하고 돈을 빌려주세요. 우리가 안 망하도록 할 거니까요."

결과적으로 정부는 금융 분야에 엄청난 지원군의 역할을 했으며, 정부의 보증 없이는 불가능할 수준의 리스크까지 감수하도록 만들었다.[95] 경제학자 러스 로버츠의 말처럼, "자본주의는 이익과 손해의 시스템이다. 이익은 리스크를 감수하도록 만든다. 손해는 신중하도록 만든다. 하지만 납세자들이 이러한 손해의 충격을 흡수하게 되면, 금융 산업은 신중한 태도를 유지하지 못하고 리스크를 감수하기 시작한다."[96]

금융업자들은 자유 시장에서 막대한 돈을 벌 자격은 충분하다. 그것은 눈부신 생산성의 상징이다. 하지만 오늘날, 반드시 그렇다고 할 수 없는 측면이 있다. 정부의 영향력 아래에서는 생산적 활동에 의한 이득과 정부로 인해 왜곡된 상황에서 벌어들인 이득을 완벽히 구분할 수 없다. 그래서 산업 전체를 싸잡아 비난할 수도 없고, 그렇다고 무한 신뢰할 수도 없는 노릇이다. 따라서 우리가 말할 수 있는 것은, 이런 온갖 부담 속에서도 전반적으로 금융 산업은 놀라울 정도로 생산적이라는 사실이다.

새로운 테크 스타트업의 성장을 돕는 벤처캐피탈에서부터 불확실한 환경 속에서도 고객들의 부를 불려주는 헤지펀드, 농부 및 기업가들이 급격한 가격 변동으로부터 보호받을 수 있도록 해주는 투기 자본들까지, 우리 경제가 역동적인 상태를 유지할 수 있는 데는 분명 금융 산업의 공헌이 크다. 그곳에서 발생하는 소득이 그 산업의 생산적인 공헌만을 잘 반영하도록 하기 위해서는 시장을 교란하는 정부의 영향력을 철폐해야지, 엉뚱하게 불평등과의 전쟁을 일으키는 우를 범해서는 안 될 것이다.

4. CEO 연봉의 진실

회사의 CEO는 중요한 자리이다. 잘못된 CEO는 회사를 침몰시킬 수도 있고, 좋은 CEO는 기업을 높은 곳으로 이끌 수도 있다. 그러므로 평범한 CEO가 만드는 아무리 조그만 변화라도 그의 엄청난 연봉을 충분히 정당화할 수 있다. 디 애틀랜틱The Atlantic의 칼럼에서, 맨해튼연구소 선임 연구원 제임스 맨지James Manzi는 2009년 포춘 500에서 250위에 오른 스미스 인터내셔널Smith International을 예시로 이 점을 설명했다. 맨지는 스미스 인터내셔널의 16억 달러 영업 이익은 사소한 변화만으로도 큰 영향을 미칠 수 있음을 보여준다.

"16억 달러의 1%만 해도 1천 600만 달러입니다."

2009년 포춘 500의 CEO 중위 연봉이 600만 달러임을 확인한 맨지는 다음과 같은 결론을 내렸다.

> 스미스 인터내셔널의 주주로서 CEO를 물색한다고 가정할 때, 1년에 600만 달러를 주거나, 혹은 그 두 배인 연간 1천 200만 달러를 주는 경우 중에서 고르라고 하면 내가 스스로에게 해야 할 질문은 "1천 200만 달러를 주고 모셔오는 CEO가 내 기업을 완전히 변화시킬 수 있을까?" 따위가 아니다. 나는 더 논리적으로 스스로에게 이렇게 물어볼 것이다. "과연 1천 200만 달러짜리 CEO가 600만 달러짜리보다 영업 이익을 0.6% 더 올릴 수 있을까?"[97]

평균적으로 CEO의 연봉은 10년 전에 비해서 떨어지긴 했지만 40년 전보다 훨씬 높아졌다.[98] 하지만 과연 연봉이 그만큼 오를만했을까? 그것은 최고 경영자들의 생산성이 올라서 그런 걸까? 불평등 비판론자들에 따르면 그렇지 않다. 그들은 최고위층이 받는 보상이 말도 안 되게 높을 뿐만 아니라 최고 경영층에게 돌아가는 과도한 연봉이 1980년대 이래로 심화되는 불평등의 근본적인 요인이 된다고 주장한다.

토마 피케티의 주장에 따르면, "2000~2010년 소득 분포에 따른 상위 0.1%의 대부분은 최고 경영자들로 구성되어 있다. … 고소득 미국인의 소득 비중이 증가하는 것의 주된 이유는 대기업 최고위 경영층의 임금이 폭증하였기 때문이다…"[99]

여기서 CEO 연봉에 관하여 스스로 질문해야 할 것은 "임금 수준의 공정함을 결정할 권한은 과연 누구에게 있는가?"이다. 이것이 가능한 유일한 사람은 수표를 써주는 사람, 즉 회사의 주인들이다. CEO의 연봉이 너무 높다고 생각하는 주주는 누구든 가지고 있는 그 회사의 주식을 팔 자유가 있으며, 이사회의 보수 수준 결정에 영향을 미칠 수도 있다. 심지어 주주가 아니더라도 표현의 자유를 이용하여 보상 결정안을 비판할 수 있고, 혹은 계약의 자유를 이용하여 회사를 보이콧할 수도 있다.

불평등 비판론자들이 정말로 하고 싶어하는 것은 공정한 임금을 결정하는 자기네의 관점을 회사의 주인들과 최고 경영진들에게 강요하는 것이다. 그들은 자기 돈으로 행동하는 주주도 아니면서, 자신들이 얼마의 임금이 공정한지 결정할 권한과 능력을 가져야 한다고 이야기한다.

"놀라울 정도로 사려 깊으면서도 예리한 주주들이 자신들을 위해 일하는 사장의 임금을 결정할 때는 멍청해진다."

2007년 당시 하원의원이었던 바니 프랭크Barney Frank의 말이다.[100] 이런 거만한 주장들은 공통적으로, 최고의 CEO를 유인하고 유지하고, 그에게 동기를 부여하려면 필연적으로 보상 제도가 뒤따라야 한다는 사실을 무시한다. 회사들은 수천 가지의 팩트를 저울질한 후, 온갖 조심스러운 판단을 거쳐 CEO의 가치를 평가해야 한다.

예를 들어 기본급과 성과급의 비율은 어떻게 해야 하는가? 스톡옵션, 조건부 스톡옵션restricted stock options, 주식 증가 차액 청구권stock appreciation rights 중에서 어떤 인센티브를 제공해야 하는가? 행사 기간과 평가 척도를 따져 결정된 인센티브는 어떤 구조로 만들 것인가? 퇴직금은? 가장 좋은 후보를 유치하려면 어떻게 계획해야 하는가? 이외에도 수없이 많은 질문이 있을 것이다. 최고 경영자 급여 컨설턴트라는 직업까지 있는 걸 보면 이러한 과정이 얼마나 어려운 일인지 알 수 있다.

심지어 외부인들에게는 잘못된 것처럼 보이는 급여도 제반 상황을 잘 이해하면 납득이 되는 경우를 종종 볼 수 있다. 폴 크루그먼이 말한 바와 같이, "최고위층의 자질도, 그 자질의 중요성도 실질적인 수치로 나타낼 수는 없다. 기업 경영자들의 생산성을 측정하는 것은 한 사람이 한 시간에 몇 개의 벽돌을 놓을 수 있는가를 세는 것과는 다르다. 단순히 운영하는 기업의 수익률을 보는 것만으로 경영자들을 신뢰할 만하다고 평가할 수가 없다. 왜냐하면 이익은 사장단이 관리하는 것 이외에도 많은 것의 영향을 받기 때문이다."[101]

회사는 적자인데 CEO는 보너스를 받는 경우를 생각해보자. 크루그먼도 인정하듯, 회사의 수익성은 전적으로 CEO의 손에 달린 것이 아니고, 그 보너스는 CEO의 행동 없이는 그보다 더 많은 돈을 잃었을 것이라는 회사 주인들의 판단을 반영하는 것이다. 일명 황금 낙하산 제도도 똑같다. 기업 외부인들은 쫓겨난 CEO가 거액의 돈을 받고 나갔다는 데 분노하지만, 주주들의 입장에서는 나가는 CEO에게 계약에 따라 이렇게 지불하는 것이 오히려 비용 절감을 위한 행위라며 당연하게 여길 수도 있다. 나쁜 CEO를 신속하게, 별 탈 없이 조용히 나가도록 만드는 것은 더 이상의 큰 비용이 발생하지 않고 불필요한 소송이 일어나지 않도록 해준다는 것이다.

프랭크Frank와 같은 불평등 비판론자들은 이러한 복잡한 상황을 무시한 채, 최고 경영자들의 임금을 낮춰도 회사는 어쨌든 방해받지 않을 것이며, CEO의 임금이 높은 유일한 이유는 그것이 CEO의 생산적 공헌에 대한 회사 주주들의 판단을 반영하지 못했기 때문이라고 주장한다. 그들은 CEO들이 이사회에 부당한 압력을 가하며 주주들의 가치를 훼손한다고 주장한다.

"한 CEO가 얼마나 좋은지를 누가 결정하며, 다른 회사가 그의 노하우를 빼앗아가지 못하도록 하기 위해서는 얼마를 줘야 하는가?" 크루그먼은 묻는다. 그리고 "답은, 대개 CEO에 의해 선택되는 이사회가 거의 항상 CEO가 고용한 보상 전문가에 의해 CEO의 가치를 결정하게 된다. 이는 말하자면 경영자의 개인적 자질과 그 자질이 회사의 수익에 얼마나 큰 영향을 미치는지를 과대평가하기에 유리한 상황이라 할 수 있다"[102]라고 답한다.

피케티 역시 "최고 경영진이 '회사 돈에 손을 댄다'라고 말하는 건 과하겠으나, 아담 스미스의 '보이지 않는 손'보다는 더 나은 설명이라 생각한다"라고 언급했다.[103]

하지만 이런 주장들은 부끄러울 정도로 근거가 빈약하다. 먼저, 시카고내 교수 스티븐 카쓸란Steven N. Kaplan과 스탠포드대 교수 조슈아 라우Joshua Rauh는 CEO 연봉의 증가가 슈퍼스타급 재능을 보이는 이들과 대체적으로 비슷한 양상을 보여주고 있다고 설명한다. 최상위 금융업자들, 변호사들, 프로 운동 선수 모두 소득이 최고 경영자들과 비슷하게 올랐다. 카플란과 라우는 "이는 상위 1%의 소득 증가가 경영층의 권력 강화나 경영층이 얼마

나 벌어야 하는가에 관한 사회적 규범의 변화에 따른 것이라는 주장과 상반된다"라고 설명했다.[104]

카플란 교수의 다른 연구도 흥미롭다. 연구 결과에 따르면 2000년 이래로 S&P 500대 기업 CEO들의 평균과 중위 임금 모두 감소하였다고 한다. 만약 CEO들이 이사회를 상대로 자신들의 보수 인상을 강제한다고 믿는다면, 이는 모순되는 결과이다.

가플란에 따르면 가장 흥미로운 사실은 비상장사의 CEO들이 일반적으로 상장사들에 비해 더 많은 보수를 받는다는 점이다. 이는 놀라운 사실이다. 상장사의 이사회는 주로 주식을 조금밖에 소유하지 못한 채 종종 CEO에 의해 임명되기에, 주주와 관리자의 이해가 일치되지 않을 확률이 높다.

하지만 비상장사의 주식은 대체로 소수의 주인만이 가지고 있어 그들의 지분 영향력을 행사한다. 이러한 상황에서 회사의 주인들에게는 경영진에게 과도한 돈을 주지 않을 유인과 능력이 당연히 있다. "만약 누군가가 상장사의 경영층 연봉이 높다는 것을 경영진 권력의 증거로서 제시한다면, 그는 왜 비상장사의 경영층이 비슷하거나 더 높은 연봉 상승을 받는지에 관해 설명해야 할 것이다. 비상장사에는 경영진의 권력이 사실상 존재하지 않는다"라고 카플란은 결론 내렸다.[105]

하지만 더 흥미로운 사실은, 주주들에게 자발적으로 CEO의 보수 인하에 관해 투표할 기회가 주어졌을 때, 주주들은 거의 항상 그 제안을 거절했다는 것이다(2011년 도드 프랭크법Dodd-Frank Act에 의해 강제로 일부 기업에 이것을 시행한 결과, 주주의 98%는 회사의 경영층에 대한 보상 체계에 찬성하였다.[106]). 주주들은 CEO의 보상 체계에 불만이 있다 하더라도, 임금 삭감이라는 우스꽝스러운 형식으로 그걸 드러내지는 않는 것으로 보인다.

무엇이 CEO들과 슈퍼스타들의 보수를 끌어올렸는가? 여러 가지 이론이 있고, 몇 개는 강력한 증거도 있지만 확실하게 증명된 것은 없다(이론들끼리 서로 겹치는 부분도 적지 않다). 한 이론은 기업들이 성장함에 따라, 약간이라도 나은 CEO의 상대적 가치가 경쟁자들에 비해 커지면서 그렇게 되었다고 주장한다. 다른 이론은 세계화에 따라 슈퍼스타들의 도달 범위가 확장되어 전 세계적으로 가치가 올라가면서 그렇게 되었다고 설명한다.[107]

피케티에 따르면, CEO 임금에 관한 어떠한 설명도 왜 "보상 수준의 급증이 … 어떤 국가들에는 영향을 미쳤고 어떤 국가들에는 그러지 못했는지 (일본과 유럽 대륙은 미국과 비교했을 때 훨씬 영향을 덜 받았다)" 설명하지 못한다.[108] 물론 변화하는 시장 상황이 CEO 임금과 관련된 유일한 요인은 아닐 것이다.

하나의 중요한 요인은 유능한 CEO를 확보하기 위한 경쟁이 얼마나 치열한가이다. 불평등 비판론자 로버트 프랭크와 필립 쿡은 비록 "미국 기업들이 최고 경영자를 얻기 위해 다른 기업과 경쟁하는 빈도가 극적으로 늘어나긴 했으나," 독일과 일본과 같은 곳은 "여전히 CEO가 한 회사에서 승진해서 올라오는 경우가 거의 대부분"으로, 상황이 다르다고 한다. 그렇기 때문에 그런 국가의 기업들에서는 "가장 재능 있는 경영자에게 돈을 많이 줄 필요가 없다. 왜냐하면 그들은 … 달리 갈 곳이 없기 때문이다."[109]

다시 말해, 프랭크와 쿡은 CEO 임금과 관련하여 문화적인 차이가 존재한다고 주장하는데, 이는 크루그먼과 피케티의 주장과는 방향이 다르다. 미국의 CEO들이 본인의 가치보다 더 많은 돈을 받는 게 아니라, 다른 국가의 CEO들이 경쟁이 존재했다면 받을 수 있었을 보수를 상대적으로 적게 받는다는 것이다.

진실이 무엇이든, 기업 지배 구조의 실패로 인해 CEO의 급여가 올랐다는 이론은 근거가 없다(기업 지배 구조의 실패는 종종 일어나는 일이다). 그리고 불평등 비판론자들은 이 이론에 관해 어떠한 증거도 내놓으려 하지 않는다. 학술 연구들이 CEO 급여 경향을 시장 경쟁으로 완전히 설명하지 못한다고 해놓고, 이 현상은 기본적으로 기업 지배 구조와 관련되어 있다고 여길 뿐이다. 예를 들어 피케티는 다음과 같이 말했다.

개별 기업에 관한 데이터를 모아 보면 기업 지배 구조 실패와 경영층에 대한 높은 임금을 생산성으로 설명할 수 없다는 증거가 나온다 … 보수 수준의 차이를 기업 성과의 차이로 설명하기는 굉장히 어렵다. 매출 증가율이나 이익 등 기업의 다양한 성과 척도의 변화는 여러 가지 설명 변수로 쪼갠 뒤, 그 변동의 합으로 설명할 수 있다. 기업 외부 효과에 의한 변동(예를 들어 경제 전반의 상태, 원재료 가격 급등, 환율의 변화, 동종 산업 내 타 기업들의 평균 실적 등)에다가 기타 '내부' 변동 효과를 더하면 된다. 후자만이 기업 경영자들의 의사 결정에 영향을 미칠 것이다. 만약 경영층의 임금이 한계생산성에 의해 결정된다면, 임금의 차이는 외부 효과와는 큰 상관이 없고, 주로 내부적인 변동과 상관 있을 것이라 생각하는 게 맞을 것이다. 하지만 실제로는 정반대의 결과를 보게 된다. 매출이나 이익이 외부 효과에 의해 증가할 때 경영자의 급여는 가장 빠르게 오른다.[110]

피케티의 주장 중에서 몇몇 논점은 꽤나 전문적인 이야기이다. 하지만 가장 확연하게 드러나는 오류는 "보수 수준의 차이를 기업의 성과로 설명하기는 굉장히 어렵다"라는 사실을 "기업 지배 구조 실패"의 근거로 들었다는 점이다. 이에 관해서는 피케티가 언급하지 않은 수많은 다른 설명이 있다. 또한 피케티의 연구 설계가 단순히 잘못되었을 수도 있다. 우리가 보기에는, 여러 가지가 뒤섞인 데이터로부터 '한계생산성'을 도출하려는 건 다소 미심쩍어 보인다.

더러는 이같은 데이터를 더욱 잘 설명하는 다른 여러 가지 이론이 존재할 수도 있다. 짐 맨지가 지적하길, "한 산업이 호황일 때는 CEO를 유지하는 게 더 유리해서 그런 것일 수도 있다. 사실 이 이론에 관한 증거를 보여주는, 피케티의 연구 수준과 비슷한 다수의 연구가 이미 존재한다."[111]

정부의 개입이 CEO 임금과 성과 사이의 관계를 일부 교란했을 수도 있다. 한 예로, 적대적 인수를 어렵게 만드는 법규들은 CEO들을 경쟁으로부터 보호하는 효과를 불러와 한계생산성과 임금 수준이 더 이상 일치하지 않게 된다는 해석도 있다.[112] 이외에도 다양한 요인이 있겠지만, 분명한 것은 피케티의 위 이론에 대한 증거는 전혀 제시된 바가 없다는 사실이다. 그리고 피케티는 자신의 주장과 다른 설명을 입증할 책임은 다른 사람에게 있다고 생각한다.

그렇다고 일부 CEO들이 자신의 가치에 비해 과도한 보수를 받는다는 사실을 부정할 수는 없다. 다시 말하지만, 한 CEO가 기업에 얼마나 가치가 있는지를 산정하는 것은 정말로 어려우며, 여기에는 실수할 가능성이 항상 존재한다. 기업은 능력 없는 CEO를 고용하거나, 회사의 장기적 이익을 희생하면서 CEO가 단기적 이익을 가져가도록 보상 체계를 구성할지도 모른다. 기업들은 실제로 이런 실수를 저질러 손해를 입곤 한다. 주주의 이익은 줄고, 경영자들은 해고되어야 하며, 경쟁자들은 시장점유율을 올리게 된다.

자유 사회에서 임금에 관한 결정을 내릴 권리는 주인에게 있다. 그 결정에 따른 결과도 주인이 떠안기 때문에, 기업의 주인들은 좋은 결정을 내리기 위해 숙고해야 한다. 만일 최상위 소득이 실제로 기업 지배 구조의 실패에 따라 경영자의 생산성 이상으로 증가한 것이더라도, 이는 자유 시장이 스스로 해결할 수 있고 결국에는 해결하는 문제이다.

불평등 비판론자들은 최상위 소득이 늘어나는 것이 자신의 가치에 비해 더 많이 받고자 노력하는 CEO들 때문이라고 자신 있게 주장하지만, 그것은 전혀 근거가 없다. 오히려 높은 CEO 연봉이 불평등을 심화시킨다는 자신들의 주장과 일치하는, 자신들에게 유리한 연구만을 취사 선택함으로써 사실을 왜곡시킨다.

불평등 비판론자들이 반대하는 것은 CEO들이 능력에 비해 더 많이 받는 것이 아니다. 그들이 반대하는 것은 높은 연봉 그 자체이다. 바니 프랭크는 CEO 보수에 관해 투표하는 법이 CEO 보수 수준을 충분히 줄이지 못하면 "뭔가 추가적인 조치를 취하겠다"라고 협박함으로써 이를 증명했다.[113]

홈 디포Home Depot의 CEO 로버트 나델리Robert Nardelli가 받은 보수와 관련하여, CEO의 높은 급여를 비판하는 또 다른 평론가는 "그의 보상에 관해 고발을 진행한 자들이 … 애초에 나델리가 자신의 성과와 관계없이 2억 달러를 받는다는 점에 분노하지 않았다는 걸 믿을 수가 없다"라고 했다.[114]

버락 오바마는 첫 번째 선거 운동에서 다음과 같이 선언했다.

"우리는 CEO들이 10분 일하고 다른 직원들의 10개월치 월급보다 더 많은 돈을 받아가는 것이 도덕적으로 문제가 있음을 알 수 있습니다."[115]

하지만 CEO들이 10분만에 어떤 직원이 10개월 일하는 것보다 더 많은 부를 창출한다 해도 그게 어떤 면에서 도덕적으로 문제가 되는가? 결국 비판론자들은 CEO들이 그토록 높은 가치가 있다는 사실을 인정할 수 없는 것이다. 그들은 어떤 사람이 실제로 10분만에 다른 사람의 10개월치보다 더 많은 가치를 생산한다는 걸 믿지 못한다.

저널리스트인 제프리 제임스Geoffrey James가 말한다.

"당신이 생각하는 일반적인 CEO는, 글쎄요 ⋯ 기껏해야 약간 머리가 좀 좋은 정도? 그런데 그 정도만 돼도 괜찮아요. 왜냐하면, 솔직히 말해서 그 일, 그렇게 안 어렵거든요."[116]

또한 좌익 성향의 라디오 진행자인 톰 하트만은 다음과 같은 질문을 던진다.

"도대체 CEO가 되는 데 뭐가 그렇게 대단한 게 있길래 일반인들은 거의 불가능하고, 미국 내에서도 그걸 해낼 수 있는 사람이 수백 명밖에 안되는 걸까요?"[117]

그에 대한 대답으로는 대표적 불평등 비판론자인 로버트 라이시의 말을 빌리겠다. 2007년에 월스트리트저널의 칼럼에서 라이시는 "성층권 수준의 CEO 임금에는 경제적 이유가 있다"라고 인정했다. "CEO의 임금이 지난 40년간 천문학적으로 올랐지만, 투자자의 수익 역시 마찬가지로 올랐기 때문이다."

라이시의 설명처럼, 오늘날 CEO들이 하는 일은 엄청나게 치열하고, 과거와 비교하기 어려울 만큼 더 많은 부담을 CEO들은 지고 있다. 그러므로 소수의 경영자만이 이 도전에 선뜻 응하며, 그에 걸맞게 돈을 받고 있는 것이다. "이는 통계치로 증명 가능하다. 1980년에서 2003년 사이, 미국의 500대 기업 CEO 평균 임금은 물가상승률을 고려하였을 때, 여섯 배 증가하였다." 그 와중에 "그 500대 기업의 가치 또한 실질적으로 여섯 배로 증가하였다.”

하지만 라이시는 “이 경제적 설명이 너무도 높은 CEO의 임금을 사회적으로나 도덕적으로 정당화하지는 못한다. 이는 투자자들이 CEO를 그만한 가치가 있다고 생각하는 것을 의미할 뿐”이라고 덧붙였다.[118] 당연히 이는 정당화될 수 없는 주장이다. 정의와 경제적 평등을 동일시한다면 말이다.

5. 상속의 문제

최근 몇 년간 경제적 불평등에 관한 논의는 주로 소득 불평등에 집중되어 왔다. 하지만 『21세기 자본』에서 토마 피케티가 부의 불평등이 장기적으로 가장 큰 문제라고 제기하며 그 양상이 바뀌기 시작했다. 피케티는 자본주의의 몇 가지 법칙에 따라 가치를 창출해내는 기업가들이 아닌, 생산적이지 않은 상속자들이 부를 쌓는 것이 부당하다는 견해를 밝혔다. 그가 제안하는 ‘징벌적confiscatory 세율’과 국제 부유세를 도입하지 않는 한 말이다.

피케티는 자신의 기본적인 주장을 다음의 간단한 부등식으로 정리할 수 있다고 스스로 말한다. r 〉 g. 여기서 r은 자본수익률을 의미하고, g는 경제성장률을 의미한다. 피케티는, 만일 “장기간 자본수익률이 경제성장률보다 현격히 높게 유지되면(반드시 그런 것은 아니지만, 성장률이 낮을 때 그럴 확률이 높음), 부의 격차가 벌어질 위험은 대단히 높다”라고 주장했다. 그것의 함의에 관해 다음과 같이 설명한다.

그렇게 되면, 논리적으로, 상속받은 부가 생산 수준 및 소득보다 더 빠르게 불어난다. 부를 상속받은 이들은 상속분의 일부만을 남기고, 자본이 경제 전체의 성장 속도보다 더 빠르게 불어나는 걸 구경하기만

하면 된다. 이러한 상황에서 상속받은 부가 평생 노동을 통해 쌓은 부를 큰 차이로 압도하는 것은 사실상 당연하며, 이에 따른 자본의 집중은 매우 심각한 수준에 도달할 것이다. 너무나도 심각해진 나머지 현대 민주 사회의 기초가 되는 능력주의적meritocratic 가치와 사회 정의의 원칙에 부합하지 않는 수준에 다다를지도 모른다.[119]

다른 변수들은 변하지 않는다고 가정하고, r이 g보다 큰 상태가 '장기간' 유지되면 불평등 수준이 커진다는 것을 많은 경제학자가 인정할 것이다. 그러나 그러한 시나리오가 실제로는 벌어지지 않는다고 믿는 이유들에 관해서도 설명할 필요가 있다. 현실에서는 r이 g보다 큰 상태가 유지될 수 없다는 점과, 다른 효과들이 불평등을 상쇄한다는 점이 여기에 포함될 것이다.

경제학자 디드러 매클로스키가 설명하길, 피케티의 주장은 "분명하다. 단, 그 가정들이 사실이라면 말이다. 그가 한 가정들을 나열하자면 다음과 같다. 부자들만이 자본을 가지고 있다, 인적 자본이라는 것은 존재하지 않는다, 부자들은 수익을 재투자한다, 부자들은 다른 사람의 창조적 파괴에도 돈을 잃지 않는다, 여기에는 상속이 핵심적 역할을 한다. 왜냐하면 창조적 파괴를 이끄는 창의성은 우리 모두에게 공통된 r을 발생시키는 경우에만 부자들을 제외한 나머지를 위해 g도 끌어올리기 때문이다."[120]

이를 비롯한 피케티의 여러 가지 가정은 경제학자들에 의해 비판받아 왔다. 개중에는 경제적 불평등 비판론자들에 의한 것들도 있다. 예를 들어, 오바마 정부 시절 미국 국가경제위원회National Economic Council 위원장을 역임했던 로렌스 서머스Lawrence Summers는 다음과 같이 주장했다.

이는 자본주의에 대한 운명론적이면서도 비관적인 관점인데, 두 가지 차원에서 공격받을 수 있다. 첫째는 부가 축적됨에도 자본수익률은 천천히 줄어들거나 심지어 아예 줄지 않는다는 가정이고, 둘째는 부에 의해 창출된 수익 모두가 재투자된다는 가정이다. 과거에는 어떠했는지 몰라도, 오늘날의 미국 경제에서는 이 두 가지 가정 모두가 맞다고 보기는 어렵다.[121]

첫 번째 문제와 관련하여 서머스는 "경제학자 모두 수확체감의 법칙을 사실이라고 믿는다. 축적한 자본의 양이 증가하면 자본 한 단위 투자에 따른 추가 수익은 감소한다"라고 하였다. 서머스에 따르면 문제는 노동력의 한계 수익에 비하여 자본의 한계 수익이 얼마나 감소하느냐는 것이다. 그에 따르면, 모든 경제 연구가 피케티의 이론과는 반대로 자본수익률이 크게 감소한다는 결론을 내리고 있다[122]

재투자와 관련하여 서머스는 다음과 같이 말한다.

포브스Forbes 400대 부자 목록을 대강 살펴보더라도 재투자를 통해 부를 점진적으로 늘렸다는 피케티의 주장과 현실은 상당히 다름을 알 수 있다. 포브스가 1982년과 2012년의 가장 부유한 미국인 명단을 비교한 결과, 1982년부터 2012년까지 목록에 이름을 유지한 이는 전체의 1/10도 되지 않음을 발견하였다. 1982년부터 연간 실질수익률을 4%로만 유지하였더라도 2012년의 명단에 이름을 올릴 수 있었는데, 그들은 그러지 못했다. 자신의 재산을 소비해버리고, 기부하거나 잘못된 투자를 하였기 때문이다. 이와 더불어, 피케티의 주장과는 달리 포브스 400

대 부자 명단 중 자신의 부를 자녀에게 상속한 이의 비율은 빠르게 줄 어들고 있다.[123]

비록 피케티가 자신의 주장을 뒷받침하는 수백 쪽의 데이터를 제시하고 있지만, 그 근거는 놀라울 정도로 빈약하다고 다른 학자들은 이야기한다. 그 예로서 MIT의 경제학자인 대런 애쓰모글루Daron Acemoglu와 하버드대 정치학과 교수 제임스 로빈슨James A. Robinson은 다음과 같이 지적했다.

"피케티는 가설 검정이나 통계적 분석을 통한 인과 관계 분석을 하지 않고, 심지어 상관 관계조차 분석하지 않는다. r이 g보다 커서 불평등이 증대되고 있다는 주장에 논란이 있음에도 불구하고, 그는 일반적인 계량 방법론은커녕, 기초적인 상관 관계 분석을 통해서도 이를 뒷받침하지 않는다. 사실 … 다른 건 그렇다 치더라도 불평등이 r−g의 값과 강한 관계가 있다는 증거로 제시한 데이터에서는 그 근거를 찾기 힘들었다"[124](또한 단편적 데이터를 신조로 받아들여서는 안 된다).

사실 피케티의 이런 예측은 어떠한 자본주의 혹은 경제학 '법칙'에도 기반하지 않는다. 순전히 그의 추측일 뿐이다.[125] 그리고 그의 예측이 설령 맞다 하더라도 애초에 그게 큰 문제였을까? 이 점에 대해서 피케티는 기본적으로 강력한 '사회적 정당성'이 있을 때만 경제적 불평등이 허용되어야 한다고 얼버무린다. 또한 기업가가 큰 돈을 벌 수 있도록 사회가 허용해줄 이유는 있을지 몰라도 정부가 대부분을 세금으로 가져가는 이상, 기업가가 자신의 자녀에게 부를 물려주는 것에 대해서는 사회적으로 정당한 이유를 찾을 수 없다고 한다. 그리고 이 자격 없는 상속자들이 어떻게 해서든 정치 시스템을 부패시킬 것이라 걱정한다. 이런 관점은 이 책의 저자인 야론과 불평등에 관한 토론에 나온 경제학자 제임스 갤브레이스의 발언을 통해 보다 분명히 드러난다.

적은 수의 큰 상貴을 준비해두고 많은 이가 실제보다 더 높은 수상 가능성을 기대하도록 만드는 데는 사회적 효과와 이익이 존재한다. 바로 이것이 기술적 혁신이 일어나도록 미국이 사용한 아주 효과적인 방법이다. 문제는 어디서 발생하느냐? 상속에서 발생한다. 다음 세대 혹은 왕조, 금권 정치plutocracy 혹은 과두제oligarchy와 함께 선택받은 자녀들의 저주가 시작되는 것이다. 나는 밋 롬니Mitt Romney가 돈이 많은 것은 괜찮지만, 그의 다섯 자녀까지 그렇게 잘사는 것은 너무하다고 생각한다. 그럼 이에 대한 해결책은 무엇인가? 미국에 이와 관련된 제도가 확립되어야 한다. 상속세가 그 역할을 해왔으며, 이는 여전히 부의 이전을 유도하여 더 평등한 사회를 만들 수 있다고 본다. 내가 보기에 이는 굉장히 좋은 해결 방법이다. 이것이 미국식 해결책인 것이다.[126]

여기서 피케티와 갤브레이스는 집산주의적 이념을 불러일으키고 있음에 주목해야 한다. 이는 부는 사회의 소유이고, 개인들은 정직한 방법으로 부를 모으지 않았으며, 그것을 개인들이 소유하는 것이 어떠한 '사회적 이익'을 제공하는지를 증명해야 한다는 것이다. 부는 개인들에 의해 창출되고 마땅히 그들의 소유라는 개인주의적 전제에는 동의하는 이들조차 상속받은 부에 관해서는 고개를 갸웃하는 경우가 많다. 자신이 벌지도 않은 부를 받는다는 것은 공평해 보이지 않는다는 것이다.

하지만 스스로 노력하여 번 것만에만 가질 자격이 생기는 것은 아니다.

어떤 사람이 경품 추첨을 통해 얻은 자동차가 그의 봉급처럼 일하여 번 것은 아니지 않은가. 그럼에도 그는 공정한 과정을 통해 그것을 가지게 되었고, 그의 차를 훔치는 것은 당신의 차를 훔치는 것만큼이나 잘못된 일이다.

그런데 여기서 핵심은 경품 추첨을 통해 제공된 차가 사실은 번 것이 맞다는 점이다. 애초에 그 자동차는 경품을 수여하는 이가 노력하여 번 것이기 때문이다. 자신의 소유물을 자기가 원하는 대로 처분할 권리는 누구에게나 있다. 상속의 경우도 마찬가지다. 물려줄 재산을 모은 것은 부모들이고, 자녀들에게 그것을 넘기지 못하게 하는 것은 중대한 권리의 침해이다. 자기가 사망한 후 자녀들에게 부를 상속하는 것이 이득일 것이라고 부모들이 판단하였음에도, 자녀에게 자신의 부를 자유롭게 넘기지 못하게 하는 것은 생전에 자녀들의 교육비를 대신 내줄 자유를 막는 것과 다를 바 없다.

상속받는 입장에서는 유산을 받기 위해 버는 게 중요할 경우가 존재한다. 역동적인 자유 사회에서 거대한 사업을 물려받는 상속자는 그것을 더 발전시키고 경쟁자들을 물리치지 않으면 파산할 위험이 있다. 상속자가 자신은 투자만을 하고 살겠다고 선언하더라도 받은 돈을 어떻게 투자할 것인가에 관한 판단을 해야만 한다. 그리고 그 과정에서 새로운 벤처를 탄생시키고, 기존의 기업을 확장하고, 새로운 일자리를 창출하고, 새로운 연구를 지원하는 것은 생산적인 업적을 쌓는 일이다. 상속받은 부 역시 무에서 시작하여 이룬 부만큼이나 경제 발전의 중요한 기틀이 된다.

한편, 상속세는 투자와 생산을 방해한다. 이는 저축에 관한 세금이나 다를 바 없다. 큰돈을 벌어들인 기업가 눈앞에서 "아끼지 말고 펑펑 쓰세요!"라 적힌 거대한 광고판을 흔드는 것과 똑같다. 노동에 의한 결실을 즐기는 것에 대해서는 문제시하지 않고, 성공한 개인들의 부를 상속할 자유는 제한하면, 그들은 투자하려고 했던 부를 소비하게 된다.

상속세율이 높으면 사람들은 다음과 같은 질문을 하게 된다.

"차라리 요트나 자가용 비행기, 별장이나 하나 더 살까? 어차피 내가 죽으면 돈은 못 가져가고 내가 사랑하는 사람에게 줄 수도 없잖아."

죽을 때까지 쓰지 못한 재산의 대부분은 상속되지 못하고, 결국 정부의 금고로 넘어간다. 그리고 그것은 국제 원조, 복지 지출, 설탕 보조금, 의원들 월급, 무의미한 교량 건설 등에 쓰이게 된다. 저축이 줄어들면 투자가 줄어들고, 경제 발전은 더뎌질 수밖에 없다.

경제학자 스티븐 랜스버그Steven Landsburg가 말한 바와 같이, "사망세稅의 피해자가 되는 데는 반드시 부모가 부자일 필요도 없다. 가업이 있을 필요도 없다. 공장이나 식료품 가게에서 일하거나 몸이 아파 병원을 오가는 사람이기만 해도 충분하다."[127] 기업을 소유하고 있는 사람들, 특히 소규모의 가족 기업을 소유한다면 상황은 더 좋지 못하다. 티모시 카니는 이를 다음과 같이 설명한다.

당신이 제일 좋아하는 골목 식당을 떠올려보자. 그곳의 주인은 40년 전 가게를 열고 그로부터 10년 뒤 그 건물을 구입한 후, 남는 공간을 다른 점포를 위해 임대하였을 것이다. 그리고 마침내 대출금을 다 갚았을 것이다. 건물의 가치(분명히 올랐을 것이다)와 설비의 가치는 모두 200만 달러라고 치자. 그 후, 식당 주인이 세상을 떠나면 지난 5년간 식당을 운영하던 그의 아들은 상속세로 50만 달러를 부담해야 한다. 하지만 그 식당이 연간 올리는 이익으로는 이를 감당하지 못할 것이다. 따라서 주인 아들은 상속세를 내기 위해 자신이 물려받은 가게, 건물,

혹은 그 모두를 팔 수밖에 없게 된다.[128]

바로 이것이 갤브레이스와 같은 불평등 비판론자들이 말하는 미국식 해결책의 실상이다.

6. 정리

불평등 비판론자들은 자신들의 주장과는 달리 자격 있는 소득과 자격 없는 소득을 구분하지 않음을 알 수 있다. 그들은 정경 유착을 비판하면서 고소득자에 대한 무차별적 고高세율을 옹호한다. CEO들이 능력에 비해 많이 받는다고 비판하며, 그 어떤 기업의 CEO도 기업 내에서 가장 적게 받는 직원보다 20~50배 더 받아서는 안 된다고 주장한다. 받을 자격이 없는 상속자들을 비판하면서 자격이 있는 상속자들의 상속마저 제한하고자 한다. 이런 노골적인 모순은 강력한 착취 계급인 '부유층'이 힘없고 억압받는 '빈민층'을 희생시키도록 체제를 조종한다는 계급투쟁론에서 나온 것이다.

이러한 접근법에서는 한 사람이 어떻게 돈을 벌었는가에 관해서는 관심을 두지 않는다. 단지 그에게 돈이 있다는 사실만이 관심사다. 그들이 특정 범죄(실제이든 혐의이든 상관없이)를 부각시키려 부단히 노력하는 것은 물을 흐리는 미꾸라지들을 지적하고자 하는 것이 아니라, 계급 전체가 썩었다는 자신들의 신념을 증명하려고 하는 것이다.

하지만 계급투쟁론은 아주 잘못된 것이다. 물론 몇몇 부자가 정부로부터 특혜를 받기도 하지만, 그런 특혜를 받는 자들은 부자들뿐만이 아니다. 오늘날 우리는 '부자들'의 이익을 위해 설계된 시스템이 아니라, 이익 집단 간의 전쟁이 벌어지는 혼합 경제를 보고 있는 것이다.

설탕 산업은 관세의 유지를 위해 로비 활동을 하고, 친환경 단체는 석탄 산업을 문 닫게 하는 대신 태양광과 풍력 산업의 보조를 위해 로비 활동을 펼친다. 농업계는 농부의 보조금을 위해, 맥주 산업은 수제 맥주 업자들을 억압하고자 로비 활동을 한다. 자동차 산업은 구제 금융을 위해, 노조는 자동차 산업 내에서의 교섭력 증대를 위해, 노인 단체는 사회보장제도와 메디케어 보장 확대를 위해, 좌익 단체는 빈곤층의 이전소득 확대를 위해, 보수 단체는 낙태와 이민을 억제하고자, 종교 단체는 교육 과정에 종교 활동을 넣고 진화론은 빼고자, 기타 등등 다양한 목적의 로비 활동이 펼쳐진다.

이런 난장판 속에서도 불평등 비판론자들이 주목하여야 한다고 강조하는 현상은 실제로 현실에서 찾아볼 수가 없다. 그들은 '부자들'의 입맛에 맞게 시스템이 굴러가고, 이에 따라 정부 규제는 줄어들고 복지 지출은 감소한다고 주장한다. 하지만 국가의 규제와 복지 정책들은 지난 40년 동안 잘만 성장해왔다.

세금에 관해서도 마찬가지다. 비판론자들은 '부유층'의 주된 관심사는 자신들의 세금을 최대한 낮추는 것이라고 한다. 물론 최상위층의 한계세율이 40~50년 전보다 낮아진 것은 사실이지만 그것이 중요한 게 아니다. 현재 미국의 부유층이 소득세의 거의 전부를 부담하고 있다는 사실이 더 중요하다.

2012년에는 상위 1%가 전체 소득의 21.9%만을 차지했음에도 연방 소득세의 38.1%를 부담하였다. 이 부담분은 하위 90%가 부담한 연방 소득세를 모두 합친 것보다 28% 큰 금액이다. 하위 90%의 소득(정치적 영향력 포함)이 증가하기 시작한 때부터 그 수치는 날로 커졌다.[129] 상위 1%의 실효세율은 23%를 기록했는데, 소득 하위 50%는 3%에 불과하다.[130]

그러면 워렌 버핏과 같은 사람들이 종종 하는, 큰 부자들이 미국의 중산

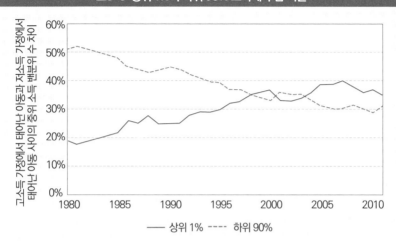

表3-3 상위 1%와 하위 90% 소득세 부담 비율

세로축(제목): 고소득 가정에서 태어난 이동과 저소득 가정에서 태어난 이동 사이의 중위소득 백분위 수 차이

범례: —— 상위 1%   ---- 하위 90%

층보다 세금을 적게 낸다는 주장은 무슨 얘길까? 경제학자 스티븐 무어Ste-phen Moore에 따르면, "최상위층 중 많은 이가 자본이득 및 배당을 통한 소득이 많아 낮은 세율을 적용받는다. 그 돈은 이미 법인 차원에서 35%의 세금을 부과받고 남은 돈이기 때문이다. 따라서 법인세를 포함한 실질 자본이득에 관한 세율은 44%에 가깝다. 워렌 버핏은 이러한 법인세의 효과를 무시한 채 자기 비서보다 세금을 적게 낸다고 이야기한다."[131]

그나저나 미국의 법인세는 전 세계 최고 수준이다. 각 주州 단위의 법인세까지 합치면 세계에서 제일 높다. 미국의 연방 법인세는 35%로서, 프랑스의 34.4%, 캐나다 26.1%, 스웨덴 22%와 비교해도 월등히 높다.[132]

물론 상위층이 낮은 세율을 적용받고 있다고 하더라도 그것을 정부가 주는 특혜라고 할 수는 없다. 오히려 그들은 낮은 세율을 적용받고 있지도 않을뿐더러 세금의 대부분을 부담하고 있는 현실이 의아하지 않은가? 부유층이 막강한 권력을 가지고 그것을 거침없이 휘두를 수 있다면 왜 이것밖에 못하는 걸까?

오늘날 미국에서 벌어지는 현상들은 단순히 상위 1%가 나머지 99%를 짓누른다는 이야기와 다르다. 뿐만 아니라 '공공의 이익'을 대변한다고 주장하는 이익 단체에게 정부가 멋대로 절대적인 권력을 이용하여 이익을 제공하고, '공익'을 제대로 대변하지 못하는 단체는 처벌한다는 이야기가 실제에 더 부합한다.

계급 투쟁 관점의 더 큰 문제는 기본적인 가정부터 틀렸다는 것이다. '부유층'이라는 것은 존재하지 않는다. 물론 부자인 사람들은 존재한다. 하지만 '부유층'이라는 개념은 그것과 다르다. '부유층'과 '상위 1%'와 같은 용어들은 한 개인의 소득이나 부를 객관적으로 설명하지 못한다. 여기에는 이해 집단과 같이 동질적인 인간들로 구성된 경제적 계급이란 것이 존재하고, 경제 계급들 사이에는 이해 관계가 충돌한다는 가정이 깔려 있다.

하지만 스티브 잡스와 같은 CEO와 버나드 매도프Bernie Madoff와 같은 사기꾼 사이에 많은 돈을 벌었다는 사실을 제외하고는 무슨 공통점이 있는가? 우익의 코흐Koch 형제와 좌익의 조지 소로스George Soros 사이에는 어떤 공통점이 있는가? 아마존을 만든 혁신가 제프 베조스와 정치적 특혜만을 좇은 GE의 CEO 제프리 이멜트와 겹치는 공통점이 있을까?

미국의 소득 최상위층은 신념과 의지, 성품의 장단점, 업적이 제각각인 이들로 구성된 다채로운 집단이다. 정치적 신념을 예로 들어, 2011년 갤럽의 설문 조사에 따르면 상위 1% 소득자들의 33%만이 자신을 공화당 지지자로 밝혔다. 41%가 무당층이었고, 민주당 지지자는 26%를 기록했다. 이는 미국인 전체의 비율 구성과 흡사하다. 상위 1%의 39%만이 자신을 보수적이라 생각한다고 대답했고, 41%는 자신을 중도로, 20%는 진보적이라 생각

한다고 응답하였다. 이 역시 전체 국민의 응답과 비슷하다.[133]

선거 비용을 들여다보면, 부유층끼리는 같은 어젠다를 공유한다는 주장이 근거 없음을 알 수 있다. 부유한 미국인은 다른 미국인들처럼 각자의 경제적 이익뿐 아니라, 도덕심과 정치적 견해와 같은 다양한 이유로 각기 다른 정당의 정책을 지지하며, 자신들의 경제적 이익이 무엇인가에 관해 각자 다른 의견을 내기도 한다.

자유 시장 체제는 최고와 최고가 맞붙는 경쟁을 통해 소비자들의 자유롭고 자발적인 결정에 의해 승자와 패자가 판정되는 것을 원하는 혁신가들, 창조자들, 기업가들에게 인기가 높다. 하지만 경쟁을 두려워하는 어떤 경영자들은 정부를 이용하여 신규 진입자들로부터 자신을 보호하고 싶어한다. 기존의 기업들은 종종 자신들은 부담할 수 있지만 소규모의 경쟁자들은 감당하기 힘든 수준의 세금 인상과 규제를 지지한다.

물론 부유한 사람 모두가 경영자인 것도 아니다. 일부는 예술가이거나 의사, 혹은 변호사이다. 일부는 생산 경험이 없는 상속자이거나, 대학교의 임직원이거나, 뉴욕타임스의 칼럼니스트일 것이다. 이런 사람 중 많은 이는 자유 시장이 자신들의 자리를, 자신들의 가치를 위협한다고 생각한다.

그런 까닭에 '부유층'의 개념(같은 이유로 '빈곤층'도)은 무의미하다. 부유한 이들을 개인이 아닌 한 '계층'의 구성원으로 규정하려고 하지만, 실제로 그들 사이의 유일한 공통점이라고는 넉넉한 은행 계좌 말고는 그 무엇도 없다. 특히 이 때문에 부를 창출하는 자들과 다른 이들이 벌어들인 돈을 빼돌리는 자들을 구분할 수 없게 된다. 만약 우리가 공평함에 대해 진정으로 관심이 있다면, 이러한 구분에 더 세심한 주의를 기울여야 할 것이다.

오늘날, 아메리칸 드림이 위협받고 있는 것은 사실이다. 하지만 이는 '부자들'이 체제를 멋대로 조종해서가 아니다. 이 위협은 우리가 무엇이 진정한 아메리칸 드림이고, 이는 무엇에 달려 있는지를 잊어버렸거나, 이에 관해 단 한 번도 제대로 배운 적이 없기 때문에 생긴 일이다.

미국이 특출나게 우수할 수 있었던 이유는 그 건립 이념에 있다. 출발선 이 어디든, 우리 모두에게는 자신의 인생에 있어 선택할 자유, 그 비전을 향해 다른 이들에게 간섭받지 않으며 나아갈 자유가 있으며, 각자의 능력과 야망만큼 성공할 자유가 있기 때문이다. 누군가는 새로운 기술을 만들어 낼 수 있고, 누군가는 새로운 산업을 일굴 수도 있다. 또 누군가는 세상을 변화시키는 발견을 할 수도 있다. 또 다른 누군가는 지금까지의 결과는 초 라할지라도, 열정을 쏟아 한 분야의 최고로 거듭날 수도 있다. 인간의 능력 에 관한 제한이 없는 사회에서 우리 모두는 서로에게 득이 되는 삶을 살 수 있다. 그에 따라 인류의 진보는 무한히 일어난다.

그것이야말로 아메리칸 드림이다. 바로 그것이 미국을 기회의 땅으로 만 든 것이다. 하지만 그러한 이상으로부터 우리는 수십 년 동안 멀어지고 있 다. 경제적 불평등이 아닌, 정치적 불평등으로 인해 점점 게임의 법칙이 위 협받고 있다. 즉, 우리의 평등한 권리가 더 이상 평등하게 보호받지 못하는 상태에 이른 것이다. 규제 당국, 정치인들, 유착 세력은 자신의 영향력을 이 용하여 정부가 압력을 가하게 만들고, 성공을 향한 길에 장애물을 깔고, 다른 사람의 돈으로 자신들의 주머니를 채우고 있다.

경제적 불평등을 비판하는 자들은 이와 정반대의 이야기를 꾸며냈다. 그 들은, 기회는 자유를 되살리는 것과 관계없고, 정부가 우리의 부와 인생을 책임져주기를 바란다. 성공에 도전할 자유는 필요 없고, 복지 급여의 보장 을 통한 '안정성'만이 중요하다. 번 만큼 공평하게 가져가기보다는 노력과 무관한 욕구의 충족이 우선이다. 그리고 다른 사람들보다 더 많이 벌 자유 따위는 없다.

미국이라는 국가가 위대하다는 데 그들이 동의할지 모르겠다. 그런데 그들은 미국이 위대해질 수 있었던 이유를 자유가 아닌 뉴딜 이후의 늘어난 규제와 복지 국가 기조 덕분이라고 해석한다. 오늘날 자유 방임 자본주의라는 이름 아래 규제 및 복지 국가의 와해가 일어나고 있다며 두려움을 느끼고 있다. 그들은 아메리칸 드림을 살려내기 위해 더 신속히 유럽식 사회 복지 국가로 향해야 한다고 주장한다.

우리는 이 이야기의 모든 부분이 거짓임을 보았다. 많은 경우 변명의 여지가 없는 오류, 실수, 심지어는 속임수에 기반한 거짓이다. 불평등 비판론자들은 우리가 침체 중이라는 걸 증명하고자 한다. 그리고 불평등이 증가하긴 했어도 생활 수준 역시 올라갔다는 사실은 통계적 속임수를 통해 교묘히 숨긴다.

그들은 우리에게 생산을 자유롭게 하는 것이 아니라 재분배를 강화함으로써 번영이 가능하다고 말한다. 기회란 환상일 뿐이라고 한다. 되려 우리가 지나칠 정도로 자유롭다고 말한다. 그들은 우리가 '부자들'의 경제적 권력에 의해 착취당하고 있다고 한다. 그리고 그에 대한 해결책은 국가에게 멋대로 휘두를 수 있는 정치적 권력을 더 쥐어주는 것이라고 한다. 그들은 '빈곤층'을 돕고 싶다고 한다. 자신들을 힘없는 피해자라 생각하게 하고, 일할 기회를 빼앗아가면서 복지 급여에 의존하도록 꼬드긴다. 그들은 모든 문제의 원흉은 불평등 때문이었으며, 자유와 인간의 능력을 통해 덕본 것은 전혀 없다고 한다. 오히려 불평등이 그것의 악독함과 단점을 드러냈다고 한다.

불평등에 관해 경고하는 그들은 별 볼 일 없는 급진 집단이 아니다. 여기에는 거물급 정치인들과 언론인들, 지식인들이 포진해 있다. 어떻게 이런 이들이 그런 얼토당토않은 소리를 서슴없이 할 수 있을까? 만약 아메리칸 드림을 되살리고 싶으면 이에 관한 답부터 반드시 내야 한다. 그리고 그들의 목표가 사실은 아메리칸 드림을 회복하는 게 아닐 수도 있다는 가능성을 직시해야 한다.

제3장 불평등에 대항하는 움직임 이해하기

1. 강제력

몇 년 전, 돈은 잭Jack과 거스Gus(가명)라는 두 형제를 알게 되었다. 그 둘은 비슷한 연배로 미국 중서부 지역의 농촌에서 함께 자랐다. 일찍이 잭은 작은 마을에 사는 자신이 불행하다고 생각했다. 그래서 돈을 많이 벌고, 즐길 수 있는 일을 하며, 자기가 살고 싶은 곳이라면 어디든지 살 수 있는 더 멋진 삶을 원했다. 그는 놀 때는 제대로 놀았고, 학업에도 진지하게 임해 우수한 성적으로 졸업할 수 있었다.

하지만 그의 부모는 그를 대학에 보낼 여유가 없었다. 그래서 그는 커뮤니티 칼리지에서 몇 년을 보낸 후 명문 대학에 편입하였고, 부모에게 손을 벌리지 않고 스스로 학위를 마쳤다. 졸업한 그는 길고 힘든 구직 과정을 거친 후에 거의 일에만 전념하고 살았다. 그는 매일 장시간 일을 하며 고용주의 기대를 뛰어넘었다. 스스로의 능력을 확장시켰으며, 번 돈의 상당 부분을 저축하고 투자했다. 오늘날 그는 백만장자는 아니지만, 어떤 기준으로보더라도 매우 성공적이라 할 수 있는 삶을 살고 있다.

반면 거스는 지능이 높았고 고등학교에서 괜찮은 성적을 얻었지만, 별다른 의지가 없었고 인생에 관한 진지한 계획을 세워본 적이 없었다. 그는 몇 년 동안 대학에 다니다가 중퇴하여 패스트푸드 업계에서 일을 시작했다. 그는 마냥 성공을 꿈꾸며 벼락부자가 되는 법에 관한 책들을 닥치는 대로 읽었다. 그러나 그것을 이루고자 일하거나 노력하고 싶어하지는 않았다. 그는 돈을 쉽게 벌고 싶어했던 것이다. 그는 돈을 버는 족족 모조리 써버렸고, 결국 신용카드 빚에 허덕이게 되었다.

여기서 질문을 하나 하겠다. 어떻게 하면 잭과 거스가 평등해질 수 있을까? 한 가지 예로서 잭의 돈을 빼앗아 거스에게 주는 방법을 떠올릴 수도 있을 것이다. 혹은 거스의 대학 등록금을 잭이 대신 내주는 방법을 생각할 수도 있겠다(거스가 대학을 졸업할 의지가 있다는 가정 하에 말이다). 또는 잭의 급여 한도를 정하거나, 잭이 거스를 유료 컨설턴트로 고용하게 하는 방법, 혹은 간단하게 잭의 머리를 깨뜨려 더 이상 일할 수 없게 만들어도 된다. 어떤 방법을 택하든, 거스는 받을 자격도 없이 기증받게 되고 잭은 강제로 부담을 지고 처벌을 받게 된다.

경제적 불평등은 자유의 불가피한 부산물이다. 사람들이 자유롭게 결정을 내리고 스스로의 진로를 계획하면, 어떤 사람은 그럭저럭 잘할 것이고, 또 다른 누군가는 믿을 수 없을 정도로 큰 성공을 거둘 수도 있다. 반면에, 어떤 이는 비참하게 실패할 것이다. 경제적 불평등이 자유롭고 자발적인 개인의 선택으로부터 나온다면, 경제적 불평등과 싸울 수 있는 유일한 방법은 자유롭고 자발적인 개인의 선택을 무시하고 강제하는 수밖엔 없다.

불평등에 대해 불필요한 걱정을 조장하는 사람들이 경제적 불평등과 맞서 싸우기 위해 내세운 제안 몇 개를 곱씹어보자.

최저 임금 인상? 그것은 시장에서 자율적으로 결정되는 임금의 수준보다 더 높은 임금을 고용주들이 지불하도록 강제하는 것을 의미한다. 그리고 그 누구도 정해진 최저 임금을 지불할 의사가 없다면, 그것은 사람들이 일하는 것을 강제로 막는 셈이기도 하다.

CEO의 임금 상한선? 임금 상한제는 임원이 회사의 사주가 생각하는 것보다 낮은 대우를 받도록 강요하는 것을 의미한다.

공짜 대학? 이것은 본인의 목표와 열망을 추구하기 위해 노력해 번 돈을 자신이 아닌 다른 사람들의 교육에 쓰이도록 강제하는 것을 의미한다.

보편적 의료서비스? 이는 일부 사람이 다른 이들의 의료 비용을 부담하도록 강요하는 것을 의미한다. 이와 동시에, 의사와 병원을 공공 의료 체계에 강제로 편입시키고 의료 서비스를 환자들에게 배급하도록 만든다는 의미이기도 하다.

더 강력한 복지 국가? 이는 일부 사람에게 어떠한 보상 없이도 생산하도록 강제하여, 나머지 사람들은 생산하지 않고도 소비할 수 있도록 하는 것을 의미한다.

정치적 평등에 따라, 그 누구에게도 다른 사람을 지배하거나, 합의 아래 이루어진 거래를 막고 간섭할 권리는 없다. 경제적 불평등과 맞서 싸우기 위해서는 필연적으로 정치적 평등을 포기해야 하며, 다른 사람들의 시간과 노력, 부를 강제적 힘으로 이전시킬 수 있는 정치적 특권층인 '엘리트'를 만들어야만 한다. 그리고 불평등 비판론자들이 그 특권의 엘리트가 되고자 한다는 사실을 알아야 불평등에 대항하는 움직임을 이해할 수 있게 된다.

불평등 비판론자들은 권위주의자들이다. 모든 권위주의자와 마찬가지로, 그들은 다른 사람들의 생활 방식을 지배하는 힘을 갖고 싶어 한다. 그들은 스스로를 특출난 공감 능력과 뛰어난 지능을 보유한 엘리트로 본다. 그래서 공익이라는 미명 아래 사회를 지배할 자격이 스스로에게 있다고 생각한다. 능력주의 사회를 만들기 위해 정치적 특권을 없애도 모자랄 판에,

오히려 그들은 자신들의 우월함에 따른 무한한 정치적 특권을 당연시 한다.

이들의 권위주의는 사람들을 설득하고자 노력하는 대신 사람들의 독립적 판단을 무시하는 행태에서 드러난다. 권위주의자들은 자기가 원하는 대로 행동하도록 사람들을 설득하지 않는다. 그들은 합의가 아닌 복종을 원하기 때문이다. 최소한 미국의 권위주의자들은 이를 대놓고 드러내지는 않는다. 그들은 사람들의 선택을 통제할 수 있는 독단적 힘을 갖기를 원한다고 말하지는 않는다. 대신에 그들은 '과학', '전문가', '연구 결과'를 들먹이며 특정 선택이 옳다고 주장한다.

하지만 이는 사람들의 합리적인 판단에 진실되게 호소하는 것이 아니다. 권위주의자들은 자기네들이 제시한 증거에 따라 당신의 생각이나 행동을 바꿀지 말지의 여부를 당신이 결정하길 원하지 않는다. 그들은 정부가 그러한 것들을 강제하기를 바란다.

예를 들어 경제학자 로버트 프랭크는 특정 시점을 넘어가면, 우리의 지출 대부분은 우리를 더 행복하게 하거나 건강하게 만들지 못하는 물건을 사는데 쓰인다고 주장한다. 우리는 더 큰 집을 사려고 하는데, 우리가 정말로 더 큰 집을 원해서가 아니라 '남보다 뒤처지지 않기 위해' 그런다는 것이다. 불평등이 우리를 불행하게 만드는 이유는 남들에 비해 뒤처지지 않고자 더욱더 열심히 일해야 한다는 것을 의미하기 때문이다. 저 망할 놈의 이웃집이 그렇게 큰 집을 사지만 않았다면 우리는 더 작고 저렴한 집에도 만족했을 것이고, 우리가 쓸데없는 과소비를 하지 않아도 됐다는 것이다. 그리고 이것은 정부가 불평등과 싸우고 가진 자들을 끌어내림으로써 모두를 행복하게 만들 수 있음을 뜻하기도 한다.

프랭크의 결론은 정부가 가파른 누진세를 통해 소비를 줄이도록 강요해야 한다는 것이다. 당연히 이 모든 건 '과학적'이고, '데이터'와 '연구들'에 의해 뒷받침된 것이라고 강조한다. 하지만 우리가 그의 주장에 동의하지 않는다면 어떨까? 그러면 다음과 같은 반문을 듣게 될 것이다.

"지금 과학을 부정하려 드는 건가요?"[134]

이것이야말로 불평등 비판론자들이 펼치는 권위주의의 실상이다. 그들 주장의 핵심은 당신의 판단이 무의미하다는 것이다. 결과적으로 그들은 다음과 같은 주장을 하는 셈이다.

"사람들이 스스로 내린 결론과는 무관하게, 우리는 우리의 견해를 모두에게 강요할 것입니다. 하지만 걱정하지 마세요. 우리는 전문가들이고 우리가 무엇을 하는지 정확히 알고 있으니까요."

다른 예를 들어보자. 많은 불평등 비판론자는 고용주가 직원에게 주는 금액을 늘리면 실제로는 회사의 이익이 늘어날 거라고 주장한다. 예를 들어 코스트코 같은 성공적인 회사가 직원들에게 다른 대형 할인 매장보다 거의 두 배에 가까운 급여를 지불하는 사실에 비추어 볼 때, 모든 소매업체가 코스트코를 따라하면 번영할 것이라고 그들은 자신 있게 예측한다.

만약 근로자 임금의 증가 뒤에 더 큰 이익이 저절로 따라온다면, 모든 기업이 그 기회를 이용해 수익성을 개선했어야 마땅하다. 그러나 자신들의 논리에 기업들이 설득되어 자발적으로 임금을 인상하도록 허용하는 것 대신, 불평등 비판론자들은 자기네의 증거들이 최저 임금의 100% 인상이라는 전무후무한 짓을 정당화하고 있으니 당장 도입해야 한다고 막무가내식 주장을 거듭하는 것이다.[135]

또 다른 예를 들어보겠다. 불평등 비판론자들은 CEO들이 성과에 따른 적정한 대가를 받는 것이 아니라는 것을 과학적으로 증명할 수 있다고 주장한다. 즉, CEO들에게 지금보다 낮은 보수를 주면 회사의 오너들은 이득을 볼 것이라는 의미이다. 그래서 그들은 회사가 CEO에게 현재보다 더 적은 돈을 줘야 한다는 점을 설득하고자 노력하는가? 절대 아니다. 그 대신에, CEO가 회사에서 가장 적은 임금을 받는 직원보다 200배 더 많은 돈을 받는 것이 본질적인 문제이고, 그것은 잘못되었다고 단호하게 주장한다. 그러면 CEO와 말단 지원 사이의 적당한 임금 비율은 얼마라는 얘길까? 이런 문제가 제기되면 그들은 '그것은 회사 사람들이 알아서 결정할 문제'라고 뒷전으로 물러선다.

마지막으로, 오바마케어에 관해 말해보자. 오바마 전 대통령의 이 프로그램은 누군가가 건강보험을 원하든지 말든지에 상관없이 그것에 가입하도록 강제할 뿐만 아니라, 그 보장 범위까지 일방적으로 정해버린다. "여러분을 위한 이 의료 보장이 마음에 든다면 얼마든지 가입을 유지할 수 있을 것"이라는 오바마의 장담에도 불구하고, 수십만 명의 미국인은 자신들이 가입했던 의료보험이 부적절하다고 판단한 규제 당국에 의해 취소되는 것을 지켜봐야만 했다.

이 모든 사례는 개인에게 본인 스스로의 삶을 책임지고 결정을 내릴 능력이 없다고 보는 집단주의적 세계관을 반영한다. 개인의 이익 혹은 자신에게 이익이 되도록 취하는 것들은 공익보다 우선시될 수 없음을 의미한다. 이러한 세계관 아래서는 특권층 엘리트가 개인의 독립적인 선택을 통제할 권한은 허용되는 수준이 아니라 필수적이라고 보아야 한다.

권위주의자들이 직면하는 가장 큰 장애물은 그들이 지배하고자 하는 사람들의 자립성이다. 이 사실은 또한 왜 그들이 핵심 공약들을 통해 모든 사람을 정부에 의존하게 만듦으로써 독립성을 빼앗아가려 하는지를 이해하는 데 도움이 된다. 여기서의 중점 타깃은 중산층이다(오바마는 이것을 '중산층 경제학'이라 부른다.).

발전이 더딘 후진국에서 권위주의자들은 쉽게 권세를 얻는다. 가지지 못한 개인들에게 절대 복종의 대가로 선심성 선물을 주기만 하면 되기 때문이다. 하지만 대다수의 사람이 자립적인 생활을 할 수 있는 부유한 사회의 사람들에게 무엇을 강요하기란 훨씬 어렵다. 개인들이 자기 스스로의 힘으로 얻지 못하는 것이 그리 많지 않기 때문이다.

하지만 개인들이 의료 서비스를 받기 위해 당신에게 기대야만 한다면 어떨까? 혹은 노후 대책을 위해 의지해야만 하는 경우라면? 또는 자녀의 교육을 위해 의존해야 한다면? 불평등 비판론자들이 옹호하고 규제 복지 국가가 이루고자 하는 모습이 바로 이것이다. 나아가 모두가 정부와 정부를 조종하는 전문가들에게 의존하도록 만들고자 한다. 이것이 실제로 어떻게 작동하는지 알아보기 위한 사례로서 퇴직 연금 제도를 예로 들어보겠다.

오늘날 미국에서 노후 보장을 위한 가장 효과적인 도구는 401(k) 제도이다. 이 퇴직금 계좌에다 미국인들은 세전 수입의 일부를 떼어놓고, 뮤추얼 펀드에 투자하며 복리를 통해 자금을 불릴 수 있다. 누군가가 40년 동안 한 달에 200달러 정도만 떼어놓아도 퇴직 시까지 50만 달러 이상의 돈을 쉽게 모을 수 있다. 이는 정부의 사회보장제도가 제공하는 금액을 훌쩍 뛰어넘는 수치로서, 노후를 여유 있게 보낼 수 있게 해준다.

물론 그 과정에서의 리스크가 존재한다. 하지만 신중을 기한다면 장기적으로는 무시해도 되는 수준의 위험이다. 가장 큰 위험은 자신의 수입에 대해 저축과 투자 어느것도 하지 않기로 결정하는 것이다. 그것은 순전히 본인의 책임이다.

401(k) 제도에 대해 불평등 위기론자들은 어떤 생각을 가지고 있을까? 한 예로, 저널리스트 헤드릭 스미스는 불평등에 관한 자신의 저서에서 401(k)를 비난한다. 이 제도는 "퇴직금 마련과 노후 보장의 책임을 피고용자에게 떠넘기는" 것이고, "그것은 일반적인 사람들에게는 버거운 일"이라며 개탄한다.[136] 그런데 스스로 노후 대비를 하는 것이 그토록 어려운 일인가? 이러한 과정이 사람들로 하여금 생각하도록 만든다고 설명하는 은퇴설계 전문가 앨리샤 먼넬Alicia Munnell의 말을 스미스는 인용한다.

개인들은 그 긴 과정의 모든 단계에서 일일이 결정을 내려야 합니다. … 상품의 가입 여부를 결정해야 하고, 기여 금액과 그것을 어떻게 분배할지를 결정하고, 시간에 따라 분배를 변경하는 방법도 결정해야 합니다. 또한 다른 직장으로 이직할 때는 어떻게 해야 할지, 기존 회사의 주식은 어떻게 처리해야 할지를 결정해야 합니다. 가장 어려운 것은 대부분 은퇴와 함께 손에 쥔 퇴직금을 가지고 어찌해야 할지를 모른다는 사실입니다. 남은 노후 기간 그 돈을 어떻게 사용해야 하는지를 무슨 수로 알아내겠습니까?[137]

개인의 재정 상태를 관리하고자 귀찮게 생각하고 고민하는 것으로부터 우리를 구해내고자 "미국 최고의 자산관리자들이 운용하는 하나의 거대한 국가 퇴직 기금을 만들어" 우리 모두가 여기에 가입하도록 해야 한다고 스미스는 제안한다. 이 자산관리자들은 "신규 연방퇴직위원회에 의해 선임되고 감독받는다"라고 한다.[138]

상원 의원인 엘리자베스 워런Elizabeth Warren을 비롯한 비판론자들은 사회 보장제도가 이미 지속 불가능한 것으로 밝혀졌음에도, 개인들이 절약을 위해 노력하지 않아도 되도록 사회 보장 급여를 늘림으로써 개인이 선택을 내려야 하는 '문제'를 해결하고자 한다.[139] 하지만, 자유로운 상태에서 대다수의 사람은 스스로의 노후를 합리적으로 대비할 수 있다. 이 모든 일은 정부에 더 의존하도록 만들고, 우리의 삶이 정부의 더 많은 통제 아래에 있도록 만들려는 의도일 뿐이다.[140]

미국 기업 연구소 소속의 학자인 니콜라스 에버슈타트Nicholas Eberstadt는 오늘날 우리가 충격적인 현상을 목격하고 있다고 지적한다. 그것은 역사상 가장 부유한 나라의 인구 절반 가까이가 최소한 한 개 이상의 '정부 지원금'을 받고 있다는 사실이다. 게다가 수입 수준에 따라 지급하는 복지 프로그램의 전례 없는 확장으로 그 수혜 비율은 빠르게 증가하고 있다.[141]

불평등 비판론자들이 이것을 실패가 아닌 하나의 성취로 간주한다는 사실이 중요하다. 그들의 관점에서는 그럴 수밖에 없다. 그들은 집단주의자들로서 우리 모두가 '함께 해야 한다'라고 믿기 때문이다. 각자의 생활 수준이 개인의 성취보다는 정부의 손에 달려 있다면 함께하는 수밖에는 없지 않겠느냐는 것이 그들의 신념이다.

불평등 비판론자들은 자신들이 권위주의자라는 사실을 부인할 것이다. 그늘은 스스로를 민주주의의 수호자로 포장한다. 그러나 이것은 연막에 불과하다. 그들이 추구하는 민주주의는 우리의 평등권을 보호해주는 대표자를 선출하는 입헌 공화제와 다르다. 게다가 그들이 말하는 민주주의는 본래의 원칙인 다수결과도 다르다. 그들이 옹호하는 것은 기이한 형태의 민주주의로서, 그들은 '숙의 민주주의'라 부른다.

표3-4 1983년과 2012년 미국의 정부 지원금 의존도			
수혜 여부 및 프로그램명	1983년 3분기*	2012년 3분기*	차이*
총계	224.3 (100.0)	308.9 (100.0)	84.6 (-)
최소 한 개의 복지 프로그램으로부터 수혜함	66.5 (29.6)	152.9 (49.5)	86.4 (19.9)
사회보장제도	31.7 (14.1)	51.5 (16.7)	19.8 (2.6)
메디케어	26.7 (11.9)	48.2 (15.6)	21.5 (3.7)
최소 한 개의 소득 기반 복지 프로그램으로부터 수혜함	42.1 (18.8)	109.3 (35.4)	67.2 (16.6)
- 연방 생활보조금SSI	3.2 (1.4)	20.4 (6.6)	17.2 (5.2)
- 푸드스탬프	18.7 (8.3)	50.8 (16.5)	32.1 (8.2)
부양 아동 가족 부조 AFDC	9.3 (4.2)	5.4 (1.8)	-3.9 (-2.4)
- 영유아·임산부 보조 프로그램	2.4 (1.1)	22.7 (7.3)	20.3 (6.2)
- 메디케이드	17.5 (7.8)	83.1 (26.9)	65.6 (19.1)

*각 항목의 첫 번째 줄의 단위는 백만 명, 두 번째 줄(괄호 안)은 %임.

불평등 비판론자들이 말하는 숙의 민주적 절차란 어떤 것인지 이해하기 위해서 하나의 거대한 회의실을 떠올려 보자. 그들에 의하면, 우리 모두가 동등한 위치의 정보를 갖춘 시민으로서 그 회의실에 입장하고, 각각의 인원에게는 발언 시간이 똑같이 주어지며, 우리 모두가 각자의 사익보다는 집단 전체에 이익이 되는 정책을 수립하고 옹호하는 데 힘을 쏟고, 숙의 과정을 거친 후에 각자에게 하나의 투표권이 주어지는 경우에만 '공공선'을 위한 거버넌스가 이루어질 수 있다. 오바마 행정부에서 규제를 관장한 캐스 선스타인Cass Sunstein은 다음과 같이 말한다.

이러한 시스템에서, 정치라는 것은 더 이상 개인의 기존 권리 보호나 이익 집단의 압박에 따른 결과의 반영을 의미하지 않는다. 이러한 정치는 기득권들의 사적인 이익을 모아 대변하거나, 결과에 따라 자신들의 이익이 큰 영향을 받는 이해 집단 간의 절충을 찾으려 하지 않는다. 그 대신, 숙의라는 중요한 과정을 거침으로써 유입되는 새로운 정보와 관점에 따라 어떤 일련의 행동이 불러올 영향에 관한 사회적 판단을 내리게 된다. 이처럼 다양한 정보와 관점을 지속적으로 접한다면, 집단 및 개인적 차원의 의사 결정에 잘 이르고, 그것을 지속적으로 개선할 수 있게 될 것이다.[142]

선스타인은 이어, "우리는 이러한 숙의 과정의 결과를 정치적 진실로 받아들여야 할지도 모른다"라고 덧붙였다.[143] 이러한 조건들을 염두에 두고, 숙의 민주주의가 붕괴될 수 있는 몇 가지 경우를 상상해보자. 예를 들어 일부 의원에게는 다른 의원보다 더 많은 발언 시간이 주어진다면 어떨까? 아니면, 다른 이들보다 더 많은 투표권이 주어진다면? 혹은, 일부 부유한 의원들이 회의 이전에 다른 의원들에게 좋은 술과 음식을 대접한다면 어떨까? 이렇게 되면, 아무리 숙의를 통한 결과라도 왜곡될 수밖에 없다. 그 결과는 더 이상 '공공선'을 목표로 하지 않고 소수 기득권의 사적인 이익을 위한 것이 될 것이다.

숙의 민주주의는 두둑한 지갑, 두터운 인맥, 더 많은 이의 귀에 대고 소리칠 수 있는 방송 프로그램(라디오 토크쇼와 같은)과 같은 강력한 힘과 영향력을 그 누구도 가지지 않아야만 제대로 작동한다. 불평등은 일부 사람, 특히, '부자들'이 이런 민주적 절차를 방해할 수 있도록 해줘 정부가 '보편적인 이익'보다는 그들만을 위한 '특별한 이익'을 위해 일하게 만들고, 그 결과 숙의 민주주의를 왜곡시키게 된다. 따라서 불평등 비판론자들은 민주주의를 보호하기 위해 모든 영역에서 불평등을 제한해야(이상적으로는 제거해야) 한다고 말한다.

이렇기 때문에 민주주의를 옹호한다고 주장하는 불평등 비판론자들이 실제로는 연막 작전을 펼치고 있다는 비난을 받는 것이다. 앞에서는 '정치적 진실'이 '숙의 과정에 따른 결과'라고 말하는 이들이 정작 정부가 불평등과의 전쟁을 벌여야 하는지에 관해서는 결코 숙의하려 들지 않는다. 이들에 따르면, 경제적 불평등에 맞서 싸워야 한다는 데는 의심의 여지가 없으며, 불평등과의 전쟁은 하나의 공리와도 같이 자명한 것이다. 그리고 사람들이 많은 돈을 벌고 쓸 자유를 지지하는 것은 반민주적인 행위이다. 다시 말해, 그것은 '부자들을 위해 게임의 규칙을 조작하는 짓'이라는 거다.

그렇지만 불평등 비판론자들은 시민들의 평등권을 보호하는 제한된 규모의 정부를 지지하지 않을뿐더러 결코 민주주의를 위해 싸우는 투사도 아니다. 그들은 분명한 어젠다를 가지고 있으며, 좋아하든 싫어하든 상관없이 우리에게 그것을 강요하려고 한다. 그렇다면 그 어젠다는 무엇이며, 그들은 그것을 어떻게 정당화하는가?

2. 사회 정의

'중산층이 두터운 미국'이 '소득 대압착'에 의해 가능했다는 크루그먼의 주장이 의미하는 바는, 당시의 경제 발전에 올라탈 수 있었던 미국인의 수가 점차 많아졌다는 게 아니다. 그는 '부유한 미국인들이 이전에는 지금보다 더 가난했기 때문에 그 당시 사회가 더 평등했다는 사실을 기리고 있는 것이다. 이 해석에 대한 근거는 그의 저서인 『미래를 말하다The Conscience of a Liberal』에서 찾을 수 있다.

"중산층 중심의 사회는 경제의 성숙에 따라 저절로 등장하지 않는다. 이는 정치적 행동을 통해 만들어져야 한다. 우리가 가지고 있는 20세기 초의 데이터 중에서 미국이 내가 자란 과거의 상대적으로 평등했던 사회로 회귀하고 있음을 시사하는 건 단 하나도 없다"[144](이는 맞는 얘기다. 미국은 더 불평등하지만 번영하는 사회로 변모하고 있었기 때문이다.).

크루그먼은 더 평등한 사회를 만드는 방안에 대해서도 언급한다. 그는 "억만장자들이 우리 사회에서 어느 정도 자취를 감춘 데는 뉴딜 정책이 핵심적이었는데, 그들은 기존의 32명에서 1957년에는 16명으로 절반이 되었으며, 1968년에는 13명으로 줄었다"라며 흡족해 한다.[145] 뒤이어 그는 "1920년대와 1950년대 사이에 발생한 하향 평준화에 따른 소득 격차의 현저한 축소"를 찬양한다.

"부자들은 1920년대에 비해 1950년대에 훨씬 더 가난해졌다. 여기서 그들의 소득 성장세가 줄어들어 상대적으로 가난해졌다는 게 아니라, 구매력의 절대적 수치가 크게 감소하여 말 그대로 가난해졌다는 얘기이다."[146]

미국은 어찌하여 이와 같은 위대한 결과를 만들어냈을까?

"기본적으로 뉴딜 정책이 아마도 그들 수입의 대부분에 과세했기 때문일 것이다."[147]

크루그먼이 가장 불만스러워한 것은 정부가 뉴딜 이전까지 "부자들의 돈을 더 많이 뜯어내기 위한 이렇다 할 노력을 하지 않았다는 것"이다.[148] 크루그먼과 같은 불평등 비판론자들이 제2차 세계대전 직후의 시기를 모범 사례로 드는 것은 번영이나 심지어 '공동 번영'을 강조하기 위함이 아니라, 경제적 평등을 부각시키고자 하는 것이다. 평등 그 자체가 목표인 셈이다.

대부분의 미국인은 부와 소득의 심한 불평등이 정당하게 번 것의 결과라면 정의에 부합한다고 생각한다. 즉, 사기나 강요, 몰수(정부의 특혜 및 정부 지원금을 포함)에 의한 것이 아닌, 생산과 자발적인 거래를 통한 경우라면 괜찮다는 말이다. 오늘날의 불평등은 정당하게 얻은 부와(훨씬 적은 비율로) 정부의 간섭으로 얻어진 정의롭지 못한 부 모두로부터 발생한다.

불평등 비판론자들은 오늘날의 불평등 대부분이 착취와 몰수에 의한 것이라고 주장하며, 정직하게 얻은 재산에 대해서는 정치적으로 유리할 경우에 반대하지 않는다고 말한다. 하지만 본질적으로 그들은 경제적 불평등이 정당화되는 경우가 있다는 데 회의적이다. 그들만의 정의에 대한 독특한 개념이 있기 때문이다. 이 개념을 명시적으로, 공개적으로 정의한다면, 대부분의 사람은 이를 거부할 것이다.

토마 피케티는 『21세기 자본』에서 프랑스 인권 선언Declaration of the Rights of Man and of the Citizen의 한 구절을 인용하며 운을 뗀다.

"사회적 차별은 오로지 공공의 이익에 근거할 경우에만 허용될 수 있다."

그것의 본래 의미가 무엇이든 간에, '공익'의 증대에 도움이 되는 경우에만 경제적 불평등이 정당화되어야 한다는 것이 피케티의 견해이다.[149] 그는 이 책의 후반부에서 "공공의 이익에 근거한다는 구절에 관한 그럴싸한 해석은 모두의 이익을 위하며 사회의 가장 취약한 계층에게 이익이 되는 경우에만 사회적 불평등은 허용될 수 있다는 것이다. … 이는 미국의 철학자 존 롤스가 그의 『정의론Theory of Justice』에서 소개한 '차등의 원칙'과 그 성질이 비슷하다"라고 정리했다.[150]

이는 남보다 많은 돈을 버는 사람이 있다면 그가 올린 소득이 정직한 과정을 거쳤다는 것뿐만 아니라, 그가 그 돈을 갖는 게 사회에, 혹은 빈곤한 계층에게 도움이 된다는 것을 증명해야 된다는 얘기와 같다. 누군가 평균 수명보다 긴 세월을 살기 위해 그것이 '공익'에 어떻게 부합하는지 증명해야 하는 것만큼이나 말이 안 되는 소리다. 다른 사람의 권리를 침해하지 않고 재산을 얻었다면, 그것은 당연히 그 사람의 소유여야 하지 않겠는가? 이로 인해 불평등이 얼마나 심해지든 그에게는 부유해지고 큰 성공을 거두기 위해 노력할 권리가 있지 않은가?

하지만 이에 관해 불평등 비판론자들은 이구동성으로 "그렇지 않다"라고 답한다. 왜 그럴까? 이를 알아보기 위해 피케티가 자신의 이론을 뒷받침하고자 인용하곤 하는 하버드대의 철학자, 존 롤스를 이해해야 한다.

오늘날, 불평등 비판론자들은 대부분 경제학자, 언론인, 정치인, 정책통通 또는 정치 평론가로 이루어져 있다. 그러나 그들의 사상 대부분은 루소Rousseau와 마르크스Marx, 오늘날 이들을 뒤잇는 네이글Nagel, 드워킨Dworkin, 싱어Singer, 코헨Cohen, 특히 롤스와 같은 평등주의 철학자들로부터 비롯되었다. 이 철학자들 사이에는 차이점이 다소 존재하지만, 각자 모두 정의에 대한 녹자적인 관점을 가지고 있으며, 정치 경제적 문제에 대한 시사점을 줄 뿐만 아니라 불평등 비판론자들의 사상 형성에 기여한다.

올바르게만 이해한다면, 정의는 우리 모두 그 어떤 것보다도 중요시하고 반드시 실천해야 할 미덕이다. 그것은 다른 사람들을 객관적으로 판단하고, 가질 자격이 있는 것을 각자 갖도록 존중하는 것이다. 무엇보다도 정의는 사람들에 대해 다음과 같은 도덕적 평가를 할 수 있도록 한다.

'우리는 칭찬과 보상을 받을 자격이 있는 선한 사람을 상대하고 있는가, 아니면 비난과 벌을 받아야 하는 악한 사람을 상대하고 있는가?'[151]

정의는 주로 개인 간의 관계를 평가하는 것과 관련이 있지만, 사회 시스템이 정의로운지의 여부를 평가하는 데도 쓰일 수 있다. 아인 랜드의 정의定義에 따르면, 사회 시스템은 "사회의 법, 제도 및 정부로 구현된 도덕적, 정치적, 경제적 원칙의 집합으로서, 일정한 지리적 영역에 거주하는 사람들 사이의 관계, 즉 유대를 위한 조건을 결정한다."[152] 하나의 사회 시스템이 정의로운지 판단하기 위해서는 그 사회의 법률과 제도, 정부를 파악해야 하며, 나아가 개인들과 사회 시스템 사이에 상호 신뢰와 존중이 존재하는지를 따져봐야 한다.

정의로운 사회 시스템이란 곧 자유로운 체계로서, 모든 인간의 삶과 자유, 행복 추구에 관한 평등한 권리를 보호함으로써 개인의 존엄성을 존중하는 시스템이다. 반면에, 평등주의자들은 정의로운 사회 시스템을 구성하는 것에 관해 상당히 다른 견해를 가지고 있는데, 그들은 이를 '사회 정의'라고 부른다.

평등주의자들에게 사회 정의의 골자는 평등이다. 그들 사이에는 한 가지 공통점이 존재한다. 그것은 바로, 최소한 경제적 층위에서는 평등한 권리를 의미하지 않는다는 점이다. 롤스는 "사회적 가치라고 일컬어지는 자유와 기회, 소득과 부, 자아 존중의 기반 모두 균등하게 분배되어야 한다"라고 자신의 견해를 요약한다. 그런데 여기다 롤스는 그 유명한 단서但書를 추가한다.

"이러한 가치 중 일부나 전부의 불균등한 분배가 모두를 유리하게 만들지 않는 한 말이다."[153]

롤스는 이 단서를 차등의 원칙이라고 부른다. 다시 말해 '사회적 가치'가 모두에게 평등하게 돌아가야 한다고 생각하지만, 불평등을 줄이려고 노력하는 것이 사회의 가장 취약한 계층에 해악을 끼친다면 차라리 불평등한 상태가 낫다는 것이다.

평등주의자들이 구상한 이상적인 세상에서는 정부가 모든 사람의 재산을 압수한 뒤, 모두에게 똑같이 분배한다. 그리하여 게을러터진 마약 중독자도 재능 있는 발명가와 동등한 기회와 소득, 부를 누릴 수 있게 된다. 이같은 상황이 벌어지면 경제 성장이 저해되어 빈곤층에게 해가 될 수 있다는 걸 알기에, 롤스가 말한 사회 정의에 따르면 부를 벌어들인 개인이, 엘리자베스 워런의 말처럼 "몽땅 가져라"라고 해야 한다. 이러한 점이 롤스의 혁신성을 잘 드러내는 부분이다. "그렇다면 불의란 모든 사람에게 이익이 되지 않는 불평등"이라고 롤스는 결론짓는다.[154] 발명가가 크게 성공하도록 허용하면 사회의 한량들까지 이득을 볼 수도 있다. 하지만 발명가가 그 이외의 방식으로 이득을 봐서는 안 된다는 것이다.

일부 평등주의자들은 롤스의 이런 주장마저 충분치 않다고 생각한다. 롤스의 개념에 의하면, 스티브 잡스가 자신의 능력에 따라 수십억 달러를 벌어들이는 것이 가난한 이들을 이롭게 만드는 인센티브로 작용하는 한 괜찮다. 하지만 대표적인 평등주의 철학자인 제럴드 코헨은 이에 반대한다.

"가장 빈곤한 사람들은 인센티브의 불평등으로부터 특히 영향을 받는다. 왜냐하면 이러한 불평등한 인센티브가 사라지면, 비교적 잘사는 사람들이 사실상 파업을 시작하기 때문이다."[155]

그러나 잡스와 같이 재능 있는 사람들은,

... 차등의 원칙이라는 관점에서, 자기 합리화의 방편으로 가난한 사람들을 구제하기 위해서는 높은 수준의 보상이 필요하다고 말할 수 없다. 일반적으로, 그러한 보상을 필수적으로 만드는 것은 그들 자신이기 때문이다. 아주 높은 수준의 보상이 있는 경우에 보이는 생산성을 평범한 보상만 주어질 때는 보이지 않는다. 이 때문에 재능 없는 사람은 낮은 보상만 받게 된다. 차등의 원칙이 재능있는 사람들의 이러한 선택 양상을 잘 알려주지 못했기 때문에, 그러한 보상은 필수적인 것으로 이해되고 있다.[156]

다시 말해, 스티브 잡스가 애플을 설립하여 거금을 벌 수 없다면 애플을 만들지 못했을 것이라기보다는, 그 탐욕스러운 자는 돈이 안 되니 애플을 만들지 않았을 것이라는 게 코헨의 얘기다. 코헨의 견해에 따르면, 그것은 비도덕적인 것이다. 차등의 원칙은 '재능 없는 사람들'의 이익을 증진시키는 데 필요한 불평등만을 허용한다.

잡스가 청소부나 접시닦이보다 더 많은 돈을 받지 못하여 일하기를 거부한다면, 그는 차등의 원칙에 따라 행동하지 않는 것이다. 잡스가 '재능 없는 사람들'의 재능과 노력 덕에 성공했음에도 애플을 설립한 것에 대한 보상을 요구한다면, 코헨은 그를 '공동체의 외부인으로 취급해야 한다'라고 본다.[157] 결론적으로, 롤스가 주창한 차등의 원칙은 상당한 불평등을 허용하는 것처럼 보이나, 실제로는 코헨의 다음 결론과 같이, "차등의 원칙이 상당한 불평등을 정당화한다"라는 의심이 든다."[158]

코헨은 물론이고, 롤스 역시 사회 정의에 대한 본인의 견해를 정치의 영역까지 확장시켰다. 그의 사회 정의에 잠재적으로 부합하는 정부의 형태에는 두 가지가 있다고 하였는데, 그것은 (1) 정부가 생산 수단을 소유하고 있는 사회주의 국가와 (2) 규제 복지 국가로서의 미국, 특히 유럽과 유사한 형태이지만, 그보다는 경제적 평등을 훨씬 더 적극적으로 지향하고 추구하는 국가이다. 롤스는 정부 산하에 분배를 담당하는 기관인 '분배청廳'을 만들자는 주장까지 한다.

> 그곳의 업무는 과세를 통해 최대한 정의로운 분배가 이루어질 수 있도록 하는 것, 그리고 재산권과 관련하여 필요한 조정을 하는 것이다. … 예를 들어, 그곳에서는 어느 정도의 상속 및 증여세를 부과하고 유산 상속에 관한 권리를 제한한다. 이러한 세금의 부과와 규제의 목적은 정부 수익을 위한 것이 아니라, 점진적이고 지속적으로 부의 분배를 바로잡고 권력의 집중을 막는 데 있다...[159]

평등주의자들이나 불평등 비판론자들은 사람들의 평등권을 존중하는 것이 아니라, 소득, 부, 기회를 모두 동등하게 만드는 데만 관심이 있다.[160] 이러한 점을 알고 나면, 그러한 평등이 부당하다는 것은 분명해진다. 당신을 이웃들이 다니는 곳보다 더 좋은 학교에 보내기 위해 열심히 일하고 저축하기로 결정한 것은 당신의 부모님인데, 당신을 더 나쁜 학교에 다니도록 강요하는 것이 공정한 처사라고 할 수 있겠는가? 당신이 10억 달러의 부를 창출하고도 1억 달러만을 가져갈 때, 당신의 재산을 빼앗아 아무것도 하지 않는 사람들에게 주는 것은 공정한가? 왜 '가장 빈곤한 사람들'이 가장 우선의 고려 대상이 되고, 전 인류가 의존하는 천재들에 대해서는 아무런 고려조차 하지 않는가?

경제적 평등을 도덕적 이상으로 옹호하고자 비판론자들은 그 누구에게든 자신이 벌어들인 것에 대해서는 마땅히 가질 자격이 있다는 원칙을 맹공격한다. 우선 그들은 개인이 자유 시장에서 생산과 거래를 통해 획득한 것이 진정 노력하여 번 게 맞느냐며 이의를 제기한다. 둘째, 그들은 노력하지 않고 벌어들인 것을 가지는 건 불공평하다고 말하며 사회는 가질 자격이 없는 당신의 재산을 빼앗아 그것을 더 필요로 하는 사람들에게 주어야 한다고 주장한다.

3. 그건 당신이 만든 게 아니다

사람들의 기회와 재산을 빼앗는 게 어째서 정의로운 것일까? 평등주의자들은 이에 대해, 그것들은 그들이 노력하여 얻은 게 아니기 때문이라고 답한다. 특히 정부로부터 특혜를 얻어낼 수 있는 기회가 많은 요즘, 모든 부자가 자신의 재산을 노력하여 번 것만은 아니라는 점은 분명하다. 그런데 여기서, 만약 자유 사회 내에서 누군가가 생산적인 일을 하고, 다른 사람들이 그것의 결과물에 자발적으로 대가를 지불하여 그가 부자가 된 경우에는 그가 노력하여 부자가 되었다고 할 수 있지 않을까? 이에 평등주의자들은 절대 그럴 수 없다고 말한다.

어째서 그럴까? 평등주의자들은 무언가를 얻기 위해서는 그것이 당신의 책임에 따른 것이어야 한다고 주장하기 때문이다. 누군가가 성공하였다고 하더라도 그도 자신의 능력에 따른 보상이라고 주장할 수는 없다고 한다. 왜냐하면 그들의 성공은 본인의 선택에 따른 결과가 아닌, 운에 따른 것이라고 보기 때문이다. 운 좋게도 똑똑하거나 부자로 태어난 경우나 애정 어린 부모를 만난 경우, 또는 빨리 달리거나 높이 뛸 수 있는 능력을 타고나는 경우 등과 같이 말이다.

　정의로운 사회는 운이 좋다는 이유로 사람들에게 상이나 벌을 주어선 안 된다. 그 대신, 행운에 따른 결과물들을 빼앗아 불행한 이들에게 나눠줌으로써 보상해야 한다. 이것이 롤스가 주장한 차등의 원칙을 이루는 기본 전제이다. 롤스에 따르면,

　이 차등의 원칙은 선천적 재능의 분포를 일종의 공유된 자산으로 간주하여, 그 분포가 어떻든 그 재능으로부터의 결과물을 모두에게 분배한다는 것을 의미한다. 그것이 누가 됐든, 선천적으로 유리한 위치에 있는 사람들은 실패한 사람들의 상황을 개선하는 경우에만 자신의 행운에 따른 결과물을 가질 수 있다. 선천적으로 유리한 사람들은 단지 더 재능이 있다는 이유만으로 큰 이익을 봐서는 안 되고, 그 재능을 불우한 이들을 돕는 데 써야 한다. 그리고 그 과정에서 취하는 이익은 훈련 및 교육 과정에서 발생하는 비용을 충당하는 정도여야만 한다. 어느 누구에게도 우월한 선천적 능력을 가질 자격은 없으며, 사회에서 더 유리한 출발점을 가질 자격도 없다. 그렇다고 이러한 차이를 제거해야 한다는 것은 아니다. 이러한 불의의 환경 속에서도 가장 불우한 이들이 혜택을 받을 수 있도록 기본 구조를 짜면 된다. 사회와 아무런 보상을 수고받지 않으면서도 자신의 선천적인 자산과 시작점으로부터 이익을 보거나 손해를 보는 이가 없는 사회 시스템을 세우면, 결국 차등의 원칙에 도달할 수밖에 없는 것이다.[161]

　그러나 성공한 사람들이 이뤄낸 것의 대부분은 자신의 선택에 따른 결과

이다. 그들은 스스로 생각하고 공부하며, 정말로 열심히 일하기로 선택한 것이다. 워즈가 최초의 개인용 컴퓨터를 개발할 수 있었던 것은 단순히 운이 좋아서가 아니다. 그는 컴퓨터를 이해하고 설계하는 데 수많은 시간을 할애했다. 하지만 평등주의자들은 이것이 피상적인 분석에 불과하다고 애써 깎아내린다.

만약 워즈가 19세기 사람이었다든지, 평범한 아이큐를 가졌거나, 혹은 그의 아버지가 엔지니어가 아니었다면 그가 이룬 업적은 불가능했을 것이라는 얘기다. 워즈는 자기가 언제 태어날지, 얼마의 아이큐를 가질지, 누가 자신의 부모가 될지 선택하지 않았다. 심지어 열심히 일하겠다는 그의 선택조차 실제로는 선택이 아닌, 그가 지닌 유전자와 양육 방식의 산물이다. 많은 이유로 워즈는 그저 운이 좋았을 뿐이라는 거다. 롤스의 표현과 같이,

어떤 사람은, 선천적으로 우수한 자질을 가진 사람에게는 본인의 그 선천적 자산과 자신을 발전하도록 해준 우수한 특성을 가질 자격이 있다고 생각할 것이다. 그는 이런 면에서 남들에 비해 더 우수하므로, 그 우월한 장점을 가지고 그것을 토대로 성공하는 것이 당연해 보이기 때문이다. 하지만 그 누구에게도 응당 주어진 사회 내에서의 출발선이란 것은 없듯이, 어느 누구에게도 타고난 재능의 적당한 수준이란 존재하지 않는다. 노력하여 자신의 능력을 함양하는 사람의 우월한 특성이 당연한 것이라는 주장 또한 문제가 있다. 그러한 특성을 형성하기까지 그의 유복한 출신 배경이 큰 부분을 차지하기 때문이다. 여기에는 그의 공功이 전혀 없다. 유능한 사람은 이제, 자신에게는 자격이 있으므로 다른 사람의 후생에 기여하지 않으면서도 이익을 취할 권리가 있다

고 말할 수 없다.[162]

평등주의자들은 나쁜 결정을 내려 가난해지는 경우도 마찬가지라고 덧붙인다. 그들이 더 똑똑하거나 부유하게 태어났더라면, 혹은 신체적으로 더 뛰어나거나, 더 좋은 부모를 뒀거나, 더 나은 직업 의식을 가졌다면 가난해지지 않았을 것이라는 얘기다. '행운을 노력하여 얻는 사람은 없듯이, 불운을 마땅히 겪어야 하는 사람 역시 없다'라는 논리다.

성공은 노력을 통해 얻는 게 아니라 근본적으로 운에 달려 있다는 견해는 불평등 비판론자들에 의해 끊임없이 울려 퍼진다. 오바마 대통령은 성공한 미국인들이 '복권 당첨자'와 다를 바 없다고 하기도 하였다.[163] 피케티는 롤스를 언급하며, "불평등한 가족 재산(상속 재산, 문화 자본 등) 수준이나 행운(특별한 재능, 운 등)과 같이, 조금이라도 개인이 통제 불가능한 요인에 의한 불평등이라면, 정부가 이러한 불평등을 최대한 줄이기 위해 노력하는 것은 정의롭다"라고 하였다.[164]

법대 교수 제임스 곽James Kwak은 이 원칙이 함축하는 의미에 대해 더욱 명확하게 설명한다. "결과의 차이가 전적으로 능력과 노력의 차이로 인한 것이라고 할지라도(실제 그렇지 않지만) 과연 그런 차이가 옳은 것일까요? 대부분의 사람은 똑똑한 사람들이 다른 사람들보다 더 많은 돈을 벌어도 좋다고 말할 것입니다. 왜 똑똑한 사람들에게는 다른 사람들보다 더 많이 벌 자격이 있다고 생각할까요?" 그는 지능이 사람을 보다 더 생산적으로 만들 수 있음은 인정하면서도, "'좋은 유전자라는 복권에 당첨된 자'들이 그렇지 못한 사람들에 비해 더 좋은 결과를 내도록 자본주의 경제가 작동한다고 그것이 도덕적으로 옳다는 건 아니라고" 한다.

그렇다면 단순히 정말로 열심히 일하기로 선택한 사람들에 관해서는 뭐라고 할까?

"그것에 관해서도 부정적으로 생각합니다. 열심히 일하는 능력도 부모로부터 물려받은 것이거나 어린 시절 환경에 의해 발달하는 것이기 때문입니다. 그런 능력의 보유 여부는 아이큐만큼이나 운에 달린 문제입니다. 공정함을 위해서는 불운한 이들의 성과를 개선하도록 하는 정책이 필요합니다. 운이 좋은 사람들이 피해를 보게 되더라도 말이지요."[165]

이러한 주장은 분명히 뭔가 잘못됐다. 진솔한 사람이라면 워즈가 애플로부터 거금을 받은 것이 최초의 개인용 컴퓨터를 발명하여서가 아니라, 그저 행운으로 '일종의 복권에 당첨된' 덕이라는 말은 믿지 않을 것이다. 이러한 주장의 핵심 오류는 어떤 것을 얻는다는 의미를 완전히 잘못 해석하는 데 있다.

평등주의자들에게 있어, 어떤 행동의 결과는 단순히 우리의 통제 아래에 있어야 할 뿐만 아니라, 전적으로 우리 스스로 만들어낸 것이어야만 한다.[166] 어떤 것을 응당 얻기 위해서는, 워즈가 개인용 컴퓨터를 만드는 일에 전념하기로 한 선택과 같은 것으로는 충분치 않다는 얘기다. 워즈는 개인용 컴퓨터를 만들기까지의 모든 일에 전적인 책임을 졌어야만 한다. 여기에는 자신의 유전자 구성까지 포함된다. 그러나 실제로 그런 일 따위는 존재하지 않는다. 평등주의자들은 궁극적으로 어떤 것을 노력하여 얻는 가능성을 아예 지워버리고자 한다.

하지만 책임은 전지전능한 힘을 필요로 하지 않는다. 그저 자발적인 행동과 자신이 무엇을 하는지에 관한 파악만 필요하다.[167] 직원들이 다 태운 음식이나 내놓고 손님을 헐뜯는데 자기는 방관하며 술이나 퍼마시는 식당의 주인은 사업 실패에 대한 책임을 지는 게 맞다. 음식이 나가기 전에 맛을 확인하고, 더 친절한 직원을 고용하는 것은 그의 권한으로도 할 수 있는 일이기 때문이며, 식당 주인도 이 사실을 알기 때문이다. 결과적으로 그의 실패는 자업자득이다. 이와 마찬가지로, 그가 술잔을 내려놓고 본인의 사업을 개선하기로 결정했다면, 얼마나 큰 성공을 거두든 그 성공은 자기 스스로가 얻은 것이다.

롤스의 주장에 공감한 투자의 귀재, 워렌 버핏과 같은 사람에게도 똑같은 원칙이 적용된다. 그 역시 자신의 성공은 시의적절하게, 적당한 장소에서 적절한 재능을 가지고 태어난 행운 덕분이라고 주장한다. 버핏이 그의 두뇌나 그의 부모, 혹은 20세기 미국에서 태어난 사실은 그의 선택에 의해 성취한 것들이 아니다. 그러나 그 사실과 그가 노력하여 재산을 모은 것 사이에는 아무런 상관이 없다. 자신이 직접 벌지 않았다고 하여 노력하지 않았으므로 가질 자격이 없다고 할 수는 없다.

우리는 이 '얻는다'라는 개념을 자신의 두뇌와 부모를 선천적으로 얻어낸 사람들과 그렇지 못한 사람들을 구별하는 데 쓸 것이 아니라, 자신들의 능력과 자원을 창조하는 데 사용하는 사람들과 그렇지 못한 사람을 구별하는 데 써야 할 것이다.

버핏은 수백만 명의 다른 사람과 마찬가지로 20세기의 미국에서 태어났다. 그런데 그는 몇 가지 투자를 하기로 결심했고 다른 사람들은 그러지 않았다. 실제로 버핏도 자신의 투자 성과가 단지 행운에 따른 것이 아니라는 걸 설명하는 글을 썼다. 그는 그 성과들이 합리적인 투자 철학의 산물이며, 그것을 이성적으로 적용한 결과라고 주장했다.[168] 그가 자신의 재산을 직접 노력하여 얻었다는 걸 증명하는 것은 그걸로 충분하다.

좋은 선택을 했음에도 불구하고 안 좋은 결과를 겪는 사람들은 어떠한가? 예를 들어 가난하게 태어났지만 동네의 공장에서 관리직까지 승진한 한 여성이, 공장이 문을 닫는 바람에 직장을 잃고 전과 같이 보수가 좋은 일자리를 찾을 수 없는 경우는 어떻게 설명할까? 그녀는 불운의 희생자고, 다른 사람들이 행운의 보상을 거두어들이는 와중에 그녀는 자신의 운으로 인해 고통받아야 한다는 것은 부당하지 않은가?

이에 평등주의 철학자인 래리 템킨Larry Temkin은 다음과 같이 말한다.

"평등주의자들은 일부 사람이 자신의 잘못이나 본인의 선택과 관련 없는 이유로 다른 이들에 비해 가난한 것은 옳지 않다고 믿는다. 어떤 사람이 잘못하지 않았거나 스스로 어떠한 결정을 하지 않았는데도 다른 사람들보다 불우하다면, 이는 대개 부당한 상황에 해당할 것이고 그에 따른 불평등은 부적절하기 때문이다."[169]

선한 사람들에게 나쁜 일이 생기는 것은 분명 유감스러운 일이며, 심지어는 비극이 될 수도 있다. 하지만 그렇다고 그것이 반드시 불공정한 것은 아니다. 불공정은 한 사람이 다른 사람을 학대하는 경우에만 성립하기 때문이다. 우리가 예로 든 그녀가 관리직을 잃은 게 다른 사람들이 본인의 일자리를 지켰기 때문은 아니다. 또한 그들이 지속적으로 성공한다고 해서 그녀가 손해를 입는 것도 아니다. 자신이 초래하지도 않은 불운을 남들이 겪었다는 이유로 누군가에게 벌을 주는 것은 심히 불공평한 일이 아니겠는가?

평등주의자들의 얘기를 들어주는 건 이 정도로 하자. 운이라는 것이 인생에서 결정적인 요소로 작용하는 경우는 드문 게 현실이니 말이다. 올림픽 출전 선수 중 어마어마한 양의 시간과 노력, 에너지를 스포츠에 쏟은 사람이 많은 건 우연이 아니다. 마찬가지로, 실리콘 밸리가 프로그래밍을 배우는 데 몇 년을 할애한 사람으로 가득찬 것도 우연이 아니다. 무일푼에서 시작하여 부자가 된 사람 모두 예외 없이 밤낮으로 일하고, 쥐꼬리만한 생활비로 살며, 성공할 때까지 거듭되는 실패의 인생사를 겪은 것 역시 우연이 아니다. 그리고 성공하지 못한 사람의 대부분은 이런 인생을 살지 않은 것도 마찬가지로 우연이 아니다.

짐 콜린스Jim Collins와 모튼 한센Morten T. Hansen은 자신들의 저서인『위대한 기업의 선택Great by Choice』에서, 행운이 사업의 성공에 미치는 영향이라는 흥미로운 주제의 자신들 연구를 소개한다. 그들은 다양한 산업에서 뽑은 일곱 쌍의 회사를 대상으로 연구를 진행했는데, 하나는 중간 정도의 성공을 거둔 기업이고 다른 하나는 '10X'라고 명명한 기업들로, "그럭저럭 연명하거나 그냥 성공한 정도가 아니라, 그야말로 대박이 난" 기업들을 지칭한다.

"이 10X에 속하는 모든 기업은 업계 평균의 최소 열 배 이상의 실적을 기록했다."[170]

그런 다음, 저자들은 각 기업의 '운이 따른 사건들'을 나열했는데, "(1) 사건의 일부 중요 부분은 기업의 주요 행위자가 하는 행동과는 완전히 혹은 거의 독립적으로 발생하고, (2) 사건은 잠재적으로 중대한 결과(좋을 수도 있고 나쁠 수도 있다)를 낳으며, (3) 사건에는 예측할 수 없는 요소가 존재했다."[171] 그들이 관찰한 모든 회사는 각자의 행운과 불운 모두를 경험했다. 그들이 이를 통해 알아내고 싶었던 것은 "과연 운이 열 배 이상의 성공을 거두도록 기업을 차별화시켜 주는지, 혹은 그 성공을 분명하게 설명하는지, 다시 말해 성공의 결정적인 역할을 하는가?"였다.[172]

연구의 결과는 충격적이었다. 데이터를 어떤 방식으로 보더라도, 10X 기업들과 나머지 기업들 사이의 운에는 이렇다 할 차이가 없었기 때문이다.

오히려 비교군의 회사들이 운이 더 좋았거나 불운의 요소가 더 적었던 경우가 다수였다. 이에 관해 저자들은 다음과 같이 결론지었다.

"10X와 비교군의 사례들 사이의 진정한 차이점은 운 그 자체라기보다는, 그들이 얻은 운으로 무엇을 했는지에 있다. 그러므로 질문의 핵심은 '운이 좋았는가?'가 아니라 '행운으로부터 큰 수익을 올렸는가?'가 되어야 한다."[173]

이 '운의 수익률' 개념은 여기서 핵심이 된다.

"10X에 해당하는 기업들에서는, 빌 게이츠와 같은 사람들이 행운을 알아차리고 재빨리 그것을 붙잡는 모습을 공통적으로 볼 수 있다. 그와 같은 리더들은 다가온 행운을 붙잡아 다른 사람들보다 더 큰 수익을 창출한다. 그런 중대한 순간의 운으로부터 높은 수익을 올리는 10X들의 능력이야말로 그들의 진정한 차별적 요소이며, 그 능력은 수익을 배가시키는 효과를 가지고 있다."[174]

콜린스와 한센의 연구가 완벽하지는 않겠지만, 이것이 운에 대한 올바른 인식임은 분명하다. 물론, 우연은 발생하게 마련이고, 운은 우리의 삶에 영향을 끼친다. 그러나 만약 그러한 외부의 영향이 우리의 삶에 결정적이라면, 우리는 애써 노력할 필요가 없다. 나아가 우리는 자녀들에게 공부하라, 노력하라, 신중하게 결정하라는 조언을 할 필요도 없을 것이다. 그저 기회가 찾아올 때까지 가만히 기다리기만 하면 된다. 하지만 가장 크게 성공한 사람들은 인생에서 중요한 게 운이 아니고, 그 운으로 무엇을 하는지가 더 중요하다는 걸 아는 자들이다.

우리가 삶을 개척하는 데 본인의 의지만으로 운명을 결정할 수 있는 전능함이 필요한 것은 아니다. 거기에는 우리 스스로 최선을 판단하고, 인생을 살아가며 처하는 다양한 상황에 대처할 수 있는 정도의 능력만 있으면 되고, 다른 사람들이 우리의 선택에 훼방을 놓지 않아야 한다. 따라서 정부의 유일한 역할은 우리의 자유와 재산을 보호하는 것뿐이다.

우리의 자유를 축소함으로써 정부가 운의 영향을 상쇄시킬 수 있도록 권한을 부여하는 것은 우리 스스로를 타인의 자비에 전적으로 맡기는 것과 똑같다. 그것은 정치인들이 권력을 멋대로 휘두르도록 하는 행위이자, 우리가 노력하여 성취한 모든 것을 그들에게 헌납하겠다는 것이나 다름이 없다. 그렇게 되면 정치인들은 손쉽게 다음과 같이 말하면 된다.

"당신이 그것을 스스로 노력하여 벌었다고 말하는 거요? 내가 보기엔 그저 운이 좋았던 것 같은데."

최근 몇 년 사이에는 이러한 운에 관해 변형된 주장 하나가 유명해졌다. 이 주장은 다른 외부 영향, 즉 다른 사람들의 역할에 주목한다. 2011년 당시 상원 의원 후보였던 엘리자베스 워런은 자신의 소신 발언이 유튜브에 오르면서 유명세를 치르게 되었고, 일약 좌파 스타의 반열에 올랐다.

이 나라에서 스스로 부자가 된 사람은 단 한 명도 없습니다. 당신이 공장을 하나 지었다고요? 그거 잘 됐네요. 하지만 이것만큼은 분명히 해둡시다. 당신은 당신을 제외한 나머지 사람들의 비용으로 닦은 도로를 이용해서 그 제품들을 옮겼을 거예요. 마찬가지로 당신이 고용한 근로자도 나머지인 우리가 돈을 냈기에 교육받을 수 있었습니다. 또 우리가 부담한 세금으로 월급받은 경찰관과 소방관 덕분에 당신은 당신의 공장에서 안심하고 활동할 수 있었죠. 이를테면 약탈자들에게 공장의 모든 것을 빼앗기는 일을 걱정할 필요가 없어진 거죠. 당신을 제외한 우리가 그 몫을 대신했기 때문에 당신은 그것을 막고자 누군가를 고용하는 수고를 할 필요가 없어진 거예요. 자, 다시 한번 봅시다. 당신이 공장을 세운 것이 아주 훌륭한 선택이었던 걸로 판명 났다고 합시다. 축하합니다. 그 결과물을 몽땅 가지세요. 그러나 사회 계약에 따라 당신은 다음의 주인공을 위해 돈을 내놓아야만 합니다.[175]

1년이 채 지나지 않아, 오바마 대통령은 이와 같은 정서를 그 악명 높은 "그건 당신이 만든 게 아니다"라는 연설로 되풀이했다.

만약 당신이 성공했다면, 절대 당신 혼자 해낸 것이 아닙니다. 저는 그걸 놓고 자기가 잘나서 그렇게 됐다고 믿는 사람들을 보면 말문이 막힙니다. 이 세상에 잘난 사람들은 얼마든지 있습니다. 자기가 다른 사람들보다 더 열심히 일했기 때문이라고 말하기도 합니다. 그런 사람들에게 꼭 해주고 싶은 말이 있습니다. 이 세상에 열심히 일하는 사람도 수없이 많다고요. 당신이 성공할 수 있었던 것은, 당신 주위의 누군가가 당신에게 도움을 줬기 때문입니다. 당신의 일생에서 훌륭한 스승을 만났기 때문입니다. 누군가가 당신이 성공할 수 있도록 해준 미국이라는 이 훌륭한 체제를 만드는 데 일조했기 때문입니다. 누군가가 도로와 교량과 같은 인프라에 투자했기 때문입니다. 따라서 당신이 어떤 사업을 하고 있다면 그건 당신이 만든 게 아닙니다. 다른 사람 덕분에 만들 수 있었던 것이죠.[176]

운을 강조하는 주장과 같이, "그건 당신이 만든 게 아니다"라는 주장은 무언가를 얻는 데 '당신의 책임'만으로는 충분하지 않고, '오로지 본인 스스로의 힘'으로 만든 것만 가질 자격이 있다고 말한다. 다른 사람의 업적을 토대로 무언가를 만드는 걸 가지고 진정한 창조라고 부를 수 없다는 것이다. 즉, 다른 누군가가 어떠한 방식으로도 공헌하지 않은 개인의 업적만이 진정한 성취라는 의미이다. 그렇게 되면 그 누구도 혼자서 성공을 이루어낼 수 없기에 부와 성공을 거머쥘 수 있는 사람은 아무도 없게 된다.

하지만 이는 그릇된 시각이다. 인간의 성취는 주로 지적인 행위에 따른 것으로, 무에서 유를 창조하는 것이 아니라 다른 사람들의 업적을 바탕으로 그것을 한층 더 발전시키는 것이다. 자신이 사고하고 노력하여 발전에 이바지하는 것은 누군가의 놀라운 성취이다. 아인 랜드의 소설『파운틴 헤드 The Fountainhead』에 등장하는 주인공이자 혁신적인 건축가 하워드 로크Howard Roark는 다음과 같이 설명한다.

가장 기본적인 생필품에서 가장 상위의 추상적인 종교 관념까지, 혹은 바퀴에서 마천루까지, 우리를 이루는 모든 것, 우리가 가진 모든 것은 인간의 이성이라는 하나의 속성으로부터 비롯된다. 정신은 개인이 가지는 속성이다. 집단적 두뇌와 같은 것은 없다. 집단적 사고와 같은 것 또한 존재하지 않는다. 한 무리의 사람이 도달하는 합의는 단지 개인들의 여러 생각에 대한 절충이자 평균적인 생각일 뿐이다. 이는 부수적인 것에 불과한 것이다. 본질이 되는 이성의 과정은 각 개인에 의해 수행되어야 한다.

우리는 다른 사람들의 생각을 빌어 만들어진 산물을 물려받는다. 바퀴를 물려받고, 그를 통해 수레를 만든다. 그 수레는 곧 자동차가 된다.

그리고 자동차는 비행기로 변한다. 그러나 이 모든 과정에서 우리가 다른 사람들로부터 받는 것은 그들의 생각에 따른 최종 결과물뿐이다. 이것의 동인은 어떤 물건을 재료로 사용하여 그 다음 단계를 고안하는 창조적 능력이다. 이 창조적 능력은 주고받거나 공유하고 빌릴 수 있는 게 아니다. 그것은 오직 개인 각자에게 존재하는 것이다. 창조하도록 해주는 그 능력이야말로 창조자의 진정한 재산인 것이다.[177]

집단주의적 견해와는 달리, 부富는 롤스가 말한 '사회적 가치'나 '사회적 산물'이 아니다. 그것은 '국민 소득'과 같은 하나의 덩어리로서 사회 구성원들에게 분배되어야 하는 게 아니다. 부는 개인 창조자가 만드는 것이고, 그것은 도덕적으로 응당 그에게 속하는 것이다. 로빈슨 크루소가 손으로 물고기를 잡다 지쳐 나뭇가지를 이용해 작살 만드는 법을 알아내어 포획량을 열 배로 늘렸다고 했을 때, 작살을 만들 생각조차 하지 않은 프라이데이가 물고기의 불공평한 분배에 대해 불평하는 게 맞는 걸까?

물론 현실 상황은 이보다 훨씬 복잡하겠지만, 외딴 섬이 됐든, 미국과 같은 복잡한 노동 분업 경제가 됐든, 본질은 매한가지다. 개개인은 본인의 정신과 노력, 그리고 기존의 재산, 즉 이전에 축적한 부를 사용하여 새로운 부를 창출한다는 것이다.

예를 들어 버진 그룹을 만든 리처드 브랜슨은 본인의 차로 레코드 앨범을 파는 것에서 시작하였다. 그 앨범들은 본인의 재산이었고, 그걸 팔아서 번 돈은 그의 재산이 되었다. 브랜슨은 그 돈을 사용하여 레코드를 더 싸게 만드는 아이디어를 구현하였고, 전화기를 보다 사용하기 쉽게 만들었으며, 항공 여행을 더욱 매력적으로 만들었다. 그는 크루소와 마찬가지로, 사회가 만들어낸 파이의 더 큰 조각을 차지하려고 애쓰지 않았다. 대신 그는 새로운 부를 창출해냈다.

브랜슨이 그런 창조를 위해 다른 이들과 함께 일했을까? 물론이다. 그러나 그 사실이 본질을 바꾸지는 않는다. 브랜슨은 그의 재산, 즉 자신의 자본을 투입하여 사람들을 모았다. 버진의 직원들은 각자 일하면서 부를 창출하였으며, 그에 맞는 보수를 받았다. 브랜슨이(그의 동료 주주들까지) 얻은 이익은 버진 직원들의 기여를 이미 반영한 것이다. 왜냐하면 그 이익은 업무에 따른 직원들의 보수를 주고도 남는 것이기 때문이다.

브랜슨의 업적에 간접적으로 기여하는 수많은 사람은 어떻게 보상을 받아야 하나? 그의 부모님은? 그의 스승은? 아니면 비행기를 발명한 사람은? 언어를 창시한 사람들은? "그건 당신이 만든 게 아니다"라는 관점을 가진 사람들은 냉정하다. 그들은 여러 사람이 브랜슨의 업적에 기여했지만 이에 대한 재정적 보상을 하지 않았다는 이유로, 브랜슨이 그들을 등쳐먹었다는 결론을 내린다. 그래서 정부는 높은 세율을 부과함으로써 브랜슨을 단죄해야 한다고 주장한다.

하지만 이 사람들의 대부분은 금전적 또는 다른 방식으로 그에 대한 대가를 이미 받았다. 브랜슨의 스승들은 무료로 일하지 않았으며, 그가 억만장자로 성공하여 자기한테 돈다발을 보내기를 학수고대하지 않는다. 게다가 브렌슨으로부터 세금을 뜯어낸다고 해도 그를 도와준 사람들에게 그 돈이 돌아가지도 않는다.

정말로 인류에 기여한 것에 비해 돈을 받지 못하는 사람들은 걸출한 능력을 가진 사람들로서, 브랜슨의 업적에 아이디어로 기여한 자들이다. 항공여행, 휴대전화, 음악 플레이어, 언어와 논리, 과학 등을 개척해낸 천재들은 그들이 받은 대가와는 비교할 수 없을 정도로 더 큰 가치의 성취를 브랜슨과 우리에게 선물하였다.

랜드가 썼듯, "창조적인 천재성이 넘치면 이런 일이 벌어진다. … 그 천재들이 바라는 것은 그저 '고맙습니다' 한 마디뿐이다."[178] 우리에게 혜택을 주는 사람들에게 줘야 하는 것에는 금전뿐 아니라 인정과 감사도 있다.

그러나, "그건 당신이 만든 게 아니다"라는 견해는 이를 정면으로 부정한다. 특출난 능력의 소유자들이 인류의 진보에 가장 크게 기여한다는 점을 인정하는 대신, 오히려 그들이 '사회'로부터 가장 크게 혜택을 받았으니 정부에 가장 많은 빚을 지고 있다고 주장한다. 당신이 큰돈을 벌었다고 해도, 당신 스스로 이룬 것은 없다. 당신은 그저 원래 있던 것을 가져간 것에 불과하고, 이제 "그에 대해 되갚아야 한다."

하지만, 어떤 사람이 생산적인 일을 하기로 결정하고, 본인의 기술을 개발하여 막대한 부를 창출한다면, 그로 인한 이득을 얻은 게 맞다. 그의 통제 밖의 다른 요소들이 그의 성공에 어떤 역할을 하였는지는 전혀 중요하지 않다. 다른 요소들은 언제나 성공에 영향을 주니 말이다. 그러한 이유로, 어떤 것을 얻는 데 전능함 혹은 자급자족을 판단 기준으로 두기 시작하면, 그 누구도 성공의 결과를 전적으로 자신의 몫으로 삼을 수 없게 된다. 따라서 이는 정부가 우리의 모든 것을 가져가도 된다는 논리를 만든다.

4. 희생

평등주의자들의 허무맹랑한 주장을 잘 이해하기 위해서는 이들이 철학적으로 골수 집단주의자이기도 하다는 사실을 유념해야 한다. 랜드의 설명에 따르면, "집단주의자들은 사회를 하나의 초유기체super-organism로 본다.

그것은 개별 구성원들과는 다르며, 단순히 그들을 합친 것보다 더 우월한 하나의 초자연적인 개체로 사회를 본다는 것이다."[179]

전통적 종교는 타고난 특성을 신이 준 것이라고 여긴다. 그리고 신이 인간에게 준 그 재능으로 신을 섬기도록 요구한다. 집단주의자들은 여기서 신을 사회로 대체해버리고, 개인들이 가지고 있는 '재능'을 사용하여 사회를 섬기도록 요구한다. 지능, 미모, 야망, 도덕성 등과 같은 이런 '재능'은 개인이 얻어내는 게 아니기 때문에, 사람들은 그것들로부터 이익을 봐서는 안 된다. 재능을 자신의 삶을 위해 써서는 안 되고, 사회에 이익이 되는 데만 써야 한다고 그들은 주장한다.

하지만 '사회'라는 개체는 실존하지 않고, 오로지 개인만이 존재하기 때문에, 이는 일부 사람에게 다른 사람들을 평생 섬기라고 말하는 것과 같다. 그럼 섬기는 사람은 누구이고, 섬김을 받는 사람은 누구인가? 그건 각자의 필요에 따라 정해진다. '가진 자들'의 의무는 '가지지 못한 자들'을 위해 스스로를 희생하는 것이다. 평등주의자들의 관점에서 모든 인간은 그 어떤 것도 가질 자격이 없다. 한 사람이 오로지 가질 수 있는 것은 단 하나, 다른 사람들을 통해 본인의 필요를 충족시키는 것이다.

여기서의 '필요'란 단지 생존을 위한 생물학적 요구 사항만을 말하는 것이 아니다. 그것은 다른 사람들은 가지고 있지만 자신은 가지고 있지 않은 모든 것을 가리킨다. 이래서 불평등 비판론자들은 오늘날의 소외 계층들이 에어컨, 자동차, 값비싼 신약을 필요로 한다고 당당하게 얘기하는 것이다. 한 세기 전만 하더라도 미국의 최상류층조차 가지지 못했던 것들인데 말이다.

그렇다면 비용 부담을 강요당하는 사람들의 자유나 희망, 꿈은 어떻게 하나? 집단주의자들의 관점에서 볼 때, '가진 자들'의 권리와 야망을 희생시키는 것은 아주 작은 비용에 지나지 않는다. 그들의 관점에서는, 재정적으로 여유로운 사람들이 큰 집을 사는 것과 같은 비교적 덜 중요한 기회를 포기하도록 함으로써 비교적 빠듯한 사람들에게 의료보험 가입 등의 더 중요한 기회를 제공하는 것이 사회 전체적으로는 더 좋은 일이라고 한다.

그러나 이런 방식으로 각기 다른 모든 사람의 가치를 비교할 수 없다. 집단주의적 시각과는 반대로, 그러한 상충 관계로부터 이익을 얻을 수 있는 사회라는 이름의 초유기체는 존재하지 않는다. 각자의 삶과 행복에 주안점을 두고 살아가는 개인만이 존재할 뿐이다. 누군가에게는 의료보험의 가입이 더 큰 집을 살 기회보다 더 가치 있을 수 있다. 그러나 다른 사람들에게는 의료보험의 가치가 새 집을 살 기회의 가치보다 더 크지 않을 수도 있는 것이다. 누군가의 욕구를 희생시킨다고 해서 더 큰 사회적 효용을 얻지는 못한다. 단지 희생자는 손해를 보고, 그에 따라 다른 사람들은 이익을 얻게 될 뿐이다.

누군가에게 다른 사람들에 의해 자신의 필요가 충족될 자격이 있다는 생각은 일반적으로 논란의 여지가 없는 것처럼 여겨진다. 그러나 이에 관해 진지하게 생각보면 그것은 아주 우려스러운 결과를 낳을 수 있는데, 평등주의자 중 일부는 그 점을 지적하기도 하였다. 평등주의 철학의 대가 중 한 명인 피터 싱어Peter Singer는 우리 자신의 덜 중요한 필요를 충족시키기에 앞서 다른 사람들의 더 중요한 필요를 충족시켜야 한다는 도덕적 의무가 우리에게 있다고 진정으로 믿는다면, 이것은 우리 모두의 생활 수준을 급격히 낮추려는 것과 같은 의미라고 주장한다.

한 아이의 생명을 구하고자 구호 단체 혹은 기관에 기부하는 데 드는 비용은 그리 대단하지 않을지도 모른다. 그 금액을 기부한 후에도 곤경에 처한 아이들은 여전히 많으며, 한 아이를 살리는 데 추가적으로 드는 비용도 그리 크지 않을 것이다. 당신이 한 단체한테 200달러를 보냈다고 가정해보자. 그리고 그 단체는 당신의 돈을 가지고 저개발국에 사는 한 아이의 목숨을 구했다. 당신은 필요도 없는 새 옷을 살 돈으로 정말 좋은 일을 한 것이다. 그러나 착한 일을 했다고 샴페인을 터뜨리거나 영화를 보러 가거나 하지는 말기 바란다. 그 샴페인이나 영화 티켓 값에 더하여, 몇 가지의 다른 사치를 참기만 하면 또 다른 아이의 생명을 구할 수도 있으니 말이다. 그러면 당신은 몇 개의 물건을 포기하고 200달러를 더 기부하게 될 것이다. 당신이 어떤 것에 지출을 하든, 그것이 한 아이의 삶보다 더 중요할까? 그럴 리가! 그럼 이제 당신은 당신이 도와주던 아이의 삶과 비슷해질 때까지 불필요한 지출을 줄이고, 그 절감분을 기부해야만 한다. 그쯤 되면 당신은 너무 많이 기부한 나머지, 당신의 자녀에게 충분한 교육을 시킬 여유가 없을 정도가 되어 있을 것이다.

그는 다음과 같이 결론짓는다.
"위에 제시된 주장이 맞다면, 많은 사람이 별 생각 없이 하는 행위들을 비판적인 시각으로 다시 봐야 할 것이다. 아이들의 목숨을 구할 수 있는 여윳돈을 콘서트나 최신 유행의 신발, 고급 식당과 좋은 와인에 쓰고 외국 여행을 보내는 데나 쓰고 있다면, 그것은 잘못된 일이 아니겠는가."[180]
이것이 바로 아인 랜드가 언급한, 인간을 희생의 동물로 취급하는 경우에 생기는 현상이다. 이 희생의 동물은 지구상에 자기보다 가지지 못한 사

람이 존재하는 한, 도덕적 기준에 맞춰 자신의 꿈과 희망을 포기하도록 되어 있다.[181]

우리는 왜 이런 식으로 세상을 바라보아야 하나? 왜 모두가 하향 평준화되기를 바라야 하는가? 각자에게는 인생에서 최대한 성공할 권리가 있으니 책임 있는 삶을 살도록 하는 게 낫지 않을까? 물론 다른 사람들을 돕는 길을 택할 수는 있다. 우리가 좋아하는 사람들을 돕고 그들과 뜻을 함께하는 것은 우리가 행복을 추구하는 하나의 방법이다. 하지만 타인의 필요가 우리 자신의 열망보다 앞서는 하나의 빚으로 다가온다면 어떨까? 이런 시각을 정당화할 수 있을까? 평등주의자들은, 이에 따른 행동 양식이 사람들을 존엄하게 대한다는 의미라고 궤변을 늘어놓는다.

5. 존엄성에 대한 공격

롤스는, 인간 존엄성을 존중한다는 것은 "다른 사람에게도 정의를 바탕으로 한 불가침성이 있음을 인정하는 것이다. 다른 사람들이 누리는 후생이 더 커진다고 하여 누군가의 자유가 박탈당하는 것이 정당화될 수 없다는 점은 분명하다"[182]라고 했다. 우리도 이 점에 관해서는 동의한다. 하지만 롤스가 말한 불가침성의 의미에 관해서는 절대 동의할 수 없다.

우리는 개인주의자로서, 존엄성을 지닌 사람들을 존중한다는 것은 그들을 개인으로 대하는 것이라고 이해한다. 즉 존재의 가치를 증명하기 위해 다른 사람을 섬겨야만 하는 집단의 하인들이 아니라, 자기 자신을 위해 존재할 권리가 있는 사람이라는 뜻이다. 그들에게는 독립적인 판단을 함으로써 자신의 행복을 추구할 권리가 있으며, 그것은 '사회 전체의 후생'에 대한 어떠한 호소에 의해서도 간섭받아서는 안 된다.

사회적 맥락에서 정의의 구현을 위해서는 무엇보다도 경제적 자유와 재산권을 포함한, 타인의 자유에 관한 존중이 필요하다. 랜드가 설명하듯이, "인간은 스스로의 삶을 이어나가기 위해 일하고 생산해야 한다. 그는 자신의 노력과 정신의 도움으로 스스로의 삶을 꾸려나가야 한다. 만일 누군가가 노력한 것에 대한 결과물을 처분할 수 없게 되면, 그의 노력도 처분할 수 없게 되는 것이다. 스스로의 노력을 처분할 수 없게 되면, 본인의 삶도 스스로 결정할 수 없게 된다. 결국 재산권 없이는 그 어떤 권리도 행사할 수 없게 되는 것이다."[183]

우리가 가진 것에 대한 권리는 다른 사람보다 그 재산을 더 필요로 한다는 사실로부터 나오는 게 아니다. 우리가 그 재산을 스스로 벌었다는 사실과 자신의 욕망을 달성하는 데 그것을 사용할 권리가 우리에게 있다는 사실로부터 나오는 것이다. 누군가의 존엄을 존중한다는 것은, 자기 스스로의 삶을 개선할 수 있는 무조건적인 권리가 그에게 있음을 인정한다는 의미이다. 여기에 "그들이 다른 사람들보다 더 많이 성취하지 않는 한, 만일 그럴시에는 다른 사람들의 삶이 더 중요해진다"와 같은 단서 조항 따위는 존재하지 않는다.

자유 사회에서는 수많은 사람이 필요로 하고, 그들의 삶을 향상시키는 엄청난 가치를 창출하지 않고서 큰돈을 벌 수 없다. 하지만 자신의 삶을 향상시킬 누군가의 권리는 그가 한 일의 대가로서 우리가 주는 게 아니다. 그것은 마치 누군가의 삶을 하나의 공공재로 취급하는 것과 다름없다. 우리는 그러한 권리를 가지고 태어났으며, 그것을 존중해야 하는 신성한 의무가 우리에게 있다.

그것이 아메리칸 드림 정신의 본질이다. 당신은 본인의 삶을 최우선의 가치로 둘 수 있는 도덕적, 정치적 권리를 가지고 있다. 당신이 큰 부자가 되거나 큰 성공을 거두어도, 당신의 목표가 아직 성공하지 못한 사람들의 목표보다 덜 중요한 취급을 받는 것에 관한 정당성은 없다. 당신이 가난하다고 해서 권리가 적지 않은 것처럼, 부자라는 이유로 권리가 적어야 하는 것도 아니다. 우리는 정치적으로 평등하다. 다른 사람을 약탈하기보다는 가치를 창출하고 그것을 거래함으로써 자신의 삶을 향상시키는 한, 당신의 자유와 재산은 신성불가침한 깃으로 간주되어아 한다.

평등주의자 리암 머피Liam Murphy와 토마스 네이글Thomas Nagel은 개인주의자의 견해를 다음과 같이 상당히 정확하게 요약했다.

각 개인에게 일부 불가침의 영역이 존재한다. 국가에 의해 만들어진 것이 아니라 도덕적으로 주어진, 자기 자신에 대한 우리의 주권은 우리가 스스로의 능력을 자유롭게 사용할 수 있게 하며, 다른 사람의 권리를 침해하지 않는 한, 그러한 자유를 방해할 권리가 다른 사람들에게 없음을 의미하기도 한다.

국가가 이것을 함부로 바꿀 수는 없다. 국가는 우리가 서로의 지분을 공유하고, 공공선을 위해 그것을 가져다 쓸 수 있다는 사회적 합의체가 아니다. 우리 각자에게는 자신의 능력으로 무엇을 해야 할지를 결정할 권리와 함께, 기업, 개인 또는 조합과의 자발적인 계약에 따른 결과물을 마음대로 처리할 권리가 있다. 한 국가가 사회적 평온을 위해 어떤 특정한 종교를 믿도록 강요할 수 없는 것처럼, 재분배의 명분으로 이익의 지분을 요구할 권리는 없다. 경제적 자유는 무시하면서 다른 자유권 수호를 위해 싸운다는 것은 도덕적으로 모순되는 일이다.[184]

그러나 머피와 네이글은 이러한 관점에 자신들은 "동의하지 않는다"라고 덧붙인다.[185] 평등주의자들은 국가가 "우리 모두가 서로의 지분을 공유하고, 공공선을 위해 그것을 가져다 쓸 수 있는 사회적 합의"라고 믿는다. 그러면 그들은 도대체 어떤 면에서 개인에게 불가침한 영역이 있다고 인정하는 걸까? 그들은 대개 표현의 자유와 종교의 자유와 같은 것들을 열거할 것이다.

그러나 경제적 자유와 재산권에 관해서는 엿장수 마음대로다. 갑자기 '공익을 위해서'는 얼마든지 개인을 '착취해도 괜찮다'라고 한다 머피와 네이글은 그들의 저서 『소유라는 착각: 세금과 정의The Myth of Ownership: Taxes and Justice』[186]에서 개인주의자들과는 다른 견해를 펼친다.

"평등주의적 자유주의자들은 자기의 생각을 자유로이 말할 자유나 원하는 종교를 믿을 자유나 자신의 성적 취향에 따라 행동할 권리와 노동 계약시에 혹은 소유물을 팔 때 세금에 의해 방해받지 않을 권리 사이에는 어떠한 도덕적 유사성도 없다고 본다."

그들은 관대하게도 "개인이 재산을 보유할 수 있는 … 기본적 권리를 포함한 몇 가지의 개인적 자유"는 허용한다. 하지만 여기에 "무차별적인 경제적 자유는 포함되지 않는다"라고 정의한다.[187] 사람들을 부려먹고 그들의 성취물을 가져다 쓰는 게 어떻게 사람들의 존엄성을 지켜주는 것이 될까? 평등주의자들은 경제적 층위에서의 존엄성이란 우리 스스로가 이성적인 존재로서 노동의 결과에 대해 동등한 권리를 가지는 것이 아닌, 다른 사람들과 동등한 양의 재물을 소유하는 것이라고 주장하기 때문이다. 어떤 사람이 자신의 이웃에 비해 재산이 적으면, 그로부터 자존심에 상처를 입어 존엄성이 위협받는다고 그들은 믿는다.

롤스는 다음과 같이 말한다.

"객관적인 기본 가치primary goods로 측정하였을 때 더 낮은 위치에 있는 사람은, 다시 말해 자신의 이웃보다 더 적은 기회와 재산을 가진 경우 자존심에 상처를 입을 수 있다. 사회는 기존의 사회적 조건 아래서 이러한 가치에 대한 심각한 불균형을 허용할 수 있지만, 이러한 불균형은 우리에게 도움이 되지 않고, 자존감의 상실만을 불러올 뿐이다."[188]

하지만 이성적 사람의 자존감은 자신의 선택으로부터 나온다.

'성공을 위해서 스스로 최선을 다했는가? 스스로 진솔하고 공정하며 생산적인 삶을 살았는가? 스스로 신실하게 행동했는가?'

반면, 평등주의자들에게 자존감은 남들과의 비교로부터 나온다.

'남들에 비해 더 나은가, 못한가? 남들보다 더 재능 있나, 없나? 남들에 비해 더 잘사나, 못사나'?

이처럼 한 사람의 존엄성은 다른 사람의 업적에 따라 고통받을 수 있다. 한 사람이 너무 많은 것을 성취하고, 너무 탁월하거나 부유하면, 다른 사람들의 존엄성을 박탈하게 된다는 것이다. 결국 경제적 층위에서 평등주의자들이 개인의 불가침한 영역으로 간주하는 것은 사람들의 시기심이다. 다른 이들은 벌었지만 자기는 얻지 못한 가치에 관한 시기심 말이다.

싱어가 요구한 바와 같이, 우리는 사람들이 달성한 부와 그들이 만든 기회를 빼앗고, 가장 기본적인 욕구 충족을 위한 것들을 제외한 모든 것을 포기하도록 만들 수 있다. 그리고 우리가 인간의 존엄성을 존중한다면, 노력 없이 쉽게 버는 부를 향한 누군가의 욕망을 방해해서는 안 된다.

물질적 평등의 측면에서 존엄성을 정의함으로써, 평등주의자들은 우리가 남들의 성취를 영감의 원천이 아닌 우리의 자존감에 대한 모욕으로 간주하기를 바란다. 따라서 그들에 따르면, 우리는 성공한 자들을 성공했다는 이유로 처벌하여 우리의 자존감을 살려야 한다. 존엄성에 대한 평등주의자들의 이 같은 개념은 인간의 존엄성을 오히려 모멸하고 있다고 해도 과언이 아니다.

만약 우리가 능력과 성취에 호의적인 사회에서 살고 싶다면, 개개인이 자신의 재능을 활용하고 개발하여 가치를 창출하고 그것을 누릴 권리에 가장 큰 관심을 둬야 할 것이다. 우리는 성공을 기리고, 격려하며, 보상해야 한다. 이것이 인류 진보를 위한 전제 조건이다. 정의에 대한 평등주의자들의 개념은 정반대의 결과를 낳을 뿐이다. 사람들의 업적에 대한 보상을 하는 대신, 아무것도 달성하지 못한 것에 대해 보상한다. 성공을 기념하도록 만드는 대신, 사회를 더 불평등하게 만들고 성공하지 못한 자들에게 좌절감이나 주는 성공을 비난하도록 만든다. 타인에 대한 연민을 드러내는 유일한 방법은 하향 평준화뿐이라고 가르친다.

공정하다는 것의 합리적 개념은 평등에 근거하는 것이 아니라, 사람들을 어떠한 업적이나 결과에 따라 공평하게 우대하는 것이다. 여기에는 평등의 개념이 필요하다고 느껴질 수도 있다. 아리스토텔레스가 말했듯이, 같은 것은 동등하게 취급하면 되니 말이다. 그러나 같은 이치로, 같지 않은 것은 다르게 대해야 한다고 그는 말했다. 성취는 같을 수가 없다. 그러므로 평등은 불공정하다.

이것이 불평등 비판론자들을 이해하는 핵심 키워드다. 그들은 경제적 불평등을 본질적으로 불공평한 것으로 간주한다. 자신들의 주장에 틀린 부분이 있다고 스스로 인정하고, 불평등이 능력이 아닌 착취와 유착 관계에 의한 것이라고 아무리 주장하더라도, 그들은 결국 어떠한 불평등에도 반대한다.

예를 들어 피케티는 역사적으로 "노동에 의한 부富가 아닌 소득 불평등은 일반적으로 심하지 않고, 합리적인 수준"이라고 언급한다. 그러나, 그는 황급히 "불평등이 합리적인 수준이었다는 사실을 확대 해석해서는 안 된다"라고 덧붙인다.[189] 불평등 비판론자들이 꿈꾸는 세상에서는 다른 사람들이 달성하지 못했다면 그 누구도 성취할 수 없어야 하며, 다른 사람이 누릴 수 없는 가치는 그 누구도 누릴 수 없어야 한다.

그러나 랜드가 관찰한 바에 따르면,

평등(법에 의한 평등이 아니라, 사실상의 평등)에 대한 열정이라는 것이 존재한다면, 주창자들이 그것을 달성하는 데 두 가지 방법만 있다는 것은 확실하다. 모든 사람을 산꼭대기로 올리거나, 산을 완전히 깎아 없애는 방법 말이다. 하지만 전자는 한 사람의 지위와 행동을 결정하는 것은 개인의 자유 의지이기 때문에 불가능하다. 이에 가장 가까운 접근 방식은 미국이라는 국가와 자본주의로서, 개개인 각자의 능력과 야망에 따른 성공에 관한 자유와 보상, 인센티브를 보호하였다. 그렇게 사회 전체의 지적, 도덕적, 경제적 수준을 높일 수 있었다. 두 번째 방법도 불가능하다. 밑바닥으로 하향 평준화되면 인류는 생존할 수 없기 때문이다. 우수한 사람들은 결코 그러한 조건에서 살지 않을 것이다. 평등주의자들이 추구하고 있는 방법은 바로 이 두 번째 방법이다.[190]

평등주의 프로젝트의 본질은 하향 평준화, 즉 가치를 파괴하는 것이다. 평등주의자들은 때때로 이 사실을 인정한다. 평등주의 철학자 크리스토퍼

아케Christopher Ake가 말하듯,

> 만약 누군가가 자신의 노력으로 벼락부자가 되었다면 어떻게 해야 할
> 까? 평등을 회복하고 정의를 수호하기 위해 그 자에게 추가적인 부담
> 을 지워야 할까? … 평등을 회복하고자 그에게 어떠한 추가적 부담을
> 지우는 게 정의에 반하는 일일까? 엄밀히 말하자면 그것은 정의로운
> 것이다.[191]

그의 동료 평등주의자인 래리 템킨은 그 점을 더욱 분명하게 확인시켜
준다. "나도 불평등이 나쁘다고 믿는다. 그런데 일부가 장님인 세상보다
는 모두가 장님인 세상이 낫다는 주장에 나는 동의한다. 그러면 모든 사람
의 눈을 멀게 하면 좋겠느냐고? 그렇지는 않다. 평등만이 중요한 건 아니니
까."[192] 이것만 해도 소름 끼치는 주장인데, 오로지 평등만이 중요하다고 하
는 사람들에게 결정권을 주게 되면 세상에는 도대체 어떤 일이 벌어질까?

6. 평등주의자들이 바라는 악몽과도 같은 세상

평등주의의 교리를 완전히 이행한 사회는 없지만, 그것에 가장 근접한
사례는 단연 캄보디아의 크메르 루즈Khmer Rouge이다. 크메르 루즈는 1975년
에 권력을 잡은 캄보디아의 공산주의자들을 일컫는다(크메르는 캄보디아의
원주민인 크메르족, 루즈는 '빨간색', 즉 공산주의자를 의미). 총서기장이었던
폴 포트Pol Pot를 포함한 대부분의 지도층은 프랑스에서 교육받았다. 프랑스
의 지식인들과 함께 수학하고 루소와 마르크스, 여타 집단주의 지식인들의
영향을 받은 이들은 급진적 평등주의 이데올로기를 채택하게 된다. 크메르

루즈의 수반이었던 키우 삼판Khieu Samphân은 훗날 자신들의 철학을 다음과 같이 요약했다.

공산주의 혁명을 일으켰을 때 가장 먼저 해야 할 일은 사유 재산을 없 애는 것이다. 그러나 사유 재산은 물질적 측면과 정신적 측면 모두에 존재하는 개념이다. 물질적 사유 재산을 파괴하기 위한 적절한 방법은 마을을 비우는 것이었다. 그러나 정신적 사유 재산은 이보다 더 위험 한 것으로서, 그것은 당신이 '당신 것'이라고 생각하는 모든 것을 포함 하며, 당신과 관련된 모든 것, 예를 들어 당신의 부모, 가족, 당신의 아 내까지 포함한다. 당신이 '내 것'이라고 말하는 모든 것이 정신적 사유 재산이다. 하지만, '나' 그리고 '내 것'의 관점에서 생각하는 것은 금지되 어 있다. '내 아내'라고 하면 그건 틀린 것이다. '우리 가족'이라고 해야 한다. 캄보디아는 우리가 속한 하나의 대가족이다 ... 그렇기 때문에 남 자와 여자, 아이들이 모두 분리된 것이다.
여러분 모두는 앙코르Angkar, 크메르 루즈의 보호를 받고 있다. 남자, 여 자, 아이들 모두 국가를 구성하는 한 요소이다. 우리는 앙코르의 아이 들이자, 앙코르의 남성, 앙코르의 여성인 것이다. 당신의 머리 속에 있 는 지식이나 생각도 정신적 사유 재산이다. 진정한 혁명가로 거듭나려 면 당신은 정신을 말끔히 씻어야 한다. 그 지식은 식민주의자들과 제 국주의자들의 가르침에서 비롯한 것으로서 ... 반드시 파괴되어야만 한다. 우리가 모든 물질적, 정신적 사유 재산을 파괴할 수만 있다면 모 든 사람은 평등해질 것이다. 사유 재산을 허용하는 순간, 어떤 사람은 조금 더 갖게 되고, 어떤 사람은 조금 덜 가지게 되는 것이다. 그러면 그들은 더 이상 평등하지 않게 된다. 그러나 너도 나도 똑같이 아무것도 가지지 못하게 된다면, 진정한 평등을 이룰 수 있다. 아주 조금이라도 사유 재산을 허용하게 되면 합일을 이룰 수가 없다. 그것은 공산주의가 아니다.[193]

정권을 장악한 크메르 루즈는 이 철학을 잔인할 정도로 일관되게 밀어붙였다. 그들은 캄보디아의 수도인 프놈펜에서 사람들을 몰아냄으로써 폭정의 시작을 알렸다. 이 과정에서 2만 명이 목숨을 잃었다. 사실상 국가 전체가 하나의 집단 농장으로 강제 이주당한 것이다. 그들은 사유 재산과 사적 거래, 심지어는 화폐 제도까지 폐지했다. 폴 포트는 다음과 같이 설명했다.

지금까지 우리는 화폐를 사용하지 않음으로써 사유 재산을 크게 줄일 수 있었고, 이로부터 집단화를 촉진할 수 있었다. 우리가 화폐를 다시 사용하기 시작하면 사유 재산에 대한 욕구가 다시 나타날 것이며, 개인은 집단으로부터 멀어지게 될 것이다. 화폐는 특권과 권력을 만들어내는 도구이다. 그것을 소유한 사람들은 간부에게 뇌물을 주기 위해 그것을 사용할 수도 있고, 나아가 우리의 체제를 훼손할 수도 있다. 우리가 사유 재산을 향한 욕구가 자라나도록 허용한다면, 사람들은 점진적으로 사유 재산을 모으는 데 골몰할 것이다. 그러한 길을 택하면, 지금껏 청렴했던 캄보디아 사회는 어떻게 되겠는가?[194]

결과는 생산 활동의 전면 중단이었다. 처벌을 피하기 위한 최소한의 노동 이상을 할 동기가 없었기 때문이다. 식량은 배급되었고 그것을 공동으로 먹어야 했다. 때문에 도마뱀, 게, 거미를 찾아 잡아먹는 일이 빈번해졌는데, 그마저도 일부 사람이 다른 사람들보다 더 많이 먹는다는 이유로 곧 금지되었다. 영국의 저널리스트 필립 쇼트Philip Short는 폴 포트의 전기 중 최고로 평가받는 자신의 저서에서, "굶주린 사람들이 스스로 식량을 구해 먹을 수 있도록 허용하는 것과 절대적 평등주의를 따르는 것 사이에서, 크메르 루즈 정권은 평등주의를 선택했다"라고 적었다.[195]

개인주의와 조금이라도 관련 있는 것들을 무자비하게 짓밟혔다. 크메르 루즈는 지능이 높아 보이는 자들에게 특히나 가혹했는데, 단순히 안경을 썼다는 이유만으로 처형하기도 했다. 쇼트에 따르면, "개인의 권리는 집단의 이익을 위해 축소된 수준이 아니라 완전히 소멸되었다. 개인의 창의성, 자주성, 독창성은 사실상 죄나 마찬가지였다. 개인의 의식 자체를 체계적으로 붕괴시킨 것이다."[196]

경제적 불평등은 개인의 자유로운 선택에서 비롯되기에, 경제적 평등을 실현하고자 하던 크메르 루즈에게 잔혹함과 폭력은 필수였다. 그들이 택한 처벌 수단은 사형이었다. 그러한 결과는 어땠을까? 쇼트에 따르면,

3년만에, 인구 700만 명 중 150만 명이 폴 포트의 사상에 의해 희생되었다. 반대파의 상당수가 처형당했고, 나머지는 병이나 과로, 굶주림으로 사망했다. 전체 국민 중에서 이렇게 희생당한 자의 비율로 따지면, 정치적 분쟁으로 촉발되어 자국 지도자가 저지른 단일 대학살로는 역사상 최악을 기록한 참극이다.[197]

이것은 사악함 그 자체이지만 모든 평등주의자가 크메르 루즈가 저지른

유혈 사태를 미국에서 재현하고 싶어한다는 의미는 아니다. 대부분은 그렇지 않다. 그들은 어떤 수준을 넘어서면 평등보다는 다른 문제들이 더 중요해진다는 점을 인정하고 타협한다.

그러나 평등이라는 이상을 진정으로 실현하는 과정에서 잔혹함이 필연적이라는 생각을 그들은 옹호하고, 어떠한 정도든 물리력을 사용해야만 그것을 이룰 수 있다고 그들은 믿는다. 즉 일부 사람이 다른 사람들보다 더 많은 것을 달성하지 못하도록 하거나 그들의 업적에 따른 보상을 몰수함으로써 달성할 수 있다는 것이다.

평등주의가 악한 이유는 우리를 크메르 루즈와 같은 파멸에 이르게 해서가 아니라, 성취, 미덕, 독립성, 지성, 부, 기회 등과 같이 한 인간의 삶과 행복을 실현하게 해주는 모든 것, 즉, 인간의 존엄과 가치와 맞서기 때문이다. 어떤 이상이든 극단으로 치우치면 재앙적인 결과가 나오며, 크메르 루즈와 같은 사례를 통해 극단적이 되어서는 안 된다는 교훈을 얻는다고 흔히들 이야기한다. 그러나 그것이 소위 말하는 경제적 평등이라는 이상의 실제라는 사실을 알게 된다면 그들은 어떤 반응을 보일까?

7. "언젠가 저 녀석을 때려잡고야 말 테다"

미국이 기회의 땅이 될 수 있었던 이유는 사람들의 야망과 성취를 보호하고 그것을 높이 평가했기 때문이다. 심지어 오늘날까지도 성공을 존중하고 배울 만한 것으로 간주한다는 점에서 독특하다고 할 수 있다. 스타 운동선수나 억만장자 사업가는 많은 존경을 받으며 그들의 성공은 많은 이에게 영감을 준다. 그러나 위와 같은 일이 모든 사회에서 일어나는 것은 아니다. 아일랜드 출신의 록 밴드인 U2의 리더, 보노Bono는 토크 쇼에서 오프라

Oprah와 이야기를 나누며 이같은 미국의 독특한 세계관을 요약했다.

> 아일랜드인들은 성공에 대해 특이한 태도를 가지고 있습니다. 그들은
> 성공을 얕잡아 보는 경향이 있죠. 미국인들은 언덕 위에 지어진 저택
> 들을 바라보며 "언젠가 나도 저런 곳에 살 수 있겠지"라고 소망합니다.
> 그런데 아일랜드 사람들은 언덕 위의 저택을 보면서 "언젠가 저 녀석
> 을 때려잡고야 말 테다"라고 합니다.[198]

불평등에 반대하는 움직임의 가장 크고 명백한 문제점 중 하나는 불평
등 비판론자들이 조롱하고 비난하거나 헐뜯기 위한 경우를 제외하고는 지
능이나 능력, 또는 성취에 대해 언급한 적이 없다는 점이다. 버락 오바마와
엘리자베스 워런과 같은 정치 지도자들이 비난 투로 즐겨 쓰는 표현인 '백
만장자들과 억만장자들'은 성공한 사람을 향한 그들의 끓어오르는 분노를
보여주는 척도다.

불평등 비판론자들은 성공적인 미국인들을 자신의 업적을 통해 우리의
삶을 개선시키는 창조자로 생각해서는 안 된다고 말한다. 만일 그렇게 한다
면 폴 크루그먼이 말한 '자격 있는 부자라는 허상'을 받아들이는 것이자, '일
자리를 창출하는 것은 기업과 사업체라는 소리는 뻥끗도 하지 못하게 하라'
라는 힐러리 클린턴Hillary Clinton의 선동에 반하는 짓이다.[199] 리처드 윌킨슨과
케이트 피킷이 자신들의 저서인 『평등이 답이다』에서 조언했듯, "부자들에
게 감사의 태도를 취하기보다는 그들이 우리 사회의 구조에 어떤 해로운 영
향을 미치는지 인식해야 한다"[200]라는 것이 그들의 독단적 사고다.

미국의 가장 성공적인 회사들을 운영할 수 있는 사람의 수가 왜 그토록

적은지에 대해 고민해본 라디오 진행자 톰 하트만은 오직 소시오패스만이 CEO가 될 수 있기 때문이라고 결론지었다.[201] 사실, 학계의 최신 유행은 돈을 많이 버는 사람들을 공감 능력이 결여된, 거짓말, 부정 행위 및 도둑질을 거리낌 없이 하는 이른바 소시오패스임을 보여주는 연구를 발표하는 것이다. 좌익 싱크탱크인 데모스Demos의 기고자이자 연구원인 숀 맥엘위는 이러한 연구 중 일부를 인용하며 다음과 같이 결론지었다.

"나머지의 우리보다 낫기는커녕, 부자들은 여러 측면에서 우리보다 못한 사람들이다."[202]

저널리스트 롭 칼Rob Kall은 다음과 같이 말했다.

"무엇이 됐든, 거대한 것은 자연스러운 게 아니다. 사실 덩치가 거대해지는 기형이나 변이는 대개 수명이 짧거나 심각한 장애를 동반한다. 억만장자들을 상대하는 우리도 그같이 '자연스러운' 일을 해야 한다. 그들의 존재를 없애거나 더 이상 자라지 못하게 해야 한다는 말이다."[203]

다른 칼럼니스트는 이렇게 말했다.

"뭐, 이것저것 다 따져보더라도 결론은 이렇습니다. 부자 여러분, 당신이 누가 됐든 나가 뒈지시길 바랍니다."[204]

이 충격적인 욕설에 반대하는 사람은 곧바로 무시당한다. "인터넷은 부자들을 옹호하는 글로 가득하다"라며 맥엘위는 다음과 같이 말한다.

"그런 글을 쓰는 자들은 근거가 부족하고 생각이 짧다. 그들의 목표는 간단하다. 전 세계적으로, 그리고 국내에도 존재하는, 정의롭지 못한 빈부격차를 정당화하려는 것이다."[205]

성공적인 미국인들이 자신을 악마로 취급하는 것을 거부하면, 그들은 불평하지 말라는 손가락질을 받게 된다. 베스트셀러 작가인 바버라 에런라이크Barbara Ehrenreich가 설명한 바와 같이, "부자들이 악마 취급을 받는 데 있어, 부자들이 그것을 의도했든 말든, 자업자득이라는 생각을 지우기가 힘든 건 사실이다." 어째서 '자업자득'이냐는 물음에 에런라이크는 선한 롤스주의자답게 부자들이 다른 사람들의 질투심을 불러일으키는 물건들을 사는 데 돈을 썼기 때문이라고 힐난한다.[206]

이러한 주장들을 유념하며 불평등 비판론자들의 불평등 해결책 몇 개를 따져보자. '가지지 못한 자들'을 돕겠다는 명분의 제안들은 성공하지 못한 이들을 더 생산적이거나 자립적이 되도록 만드는 것과 관련이 거의 없다. 대신 다른 누군가가 성공을 통해 얻은 것들로부터 더 많은 것을 요구하도록 만든다. 이를테면, 복지 국가, 노동조합, 최저 임금과 같은 규제들을 통해서 말이다. 더 큰 문제는, 그들의 많은 제안이 빈민층과 중산층을 돕는 척조차 하지 않는다는 것이다. 그 대신 성공한 미국인들의 숨통을 죄고 그들의 재산을 몰수하도록 촉구하는 데만 집중한다.

미국의 인터넷 매체 복스닷컴Vox.com을 창업한 매튜 이글레시아스Matthew Yglesias는 최대 임금을 제안하기도 하였다.[207] 해밀턴 노아Hamilton Noah는 같은 내용으로 일찍이 가커Gawker에 글을 실은 바가 있다. 그는 거기서 125만 달러는 과도한 액수의 소득이라 선언해놓고, 아주 후하게도 연간 500만 달러의 임금 상한선을 제안했다. "연간 500만 달러의 상한선은 사실 너무도 관대하다. 그러나 우리는 나중에 언제든지 그것을 낮출 수 있다." 그리고 "이것은 첫걸음에 불과하다"라고 그는 덧붙였다.[208]

하트만은 소득보다는 부를 겨냥하여 유사한 제안을 했다.

"999,999,999달러가 넘는 부에 대해서는 100%의 세율을 적용함으로써 억만장자를 척결할 때가 되었습니다. 저를 믿으세요. 억만장자가 없는 나라가 훨씬 살기 좋을 거예요."[209]

심화되는 불평등 문제에 대한 토마 피케티의 해결책도 한번 고려해보자. 불평등 해결을 위한 피케티의 핵심 제안은 연간 최대 10%의 글로벌 부유세와 70~80%의 상속세, 최대 80%에 달하는, 자칭 '징벌적' 최고 한계 소득세율이다.[210] 이러한 세금이 최상위층 아래의 사람들을 위로 끌어올리는 데 사용될까? 피케티에 따르면 그렇지 않다. 앞서 열거한 모든 세제는 '세율이 너무 높아' 세수의 측면에서 '그다지 효과가 없다'라는 점을 피케티 스스로 인정하기 때문이다. 그러나 중요한 것은 그게 아니다. 그에 따르면, 요점은 '막대한 소득과 상속을 종식시키는 것'에 있기 때문이다.[211]

평등을 무엇보다 중요하게 생각하는 불평등 비판론자들은 자신들이 자유와 발전에 관심이 없다는 것을 공개적으로 인정한다. 베스트셀러 작가인 나오미 클라인은 불평등 문제를 진정으로 다루기 위해서는 다 같이 자본주의를 거부하고, 경제 발전이라는 개념을 포기하며, 분권화된 농경 사회주의를 수용해야 한다고 주장한다.[212]

『평등이 답이다』를 쓴 윌킨슨과 피킷 역시 비슷한 결론에 도달한다. 그들은 "부유한 국가들의 경제 성장을 크게 줄여야 한다"라고 말한다. 그러면 많은 사람이 고통을 받지 않을까? 그들은 절대 그렇지 않다고 주장한다.

"우리가 살아가는 데 있어 필수 요소들이 충족되면, 그때부터는 상대적 위치만이 중요해지기 때문이다."[213]

그들은 침체가 반드시 불행을 불러오는 것은 아니라는 걸 증명하는 실제 사례가 있다며 설명을 이어나간다. 미국이 염원하고 따라야 할 그 나라는 다름 아닌, 공산주의 쿠바이다.[214] 한편, 뉴욕타임스는 자국 내 규제를 완화하고 미국과의 무역 제한을 완화함으로써 이룬 번영이 최근 쿠바의 불평

등을 심화시켰다며 비난하였다.[215]

불평등 비판론자들의 분노는 단지 '부자들'만을 향한 게 아니라 훨씬 더 광범위하다. 이 사실을 이해하는 게 중요하다. 그들은 부자가 되는 것을 열망하는 사람들과 사람들이 부를 자유롭게 추구할 수 있도록 하는 정치 경제 체계에 분개한다. 이를 통해 그들은 가난한 사람들의 야망에 해를 끼치는 정책을 지지할 뿐만 아니라, 자신들이 더 나은 삶을 원하는 사람들을 불리하게 만든다는 사실을 알면서도 그런 짓을 저지른다는 걸 알 수 있다.

이것을 가장 분명하게 드러내는 예시는 최저 임금 인상에 대한 그들의 집착이다. 최저 임금의 인상이 수많은 가난한 사람의 성공을 향한 사다리를 걷어찬다는 사실에도 불구하고 말이다. 맥엘위의 진술을 다시 떠올려보자.

"실업률이 증가하고 물가가 오르더라도 최저 임금 인상은 여전히 용인할 만한 정책이다. 우리는 스스로에게 가장 가난한 이들이 기본적인 생필품마저 살 수 없는 사회에서 과연 살고 싶은지 물어봐야 한다."[216]

불평등 비판론자들에게 연민이란 수없이 많은 가난한 사람을 복지 명부에 올리는 것이지, 저임금 일자리라도 가짐으로써 기회와 자기 존중을 성취하도록 만드는 게 아니다. 불평등 비판론자들은 미국을 기회가 싹트기 어려운 곳으로 만들고자 노력하고 있는 것이다. 인생에서 성공을 거두고 싶다고? 이에 대한 그들의 답변은 다음과 같다.

"괜히 힘쓰지 마라, 어차피 사회 이동은 허상일 뿐이니까."

그런데 당신이 인생에서 성공을 거뒀다고? 그러면 이에 대한 그들은 다음과 같이 말한다. "그건 당신이 해낸 게 아니고, 그저 운이 좋았을 뿐이다."

만약 고군분투하며 일하고, 위험을 감수하며 친구나 가족과 함께하는 시간을 포기하면서까지 무언가 대단한 것을 만들었다면? 그렇게 되면 일단 정부는 총수입의 80%를 가져갈 것이고, 그 후에도 남은 것에 대해서는 매년 5~10%를 더 가져갈 것이다. 이것에 더해, 정부는 당신이 자녀들에게 재산을 넘길 때 다시 한번 80%를 떼어갈 것이다. 그리고 일생 내내 당신은 탐욕스럽고 반사회적인 착취자라는 소리를 들으며 당신이 없는 게 국가적으로는 더 좋은 일이라는 소리까지 들어야 할 것이다. 이것이 진정 미국의 정신을 소생시키고 아메리칸 드림을 구하는 길이라고 믿을 바보는 없을 것이다. 그것은 불평등 비판론자들의 목표가 아니다. 그렇다면 그들의 진짜 목표는 무엇일까?

8. 키 큰 양귀비 잘라버리기

호주인들 사이에는 '키 큰 양귀비 증후군Tall Poppy Syndrome'이라는 것이 있다. 한 양귀비가 다른 양귀비들보다 더 높게 자라면, 다른 것들과 높이가 맞도록 그것을 보통 잘라버리곤 한다. 이는 성공에 대한 태도를 나타내는 비유로 자주 등장하는데, 특정 국가에만 국한되는 개념은 아니다.

다른 사람들의 성공에 대한 상식적인 인간의 태도로는 호의, 존경, 본받고자 하는 마음이 있을 것이다. 선의의 경쟁심도 여기에 포함될 수 있다. 이는 각자의 최선을 겨루고자 하는 생각으로, 이를 통해 패자가 고통받는 전쟁 같은 상황이 아니라 상호 존중을 기반으로 누가 꼭대기에 오를 것인지만을 알아보는 일종의 대회를 열 수 있다. 타인의 업적을 보고 일반적으로는 "나도 저렇게 되길 원해. 아니, 그 이상을 원해. 그러니 더 열심히 일하고 더 나아질 거야"라고 생각하는 게 당연하다. 그러나 어떤 사람들은 다른 이들의 야심과 성취를 보고 적개심, 분노, 시기심을 느낀다.

이것을 단순한 질투와 혼동해서는 안 된다. 많은 기업 임원 또는 아이비리그 교수조차도 동료의 더 많은 급여나 더 큰 사무실을 보면 티가 안 나게, 혹은 티 나게 화를 내곤 한다. 그러한 감정에는 여러 가지 이유가 있을수 있다. 때로는 그런 후한 대접을 받는 사람이 진정으로 자격이 없다고 생각하여 그럴 수도 있는데, 이것은 질투심이 아니라 정의감에 의한 것이라할 수 있다. 아니면, 다른 사람들이 얻은 가치에 대한 도둑 심보와 같은 것일 수도 있다.

그러나 키 큰 양귀비 증후군은 이와 다르다. 그것은 개인적인 성공에 대한 욕구가 아니라, 다른 사람의 성공을 무너뜨리려는 욕망이다. 그것은 다른 사람들이 가진 것을 갖고 싶어 하는 욕구가 아니라, 그들이 가진 것을모두 잃기를 바라는 마음씨다. 다른 사람들과 경쟁하고 싶어 하는 마음이아니라 그들이 망가지는 모습을 보고 싶어 하는 마음이다.

이러한 욕망을 우리가 이해하기란 쉬운 일이 아니지만, 이에 관한 증거는도처에 존재한다. 예를 들어 학교에 전과목 A학점을 받는 수재 학생을 괴롭히는 불량 학생이 항상 있는 것처럼 말이다. 비록 그렇게 괴롭히는 것이불량 학생을 더 똑똑하게 만들지는 않음에도 불량 학생은 모범생을 괴롭힌다. 또는 실리콘 밸리에 거주하는 직원들을 위해 무료 셔틀버스를 제공한구글 등의 회사들에 대한 공격에서도 그러한 욕망을 찾아볼 수 있다. 무료셔틀버스를 폐지한다고 그들에게 추가적인 교통수단이 제공되는 것도 아니지만, 그들은 그러한 서비스를 무작정 폐지할 것을 요구했다.

우리는 다른 사람들의 불행을 보고 기뻐하는 샤덴프로이데Schadenfreude현상에서 그 답을 찾을 수 있다. 그리고 빈민가를 탈출하기 위해 필사적으로 노력하던 청년들이 처한 게 통발과도 같은 비극적 상황에서도 그것을 볼 수 있었다. 20세기의 전체주의 하에서 어떠한 '합리적' 이유도 없이 굶주림, 노예 신세, 살해 위협에 시달리던 사람들의 비극에서도 그것은 발견된다.

누군가의 지능이나 능력, 야망 또는 성취를 마주할 때, 어떤 사람들은 "지금 내 앞에서 자랑하는 것이냐"와 같은 반응을 보인다. 그런 자들은 고생하고, 열심히 일하며, 배우고 성장하기를 원하지 않는다. 그런데 성공에는 이것이 필수적이기 때문에 그들의 목표는 다른 사람의 업적을 무너뜨리는 것과 같이 성공을 파괴하는 것이 된다. 그들로부터는 어떠한 업적도 기대할 수 없다.

이같은 태도는 일부 정치인과 지식인이 기업가를 시기하는 데서 가장 확연히 드러난다. 성공적인 기업가는 단순히 엄청난 액수의 돈을 버는 사람이 아니라, 문제 해결과 창의성의 기반이 되는 지식을 장착하고, 엄청난 자신감과 독립심을 보이는 자이다. 이렇게 뛰어난 능력과 영향력을 지닌 성공적인 기업가들을 그렇지 못한 정치인과 지식인은 시기할 수밖에 없다.

정치인은 자신의 선거 운동을 위해, 자신의 복지 포퓰리즘을 위해 돈줄로서의 기업가들을 필요로 한다는 사실을 알고 있다. 그러면서 동시에 이를 분하게 여긴다. 지식인들 역시 그들이 기업과 자본주의를 공격하는 논문을 찍어내는 데 골몰할 수 있도록 대학에 자금을 댈 기업가들을 필요로 한다. 그리고 역시 이를 분하게 생각한다.

이들이 화가 난 가장 큰 이유는 자신들의 전화기와 자동차, 연료와 음식같이 자신들의 생존과 직결된 것들을 갖기 위해서 기업가와 창조자들에게 의존해야 하기 때문이다. 자존심 상한 그들은 자신의 우월함을 증명하기 위해 자기가 가진 권력을 휘두르려 한다. 그런데 여기서의 권력은 무언가를 창조하는 힘이 아니라, 창조자들을 파괴하는 힘이다.

질투는 너무나도 추악한 행동이어서 타인에게 들키지 않으려 노력할 뿐만 아니라, 우리 스스로도 그것을 숨기려 한다. 그러기 위해서 그러한 감정은 정당화되어야 하는데, 보다 정확하게는 합리화되어야 한다. 랜드는 이 '합리화'에 대해 다음과 같이 설명한다. "그것은 일종의 은폐 행위로서, 자신의 동기를 다른 사람에게만 숨기는 것이 아니라, 주로 자신에게 숨기고자 자신의 감정에 허위의 정체성을 부여하고, 그럴싸한 말과 정당화의 과정을 거친다. … 합리화는 현실의 지각이 아닌, 현실을 자신의 감정에 맞추려는 시도이다."[217]

창업가들에 대한 자신들의 증오를 정당화하고자, 시기심으로 가득 찬 이들은 온갖 합리화를 다 한다.

"그들은 그렇게 똑똑하지 않아. 그건 누구나 할 수 있어."

"그들은 그걸 노력해서 번 게 아니야. 사회의 복권 당첨자일 뿐이지."

"그들은 탐욕스러워."

"그들은 이기적이야."

"그들은 가난한 사람들을 착취해."

이같은 캐치프레이즈들은 하늘에서 떨어진 게 아니다. 그것들은 하나의 사상 체계를 펼치려는 급진적 시샘 세력의 작품으로서, 성공한 자들을 무너뜨리는 걸 정당화하고자 애쓴다.[218] 공산주의를 예로 한번 들어보자. 조지프 엡스타인Joseph Epstein은 다음과 같이 주장한다.

마르크스주의의 교리에는 많은 것이 있지만, 그중 하나를 꼽자면 그것은 질투에 대한 복수의 계획이다. 귀족과 지대 추구 세력rentier class, 부르주아는 몰락하고 오로지 노동 계급만이 우뚝 서는, 프롤레타리아의 영광스러운 독재를 향한 영원한 계급 투쟁 없이 칼 마르크스의 핵심 사상을 설명할 수 있을까? 헬무트 쇄크Helmut Schoeck는 '오로지 마르크스주의만이 박탈당하고 착취당한 프롤레타리아의 맹렬한 시기심을 인정한다'라고 적었다. 어떻게 보면, 마르크스주의는 하나의 경제 이론보다는 집단적 복수 행위에 가깝다. 그들은 집회에서 부자들을 털라고 외치며 피의 복수를 다짐하는 셈이다.[219]

이러한 분석은 영국의 역사가 앨런 불록Alan Bullock에 의해서도 확인되었다. 그는 "러시아 혁명이 보다 공정하고 평등한 사회를 추구하면서, 한 인간의 삶에 대해서는 완벽히 무심한 태도로 일관했다"라고 적었다. 집단주의적 이상은 '더 숭고한 목적'이라는 명분 아래 개인을 겁박하고 감금하며, 처형하는 것에 대해 도덕적 면죄부를 주었다.

"공산주의자의 마음속에 어떠한 주저함이 남아 있다면, 사명감에 의한 자동적인 정당화, 즉 합리화를 통해 그것을 몰아냈다. 그리고 수백만의 삶을 파괴했다는 것으로부터 느낄 연민과 죄책감은 역사적 필연성에 의한 것일 뿐이라고 함으로써 극복하도록 종용했다."[220]

현대 철학으로서의 평등주의는 여러 측면에서 20세기를 거치며 실패한 공산주의, 다른 모든 형태의 사회주의의 대안으로 볼 수 있다. 오랜 기간, 집단주의 시식인들은 자본주의가 인민을 빈곤하게 했기 때문에 비도덕적이라고 주장했다. 동시에 사회주의는 어떠한 형태든 모든 사람의 생활 수준을 향상시킨다고 말하며 흐루쇼프Khrushchev[221]가 세상을 향해 공언한 바와 같이, 자본주의 서방 세계를 묻어버릴 것이라고 주장했다.

그러나 정작 인민을 가난하게 만든 것은 사회주의이고, 자본주의는 기대 이상의 큰 번영을 이룩한다는 사실이 갈수록 더 분명해졌다. 이것은 도덕적 이상으로서의 사회주의에 전념하던 지식인들에게 위기 의식을 갖게 했다. 결국 자본주의에 의한 번영을 인정하는 대신, 그들 중 다수는 단순히 목표를 바꿨다. 그들의 목표는 이제 경제적 번영이 아닌, 경제적 평등이 된 것이다.

경제적 평등은 전혀 새로운 이상이 아니다. 그 기원은 루소까지 거슬러 올라간다. 마르크스주의자, 사회주의자, 미국 '진보주의자들' 모두는 자본주의 하의 경제적 불평등에 대해 오랫동안 비난해왔다. 그러나 오늘날의 평등주의자들은 평등을 진보와 번영의 수단이 아니라, 그 자체가 가치 있는 것으로 정의한다.

경제적으로 불평등하지만 자유로운 사회들이 지구상의 빈곤을 퇴치하고 있다는 사실에도 불구하고, 평등주의자들은 자유를 제한함으로써 불평등과 싸울 도덕적 의무가 우리 모두에게 있다고 주장한다. 그들의 목표와 동기는 성공한 자들을 무너뜨리는 것이다. 이것은 그들이 믿는 이념의 부수적인 요소가 아니라, 이념의 핵심이다.

크루그먼과 피케티와 같은 불평등 비판론자들이 자신들의 저작에서 자주 들먹이는 롤스의 차등 원칙을 따져보자. 가장 영향력 있는 평등주의자의 도덕적 전제가 되는 이 차등의 원칙은 경제 불평등이 사회의 최소 수혜자가 이익을 얻는 경우에만 허용되어야 한다고 말한다.

사실 평등주의자들이 옹호하는 것 중에서는 이 원칙이 불평등에 가장 관대한 편이다. 그럼에도 철학자 데이빗 쿠퍼David E. Cooper의 말을 빌리자면, 이는 "누군가의 이익이 다른 이들의 혜택으로 이어지지 않는 상황과, 그 누구도 전혀 이익을 볼 수 없는 상황이 있을 때, 평등주의자는 반드시 후자를 선택한다'라는 의미이다.

쿠퍼는 "이러한 욕망이 질투가 아니면, 무엇인가? 결국 그러한 이점을 폐지함으로써 '가지지 못한 자들'이 얻는 것은 아무것도 없다. 단지 '가진 자들'만이 그것을 잃을 뿐"이라고 말했다.[222] 차등의 원칙은 결국 최소 수혜자들에 대한 연민이 아니라, 능력과 업적을 향한 증오가 그 밑바탕에 깔린 것이다.

평등주의의 대표적인 철학자 토마스 네이글은 이에 관해 더 노골적인데, 그는 "어떤 사람이든 현재 자신이 보유하고 있는 지성에 대한 자격은 없다. 나아가 그 누구든 우수한 지능에 따른 보상을 받을 자격이 없다는 점도 나는 꾸준히 문제 제기해왔다"라고 말했다. 네이글은 이어, "인종과 성적인 차별에 따른 부당함은 줄어들었을지라도, 여전히 비슷한 노력을 하면서도 똑똑하냐 멍청하냐에 따라 차별적인 보상을 받는, 부당한 차별은 여전히 존재한다"라고 보았다. 그런데 이러한 '부당함'을 바로잡는다는 것은 '다른 사람들의 이익을 증진시키기 위해 일부 사람들의 이익을 희생시킨다'라는 얘기가 아닌가? 물론이다. '더 잘사는 사람들을 희생시키면' 만사형통이니까.[223]

평등주의는 포부, 능력, 성공에 대한 증오의 궁극적 합리화이다. 기존의 이념들은 착취를 당하는 것으로 추정되는 이들이 갈수록 더 나은 삶을 살았다는 사실에도 불구하고, 부유한 사람들은 착취자들이라고 주장해야 했다. 반면 평등주의는 어떠한 전제도 없이 성공한 자들을 무너뜨리는 행위 그 자체가 정의로운 것이라고 간주한다.

사실 평등주의는 미국인들에게 받아들여진 적이 한 번도 없다. 그래서 오늘날의 불평등 비판론자들은 기존의 집단주의자들과 같이, 발전, 번영 및 기회를 바라는 사람들에게 아메리칸 드림을 실현하는 방법은 경제적 불평등과 싸우는 것이라고 호소하고 있다. 그러나 아메리칸 드림에 대한 이러한 호소는 허울에 불과하다. 그들의 목표는 미국인들이 오랜 시간을 거치며 체득한 아메리칸 드림 정신을 살리려는 것이 아니라, 그들의 방식으로 그것을 재정의하는 것이다.

아메리칸 드림은 더 이상 제임스 트러슬로 애덤스가 처음 정의 내린 바와 같이, "모든 이가 스스로 더 나은 삶을 살 수 있으며, 자신의 삶을 더 풍요롭게 만들 수 있고, 본인의 삶을 만끽할 수 있는, 각자의 능력이나 성취에 따라 기회가 주어지는 땅에 대한 꿈"을 의미해서는 안 된다는 것이 그들의 주장이다. [224] 이제는 불평등을 조장할 수 있는 능력과 성취를 위한 기회가 존재하지 않는 땅에 대한 꿈으로 여겨야 한다는 얘기다. 아메리칸 드림을 재정의하겠다는 불평등 비판론자들은, 실제로는 그것을 파괴하려고 애쓰는 것이다.

우리가 진정 아메리칸 드림을 되살리고 보다 더 정의롭고 번영하는 사회를 만들고 싶다면, 무엇을 갖춰야 할지는 명백하다. 우리는 불평등 위기론자들에 의해 확산된 집단주의적 평등주의 교리를 거부해야 하며, 인간의 성취를 축하하고 능력의 발휘를 자유롭게 하는 개인주의의 이념을 수호해야 할 것이다.

결론 – 아메리칸 드림을 어떻게 지킬 것인가?

1. 아메리칸 드림이 중요한 이유

이 책의 집필을 마무리할 즈음에 돈의 둘째 아들 랜든Landon이 태어났다. 한 아이를 낳는다는 게 놀라운 경험인 이유 중 하나는 신생아로부터 무한한 가능성을 느낄 수 있기 때문이다. 우리 아이들이 훗날 어떤 사람이 되고, 어떤 것을 성취할 수 있는지에 관한 제약은 없다.

불평등에 대한 오늘날의 논쟁은 근본적으로 세율이나 정부 지출, 또는 어떤 정당이 다음 선거에서 이길 것인가에 관한 게 아니다. 결국은 개개인의 삶이 중요한지, 개개인의 행복이 중요한지에 대한 논쟁인 것이다. 불평등 비판론자들에게 랜든의 삶은 중요하지 않다. 그의 아버지는 백인이고 교육 수준이 높으며 비교적 부유하기에, 집단주의적 평등주의의 관점으로는 그 아이의 성공을 저지하고 기회를 박탈하는 것이 도덕적이기 때문이다. 게다가 그럼에도 그 아이가 성공한다면, 성공에 반대하는 자신들의 움직임을 시시하기 위해 비난의 대상으로 그를 이용할 것이다. 불평등 비판론자들이 우리의 사고 방식이나 우리가 지지하는 정책에 영향을 미친다면, 그것은 자신의 행복과 자기가 사랑하는 사람들의 행복을 소중하게 여기는 모든 개인의 희생에 따른 것이다.

아메리칸 드림은 당연히 존재하는 것이 아니다. 랜든은 미국에서 태어났기에 건강하게 오래 살 수 있고 굶주림을 모르고 살며, 자기가 원하는 바를 이루게 해줄 교육과 직업의 기회를 가질 수 있다. 하지만 이는 우리의 선대들이 살던 세상과는 분명히 다른 모습이고, 심지어는 오늘날에도 이런 삶을 상상조차 할 수 없는 곳들이 세계 각처에는 존재한다. 쿠바와 같은 나라에는 자식들의 기회를 위해 죽음도 불사하는 필사적인 부모들이 오늘날에도 존재한다는 사실을 잊지 말자. 국부國父들의 은총과 결의가 없었다면, 우리도 그러한 상황에 처했을 것이다.

자유와 번영, 기회가 확립되었다고 해서 이것이 영원히 보장되는 것은 아니다. 이것들을 지키기 위해서는 지속적으로 노력하고 싸워야만 한다. 그러기 위해서는 스스로 성공을 위해 노력하는 것에서 시작해야 할 것이다. 우리는 스스로를 자립적이고 자기 주도적인 개인으로 성장시켜야 하며, 자신이 가야 할 길을 스스로 계획하고 그것을 위해 돈을 벌어야 한다.

만약 우리 스스로에게 자격 없는 것들을 바라는 욕구나 스스로를 무력한 피해자로 여기는 마음, 또는 자신의 선택에 대해 책임지지 않으려는 마음, 다른 사람의 성공과 기회를 시기하는 마음이 보인다면 그러한 생각을 바꾸기 위해 노력하고, 이성과 독립심, 정의를 위한 헌신과 행복을 향한 추구와 같은 미덕을 키우는 데 힘써야 할 것이다.

또한 성공과 행복 추구를 신성불가침한 것으로 여기고 성공과 행복의 달성을 존중하는, 더 나은 문화를 구축하기 위해 싸워야 한다. 그러기 위해서는 능력, 성취, 자유, 개인의 행복을 비하하는 불평등 비판론자들의 집단주의적 평등주의 철학에 맞서야 할 것이다.

2. 불평등에 반대하는 움직임에 맞서는 법

불평등에 반대하는 움직임에 맞서기 위해서는 그들이 하는 주장들에 구체적인 근거를 들어 반대해야 할 뿐만 아니라 그들의 전체적인 세계관에도 반대의 목소리를 내야 한다. 피케티에 의하면, 불평등 위기론자들은 "분배의 문제를 … 경제 분석의 중심으로 끌고 오는 데 성공했다."[225] 하지만 우리는 생산을 경제 분석의 중심에 두도록 주장해야 한다.

불평등 위기론자들은 진보와 번영을 당연시한다. 재화는 도처에 깔려 있으니 그것을 누가 가져야 하는지가 그들의 유일한 관심사이다. 그 물건들이 어떻게 만들어졌는지의 문제는 그들에게 중요치 않다.[226]

그러나 우리는 진보와 번영을 당연한 걸로 여겨선 안 된다. 북미 대륙은 물론, 북한에도 풍부한 공기는 존재하지만 그것들은 분명 다르다. 진보와 번영은 개인의 성취에 달려 있고, 그러한 성취의 전제 조건들을 무시하는 것은 비도덕적인 자해 행위이다.

아주 간단한 질문 하나를 던져보자. 과연 부는 어디에서 나오는가? 부는 누군가에 의해 창출되는 것으로서 다른 누군가가 손해를 본다고 나오는 게 아니다. 부는 개인의 사고思考와 노력에 의해 만들어진다. 자기 자신의 사고와 노력을 통해 만든 것을 본인이 소유하는 건 도덕적으로 당연한 일이다. 정치적으로는 개인이 자유로워야 사고하고 노력하는 데 집중할 수 있다. 그러므로 경제적 불평등에 반대하는 움직임에 맞서기 위해서는 이 개인주의적 토대를 갖추는 것이 필수적이다.

하지만 이런 개인주의의 틀을 일관되게 견지하는 건 결코 간단한 일이 아니다. 그러나 우리가 불평등에 대한 논의를 할 때 위기론자들이 아무 소리도 못 하게 하려면, 논의에 앞서 몇 가지 분명하게 해둘 것이 있다.

〈기준을 밝혀라〉 불평등 논쟁은 궁극적으로 옳고 그름에 관한 논쟁이다. 옳고 그름에 관한 질문에 어떻게 대답할지는 우리의 기준에 달려 있다. 가치 기준은 우리가 옳고 그름, 도덕과 부도덕, 정의와 불의를 판별케 해주는 추상적인 원칙이다.

불평등 비판론자들의 가치 기준은 '공익'이라는 집단주의적 개념이다. 이러한 시각에서는, 당신이 더 부유하고 풍족한 삶을 살 수 있도록 일을 하고 돈을 벌었다고 해서 당신에게 그것을 가질 자격이 주어졌다고 말하지 않는다. 가지지 못한 다른 이들이 그것을 당신보다 더 '필요로 하기' 때문이다. 집단주의자 관점에서의 공정이란 개인이 노력하여 번 만큼을 자기가 마땅히 가져가는 것이 아니라, 모든 사회 구성원이 얼마를 벌든 간에 상관없이 그들이 필요로 하는 것은 무조건 갖게 되는 것을 의미한다.

반면, 개인주의자들의 가치 기준은 다른 사람을 위한 수단으로서의 개인이 아닌, 자기 자신으로서의 개인이다. 개개인의 행복 추구를 위해 공익성을 따질 필요는 없다. 개인이 자유롭게 자신의 행복을 추구할 수 있는 경우에만 그것을 좋은 사회라고 부를 수 있다. 우리 각자는 행복과 성공을 추구할 권리가 있으며, 그것을 추구하는 과정에서 얻는 모든 것은 당연히 가져도 된다. 그 누구도 우리가 성취한 가치를 빼앗아갈 자격은 없으며, 우리 역시 다른 사람이 성취한 가치를 가져갈 자격이 없다.

우리의 인생은 각자의 책임이며, 만약 우리가 다른 사람으로부터 무언가를 얻기 원한다면 자발적인 교환을 통하는 게 정의로운 것이다. 다른 사람에게 무언가를 바라거나 그것이 필요하다는 사실만으로 그것에 대한 권리가 생기지는 않는다. 타인은 우리의 하인이 아니며, 그들에게 자신의 이익이 아닌 우리의 이익을 위해 시간을 써가며 일할 의무는 없다.

어떤 토론에서든, 우리는 우리의 기준에 대해 명확히 주장해야 한다. 불평등을 비판하는 자들이 CEO가 많은 돈을 받는 게 잘못되었다고 한다면 그들이 정한 기준은 무엇인가? 그 CEO가 그만한 돈을 받을 자격이 없다는 이야기인가? 아니면 자격 유무에 관계없이 다른 사람들에 비해 그가 너무나도 많은 돈을 받는다는 사실 자체가 잘못됐다는 이야기인가? 만약 사람들이 최저 임금만을 받는 건 잘못된 것이라고 주장한다면 그때의 기준은 무엇인가? 생산적인 기여에 비해 더 적게 받는 사람들이 있다는 걸 말하는 것인가? 아니면 모든 사람은 생산적인 기여의 정도와 상관없이 '생활 임금'을 받을 자격이 있다는 걸 주장하는 것인가? 월가의 금융업자들이 구제금융을 받는 게 불공평하다는 주장의 기준은 무엇인가? 정부가 일부 사람으로 하여금 다른 이들을 보조하도록 강요하기 때문에 불공평하다는 것인가? 아니면, '부자들'이 부자가 아닌 이들을 보조하지 않고, 거꾸로 하였기 때문에 불공평하다는 것인가?

〈**그것이 불평등에 의한 문제가 맞는지부터 따져보라**〉 불평등은 단순히 사람들의 수입이나 재산 수준에 차이가 존재한다는 사실을 말해줄 뿐이다. 개인주의자의 가치 기준으로 보면, 여기에는 어떠한 잘못이나 의심 사항도 없다. 그러나 불평등 비판론자들은 불평등의 개념과 다른 다양한 것을 엮어 뭉뚱그린다. 여기에는 수로 임금 정체, 치솟는 의료 비용, 사회 이동성의 저하, 높은 실업률, 공교육의 실패 등이 언급되는데, 이는 개인주의적 가치 기준으로도 옹호하기 어려운 문제들이다. 이들 모두 토론과 논의의 가치가 있는 문제들이기도 하다. 그러나 이것들을 불평등에 의한 문제로 다뤄서는 안 된다. 모든 사람의 임금이 평등하게 오르지 않고 정체되더라도 우리는 임금 정체에 대해 우려할 것이고, 모든 아이가 똑같이 무지해지더라도 우리는 교육 시스템의 실패에 대해 걱정할 것이다.

〈집단주의자들의 용어를 거부하라〉 집단주의자들이 지닌 세계관을 곧이곧대로 보면 정말 얼토당토않다. 그들이 묘사하는 세상에서는 사회 전체가 부富라는 하나의 커다란 덩어리를 만들고, 정부는 이를 나눈 후 그것을 '공평하게' 분배한다. 그러나 이러한 집단주의자들의 세계관을 명시적으로 언급하는 적은 드물다. 그것은 집단주의자들의 용어를 통해 암묵적으로 등장한다. 우리가 '사회의 부'와 '소득의 분배'를 종종 말하는 것처럼 말이다.

우리가 이야기하는 '공익'과 '공공선'에는 개인이 아닌 집단의 가치 기준이 내포되어 있다. '부유층'과 '빈곤층', '중산층'에 대해 이야기하는 것은 이해가 충돌하는 경제 계급의 개념이 실존한다는 걸 인정하는 셈이다. 우리는 철학적으로 숨은 의도가 있는 이러한 용어들을 거부하고, 동시에 경제 현상들을 어떻게 개념화할 것인지 세심하게 고민해야 한다.

〈가난에서 벗어날 수 있는 능력과 기회를 동일시하지 마라〉 우리가 관심을 가져야 할 것은 '빈곤층'이나 '중산층', '나머지 99%'가 아닌 개인이다. 여기에는 모든 개개인이 포함된다. 기회란 가난에서 벗어나는 것만을 의미하는 게 아니다. 그것은 이때까지의 성취와는 무관하게, 사고하고 일하는 것에 관한 자유, 자신의 삶을 행복하고 성공적으로 만드는 것에 관한 개개인의 자유를 말한다.

누군가가 단지 가난하다는 이유만으로 국가의 특별 대우를 받을 자격이 생기는 건 아니다. 우리가 스스로의 성공을 위해 노력하는 사람들을 격려하고, 그런 노력의 과정에서 고난을 겪는 이들을 보며 연민을 느끼는 건 자연스러운 감정이다. 개인적으로, 자발적으로 그들을 돕는 것은 전혀 문제없다. 하지만 단기적으로는 어떠한 개인적 도움을 주더라도, 장기적으로 우리가 할 수 있는 최선은 그들의 자유를, 우리 스스로의 자유를 옹호하는 것뿐이라는 점을 항상 명심해야 한다. 정치적 특권이 능력을 능가하면 능력을 가진 사람들은 물론이고, 특히 최하위층의 사람들이 가장 큰 피해를 입게된다.

〈불평등 위기론자들이 제안한 해결책을 스스로 정당화하게 하라〉 토론을 하며 당신은 평가하기 어려운 여러 주장에 직면하게 될 것이다. 예를 들면 불평등이 사회 이동성이나 경제적 발전을 저해한다는 학문적 연구에서, '이익의 대부분'이 중산층이 아닌 '부자들'에게 돌아간다는 주장들, 그리고 '상위 1%'가 '나머지 99%'에게 저지른 부당한 짓들에 관한 일화들까지 황당한 주장이 난무할 것이다. 이럴 경우 당신은 다음과 같이 반문해야 한다. "그게 문제라고 칩시다. 그러면 그에 대한 당신의 해결책은 무엇인가요?"

　그러면 불평등 비판론자들은 어떤 형태의 힘을 사용하여 상위 계층이 벌어들인 것을 빼앗아 그들을 무너뜨리고, 하위 계층의 사람들에게 쥐어줌으로써 지원해야 한다고 대답할 것이다. 그러나 그 어떤 것도 이같은 불의를 정당화할 수 없다. 또 그 어떠한 통계적 모형도 인생에 필요한 모든 가치는 인간의 정신을 통해서만 나온다는 사실과 인간의 정신은 자유 없이는 기능하지 못한다는 사실을 반박할 수 없다.

〈불평등 비판론자들은 평등을 중시한다고 인정하지 마라〉 평등주의자는 평등을 옹호하는 것처럼 행동한다. 그러나 모든 종류의 평등을 옹호할 수는 없다. 평등 사이에는 충돌이 생기기 때문이다. 일례로, 기회의 평등을 포함한 경제적 평등은 정치적 평등과 양립할 수 없다. 우리는 정치적 평등과 경제적 평등 사이에서 하나를 선택해야만 한다. 둘 중 오직 하나만 된다. 정치적 평등을 진정으로 수호하는 자들은 자유와 개인의 권리를 옹호하는 사람들이다.

3. 능력을 마음껏 발휘하도록 만드는 방법

오늘날 우리가 많은 문제에 직면해 있는 건 사실이다. 하지만 그것은 정치적 불평등에 관한 문제들이지 경제적 불평등에 관한 문제는 아니다. 인간으로서 동등한 권리를 보호받지 못하고 있는 것이다. 만약 정말로 아메리칸 드림을 지키고 싶다면, 이같은 권리를 보장함으로써 인간의 능력을 마음껏 발휘할 수 있도록 우리 모두 노력해야 한다.

우리가 첫 번째로 쓴 책인 『자유 시장 혁명Free Market Revolution』에서 우리는 미국 내 자유방임 자본주의를 확립하기 위한 방안을 제시한 바 있다. 다음의 5단계가 성공을 가로막는 정부의 장애물들을 말끔히 없애지는 못하겠지만, 그래도 장기적으로 기회를 다시 회복시켜줄 것이라고 우리는 믿는다.

* 어떠한 사업체도 부당한 이익을 얻지 못하도록 모든 형태의 기업 지원책을 폐지하라. 구제 금융, 보조금, 관세, 정부의 독점 부여 등이 이에 포함된다. 모든 기업은 자유 시장 내에서 고객 유치를 위해 경쟁해야 한다. 어떠한 기업도 정치인들과의 거래를 통해 주머니를 채우거나, 통념을 깨며 우리의 삶을 발전시키기 위해 노력하는 혁신가들을 가로막거나 방해해서는 안 된다.

* 모든 사람이 노력을 통한 성공으로부터 나오는 존엄성을 누릴 수 있도록 구직에 관한 정부의 장벽을 폐지하라.

기회란 일자리를 구하고, 그것이 어떤 일이 됐든 열심히 하여 스스로를 발전시키는 데 달려 있다. 따라서 사람들이 일자리를 찾는 데 방해가 되는 모든 법과 규제를 없애야 한다. 무엇보다도 우리는 잠재적 근로자와 기업가의 진입조차 막아버리는 최저임금법과 노조친화적인 법규, 직업 면허 요건들을 폐지해야 한다.

* 미국이 다시금 자립의 땅이 될 수 있도록 복지 국가 정책들을 단계적으로 폐지하라. 복지 국가는 기회라는 이상을 완전히 뒤바꿔 놓는다. 복지 국가는 우리가 자립하고 자기 주도적 삶을 살 수 있도록 도와주기보다는 오히려 그러지 못하게 막는다. 사회 보장 제도와 메디케어만 하더라도 미국의 노인들에게 줄 지원금을 마련한다는 이유로 청년들이 매해 한 달 반 이상을 무보수로 일하도록 강요한다. 이것은 단순히 받을 돈을 못 받는다는 의미가 아니다. 이러한 온정주의에 기반한 제도들은 각자의 판단에 따라 최적의 인생을 계획할 자유를 빼앗아가며, 노후 대비 방안이나 필요한 의료 서비스를 대신 정해준다. 이런 복지 국가는 불필요하고 파괴적이며 부도덕하다.

대다수의 미국인은 자립하여 살아갈 능력이 있고, 그들이 번 돈이 다른 사람의 주머니로 들어가지만 않는다면 자립하는 데 큰 문제가 없을 것이다(복지 국가의 문제점과 그것을 단계적으로 해결하는 방법에 관한 자세한 내용은 돈의 책 『루스벨트케어Rooseveltcare: How Social Security Is Sabotaging the Land of Self-Reliance』를 참고하라.).

＊정부의 교육 독점을 혁파하여 교육의 혁신에 날개를 달아줘라.

　정부가 하는 일 중에서 가장 잔인하고 파괴적인 것은 공교육 시스템으로 아이들의 잠재력을 앗아가는 것이다. 정부가 의료와 관련된 우리의 결정을 통제하는 것에 관해서는 예민하면서도 우리 아이들이 교육받는 가치와 이념에 대해서는 정부가 완전히 장악해도 아무렇지 않은 것이 문제다.

　오늘날의 학교들이 자본주의와 우리의 국부國父, 기업에 대한 비난과 같은 프로파간다로 가득한 교육을 한다는 사실만으로도 이미 나쁜 상황이지만, 더 심각한 것은 학교가 아이들에게 사고하는 방법마저 가르치지 않고 있다는 점이다. 부모들이 자녀를 위해 공교육을 그만두고 더 나은 대안을 찾는다면, 이들에게 세액 공제를 해주는 것부터 시작해야 한다. 우리가 아이들의 기회와 미래를 소중히 여긴다면, 궁극적으로는 국공립 교육기관을 폐지하고 창조자와 혁신가들에게 교육 분야를 개방해야 한다.

＊혁신가의 목을 조르고 있는 규제의 족쇄를 풀어라.

　인류의 진보는 혁신가들이 자유롭게 '창의력'을 발휘하고, 현실에 안주하지 않고 도전하는 그들의 자세에 달려 있다. 범죄 행위를 금지하는 법률과는 다르게, 규제는 생산적인 활동을 금지하고 규정하기 때문에 혁신을 특히나 저해한다. 그중에서도 가장 악독한 것은 반反독점인데, 이는 가장 성공적인 혁신가들을 성공하도록 해준 기업 활동을 문제 삼아 혁신가들을 처벌하는 것이다. 가격 인하는 '약탈 가격'이 되고 가격 인상은 '폭리'가 된다. 경쟁사와 제품 가격 수준을 맞추는 것은 '담합'이 되고 기업을 인수하여 새로운 시장으로 확장하는 것은 '독점하려는 의도'가 된다. 최고의 제품을 출시하고 이에 열광하는 많은 고객을 유치하는 것은 '진입 장벽'을 만드는 게 된다. 기업의 이익을 늘려나가다 보면 '시장 실패'와 '독점력'의 사례로 비난받기에 이른다. 만약 우리가 진정으로 혁신을 장려하고 혁신가들을 소중히 여긴다면, 당장 반독점법을 전면 폐지하고 그 피해자들에게 사과해야 마땅할 것이다.

4. 성취의 문화를 조성하자

스티브 잡스는 1995년의 한 인터뷰에서 다음과 같이 말했다.

> 당신은 커가면서 세상이란 원래 그런 것이고, 평범하게 살아가는 것이 제일이며, 큰 사고를 치지 않으며 행복한 가정을 꾸려나가라고, 그리고 매사 즐겁게 지내면서 약간의 돈을 저금하며 살면 된다는 등의 얘기를 자주 들을 거예요. 하지만 그건 아주 협소한 의미에서의 삶입니다. 당신의 삶을 구성하는 주변의 모든 것이 당신보다 똑똑하지 않은 사람들에 의해 만들어졌다는 사실을 깨닫는 순간, 당신의 삶에 대한 시각은 훨씬 넓어질 것입니다. 당신은 이제 삶을 바꿀 수 있고, 누군가의 삶에 영향을 줄 수 있고, 다른 사람들이 사용할 물건을 스스로 만들 수 있게 됩니다. … 아마 이것이 가장 중요한 사실일 거예요. 삶은 이미 정해져 있고 그것을 살아가야 한다는 잘못된 생각은 털어버리고, 삶에 진지하게 임하고 삶을 바꾸고 개선해 성공을 이뤄야 한다는 얘기입니다.[227]

몇 년 전 야론은 캄보디아에 방문한 적이 있다. 마을에는 전기가 들어오지 않아 자동차 배터리를 사용하여 몇 안 되는 가전 제품을 돌렸다. 아무리 무덥고 비가 쏟아지는 날에도 농부들은 입에 풀칠을 하기 위해 하루 종일 논밭에서 일했다. 나머지 사람들은 식량을 위해 자기들이 구할 수 있는 것이라면 뭐든 관광객들에게 팔아야만 했다.

이들이 사는 세상과 우리가 사는 세상 사이에 엄청난 괴리가 존재하는 것은 잡스와 같은 사람들이 성공하여 세상에 이름을 날렸기 때문이다. 증기를 동력으로, 강철을 트랙터와 철길로, 모래를 실리콘으로, 석유를 의약품으로 바꾼 사상가들과 생산자들, 창조자들 덕분인 것이다. 우리는 그들의 업적을 기려야 한다. 우리는 그들에게 감사해야 한다. 우리는 그들 덕분에 자유를 얻었다.

하지만 경제적 불평등을 반대하는 움직임은 이를 전면 부정한다. 부는 어디에서 오는가에 대한 답변을 거부하고 현대 문명을 당연하게 여긴다. 성공은 모두 행운에 의한 것이라고 말하고 성취는 불평등을 만들어낼 뿐이라고 비난한다. 불평등 비판론자들은 터무니없는 불의를 저지르려 한다. 누군가의 특출난 능력을 통해 달성한 것들을 재분배함과 동시에 그를 부도덕한 자로 낙인찍는 짓을 하려는 것이다.

이것은 전혀 새로운 현상이 아니다. 사실 이는 산업 혁명의 발생 이래 계속되어오는 공격이다. 1957년에 발표된 소설, 『아틀라스』에서 아인 랜드는 인간의 능력에 대한 예찬을 한 바 있다. 소설 내에서 구리로 거부가 된 프란시스코 단코니아Francisco D'Anconia는 위대한 산업가이자 자신의 친구인 행크 리어든Hank Rearden에게 그가 어떤 대우를 받았는지 다음과 같이 묘사한다.

"너는 너의 잘못들 때문이 아니라, 너의 가장 큰 미덕들 때문에 평생 비난을 들으며 살아왔지. 너의 실수 때문이 아니라, 너의 업적 때문에 미움을 받아왔어. 너의 가장 큰 자랑거리들 때문에 너는 경멸을 받아왔고, 스스로의 판단에 따라 행동하고 스스로의 삶에 책임을 진 용기로 인해 이기적이라고 불려왔지. 너는 너의 독립심 때문에 오만하다고 비난받았고, 올곧은 성격 때문에 매몰차다고 매도되었지. 가보지 않은 길을 모험하는 너의 비전 때문에 너는 반사회적인 존재로 알려졌지. 목표를 향한 마음가짐과 추진력 때문에 너는 무자비한 사람으로 불렸고, 부를 창조하는 뛰어난 능력으로 인해 너는 탐욕적이라고 알려졌어. 가늠할 수 없을 정도로 엄청난 활력을 제공했음에도 오히려 너는 기생충으로 취급되었어. 무기력하고 굶주린 자들만이 가득한 불모지에 풍요를 불러온 너는 오히려 강도로 불렸고, 그들의 목숨을 구해준 너는 오히려 착취자로 낙인 찍혔어."[228]

이는 날이면 날마다 불평등 비판론자들로부터 듣던 얘기가 아닌가? 번영을 이루는 자들을 이런 식으로 대하면서 번영의 땅이 영원하리라 기대해도 괜찮을까? 기회를 성공으로 바꾸는 사람들을 이렇게 대접하면서 어떻게 성공의 기회를 소중히 여긴다고 말할 수 있을까? 이런 세상에서 또 다른 스티브 잡스, 토마스 에디슨, 존 록펠러가 탄생할 수 있을까?

성공에 우호적인 풍토를 만드는 건 쉽지 않고 절로 이뤄지는 것도 아니나. 우리는 리어든에게 했던 대접의 정반대를 해야 하고 그의 성공을 기려야 마땅하다. 우리 모두가 행크 리어든이나 스티브 잡스 또는 토마스 에디슨이 될 수는 없지만, 그들을 본받아 각자 최선의 노력을 다할 수는 있다. 우리의 동료인 온카 가테Onkar Ghate가 말하는 '존경의 미덕'을 실천하고자 노력할 수도 있다.

존경의 미덕을 실천한다는 것은 매우 힘든 일이다. 그러기 위해서는 자기 자신을 포함한 모두 능력을 기르고 능력을 존중해야 한다. 그게 어떠한 수준이든 생산하고 창조할 수 있는 능력 말이다. 인간이 믿어야할 건 인간의 능력뿐이다. 그 누구든 뛰어난 지식과 능력을 보유한 자들로부터 배우기 위해 노력해야 하고, 기꺼이 그들을 존중해야 한다. 우리는 우리보다 더 생산적인 이들로부터 지적인 선물을 받는다는 사실을 인정해야 한다. 그리고 그들에게 감사를 표시하는 것으로나마 우리의 자격을 보여줄 수 있을 것이다. 우리는 세상을 면밀하게 살펴보고 무엇이 옳고 그른지를 스스로 판단해야 한다. 옳다고 판단한 것에 대해서는 그것을 발전시키고 지키기 위해 노력해야 한다. 존경의 미덕을 실천하는 것은 다른 사람의 위대함과 그에 따른 선물들에 대해 감사를 표하고, 존중하며 그 모든 것을 지킨다는 의미이다. 다시 말해 최고로부터 동기 부여를 받는다는 의미이다.[229]

성공에 우호적인 풍토를 만드는 데는 몇 가지 정신이 기본이 되어야 할 것이다. 근본적으로 모든 개인은 자신의 삶을 스스로 돌봐야 하고, 성패의 여부는 각자의 책임이며, 성공이라는 것은 훌륭하고 바람직한 것이자 존경받아 마땅한 것이지, 성공하였다고 속죄의 의미로 '보답'해야 한다는 생각은 바람직하지 않다. 그러한 풍토를 만들기 위해서는 성공을 추구하고 누릴 자유를 지키는 싸움에 우리 모두 동참해야 한다. 그것은 분명 가치 있는 싸움이고, 충분히 이길 수 있는 싸움이다.

5. 마지막 한 마디

현대 문명을 이룩하고 고군분투하여 성공을 이뤄낸 모든 이에게 감사의 말을 전하고 싶다. 그리고 이제 막 첫걸음을 내딛고, 이 세상에 자신의 이름을 남기기 위해 큰 꿈을 꾸며 노력하는 이들 모두의 성공을 기원한다. 성공은 분명 달성 가능한 것이고, 그 과정에서의 고생은 그만한 가치가 있다.

주석

1 조지프 스티글리츠, "미국은 더 이상 기회의 땅이 아니다"(Joseph Stiglitz, "America Is No Longer a Land of Opportunity," *Financial Times*, June 25, 2012, http://www.ft.com/intl/cms/s/2/56c7e518−bc8f−11e1−a111−00144feabdc0.html).

2 버락 오바마 대통령, "경제 이동성에 관한 대통령의 발언"(President Barack Obama, "Remarks by the President on Economic Mobility," *The White House*, December 4, 2013, http://www.whitehouse.gov/the−press−office/2013/12/04/remarks−president−economic−mobility).

3 폴 크루그먼, 『자유주의자의 양심』(Paul Krugman, *The Conscience of a Liberal*(New York: W.W. Norton & Company, 2009), pp. 247~8).

4 제임스 트러슬로우 아남스, 『미국의 서사시』(James Truslow Adams, *The Epic of America*(Garden City, NY: Garden City Books, 1933), pp. 184~188).

5 스콧 윈쉽, "감소된 이동성"(Scott Winship, "Mobility Impaired," *Brookings Institute*, November 9, 2011, http://www.brookings.edu/research/articles/2011/11/09−economic−mobility−winship).

6 리처드 윌킨슨과 케이트 피켓, 『평등이 답이다: 왜 평등한 사회는 늘 바람직한가?』(Richard Wilkinson and Kate Pickett, *The Spirit Level*(New York: Bloomsbury Press, 2009), pp. 157~159).

7 토마스 소웰, "경제적 이동성"(Thomas Sowell, "Economic Mobility," Townhall.com, March 6, 2013, http://townhall.com/columnists/thomassowell/2013/03/06/economic−mobility−n1525556/page/full).

8 미국 재무부, "1996년부터 2005년까지 미국의 소득 이동성"(United States Department of Treasury, "Income Mobility in the U.S. from 1996 to 2005," https://home.treasury.gov/system/files/131/Report−Income−Mobility−2008.pdf). 다음에서 인용됨. 스티븐 호위츠, "미국의 불평등, 이동성, 빈곤"(Steven Horwitz, "Inequality, Mobility, and Being Poor in America," *Social Science Research Network*, January 2, 2014, http://ssrn.com/abstract=2559403).

9 티모시 노아, "이동성이란 신화"(Timothy Noah, "The Mobility Myth," *New Republic*, February 8, 2012, http://www.newrepublic.com/article/politics/magazine/100516/inequality−mobility−economy−america−recession−divergence).

10 라즈 체티, 나타니엘 헨드렌, 패트릭 클라인, 엠마뉴엘 사에즈와 니콜라스 터너, "미국은 여전히 기회의 땅인가? 세대 간 이동성의 최근 동향"(Raj Chetty, Nathaniel Hendren, Patrick Kline, Emmanuel Saez and Nicholas Turner, "Is the United States Still a Land of Opportunity? Recent Trends in Intergenerational Mobility," *NBER Working Paper No. 19844*, 2014년 1월, https://www.nber.org/papers/w19844, Raj Chetty, Nathaniel Hendren, Patrick Kline, Emmanuel Saez and Nicholas Turner, *The Equality of Opportunity Project*, January, 2014, http://www.equality−of−opportunity.org).

11 윌킨슨과 피켓, 『평등이 답이다: 왜 평등한 사회는 늘 바람직한가?』(Wilkinson and

Pickett, *The Spirit Level*, p. 159).

12 맥스 보더즈, 『부자들』(Max Borders, *Superwealth*(Sioux Falls, SD: Throne, 2012), pp. 216~217).

13 마일즈 코락, 매튜 린드퀴스트, 바슈카르 마줌더 "캐나다, 스웨덴, 미국의 상·하향 세대 이동성의 비교"(Miles Corak, Matthew J. Lindquist, and Bhashkar Mazumder, "A Comparison of Upward and Downward Intergenerational Mobility in Canada, Sweden and the United States," *Labour Economics*, Elsevier, vol. 30ⓒ, pages 185~200, http://www.sciencedirect.com/science/article/pii/S0927537114000530).

14 이동성 통계와 관련한 논의에 대해 더 자세히 알고 싶으면 다음을 참고하라. 스콧 원쉽, "미국은 경제적 이동성이 적은가? 1부"(Scott Winship, "Does America Have Less Economic Mobility? Part 1," e21.org, April 20, 2015, http://www.economics21.org/commentary/winship-economic-mobility-inequality-us-04-20-2015), 스콧 원쉽, "미국은 경제적 이동성이 적은가? 2부"(Scott Winship, "Does America Have Less Economic Mobility? Part 2," e21.org, April 22, 2015, http://www.economics21.org/commentary/us-economic-mobility-great-gatsby-curve-miles-corak-04-21-2015), 그리고 스콧 원쉽, "미국은 경제적 이동성이 적은가? 3부"(Scott Winship, "Does America Have Less Economic Mobility? Part 3," e21.org, May 8, 2015, http://www.economics21.org/commentary/america-economic-mobility-income-jantti-corak-05-07-2015).

15 게리 볼프람, "대학 등록금 인상: 연방정부의 수업료 지원이 의도하지 않은 결과"(Gary Wolfram, "Making College More Expensive: The Unintended Consequences of Federal Tuition Aid," *Policy Analysis* No. 531, January, 2005, http://object.cato.org/sites/cato.org/files/pubs/pdf/pa531.pdf).

16 "맥도날드의 CEO인 돈 톰슨은 여전히 사랑받고 있다"("McDonald's CEO Don Thompson Is Still Lovin' It," *CBS News*, October 26, 2014, http://www.cbsnews.com/news/mcdonalds-ceo-don-thompson-is-still-lovin-it/).

17 폴 크루그먼, "생활 임금"(Paul Krugman, "The Living Wage," *The Unofficial Paul Krugman Archive*, September, 1998, http://www.pkarchive.org/cranks/LivingWage.html).

18 폴 구피, "시애틀의 시간당 15달러 최저임금법은 식당이 문을 닫게 된 요인이다"(Paul Guppy, "Seattle's $15 Wage Law a Factor in Restaurant Closings," *Washington Policy Center*, March 11, 2015, https://www.washingtonpolicy.org/publications/detail/seattles-15-wage-law-a-factor-in-restaurant-closings).

19 숀 맥켈위, "최저임금 인상을 위한 도덕성 사례"(Sean McElwee, "The Moral Case for a Higher Minimum Wage," Policy.Mic, August 7, 2013, http://mic.com/articles/58425/the-moral-case-for-a-higher-minimum-wage).

20 데이비드 노이마르크와 윌리엄 와셔, 『최저임금』(David Neumark and William L. Wascher, *Minimum Wages*(MIT Press, 2008), p. 104).

21 메건 맥아들, "최저임금 인상에 대해 우리가 모르는 모든 것"(Megan McArdle, "Everything We Don't Know about Minimum-Wage Hikes," *BloombergView*, December 29, 2014, http://www.bloombergview.com/articles/2014-12-29/everything-we-dont-know-

about—minimumwage—hikes).

22 위의 기사

23 크루그먼, "생활 임금"(Krugman, "The Living Wage.")

24 알렉산더 카우프만, "최저임금 인상에 반대하는 고전적 주장을 무산시키는 크루그먼"(Alexander C. Kaufman, "Krugman Demolishes Classic Argument against Raising Minimum Wage," *Huffington Post*, September 9, 2014, http://www.huffingtonpost.com/2014/09/09/krugman—minimum—wage_n_5790334.html).

25 제이슨 드파를, 『아메리칸 드림』(Jason DeParle, *American Dream*(New York: Penguin, 2004), p 158).

26 "미시시피 미용 체계로부터 흑인 머리 스타일 풀기"("Untangling African Hairbraiders from Mississippi's Cosmetology Regime," *Institute for Justice*, http://ij.org/mississippi—hairbraiding—background).

27 피에르 르미외, "점진적 붕괴"(Pierre Lemieux, "A Slow—Motion Collapse," *Regulation*, Winter, 2014—2015, http://object.cato.org/sites/cato.org/files/serials/files/regulation/2014/12/regulation—v37n4—3.pdf).

28 티모시 샌디퍼, "아메리칸 드림으로 가는 미지의 장애물"(Timothy Sandefur, "The Unknown Road Blocks to the American Dream," *The Blaze*, February 19, 2015, http://www.theblaze.com/contributions/the—unknown—road—blocks—to—the—american—dream/).

29 제임스 셔크, "이 노조는 왜 조합원들에 대한 임금 인상에 반대했을까?"(James Sherk, "Why Did This Union Oppose Higher Pay for Its Members?" *Daily Signal*, May 18, 2014, http://dailysignal.com/2014/05/18/union—oppose—higher—pay—members/).

30 크리스티나 로머, "최저임금의 사업"(Christina D. Romer, "The Business of the Minimum Wage," *New York Times*, March 2, 2013, http://www.nytimes.com/2013/03/03/business/the—minimum—wage—employment—and—income—distribution.html).

31 다음을 참조하라. 에드워드 글레이저와 조셉 교르코, "지역별 가파른 규제"(Edward Glaeser and Joseph Gyourko, "Zoning's Steep Price," Regulation, Autumn, 2002, http://object.cato.org/sites/cato.org/files/serials/files/regulation/2002/10/v25n3—7.pdf); 그리고 샌디 이케다, "가로막기: 토지 이용 규제가 빈곤층을 어떻게 해치는가"(Sandy Ikeda, "Shut Out: How Land—Use Regulations Hurt the Poor," *The Freeman*, February 5, 2015, http://fee.org/freeman/detail/shut—out—how—land—use—regulations—hurt—the—poor).

32 다음을 참조하라. 토머스 소웰, 『응용 경제학』(Thomas Sowell, *Applied Economics*(New York: Basic, 2004), pp. 97~120).

33 니콜라스 로리스, "자유 시장은 저렴한 에너지와 깨끗한 환경을 제공한다"(Nicolas Loris, "Free Markets Supply Affordable Energy and a Clean Environment," *The Heritage Foundation*, October 31, 2014, http://www.heritage.org/research/reports/2014/10/free—markets—supply—affordable—energy—and—a—clean—environment).

34 데보라 페리 피시오네, 『실리콘 밸리의 비밀, 1부』(Deborah Perry Piscione, *Secrets of Silicon Valley*(New York: Palgrave Macmillan, 2013), part I).

35 위의 책, chapter 4.

36 위의 책, Epilogue.

37 다음을 참조하라. 아인 랜드, "미국의 박해받는 소수민족"(Ayn Rand, "America's Persecuted Minority"), 다음에 실림. 아인 랜드, 『자본주의: 알 수 없는 이념』(Ayn Rand, *Capitalism: The Unknown Ideal*(New York: Signet, 1967)); 도미니크 아르멘타노, 『독점금지: 폐지를 위한 사례』(Dominick T. Armentano, *Antitrust: The Case for Repeal*(Auburn, AL : Ludwig von Mises Institute, 2007)); 에드윈 록펠러, 『반독점이란 종교』(Edwin S. Rockefeller, *The Antitrust Religion*(Washington, D.C.: The Cato Institute, 2007)).

38 데이비드 아인슈타인, "게이츠는 마이크로소프트 CEO에서 물러난다"(David Einstein, "Gates Steps Down as Microsoft CEO," *Forbes*, January 13, 2000, http://www.forbes.com/2000/01/13/mu7.html).

39 샤론 찬, "마이크로소프트의 긴 독점 금지의 전설은 끝난다"(Sharon Pian Chan, "Long Antitrust Saga Ends for Microsoft," *Seattle Times*, May 11, 2011, http://www.seattletimes.com/business/microsoft/long-antitrust-saga-ends-for-microsoft/).

40 마이클 맥쉐인, 『교육과 기회』(Michael Q. McShane, *Education and Opportunity*(Washington, D.C.: AEI Press, 2014) pp. 40~41).

41 제임스 툴리, 『아름다운 나무: 세계 최빈층의 교육 과정으로 가는 여정』(James Tooley, *The Beautiful Tree: A Personal Journey into How the World's Poorest People Are Educating Themselves*(Washington, D.C.: Cato Institute, 2009)). 교육에 관한 더 자세한 내용은 다음을 참조하라. 앤드류 콜슨, 『시장 교육: 미지의 역사』(Andrew J. Coulson, *Market Education: The Unknown History*(New Brunswick: Transaction, 1999)); 마이런 리버만, 『공교육의 죽음』(Myron Lieberman, *Public Education: An Autopsy*(Cambridge, MA: Harvard University Press, 1995)); 레너드 페이코프, 『조니에게 생각하는 법 가르치기』(Leonard Peikoff, *Teaching Johnny to Think*(Irvine, CA: Ayn Rand Institute Press, 2014)).

42 글렌 휘트먼과 레이먼드 래드, "생산성 곡선: 미국이 의료 혁신 분야에서 세계를 선도하는 이유"(Glen Whitman and Raymond Raad, "Bending the Productivity Curve: Why America Leads the World in Medical Innovation," *Cato Institute*, November 18, 2009, http://www.cato.org/publications/policy-analysis/bending-productivity-curve-why-america-leads-world-medical-innovation).

43 마이클 캐넌과 마이클 태너, 『건전한 경쟁』(Michael F. Cannon and Michael D. Tanner, *Healthy Competition*, 2nd ed.(Washington, D.C.: Cato Institute, 2007), p. 52).

44 로렌스 헌툰, "미국 의료보험제도의 미신과 팩트"(Lawrence R. Huntoon, "Medicare Myths and Facts," *Association of American Physicians and Surgeons*, December 15, 2011, https://aapsonline.org/medicare-myths-and-facts/).

45 산딥 자와, 의사: 미국 의사의 환멸(Sandeep Jauhar, *Doctored: The Disillusionment of an American Physician*(New York: Farrar, Straus and Giroux, 2014), Introduction).

46 위의 책, chapter 5.

47 데본 헤릭, "FDA의 의료기기 승인 속도가 느리다"(Devon Herrick, "FDA Slow to Approve Medical Devices," *National Center for Policy Analysis*, December 1, 2010, https://web.archive.org/web/20150919224713/http://healthblog.ncpa.org/fda-slow-to-approve-med-

ical-devices/).

48 마이클 테넌트, "오바마케어: 답답한 혁신"(Michael Tennant, "ObamaCare: Stifling Innovation," *National Center for Policy Analysis*, April 9, 2015, https://thenewamerican.com/ obamacare-stifling-innovation/).

49 정책 입안자들을 위한 케이토 핸드북, 제7판(*Cato Handbook for Policymakers*, 7th Edition(Cato Institute, January 16, 2009), http://object.cato.org/sites/cato.org/files/serials/files/ cato-handbook-policymakers/2009/9/hb111-16.pdf). 그리고 다음을 참조. 리투파르나 바수, 저렴한 의료법 이전 미국 의료보험의 붕괴 상태: 정부의 왜곡이 만연한 시장(Rituparna Basu, *The Broken State of American Health Insurance Prior to the Affordable Care Act: A Market Rife with Government Distortion*, 2013, https://www.pacificresearch.org/ wp-content/uploads/2017/06/BasuF2.pdf).

50 린 진저와 폴 쉬에, "도덕적 의료 서비스 vs. 보편적 의료 서비스"(Lin Zinser and Paul Hsieh, "Moral Health Care vs. 'Universal Health Care,'" *Objective Standard*, vol. 2, no. 4(Winter 2007~2008), https://theobjectivestandard.com/2007/11/moral-vs-universal-health-care/).

51 마이클 캐논, "구글 공동 창업자인 세르게이 브린 & 래리 페이지: 의료 규제가 혁신을 가로막고 있다"(Michael F. Cannon, "Google Co-founders Sergey Brin & Larry Page: Health Care Regulation Is Blocking Innovation," *Cato At Liberty*, July 10, 2014, http:// www.cato.org/blog/google-co-founders-sergey-brin-larry-page-health-care-regulation-blocking-innovation).

52 마이클 D. 태너와 찰스 휴즈, "빈곤과의 전쟁은 50년째 접어들었다: 우린 아직 승리하지 않았나?"(Michael D. Tanner and Charles Hughes, "War on Poverty Turns 50: Are We Winning Yet?," *Policy Analysis*, October 20, 2014, http://www.cato.org/publications/ policy-analysis/war-poverty-turns-50-are-we-winning-yet).

53 위의 보고서.

54 로버트 렉터, "미국의 가난한 사람들은 얼마나 가난할까? 미국 빈곤의 '고통'을 살펴다"(Robert Rector, "How Poor Are America's Poor? Examining the 'Plague' of Poverty in America," *Heritage Foundation*, August 27, 2007, http://www.heritage.org/research/ reports/2007/08/how-poor-are-americas-poor-examining-the-plague-of-poverty-in-america).

55 데이비드 브룩스, "빈곤의 본성"(David Brooks, "The Nature of Poverty," *New York Times*, May 1, 2015, http://www.nytimes.com/2015/05/01/opinion/david-brooks-the-nature-of-poverty.html).

56 찰스 머레이, 『부서지는 것』(Charles Murray, *Coming Apart*(New York: Crown Forum, 2012), pp. 226~227).

57 로렌스 미드, 『예언에서 자선으로: 가난한 사람들을 돕는 방법』(Lawrence M. Mead, *From Prophecy to Charity: How to Help the Poor*(Washington, D.C.: AEI Press, 2011), p. 34).

58 위의 책, pp. 30~31; 로렌스 미드, 『빈곤의 새 정치』(Lawrence M. Mead, *The New Poli-*

tics of Poverty(New York: Basic, 1992), p. 50).

59 제이슨 라일리, 『제발 우리를 돕지 마세요』(Jason L. Riley, *Please Stop Helping Us*(New York: Encounter, 2014), chapter 4).

60 로렌스 미드, 『예언에서 자선까지』(Mead, *From Prophecy to Charity*, p. 40).

61 캐서린 뉴먼, 『내 게임에 수치심은 없다: 도심에서 일하는 가난한 사람들』(Katherine S. Newman, *No Shame in My Game: The Working Poor in the Inner City*(New York: Vintage, 2000), chapter 4).

62 위의 책, chapter 4.

63 켄 올레타, 『최하층 계급』(Ken Auletta, *The Underclass*(New York: The Overlook Press, 1999), p. 85).

64 위의 책, p. 167.

65 뉴먼, 『내 게임에 수치심은 없다』(Newman, *No Shame in My Game*, chapter 4, fn. 9).

66 마이클 태너와 찰스 휴즈, "일과 복지 사이의 균형: 2013년 국가별 복지혜택 총 수준 분석"(Michael Tanner and Charles Hughes, "The Work Versus Welfare Trade−Off: 2013 An Analysis of the Total Level of Welfare Benefits by State," *Cato Institute*, 2013, http://object.cato.org/sites/cato.org/files/pubs/pdf/the_work_versus_welfare_trade−off_2013_wp.pdf).

67 폴 크루그먼, "가난한 사람의 적"(Paul Krugman, "Enemies of the Poor," *New York Times*, January 12, 2014, http://www.nytimes.com/2014/01/13/opinion/krugman−enemies−of−the−poor.html).

68 돈 왓킨스Don Watkins와의 인터뷰 중, 2015년 5월.

69 제임스 그와트니, 그리고 토마스 맥칼렙, "빈곤퇴치 정책이 빈곤을 증가시켰나?"(−James Gwartney and Thomas S. McCaleb, "Have Antipoverty Programs Increased Poverty?" *Cato Journal* 5, no. 1,(Spring/Summer 1985), http://object.cato.org/sites/cato.org/files/serials/files/cato−journal/1985/5/cj5n1−1.pdf).

70 다음을 참조하라. 왓킨스, 루즈벨트케어(Watkins, RooseveltCare), 마빈 올라스키, 『미국 연민의 비극』(Marvin Olasky, *The Tragedy of American Compassion*(Washington, DC: Regnery, 1992)).

71 제이 야로우와 카멜리아 안젤로바, "오늘의 차트: 스티브 잡스 아래 애플의 놀라운 경영"(Jay Yarow and Kamelia Angelova, "CHART OF THE DAY: Apple's Incredible Run under Steve Jobs," *Business Insider*, August 25, 2011, http://www.businessinsider.com/chart−of−the−day−apples−market−cap−during−steve−jobs−tenure−2011−8).

72 JPL, "1968년부터 2007년까지 버크셔 해서웨이의 연간 시장 수익률 조사"(JPL, "A Look at Berkshire Hathaway's Annual Market Returns from 1968−2007," AllFinancialMatters.com, April 2, 2008, https://web.archive.org/web/20080412003318/http://allfinancialmatters.com/2008/04/02/a−look−at−berkshire−hathaways−annual−market−returns−from−1968−2007/; "Berkshire Hathaway Inc.(BRK−A)," *Yahoo! Finance*, May 18, 2015 http://finance.yahoo.com/q?s=BRK−A).

73 로버트 노직Robert Nozick은 월트 체임벌린Wilt Chamberlain의 사례를 들며 유사한 분석을 한다. 『국가와 유토피아』(*Anarchy, the State, and Utopia*(New York: Basic, 1974), pp.

160~164).

74 앤드류 번스타인, 『자본주의자 선언: 자유방임주의의 역사적, 경제적, 철학적 사례』 (Andrew Bernstein, *The Capitalist Manifesto: The Historic, Economic and Philosophic Case for Laissez-Faire*(New York: University Press of America, 2005)).

75 버튼 W. 폴섬 주니어, 『귀족 강도의 신화』(Burton W. Folsom, Jr., *The Myth of the Robber Barons*(Herndon, VA: Young America's Foundation, 2003), pp. 2~3).

76 사실 풀턴 역시 첫 번째 상업 증기선을 띄우는 데 지대한 공을 세웠다.

77 아인 랜드, 『돈 잘 버는 성격』, 데비 게이트와 리처드 E. 랄스턴 재발행, 『기업인에게 철학이 필요한 이유』(Ayn Rand, "The Money-Making Personality," reprinted in Debi Ghate and Richard E. Ralston(ed.), *Why Businessmen Need Philosophy*(New York: New American Library, 2011), p. 68).

78 데이비드 R. 헨더슨, "경제와 정실주의의 역사"(David R. Henderson, "The Economics and History of Cronyism," *Mercatus Center*, July 27, 2012, http://mercatus.org/sites/default/files/Henderson_cronyism_1.1%20final.pdf).

79 매튜 미첼, "특권의 병리학: 정부 편애의 경제적 결과"(Matthew Mitchell, "The Pathology of Privilege: The Economic Consequences of Government Favoritism," *Mercatus Center*, July 9, 2012, http://mercatus.org/sites/default/files/The-Pathology-of-Privilege-Final_2.pdf).

80 티모시 카니, 『거대한 바가지 씌우기』(Timothy P. Carney, *The Big Ripoff*(New York: Wiley, 2006), pp. 59~61).

81 크리스 에드워즈, "농업보조금"(Chris Edwards, "Agricultural Subsidies," DownsizingGovernment.org, June, 2009, http://www.downsizinggovernment.org/agriculture/subsidies).

82 티모시 P. 카니, 『오바마노믹스』(Timothy P. Carney, *Obamanomics*(Washington, D.C.: Regnery, 2009), p. 122).

83 헌터 루이스, 『미국의 정실 자본주의: 2008~2012(Hunter Lewis, *Crony Capitalism in America: 2008~2012*(Edinburg, VA: AC2 Books, 2013), p. 104).

84 티모시 카니, "카니: 해치가 어떻게 마이크로소프트에게 K 스트리트의 게임을 강요했는지"(Timothy P. Carney, "Carney: How Hatch forced Microsoft to play K Street's game," *Washington Examiner*, June 24, 2012년, http://www.washingtonexaminer.com/carney-how-hatch-forced-microsoft-to-play-k-streets-game/article/2500453), 마이클 킨슬리, "마이클 킨슬리: 미정부의 로비활동"(Michael Kinsley, "Michael Kinsley: The Washington lobbying dance," *Los Angeles Times*, April 5, 2011, http://articles.latimes.com/print/2011/apr/05/opinion/la-oe-kinsley-column-microsoft-20110405).

85 카니, "카니: 해치가 어떻게 마이크로소프트에게 K 스트리트의 게임을 강요했는지"(-Carney, "Carney: How Hatch forced Microsoft to play K Street's game").

86 위의 기사.

87 카니, "카니: 해치가 어떻게 마이크로소프트에게 K 스트리트의 게임을 강요했는지"(-Carney, "Carney: How Hatch forced Microsoft to play K Street's game").

88 킨슬리, "마이클 킨슬리: 미 정부의 로비 활동"(Kinsley, "Michael Kinsley: The Wash-

ington lobbying dance").

89 위의 기사

90 L. 고든 크로비츠, "미정부와 화해한 실리콘 밸리"(L. Gordon Crovitz, "Silicon Valley Makes Peace with Washington," *Wall Street Journal*, April 11, 2011, http://www.wsj.com/news/articles/SB10001424052748704415104576250763716715484).

91 토마 피케티, 『21세기 자본』(Thomas Piketty, *Capital in the Twenty-First Century*(Cambridge, MA: Belknap, 2014), p. 303).

92 "야론 브룩과 제임스 갤브레이스 박사, 불평등: 신경써야 할까?"("Yaron Brook and Dr. James Galbraith, Inequality: Should We Care," *YouTube*, May 9, 2014, https://www.youtube.com/watch?v=_oee9iS5u-Y).

93 러스 로버츠, "루이지 징갈레스의 금융 부문 비용과 편익에 대해"(Russ Roberts, "Luigi Zingales on the Costs and Benefits of the Financial Sector," *EconTalk*, Library of Economics and Liberty, February 2, 2015, http://www.econtalk.org/archives/2015/02/luigi_zingales_1.html).

94 "순위 부문"("Ranked Sectors," OpenSecrets.org, https://www.opensecrets.org/lobby/top.php?indexType=c&showYear=2014).

95 루이지 징갈레스, "금융이 사회에 도움이 될까?"(Luigi Zingales, "Does Finance Benefit Society?", January, 2015, https://www.nber.org/papers/w20894).

96 러셀 로버츠, "남의 돈으로 도박하기: 금융 위기를 초래한 왜곡된 인센티브"(Russell Roberts, "Gambling with Other People's Money: How Perverted Incentives Caused the Financial Crisis," *Mercatus Center*, April 28, 2010, http://mercatus.org/publication/gambling-other-peoples-money).

97 짐 만지, "최고 경영자가 중요합니까? 물론입니다"(Jim Manzi, "Do CEOs Matter? Absolutely," *Atlantic*, June 5, 2009, http://www.theatlantic.com/business/archive/2009/06/do-ceos-matter-absolutely/18819/).

98 스티브 카플란, "경영자 보수의 진면목: 정실 자본주의 신화"(Steven N. Kaplan, "The Real Story behind Executive Pay: The Myth of Crony Capitalism," *Foreign Affairs*, April 3, 2013, https://www.foreignaffairs.com/articles/2013-04-03/real-story-behind-executive-pay).

99 토마 피케티, 『21세기 자본』(Piketty, *Capital in the Twenty-First Century*, pp. 302~303).

100 알버트 헌트, "기업 총수는 후회스러운 급여날을 맞이할 수도 있다: 알버트 헌트"(Albert R. Hunt, "Corporate Chiefs May Come to Rue Fat Paydays: Albert R. Hunt," *Bloomberg Business*, February 19, 2007, https://psych0squirrel.livejournal.com/262663.html).

101 폴 크루그먼, 『자유주의자의 양심』(Paul Krugman, *The Conscience of a Liberal*(New York: W.W. Norton & Company, 2009), p. 143).

102 위의 책, p. 144.

103 토마 피케티, 『21세기 자본』(Piketty, *Capital in the Twenty-First Century*, p. 332).

104 스티븐 카플란과 조슈아 라우, "이게 바로 시장이다: 바닥부터 최고 재능까지 폭넓

은 기반 상승"(Steven N. Kaplan and Joshua Rauh, "It's the Market: The Broad—Based Rise in the Return to Top Talent," *Journal of Economic Perspectives*, Summer, 2013, http://pubs.aeaweb.org/doi/pdfplus/10.1257/jep.27.3.35).

105 스티븐 카플란, "미국에서의 경영진 보상 및 기업지배구조: 인식, 팩트 및 과제"(Steven N. Kaplan, "Executive Compensation and Corporate Governance in the U.S.: Perceptions, Facts and Challenges," *Chicago Booth Research Paper No. 12~42; Fama—Miller Working Paper*, August 22, 2012, http://ssrn.com/abstract=2134208).

106 위의 논문.

107 캐롤라 프라이드먼과 더크 젠터, "최고 경영자 보상"(Carola Frydman and Dirk Jenter, "CEO Compensation," *NBER Working Paper Series No. 16585*, December, 2010, http://www.nber.org/papers/w16585).

108 토마 피케티, 『21세기 자본』(Piketty, *Capital in the Twenty—First Century*, p. 330).

109 로버트 H. 프랭크와 필립 J. 쿡, 『승자독식사회』(Robert H. Frank and Philip J. Cook, *The Winner—Take—All Society*(New York: The Free Press, 1995), pp. 70~71).

110 토마 피케티, 『21세기 자본』(Piketty, *Capital in the Twenty—First Century*, pp. 334~5).

111 짐 만지, "피케티의 캔 오프너"(Jim Manzi, "Piketty's Can Opener," *National Review*, July 7, 2014, http://www.nationalreview.com/corner/382084/pikettys—can—opener—jim—manzi).

112 조나단 R. 메이시, "기업 통제 시장"(Jonathan R. Macey, "Market for Corporate Control," The Concise Encyclopedia of Economics, *Library of Economics and Liberty*, 2008, http://www.econlib.org/library/Enc/MarketforCorporateControl.html).

113 데이비드 프랜시스, "의회의 최고 경영자 급여 쪼아먹기"(David R. Francis, "Congress Pecks Away at CEO Pay," *Christian Science Monitor*, April 30, 2007, http://www.csmonitor.com/2007/0430/p15s01—cogn.html).

114 조 노세라, "최고 경영자 급여가 공평한 것이라면?"(Joe Nocera, "What if C.E.O. Pay Is Fair?," *New York Times*, October 13, 2007, http://www.nytimes.com/2007/10/13/business/13nocera.html).

115 다음에서 인용됨. 앤드류 설리번, "에벤에젤 설교"(Andrew Sullivan, "The Ebenezer Sermon," *Atlantic*, January 20, 2008, http://www.theatlantic.com/daily—dish/archive/2008/01/the—ebenezer—sermon/221010/).

116 제프리 제임스, "최고 경영자는 그저 미화된 영업 사원일 뿐"(Geoffrey James, "CEOs Are Just Glorified Sales Reps," CBS MoneyWatch, January 28, 2009, http://www.cbsnews.com/news/ceos—are—just—glorified—sales—reps/).

117 톰 하트만, 한계점: 『서구 문화의 위기』(Thom Hartmann, *Threshold: The Crisis of Western Culture*(New York: Viking, 2009), p. 95).

118 로버트 라이시, "최고 경영자들은 그들의 보수를 받을 자격이 있다"(Robert B. Reich, "CEOs Deserve Their Pay," *Wall Street Journal*, September 14, 2007, http://www.wsj.com/articles/SB118972669806427090).

119 토마 피케티, 『21세기 자본』(Piketty, *Capital in the Twenty—First Century*, pp. 25~26).

120 디어드리 맥클로스키, "측정된, 측정되지 않은, 잘못 측정된, 따라서 정당하지 않은 비관론: '토마 피케티 21세기 자본'에 대한 리뷰 에세이"(Deirdre Nansen McCloskey, "Measured, Unmeasured, Mismeasured, and Unjustified Pessimism: A Review Essay of Thomas Piketty's Capital in the Twentieth-First Century," *Erasmus Journal of Philosophy and Economics*, November, 2014, http://www.deirdremccloskey.org/docs/pdf/PikettyReviewEssay.pdf).

121 로렌스 서머스, "불평등 퍼즐"(Lawrence H. Summers, "The Inequality Puzzle," *Democracy: A Journal of Ideas*, Summer 2014, http://www.democracyjournal.org/33/the-inequality-puzzle.php?page=all).

122 위의 기사.

123 위의 기사.

124 다론 아제모글루와 제임스 A. 로빈슨, "자본주의 일반법의 흥망성쇠"(Daron Acemoglu and James A. Robinson, "The Rise and Fall of General Laws of Capitalism," 2014년 8월, https://economics.mit.edu/files/11348.pdf).

125 피케티의 연구에 관한 문제점들에 대해 더 자세히 알고 싶다면 다음을 참조하라. 매튜 로글리, "피케티의 메모: 자본주의로의 회귀를 비판"(Matthew Rognlie, "A Note on Piketty and Diminishing Returns to Capital," June 15, 2014, http://mattrognlie.com/piketty_diminishing_returns.pdf); 매튜 로글리, "순자본 점유율의 하락과 상승을 해독하는 것"(Matthew Rognlie, "Deciphering the Fall and Rise in the Net Capital Share," *Brookings Papers on Economic Activity*, March 19, 2015, http://www.brookings.edu/about/projects/bpea/papers/2015/land-prices-evolution-capitals-share); 토마스 H. 메이어, "소득 불평등: 피케티와 신-마르크스주의 부활"(Thomas H. Mayor, "Income Inequality: Piketty and the Neo-Marxist Revival," Cato Journal, Winter, 2015, http://object.cato.org/sites/cato.org/files/serials/files/cato-journal/2015/2/cj-v35n1-4.pdf); 다론 아제모을루와 제임스 A. 로빈슨, "자본주의 일반법의 등락"(Daron Acemoglu and James A. Robinson, "The Rise and Decline of General Laws of Capitalism," *NBER Working Paper No. 20766*, December, 2014, http://www.nber.org/papers/w20766); 필립 W. 매그니스와 로버트 P. 머피, "토마 피케티 21세기 자본의 실증주의 기여에 도전하기"(Phillip W. Magness and Robert P. Murphy, "Challenging the Empirical Contribution of Thomas Piketty's Capital in the Twenty-First Century," *Journal of Private Enterprise*, Spring, 2015, http://papers.ssrn.com/sol3/papers.cfm?abstract_id=2543012).

126 야론 브룩과 제임스 갤브레이스 박사, "불평등: 신경써야 할까?"(Yaron Brook and Dr. James Galbraith, "Inequality: Should We Care?").

127 스티븐 랜즈버그, "상속세가 가난한 사람들을 어떻게 해치는가"(Steven E. Landsburg, "How the Death Tax Hurts the Poor," *Wall Street Journal*, October 29, 2011, http://www.wsj.com/articles/SB10001424052970203554104577001652652545814).

128 카니, 『거대한 바가지 씌우기』(Carney, *The Big Ripoff*, p. 166).

129 앤드류 런딘, "상위 1%는 하위 90%보다 더 많은 세금을 낸다"(Andrew Lundeen, "The Top 1 Percent Pays More in Taxes than the Bottom 90 Percent," *The Tax Policy*

Blog, January 7, 2014, http://taxfoundation.org/blog/top—1—percent—pays—more—taxes—bottom—90—percent).

130 재러드 마이어, "부자들은 정당한 세금보다 더 많이 낸다"(Jared Meyer, "The Rich Pay More than Their Fair Share of Taxes," e21.org, January 9, 2015, http://economics21. org/commentary/rich—pay—fair—share—tax—foundation—income—2015—1—09).

131 스티븐 무어, 『그들 중에 누가 가장 공정할까?』(Stephen Moore, *Who's the Fairest of Them All?*(New York: Encounter Books, 2012), p. 70).

132 카일 포멜로와 앤드류 런딘, "미국은 OECD에서 법인세율이 가장 높다"(Kyle Pomerleau and Andrew Lundeen, "The U.S. Has the Highest Corporate Income Tax Rate in the OECD," *The Tax Policy Blog*, Tax Foundation, January 27, 2014, http://taxfoundation.org/blog/us—has—highest—corporate—income—tax—rate—oecd).

133 리디아 사드, "미국의 '1%'는 더 공화당적이지만 더 보수적이지는 않다"(Lydia Saad, "U.S. '1%' Is More Republican, but Not More Conservative," *Gallup*, December 5, 2011, http://www.gallup.com/poll/151310/U.S.—Republican—Not—Conservative.aspx).

134 로버트 프랭크, "왜 결혼식과 주택이 터무니없이 비싸졌을까? 불평등을 탓하자"(Robert H. Frank, "Why Have Weddings and Houses Gotten So Ridiculously Expensive? Blame Inequality," Vox.com, January 16, 2015, http://www.vox.com/2015/1/16/7545509/inequality—waste).

135 메건 맥아들, "모든 사람이 코스트코에서 일할 수 있는 것은 아니다"(Megan McArdle, "Not Everyone Can Work for Costco," *Bloomberg View*, October 1, 2014, http://www.bloombergview.com/articles/2014—10—01/not—everyone—can—work—for—costco).

136 헤드릭 스미스, 『누가 아메리칸 드림을 훔쳤나?』(Hedrick Smith, *Who Stole the American Dream?*(New York: Random House, 2012), p. 20).

137 다음에서 인용됨. 스미스, 『누가 아메리칸 드림을 훔쳤나?』(Smith, *Who Stole the American Dream?*, pp. 179~180).

138 스미스, 『누가 아메리칸 드림을 훔쳤나?』(Smith, *Who Stole the American Dream?*, p.190).

139 엘리자베스 워렌 상원의원, "은퇴 위기"(Senator Elizabeth Warren, "The Retirement Crisis," *U.S. Senate*, November 18, 2013, http://www.warren.senate.gov/files/documents/Speech%20on%20the%20Retirement%20Crisis%20—%20Senator%20Warren.pdf).

140 다음을 참조. 돈 왓킨스, 『루스벨트케어: 사회보장제도가 자립의 땅을 어떻게 파괴하고 있는가』(Don Watkins, *RooseveltCare: How Social Security Is Sabotaging the Land of Self—Reliance*(Irvine, C.A.: Ayn Rand Institute Press, 2014)).

141 니콜라스 에버스타트, "미국 예외주의와 보조금 국가"(Nicholas Eberstadt, "American Exceptionalism and the Entitlement State," *National Affairs*, Winter, 2015, http://www.nationalaffairs.com/publications/detail/american—exceptionalism—and—the—entitlement—state).

142 캐스 선스타인, 『민주주의와 표현의 자유 문제』(Cass R. Sunstein, *Democracy and the Problem of Free Speech*(New York: The Free Press, 1995), pp. 18~19).

143 위의 책, p. 19.

144 폴 크루그먼, 『자유주의자의 양심』(Paul Krugman, *The Conscience of a Liberal*(New York: W.W. Norton & Company, 2009), p. 18).

145 위의 책, p. 18.

146 위의 책, p. 41.

147 위의 책, p. 48.

148 위의 책, p. 20.

149 토마 피케티, 『21세기 자본』(Thomas Piketty, Capital in the Twenty−First Century(Cambridge, MA: Belknap, 2014), p. 1).

150 위의 책, p. 480.

151 다음을 참조하라. 레너드 페이코프, 『객관주의: 아인 랜드의 철학』(Leonard Peikoff, Objectivism: The Philosophy of Ayn Rand(New York: Dutton, 1991), pp. 276~291), 그리고 돈 왓킨스의 그레고리 살미에리 인터뷰, "빚의 대화 [27화]: 그레고리 살미에리의 재판"(Don Watkins interviewing Gregory Salmieri, "The Debt Dialogues [Episode 27]: Gregory Salmieri on Justice," Voices for Reason, September 16, 2014, https://ari.ayn-rand.org/blog/2014/09/16/the−debt−dialogues−episode−27−gregory−salmieri−on−justice).

152 아인 랜드, 『자본주의란 무엇인가?』(Ayn Rand, "What Is Capitalism?") 다음에 실림. 자본주의: 알 수 없는 이념(Capitalism: The Unknown Ideal(New York: Signet, 1967), p. 9).

153 존 롤스, 『정의론』(John Rawls, A Theory of Justice(Cambridge, MA: Harvard University Press, 1971), p. 62).

154 위의 책, p. 62.

155 코헨, "인센티브, 불평등, 그리고 공동체"(G. A. Cohen, "Incentives, Inequality, and Community," The Tanner Lectures on Human Value, Stanford University, May 21/23, 1991 , http://tannerlectures.utah.edu/_documents/a−to−z/c/cohen92.pdf).

156 코헨, "행동이 있는 곳: 분배의 정의가 있는 곳"(G. A. Cohen, "Where the Action is: On the Site of Distributive Justice," Philosophy and Public Affairs, Vol. 26, No. 1, Princeton University Press, Winter, 1997, https://www3.nd.edu/~pweithma/Readings/Cohen,%20Gerald/Cohen,%20G%20(Where%20the%20Action%20Is).pdf).

157 코헨, "인센티브, 불평등, 그리고 공동체"(Cohen, "Incentives, Inequality, and Community.").

158 위의 논문.

159 롤스, 『정의론』(Rawls, A Theory of Justice, p. 277).

160 롤스, 『정의론』(Rawls, A Theory of Justice, p. 62)

161 롤스, 『정의론』(Rawls, A Theory of Justice, pp. 101~102).

162 위의 책, pp. 103~104.

163 버락 오바마, "조지타운대학교에서 빈곤에 관한 대통령의 발언"(Barack Obama, "Remarks by the President in Conversation on Poverty at Georgetown University," White House, May 12, 2015, https://www.whitehouse.gov/the−press−office/2015/05/12/re-

marks—president—conversation—poverty—georgetown—university).

164 토마 피케티, 『21세기 자본』(Piketty, Capital in the Twenty-First Century, pp. 630~631).

165 제임스 곽, "똑똑하고 열심히 일하는 사람이 더 많은 돈을 벌 자격이 있나?"(James Kwak, "Do Smart, Hard-Working People Deserve to Make More Money?" The Baseline Scenario, , May 12, 2015, http://baselinescenario.com/2009/11/02/smart-hard-working-people/).

166 브린모어 브라운, "도덕적 행운 문제에 관한 해결책"(Brynmor Browne, "A Solution to the Problem of Moral Luck," Philosophical Quarterly, Vol. 42, No. 168(Jul., 1992), pp. 345~356). 다음에서 인용됨. 다이애나 쉬에, 책임과 운: 상벌의 방어막(Diana Hsieh, Responsibility & Luck: A Defense of Praise and Blame(Self-published, 2013), chapter 3, part 3).

167 쉬에, 『책임과 운: 상벌의 방어막』(Hsieh, Responsibility & Luck: A Defense of Praise and Blame, chapter 1, part 5).

168 "그레이엄과 도즈빌의 대단한 투자자"("The Superinvestors of Graham-and-Doddsville," Wikipedia, March 12, 2015, http://en.wikipedia.org/wiki/The_Superinvestors_of_Graham-and-Doddsville).

169 래리 템킨, "지켜진 평등주의"(Larry S. Temkin, "Egalitarianism Defended," Ethics, Vol. 113, No. 4, The University of Chicago Press, July 2013, http://www.mit.edu/~shaslang/mprg/TemkinED.pdf).

170 짐 콜린스와 모튼 한센, 『선택의 위대함』(Jim Collins and Morten T. Hansen, Great by Choice(New York: Harper Business, 2011), p. 2).

171 위의 책, p. 154.

172 위의 책, p. 158.

173 위의 책, p. 160.

174 위의 책, p. 164.

175 엘리자베스 워렌, "엘리자베스 워렌의 채무 위기와 공정한 과세제도"(Elizabeth Warren, "Elizabeth Warren on Debt Crisis, Fair Taxation," YouTube, September 17, 2011, https://www.youtube.com/watch?v=htX2usfqMEs).

176 버락 오바마, "로아노크에서 열린 오바마대통령 선거 캠페인"(Barack Obama, "President Obama Campaign Rally in Roanoke," C-SPAN, July 13, 2012, http://www.c-span.org/video/?307056-2/president-obama-campaign-rally-roanoke).

177 아인 랜드, 『파운틴헤드』(Ayn Rand, The Fountainhead(New York, Signet 1993 Centennial edition), p. 679).

178 데이비드 해리먼, 『아인 랜드의 저널』(David Harriman(ed.), Journals of Ayn Rand(New York: Plume, 1999), p. 421).

179 아인 랜드, "집합된 권리"(Ayn Rand, "Collectivized 'Rights,'"), 다음에 실림. 아인 랜드, 『이기주의의 미덕』(Ayn Rand, The Virtue of Selfishness(New York: Signet, 1964 Centennial edition), p. 120).

180 피터 싱어, 『당신이 구할 수 있는 삶』(Peter Singer, The Life You Can Save(New York: Random House, 2010), pp. 17~18).

181 랜드의 이타심 해설에 관해서는 다음을 참조하라. 아인 랜드, "존 갈트입니다"(Ayn Rand, "This Is John Galt Speaking," For the New Intellectual(New York: Signet, 1963 Centennial edition)), 특히, pp. 136~148; 아인 랜드, "믿음과 강제: 현대 세계의 파괴자들"(Ayn Rand, "Faith and Force: The Destroyers of the Modern World"), 다음에 실림. 아인 랜드, 『철학: 누구에게 필요한가』(Ayn Rand, Philosophy: Who Needs It(New York: Signet, 1984)); 그리고 피터 슈워츠, 『이기주의의 방어』(Peter Schwartz, In Defense of Selfishness(New York: Palgrave Macmillan, 2015)).

182 롤스, 『정의론』(Rawls, A Theory of Justice, p. 586).

183 아인 랜드, "자본주의란 무엇인가?"(Ayn Rand, "What Is Capitalism?") 다음에 실림. 아인 랜드, 『자본주의, 알 수 없는 이념』(Ayn Rand, Capitalism: The Unknown Ideal(New York: Signet, 1967 Centennial edition), p. 9).

184 리암 머피와 토마스 네이글, 『소유권에 대한 믿음』(Liam Murphy and Thomas Nagel, The Myth of Ownership(New York: Oxford, 2002), p. 66).

185 위의 책.

186 아직까지 번역되지 않은 도서로서, 제목은 역자가 의역한 가제임.

187 위의 책, 66~67쪽. 평등주의자들과는 달리, 정치적 평등과 재산권 사이의 불가분 관계는 역사적으로 널리 인정되었다. 예를 들어, 노예들이 자기 자신의 이익이 아닌 주인의 이익을 위해 일한다는 점이 주종 관계의 핵심임을 노예제 폐지론자들은 강조했다.

188 롤스, 『정의론』(Rawls, A Theory of Justice, p. 534).

189 토마 피케티, 『21세기 자본』(Piketty, Capital in the Twenty-First Century, p. 244).

190 아인 랜드, "부러움의 시대"(Ayn Rand, "The Age of Envy,") 다음에 실림. 아인 랜드, 『원시로의 회귀: 반 산업혁명』(Ayn Rand, Return of the Primitive: The Anti-Industrial Revolution(New York: Meridian, 1999) p. 144).

191 크리스토퍼 에이크, "평등의 정의"(Christopher Ake, "Justice as Equality," Philosophy & Public Affairs Vol. 5, No. 1, Autumn, 1975, http://www.jstor.org/discover/10.2307/2265021).

192 래리 템킨, "지켜진 평등주의"(Larry S. Temkin, "Egalitarianism Defended," Ethics, Vol. 113, No. 4, The University of Chicago Press, July, 2003, http://www.mit.edu/~shaslang/mprg/TemkinED.pdf).

193 다음에 인용됨. 필립 쇼트, 『폴 포트: 악몽의 해부학』(Philip Short, Pol Pot: Anatomy of a Nightmare(New York: Henry Holt, 2006), chapter 9).

194 위의 책, chapter 9에서 인용됨.

195 위의 책, chapter 10.

196 위의 책, chapter 9.

197 위의 책, Prologue.

198 보노, "오프라의 보노"(Bono, "Bono on Oprah," U2 Station, September 20, 2002,

http://www.u2station.com/news/2002/09/bono—on—oprah—1.php).

199 폴 크루그먼, "자격 없는 부자"(Paul Krugman, "The Undeserving Rich," New York Times, January 19, 2014, http://www.nytimes.com/2014/01/20/opinion/krug-man—the—undeserving—rich.html), 앤지 드로브 니치 홀란과 나이이사, "맥락: 힐러리 클린턴과 그 누구에게도 기업이 일자리를 만든다고 말하지 못하게 해라"(Angie Drobnic Holan and NaiIssa, "In Context: Hillary Clinton and Don't Let Anybody Tell You That Corporations Create Jobs," PolitiFact.com, October 30, 2014, http://www.politifact.com/truth—o—meter/article/2014/oct/30/context—hillary—clinton—and—dont—let—anybody—tell—/).

200 리처드 윌킨슨과 케이트 피켓, 『평등이 답이다: 왜 평등한 사회는 늘 바람직한가?』(Richard Wilkinson and Kate Pickett, The Spirit Level(New York: Bloomsbury Press, 2009), p. 262).

201 톰 하트만, 『한계점: 서구 문화의 위기』(Thom Hartmann, Threshold: The Crisis of Western Culture(New York: Viking, 2009), p. 95).

202 숀 맥엘위, "이것이 돈에 대한 당신의 뇌다: 왜 미국의 부자는 우리와 다르게 생각하는가?"(Sean McElwee, "This Is Your Brain on Money: Why America's Rich Think Differently than the Rest of Us," Salon.com, October 11, 2014, http://www.salon.com/2014/10/11/this_is_your_brain_on_money_why_americas_rich_think_differently_than_the_rest_of_us/).

203 롭 칼, "억만장자를 지구에서 내쫓자"(Rob Kall, "'De—billionairize' the Planet," OpEdNews, May 5, 2011, http://www.opednews.com/populum/printer_friendly.php?—content=a&id=131211).

204 패트릭 슬레빈, "엄격한 기준: 부자는 엿 먹어라; 설문조사가 보여주듯 대부분의 미국인이 이 헤드라인에 동의함"(Patrick Slevin, "Austerity Measurement: Fuck the Rich; Or, Polls Show Most Americans Agree With This Headline," The Aquarian Weekly, December 15, 2010, http://www.theaquarian.com/2010/12/15/austerity—measurement—fuck—the—rich—or—polls—show—most—americans—agree—with—this—headline/).

205 맥켈위, "이것이 돈에 대한 당신의 뇌다: 왜 미국의 부자는 우리와 다르게 생각하는가?"("McElwee, "This Is Your Brain on Money: Why America's Rich Think Differently than the Rest of Us.").

206 바바라 에렌라이크, "부자들은 부를 과시했기 때문에 악마화 되고 있다. 가엾어라!"(Barbara Ehrenreich, "Rich People Are Being 'Demonized' for Flaunting Their Wealth. Poor Dears!," Washington Post, September 30, 2011, http://www.washingtonpost.com/opinions/rich—people—demonized—for—flaunting—their—wealth—are—under—at-tack/2011/09/28/gIQAcJn4AL_story.html).

207 매튜 이글레시아스, "최고임금의 사례"(Matthew Yglesias, "The Case for a Maximum Wage," Vox.com, August 6, 2014, http://www.vox.com/2014/8/6/5964369/maxi-mum—wage).

208 해밀턴 놀런, "최대의 수입을 올리자"(Hamilton Nolan, "Let's Have a Maximum In-

come," Gawker, August 8, 2012, http://gawker.com/5932875/lets-have-a-maximum-income).

209 톰 하트만, "억만장자 금지 캠페인"(Thom Hartmann, "The No Billionaires Campaign," OpEdNews, July 18, 2012, http://www.opednews.com/populum/printer_friendly.php?content=a&id=153218).

210 토마 피케티, 『21세기 자본주의』(Piketty, Capital in the Twenty-First Century, pp. 505, 513, 517).

211 위의 책, p. 505.

212 나오미 클라인, 『이것이 모든 것을 바꾼다: 자본주의 vs. 기후』(Naomi Klein, This Changes Everything: Capitalism vs. the Climate(New York: Simon & Schuster, 2014)).

213 윌킨슨과 피켓, 『평등이 답이다: 왜 평등한 사회는 늘 바람직한가?』(Wilkinson and Pickett, The Spirit Level, pp. 225~226).

214 윌킨슨과 피켓, 『평등이 답이다: 왜 평등한 사회는 늘 바람직한가?』(Wilkinson and Pickett, The Spirit Level, p. 217).

215 랜달 아치볼드, "경제가 변화함에 따라 쿠바의 불평등은 더욱 뚜렷해지고 있다"(Randal C. Archibold, "Inequality Becomes More Visible in Cuba as the Economy Shifts," New York Times, February 24, 2015, http://www.nytimes.com/2015/02/25/world/americas/as-cuba-shifts-toward-capitalism-inequality-grows-more-visible.html).

216 숀 맥엘위, "최저임금 인상을 위한 도덕성 사례"(Sean McElwee, "The Moral Case for a Higher Minimum Wage," Policy.Mic, August 7, 2013, http://mic.com/articles/58425/the-moral-case-for-a-higher-minimum-wage).

217 아인 랜드, "철학적 발견"(Ayn Rand, "Philosophical Detection,") 다음에 실림. 아인 랜드, 『철학: 누구에게 필요한가』(Ayn Rand, Philosophy: Who Needs It(New York: Signet, 1984), p. 18).

218 랜드, "철학적 발견"(Rand, "Philosophical Detection.")

219 조지프 엡스타인, 『부러움』(Joseph Epstein, Envy(New York: Oxford University Press, 2003), p. 52).

220 앨런 블록, 『히틀러와 스탈린: 평행한 삶』(Alan Bullock, Hitler and Stalin: Parallel Lives(New York: Knopf, 1992), p. 359).

221 역자 주 – 소련 공산당 전 서기장

222 데이비드 쿠퍼, "평등과 부러움"(David E. Cooper, "Equality and Envy," Journal of Philosophy of Education, Volume 16, Issue 1, July 1982, http://onlinelibrary.wiley.com/doi/10.1111/j.1467-9752.1982.tb00594.x/abstract).

223 토마스 나겔, "동등한 대우와 보상적 차별"(Thomas Nagel, "Equal Treatment and Compensatory Discrimination," Philosophy & Public Affairs, Vol. 2, No. 4, Summer, 1973, http://www.jstor.org/stable/2265013).

224 제임스 트러슬로우 아담스, 『미국의 서사시』(James Truslow Adams, The Epic of America(Garden City, NY: Garden City Books, 1933), p. 317).

225 토마 피케티, 『21세기 자본』(Thomas Piketty, Capital in the Twenty-First Century(Cam-

bridge, MA: Belknap, 2014), p. 15).

226 아인 랜드, 『아틀라스』(Ayn Rand, Atlas Shrugged(New York: Plume, 1999), p. 1043).

227 마리아 포포바, "46초 만에 스티브 잡스의 삶의 비밀 알기"(Maria Popova, "The Se-
cret of Life from Steve Jobs in 46 Seconds," Brain Pickings, December 2, 2012, http://
www.brainpickings.org/2011/12/02/steve-jobs-1995-life-failure/).

228 아인 랜드, 『아틀라스』(Ayn Rand, Atlas Shrugged(New York: Plume, 1999), p. 454).

229 온카 게이트, "파운틴헤드에서 발명가와 대중의 기본적 동기"(Onkar Ghate, "The
Basic Motivation of the Creators and the Masses in The Fountainhead," in Robert May-
hew(ed.) Essays on Ayn Rand's 'The Fountainhead'(New York: Lexington, 2007), pp.
270~271).